AF597225

SOCIÉTÉ ARCHÉOLOGIQUE DE MONTPELLIER

CARTULAIRES

DES ABBAYES

D'ANIANE ET DE GELLONE

PUBLIÉS D'APRÈS LES MANUSCRITS ORIGINAUX

CARTULAIRE D'ANIANE

PAR

l'Abbé CASSAN

CURÉ DE SAINT-GUILHEM LE DÉSERT
ARCHIVISTE DU DIOCÈSE DE MONTPELLIER

E. MEYNIAL

PROFESSEUR A LA FACULTÉ DE DROIT
DE L'UNIVERSITÉ DE MONTPELLIER

MONTPELLIER

JEAN MARTEL AINÉ, IMPRIMEUR DE LA SOCIÉTÉ ARCHÉOLOGIQUE
Boulevard Louis Blanc (anciennement de la Blanquerie), 21

1900

MÉMOIRES

Première Série, in-4°, 1834-1894.

TOME Ier (1834-1840). *Épuisé*

TOME II (1841-1849)... Fr. 20

Fascicules		Prix
12	(1841)...........	*Épuisé*
13	(1843)...........	Fr. 4 50
14	(1844)...........	4 50
15	(1847)...........	4 50
16	(1848)...........	4 50
17	(1848) Les Coutumes de Perpignan (*V. infrà*).	

TOME III (1850-1854).. Fr. 18

Fascicules		Prix
18	(1850)...........	3 50
19	(1852)...........	3 50
20	(1853)...........	3 50
21	(1853)...........	3 56
22	(1854)...........	3 50

TOME IV (1855-1859).. Fr. 18

Fascicules		Prix
23	(1855)...........	3 50
24	(1856)...........	3 50
25	(1857)...........	3 50
26	(1858)...........	3 50
27	(1859)...........	4 50

TOME V (1860-1870)... Fr. 18

Fascicules		Prix
28	(1860)...........	3 50
29	(1862)...........	3 50
30	(1863)...........	3 50
31	(1866)...........	3 50
32	(1869)...........	7 »

TOME VI (1871-1876).. Fr. 18

Fascicules		Prix
33	(1871)...........	4 50
34	(1874)...........	7 »
35 et 36	(1876)...........	7 »

TOME VII (1877-1881).. Fr. 22

Fascicules		Prix
37	(1877)...........	3 50
38	(1879)...........	3 50
39	(1880)...........	4 50
40 et 41	(1881)...........	12 »

TOME VIII (1882-1894).. Fr. 20

Fascicules		Prix
42	(1882)...........	4 50
43	(1883)...........	3 50
44	(1884)...........	3 50
45	(1892)...........	3 50
46	(1893)...........	3 50
Annexe. — Comptes-rendus des séances de 1841 à 1891.		2 »

Collection de la 1re Série des Mémoires (moins le tome I).... Fr. **130**

Deuxième Série, in-8°.

TOME Ier (1894-1899).. Fr. 12

Fascicules		Prix
1	(1894)...........	2
2	(1895)...........	8
3	(1899)...........	2

TOME II (1900-1901).

Fascicules		Prix
1	(1900)...........	6
2	(1901)...........	4

(V. la suite à la 3e page de la Couverture.)

CARTULAIRES

DES ABBAYES D'ANIANE ET DE GELLONE

CARTULAIRE D'ANIANE

SOCIÉTÉ ARCHÉOLOGIQUE DE MONTPELLIER

CARTULAIRES

DES ABBAYES

D'ANIANE ET DE GELLONE

PUBLIÉS D'APRÈS LES MANUSCRITS ORIGINAUX

CARTULAIRE D'ANIANE

PAR

l'Abbé CASSAN

CURÉ DE SAINT-GUILHEM LE DÉSERT
ARCHIVISTE DU DIOCÈSE DE MONTPELLIER

E. MEYNIAL

PROFESSEUR A LA FACULTÉ DE DROIT
DE L'UNIVERSITÉ DE MONTPELLIER

MONTPELLIER

JEAN MARTEL AINÉ, IMPRIMEUR DE LA SOCIÉTÉ ARCHÉOLOGIQUE
Boulevard Louis Blanc (anciennement de la Blanquerie), 21

1900

CARTULAIRE D'ANIANE

[VITA S. BENEDICTI ANIANENSIS, AUCTORE ARDONE, EJUS DISCIPULO].

Domnis merito venerabilibus patribus fratribusque Inda monasterio Præfacio. Deo Jhesu famulantibus, Ardo, servorum Christi famulus, salutem dicit. Jampridem, dilectissimi fratres, vestre ad me delate sunt littere, amore pie recordationis patris nostri Benedicti, abbatis stipate, exitumque ac migrationem ejus ad Christum breviter set amabiliter continentes, in quibus exiguitatem meam ammonere estis dignati, ut latius initium conversationis ejus audire cupientibus scriberem, set actenus virium mearum cernens pondus excedere, distuli. Siquidem sagaci industria scribentibus precedentium vitam meritis venerabilem, virtutibus celebrem, curandum est ne, aut neglegentia torpentes omittant utilia, aut inducti gratia aditiant supervacua, set diligentissime exquisita, necnon evidentium relatione testium roborata, currente calamo, scribant, non rusticitatis vicium redolentes peritorum adgravent aures, set urbanitatis salefacentiæ (*sic*) condita proferant verba, politisque sermonibus, ut ita dixerim, derogantium demulceant aures. Mee vero ipse imperitie expertus vestris quandoque pariturus preceptis, longo silui tempore .... et ab eruditioribus explicaretur sustinui; periniquum nempe decernens, si tanti patroni vitam imperitis attingerem verbis, peritioribusque debitum auferrem laborem, qui queunt, copia verborum affluentes pompatice queque volunt enucleare, et inter cyrtes, nil paventes, regere cimbam, solecismorumque vitare fetorem, facundiaque eloquentie prediti ex abundanti eis est copia fandi, derogantium comprimere lingas. Pavebam ne hi, dum vitiose composita

corrigere vellent, a male contextis exacerbati, adjudicarent neglegenda, presertim cum noverim vos sacre aule palacii adsistere foribus nec turbulentis rivulis sitire potum, qum pocius ab indeficienti vena purissimi fontis sedulo sapientie aurire fluenta. Hec me ratio annali conticuit spatio. Interea ceperunt me mordacissimis verbis ab inherti studio expergescere fratres, quos ipse pio conamine genuerat Christo, et ut eis illum gestis vite religiose ressuscitarem compellere; a quo absentes esse solo constat consortio corporis non plenitudine caritatis. Sic tandem adgredior explicare opus. Dedit ausum ac consilium veniale etiam locus qui ab eo primitus constat esse constructus, fratresque qui ejus noverant
* Fol. 1 v°. conversationis initia. Namque aliis contigit vix non *audiri, ab his potuit vix non videri. Igitur pro captu rebus ex parte collectis impensas operi accuratius explicaturas paramus, et quasi quodam seminarium lacius promulgaturi in unum artamus, hoc umili prece poscentes, ut si quis hoc despexerit opus, linquat aut corrigat. Sin alias, legere sequi volentibus sinat, seque ad precedentium patrum vitam legendum convertat, et si hunc ab eorum tramite juxta vires non oberrasse repererit, gratuletur. Sin autem, non temere judicando refutet, set lacrimabiliter interveniendo ei equissimum judicem pacatissimum reddat. Vestris quia parui jussis, o sanctissimi fratres, precor ut me orando adjuvetis ad Deum, quatinus orantibus vobis et meorum mihi detur venia delictorum, et posteris proficiat in augmentum. Rursumque obnixe postulo, ut hanc pervigili studio relegatis et queque vitiose contexta fore probaveritis, elimando corrigite. Si qua vero utilia in archana pectoris vestri excolenda, servate. Siquidem imperio vestro silentii vim subtractam affectum prebuimus, non effectum, loqui nostrum vobis imputabitis, qui non tacere nos imperasse recolitis. Et quoniam ei unice dilectionis affectu migranti de seculo Helysacar hesit abbas, sicut ipsius auro preciosior nobis directa testatur epistola, post vestram examinationem illi singulariter censeo presentari. Esto, occulendam esse decreverit; veniam de meo posco errore. Sin vero utilem, qui libenter paruerunt viventi, immitare satagant vitam absentis. Perantiquam siquidem fore consuetudinem, et actenus regibus usitatam, queque geruntur acciduntve annalibus tradi

posteris cognoscenda, nemo, ut reor, ambigit doctus. Et quoniam mens diversis rebus partita oblivione cecatur, divinitus credimus esse consultum, ut que oblivio prolixa procurrente tempore poterat aboleri, litteris mandarentur servanda, quarum lectione jocundantur, hylarescunt, totosque se ad gratiam inflectunt, hi qui talia concupiscunt legere; nec ab his temerarius judicatur auctor scripture, etiam si contingat minus politis perstrepere verbis, ad quam avide cognoscendam desudant. Concedant ergo nobis et precedentium legere vitam et posteris mandare que ipsis nostris temporibus vidimus vel audivimus, ad augmentum animarum profutura; nec condemnemur de imperitis sermonibus et rusticitatis vitium redolentes, quoniam ratum ducimus normam salutiferam, licet vilibus depromere verbis, et in abjectis virgulis pulcherrimum pandere fanum. Suo quisque sumat arbitrio que animo conperit placitura.

Igitur vir venerabilis, nomine et merito Benedictus, abbas, ex Getarum genere, partibus Gotie oriundus fuit, nobilibus natalibus ortus, set eum superna pietas potiori virtutum claritate nobilitavit. Pater siquidem ejus commitatum Magdalonensem, quo adusque vixit, tenuit; et Francorum genti fidelissimus totis viribus exstitit, fortis et ingeniosus : hostibus enim valde erat infestus. *Hic nempe magna prostravit strage Wascones, qui vastandi gratia fines regni Francorum fuerant ingressi, e quibus nullus evasit, nisi quem pernix fuga salvavit. His pueriles gerentem annos præfatum filium suum in aula gloriosi Pipini regis, regine tradidit inter scolares nutriendum; qui mentis indole gerens etatem, diligebatur a commilitonibus. Erat quippe velox et ad omnia utilis. Post hec vero pincerne sortitur offitium. Militavit autem temporibus prefati regis : post cujus excessum, cum regni gubernacula Karolus, gloriosissimus rex, potiretur, ei adesit serviturus. Interea illustrante divina gratia, superno cepit flagrare amore, et ut seculum linqueret, totis estuare nisibus,

Benedictus un ortus est.

*Fol. 2 r°.

Pincerne sortit officium apud Karolum magnum.

periturumque fastidire honorem, ad quem cum labore adtingere posse cernebat, set adeptum cito amittere. Per triennium autem hoc corde tegens, soli Deo secretum tenuit, corpore non mente seculi actibus inserens. Tentabat igitur infra hoc spatium, si continentie culmen arripere posset, subtraere corpori somnum, reprimere lingam, abstinere a cibo, partius sumere vinum, et veluti peritus atleta ad futurum se

Premeditatur sæculum deserere.

componere bellum. Premeditabat siquidem in seculari adhuc abitu sistens, que postea devotus implevit. Set quamquam seculi a se actibus exuere vellet, esitabat tamen quibus hoc modis faciendum esset : utrum peregrini adsumeret abitum, an forte se alicui conjungeret et omnium oves aut armenta gratis pasceret, an etiam in civitate sutoris exerceret artem, et que habere posset, pauperibus erogaret. Sub tali quippe certamine fluctuantem animum ad amorem se vite regularis convertit.

Fratrem morti eripit et se voto Deo constringit.

Eo itaque anno quo Italia gloriosi Karoli regis ditione subjecta est, cum frater ejus incaute fluvium quemdam transfretare vellet, et a tumentibus raperetur undis, hic equo sedens, periculum conspiciens fratris, sese inter undas precipitem dedit, ut perreuntem a periculo redderet extorrem, atque, natante equo, fratris attigit manum. Quem cum tenuit, tentus est, vixque qui eripere morientem voluit, mortis evasit periculum. Tunc se voto Deo constrinxit, seculo deinceps non militaturum, patriam petit, set hoc patri non patefecit. Quidam autem erat religiosus Widmarus nomine, corporea luce carens, set cordis luce resplendens, cui velle suum ostendit, hisque secretum tenuit, et consilium salubre prebuit.

Sancti Sequani intrat monasterium.

Preparatis itaque omnibus, iter quasi. Aquis iturus arripuit, set ubi sancti Sequani ingressus est domum, redire suos ad patriam jubet, seque in eodem cenobio Christo Deo servire velle indicanti. Postulat ingrediendi licentiam ; qua adepta, mox capitis comam deposuit, et veri

Humilem vitam et rudem agit.

monachi abitum sumpsit. Factus vero monachus incredibili inedia per biennium et sex mensium spatia corpus suum affligere cepit. Sic quippe carni suæ, ac si cruente bestie erat infestus, cybum permodicum sumens, pane videlicet et aqua corpus sustentans, [mortem] pocius quam famem arcens, vinum siquidem ceu pestiferum virus devitans. Somnum si

* Fol. 2 v°.

quando devictus animus *sumere vellet, vili se strato paululum quieturus collocans, aliquando nuda umo prostratus nimium defectus quievit, ipsa sua se plus requie lassaturus. Seppe etiam pervigil in oratione pernoctans, nudis plantis in pavimento glaciali rigore perfusus persistens, in divinis nempe meditationibus ita se totum contulit, ut quamplures continuaret dies, sacris psalmodiis deditus, silentii legem non interrumpens. Quiescentibus cunctis, hic eorum calciamenta aquis mundans unguebat, eaque locis congruis lota restituebat. Heu, pro dolor! quidam veluti illudentes insani prorsus, procul posito caligas jactabant, quorum vesanam insipitudinem hic altiori consilio bene tranquillus ferebat. In vestitu namque suo tanta se vilitate dejecit, ut vix persuaderi nescientibus veri simile fore possit. Erat itaque vilis ei et pervetusta tunica, quam non nisi plures exactos mutabat dies. Quapropter copia pediculorum in scalenti surgebat cute, a quibus jejuniis adtenuata depascebantur membra. Cocull̄e illi nimia erant vetustate consumpte; et si quando veterescentia rumperentur fila, ex dissimili colore foramen patens, pannum repertum sarciebat: que res eum satis reddebat deformem. Quam ob rem a compluribus deridebatur, impellebatur, conspuebaturque : set celo animus fixus, viliora appetens, cum in festis diebus cultioribus se reliqui componerent vestibus, ac sine reverentia coram obtutibus omnium utebatur. Balnearum usus per idem tempus suo corpori numquam indulsit, munditias autem monasterii, quoties oportunitas expetiit, exercuit. Conpunctionis gratia, ope divina concedente, tanta ei largita est, ut quoties vellet, fleret. Cotidie lacrimis, cotidie gemitu ob geenne metum alebatur, illud Daviticum amabiliter canens : *Cinerem sicut panem manduc*[*abam*], *et poculum meum cum fletu miscebam* [Psal. CI, 10]. Psallebant ora jejuniis, et macie exausta carne, pellis ossibus inherebat, hac in modum pallearia bovum rugata pendebat. Hoc modo tenerum quasi indomitum animal non tam mansuefaciens, quam, ut ita dicam, mortificans corpus, cum cogeretur ab abbate parcius erga semet exercere rigorem, adsensum minime prebuit. Regulam quoque beati Benedicti tironibus seu infirmis positam fore contestans, ad beati Basilii dicta nec non et beati Pacomii regulam scandere nitens, quamvis exiguis possibilia gereret, jugiter impossibiliora rimabat. His se peni-

Ad beati Basilii et beati Pacomii regulas scandere nititur.

tentie lamentis prelibans, quoniam inimitabilis erat vel nullis vel paucis, coopitulante gratia divina, ut multorum fieret documentum salutis, in amore prefati viri Benedicti regule accenditur, et veluti de singulari certamine novus atleta, ad campum publice pugnaturus accessit. Interea cepit aliorum corrigere mores, neglegentes arguere, exortare tyrones, ut proficerent ammonere probos, ut corrigerentur increpare inprobos. Injungitur ei post hec custodiendum cellarium quo memorie, regulam prefati Patris *commendavit, et juxta preceptum illius, totis viribus sese componere, ac licita petentibus sine mora studebat largire, male petentibus denegare, impossibilia exquirentibus blande excusare. Et quoniam pro libita voluntate eis pocula non prebebat, equis obtutibus a conpluribus non intuebatur. Hospitum, infantum, pauperumque omni sagacitate curam gerebat. Abbas quoque cum summo colebat affectu, eo quod esset in omnibus utilis, et sue vite cautus, aliorum salute sollicitus et circa ministerium frequens, in loquendo rarus, ad obediendum promptissimus, in monendo affabilis. Contulerat siquidem illi divina pietas inter alias quamplures virtutes etiam intelligentie donum, eloquentie spiritalis copiam. Decurso quinquennii et octo mensium in salutiferis rebus spatio, abbas prefati monasterii migravit e seculo. Tunc omnes uno animo parique consensu, Benedictum sibi preferri obtant. At ille suis illorumque non convenire moribus cernens, ad patrium concitus solum contulit pedem, ibique in patris suamque possessionem super rivulum, cui nomen est Anianus, necnon prope fluvium Arauris, cum prefato viro Witmare paucisve aliis juxta beati Saturnini permodicam ecclesiam, cellam exiguam ob abitandum construxit. Quo in loco nonnullos annos magna cum penuria vixit, noctibus diebusque cum gemitu et lacrimis clementiam implorans divinam, ut velle suum effectum proveheret efficacissimum. Erant autem per idem tempus in provincia illa quidam summe sanctitatis strenui viri, Atilio videlicet et Nibridius, necnon et Anianus religiose degentes, set regularem ignorantes custodiam, a quibus compertus non modice diligebatur. Siquidem dum eum aliqua adversa inpulsio paululum superare temptaret, mox strato asello ad Atilionem, qui ei vicinior erat, propere festinabat. Primo siquidem tempore ardenti

Ad custodiendum cellarium præponitur.

* Fol. 3 r°.

Mortuo abbate, Benedictum sibi præferri monachi optant. At ille recedit ad patriam et ibi ecclesiam cum cella prope Anianum rivulum construit.

Atilio, Nibridius, et Anianus.

animo perplures, seculo relicto, cum eo religiose vivere temptabant; set fracti animo, novum formidantes genus vite, dum inauditam cogebantur arripere abstinentie viam, ut panem in pondere, vinumque in mensura perciperent, mox ut sues ad cenum canisque ad vomitum in calle salutis positum retraebant pedem. Quorum instabilem vir Dei intuens fidem, turbatus ad proprium voluit redire cenobium. Qua de causa consulendum prefatum adiit virum : cui cum velle suum narrasset, increpavit eum ille dicens, sibi esse ostensum celitus lucernam illum datum hominibus. Quapropter ceptum constanter oporteret implere bonum; fraude hoc antiqui fieri hostis, qui semper invidens bonis infestus est actibus, cui adsensum prebendum est numquam. Sicque ejus consilio amminiculatus intrepide adgressus est, quod ardenti perficere obtabat animo, non super alienum fundamentum edificans, set novo opere construere domos cepit, ignotamque salutis pandere curabat viam. Igitur venerabilis vir Benedictus, cum paucis sibi adgregatis fratribus, qui ejus comperta opinione ad eum confluxerant, in jam memoratum locum cepit florere in religione pia, et celeste iter volentibus pandere gratis, propriis laborare manibus; et ne aliis predicans ipse *reprobus inveniretur, que sequenda monebat, prior implere curabat. Non enim perterritus inopia ceptum deseruit opus, set, ut ait Apostolus, in fame, et siti, in frigore et nuditate [II Cor. xi, 27] positus, ortabatur inconcusso subjectos persistere corde, docens artam et angustam viam esse que ducit ad vitam, et non esse condignas passiones hujus temporis ad futuram gloriam, que revelanda est sanctis. Quo documento roborati, majoribus se atteri obtabant laboribus. Nulla eis tunc erat possessio, non vinee, non peccora, non equites, unus tamen erat asellus, cui solamen cum alicubi pergendum esset vicissim fratrum arcebatur deffectio. Vinum tantum diebus dominicis solemnibusque percipiebant. Pellebatur aliquoties eorum esuries lacte delatum a vicinis mulieribus : quoniam ariditate tabuerant corpora eorum, solo viventes pane et aqua. Quapropter inpigrum deppellerent frigus, lectaria utebantur, cum in vigiliis divinis adsisterent. Erant quippe pauperes rebus, predivites meritis, et quo eorum adterebantur inopia corpora, eo magis saginabantur virtutibus anime. Estuabant

[Side notes: Quidam inter monachos recedunt. — Benedictus ad proprium vult redire cenobium. — At increpatus cepit florere in religione pia. Vita ejus. — *Fol. 3 v°.]

siquidem amore celesti, soleque lacrime illis in angustia ferebant solamen. Quorum invictam fraternam unitatem Hostis cernens anticus, ac eam scindere arte molitur. Unum eis erat circa molinum, in quo que habere poterant molebant cybaria. Instigatus autem malignis cogitationibus, quadam eis nocte, ospes advenit, quem juxta posse reffectum in strato aselli collocant. At ille male vigil, quiescentibus illis, surrexit, et secum in quo jacuerat perferens, situlamque de qua auserat aquam, set et ferramenta molini non oblitus abcessit, pro bonis mala rependens. In crastinum vero damnum compertum magistro discipuli narrant, quos benevole ferre inlatas contumelias docuit, damnaque lucra putare, illique pocius dolendum adseverans, qui dum nisus est adquirere lucrum, perdidit fidem. Cepit interea paulatim turba discipulorum crescere, et fama pie religionis sensim per circa habitantium ora volitare, seseque extendens ad longe posita decurrere loca. Et quoniam vallis, in qua primum insederat, perangusta erat, paululum extra confinia ejus monasterium novvo opere construere cepit, laborantibusque fratribus ipse aliquando conlaborare, aliquando autem eorum ad vescendum dequoquere victum, librumque etiam pariter circa coquina occupatus scribere satagebat. Lignamina vero seppe propter penuriam bovum humeris propriis cum discipulis defferebat. Domus enim in eo erat loco, quo fundare moliebantur monasterium, quam auctam in honore sancte Dei genitricis consecrarunt Marie. Concurrentibus undique, et illius se certatim subjicere magisterio postulantibus, et fabrica monasterii cito perficitur, et in rebus locus ditatus augmentatur, dantibus singulis que habere poterant. Non enim ornatis parietibus tegulisque rubentibus, vel pictis laquearibus, set stramine viliquc maceria cooperire, vel facere domos decreverat. Licet enim multiplex numerus fratrum augeretur, ille semper viliora et umiliora appetebat. Quapropter si quis possessionibus suis aliquid conferre monasterio vellet, suscipiebat; sin vero servos ancillasque copulari niteretur, refugiebat, nec passus est quemquam *per idem tempus per cartam monasterio tradi, set ut fierent liberi imperabat. Vasa autem ad Christi conficiendum corpus nolebat sibi esse argentea : siquidem primum ei fuerunt lignea, deinceps vitrea ; sic tamen concendit

Antiquus Hostis fraternam unitatem scindere molitur.

Crescit turba discipulorum. Novum monasterium in valle proxima edificat.

Nullus servus in terris monasterii.

* Fol. 4 r°.

ad stagnea, planetam vero refutabat habere seritiam ; et si aliquis illi dedisset, mox aliis ad utendum prestabat. Preterea surrexerunt in regione eadem vel circumquaque nonnulli viri religiosi hedificantes monasteria, adgregantesque monacos, seseque ad exemplum beati viri exercitantes et ex ejus magisterio imbuti, vitam pristinam, priscosque amputantes errores, quibus ipse, ut pater erat, subsidium opemque ferens, non spiritalium solummodo rerum, verum et corporalium, quos sepe visitans ortabatur ceptum non deserere opus, ne egestate perculsus terroribusque adtritus retro respiceret animus. Sicque documento salubri fulta numerosa adsunt cenobia, et maxima monachorum extat multitudo. Orta autem fame gravissima per idem tempus, cepit multitudo pauperum, viduarum, pupillorum ad eum confluere, ac portas monasterii viasque stipare. Quos ille intuens inedia tabidos, immo ipsa jam pene morte glutitos, angebatur, quoniam unde tantam pasceret multitudinem, ignorabat. Set quia nichil deest timentibus Deum, quousque fruges adtingerent novas, que fratribus sufficere possint, seorsum jussit reponi, cetera per constitutos fratres per singulos dies precepit largire. Carnes etiam armentorum oviumque dabantur per singulos dies, lac etiam berbicum prebebat auxilium. Siquidem fecerant sibi tuguria congruis locis, in quibus usque ad novas habitarunt fruges. Deficiente cibaria, rursus ea que in fratrum reponi jusserat usus, mensurare precepit : quod factum est ter. In fratribus vero animis tantus inerat affectus misericordie, ut libenter etiam inpenderent, si fas esset, cuncta. Nam que sibi subtrahere poterat quisque, clam deferebat inedia consumptis, sicque vix erepti a famis fuere periculum. Aliquoties enim in ore panem habens mortuus reperiebatur. Nec illum silendum puto, quia cum pene provintiam illam eodem tempore perversum Feliciani invaserit dogma, ic ab omni pestifero perfidie errore inlesus, ope divina jutus (*sic*) evasit, multosque non solum infimos, verum etiam presules Ecclesie suo eripuit studio, et adversus nefandum dogma veris disputationum jaculis armatus seppe congressus est. Erat enim eo tempore et numerosa jam turba fratrum, et in fervore perpetue vite succensa. Certabant siquidem quis eorum esset umilior, quisve in obedientia promptior, in abstinentia

Surgunt monasteria in regione, quibus.

Benedictus pater est et subsidium.

Oritur gravissima fames.

Perversum Feliciani dogma.

Est in eo tempore numerosa turba fratrum in fervore perpetue vite succensa.

ardentior, in vigiliis anterior, in loquendo posterior, in vestitu vilior, in karitate ferventior : quibusdam etiam revelationes fiebant. Quidam namque erat frater, qui juxta umanam honestatem minus erat compositus, quem neglegenter incedentem dum Pater perspiceret, in animo eandem rusticitatem judicare cepit. Hic autem in hestasi ductus, gregem columbarum adgregatum cernens, quedam mire candoris fulgentes, quedam vero erant mira varietate distincte, quedam autem solo capite tetrum colorem gestabant. Qui cum sciscitasset quid hoc esset, dicta sunt nomina singulorum, quorum aut neglegentia fecerat nigros, aut studium splendore nitentes. His rediens ad se Patri que viderat retulit, eumque ne se despiceret, ammonuit. At ille singulorum acta discutiens, mentes fratrum, *de quibus a fratre didicerat, turbatas repperiens, et benignum malagma castigationis impositum ad congruam formam instituit. Set antiquus Hostis, egre ferens unitatem, augmentum boni gregis, nisus est quorumdam concutere corda, ut bonum institutorem a proprio ovile redderet extorrem. Plures quidem sua arte a monasterio pepulit, pluresque turbavit, set paratam tribulationibus non valuit concutere mentem. Confractas rursum recuperat perituras vires : sibi subjectos instigat, inferre damna imperat, equos bovesque furtim patenterque auferri jubet. Set qui Deum cunctis preposuerat rebus, sine dolore amittit que sine amore possidebat. Certe pro nulla amissa re umquam eum quisquam vidit commotum, perditam numquam repetiit, furatam numquam quesivit, furanti, si captus esset, beneficium prestitit, latenter ne caperentur, dimisit. Quidam vero cum equuos monasterii furtim auferret, a vicinis non sine vulnere captus, et Patri est presentatus. Cui ille inpensas prebuit, medicum instituit, sanatum incolumem direxit. Contigit autem vice alia, cum venerabilis Pater iter conficeret, alio secum comitante fratre, quemdam equum a monasterio sublatum sedentem obviare. Frater vero curiosis luminibus intuens eum qui furatus fuerat esse cognovit, mox voce prorupit monasterii esse equum. At ille silere eum jubet : sepe simularet equus equum solet, ait. Seorsum autem increpavit in fratrem, dicens : Et ego agnovi, set melius silendum censeo, quam verecundiam inferamus. Et quoniam omnipotens Deus qui cuncta

Quidam monachus in estasi ductus gregem columbarum cernit.

* Fol. 4 v°.

Antiquus Hostis quosdam vicinos ad furtum impellit.

creavit, mira etiam congruis temporibus per servos agit suos, que per hunc gesserit, pauca relatione perstringam. Ignis quodam tempore domum juxta beate Marie Virginis baselicam sitam invasit. Set cum vorax flamma stipulam lamberet siccam, concurrerunt dolentes fratres, domum quam non sine magno labore construxerant, a rapidis flammis videntes consumi, summoque studio satagunt, ne ygnis vicinam succenderet ecclesiam : illo enim omnis impetus flamme ferebatur. Ad quod spectaculum etiam Benedictus Pater accessit, cui protinus fratres, ut orationibus eos adjuvaret imperant. At ille festinus obtemperans jussa fratrum, sese cum lacrimis ante beate Virginis et Dei genitricis Marie altare prostravit. Illo autem orante, mox divina opitulante misericordia, in contrarium impetus ygnis convertit. Locustarum etiam tanta eodem tempore adfuit multitudo, ut sua densitate radios absconderent solis; que conglobato impetu in vineam, que monasterio vicina est, vastature resident, ex qua quam maxime pocula fratres percipere soliti erant. Vir vero venerabilis, beate Dei Genitricis adiit baselicam, et flebili voce perfusus lacrimis divinum implorat auxilium. Set post paululum male quiescentes abscedunt locuste. Rursus vice alia montem vicinum ignis invasit et arentem stipulam frondesque ac solis ardore perhustam cepit lambere terram, suoque impetu ruinam vinee ac monasterio minitans ibat. Ad quem exstinguendum omnis turba fratrum cucurrit, cum quibus et venerabilis Benedictus Pater adiit; set ygnis ceptum mox deseruit iter, dextera levaque exstinguendus properans. Non enim nisi oratione ejus credendum puto tantum incendium superatum fore. Cuidam etiam fratri custodia bovum erat injuncta. His *cum a monasterio ad suum vellet ire offitium, Patri benedictionem peciit; cui protinus ille signum crucis dedit, dicens : Dominus te custodiat. At cum frater in diversorium venisset, duobus latronibus occurrit; a quibus, dum incaute accessisset, tentus est per abenam equi quem sedebat; se vero diutius aspicientes, nil loquentes dimiserunt eum. At ille cito discessit, at postquam Patri retulit, ait : Benedictio te Dei servavit inlesum. Nec silentio illud pretereundum est, quod ipse aspexi. Frater enim quidam prepositus est constitutus, set in superbia lapsus, ab ordine preposilure deponitur. Ad tantam demum

Ignis domum beate Marie Virginis invadit.

Locustarum mira adest multitudo.

Rursus ignis invadit.

Cuidam fratri latrones occurrunt.

*Fol. 5 r°.

Fratrum præpositum, ob insipitudinem, virgis levigari jubet abbas.

malitiam ruit, ut a monasterio egressus latrocinia exerceret, ita ut ab ipso monasterio clam educeret equum. Quem temptum junctis pedibus subter equum ad monasterium deduci jubet, vociferantem et jurantem numquam se illo abiturum. Ob cujus insipitudinem virgis eum levigare jussit; sicque deinceps juste pieque vivens in cœnobio quievit, ac si ipse in eo Hostis malignus cesus fuisset. Actenus de vita tanti Patris, qualiter divina illustrante clemencia seculum reliquerit, qualiterque in Gotie partibus transmigraverit, ac de novo opere monasterium construxerit, dicta sufficiant. Nunc, opitulante Christo, ex precepto Karoli, quibus modis aliud in eodem loco cenobium hedificaverit, evidenti ratione pandamus. Anno igitur septingentesimo septuagesimo secundo, Karoli vero Magni regis quatuordecimo, adjuvantibus eum ducibus, comitibus, aliam rursus in honorem Domini et Salvatoris nostri ecclesiam pregrandem construere cepit, set et claustra novo opere aliam cum columnis marmoreis quamplurimis, que site sunt in porticibus, non jam stramine domos set tegulis cooperuit. Tanta autem sanctitate hisdem locus est preditus, ut quisquis fideliter petiturus advenerit, et non esitaverit in corde suo, set crediderit, statim quod poposcerit, impetrare licebit. Quia ergo mira religiositate prefulget, ratum ducimus, si depositione ejusdem loci aliquid post futuris pandamus. Siquidem venerabilis Pater, Benedictus, pia consideratione preventus, non in alicujus sanctorum pretitulatione, sed in deifice Trinitatis, uti jam diximus, nomine prefatam ecclesiam consecrare disposuit. Quod ut dico, luce clarius agnoscatur, in altare quod potissimum ceteris videtur, tres aras censuit subponi, ut in his personalitas Trinitatis typice videatur significari. Et mira dispositio, ut in tribus aris individua Trinitas et in uno altare essentialiter firma demonstretur deitas. Altare vero illud forinsecus est solidum, ab intus autem cavum illud videlicet prefigurans, quod Moyses condidit in heremum, retrorsum habens hostiolum quo, privatis diebus, incluse tenentur capse, cum diversis reliquiis Patrum. Hec de altario dicta sufficiant. Ad instrumentum domus, quo ordine vel numerosit[ate] compositum, succincte pergamus. Cuncta siquidem utensilia, que in eadem domo habentur, in septenario numero consecrata noscuntur. Septem scilicet candelabra

Anno DCCLXXII° aliam ecclesiam prægrandem et novum claustrum construere cœpit.

fabrili arte mirabiliter producta, de quorum stipite procedunt astilia spheruleque ac lilia, calami ac sciphi in nucis modum, ad instar videlicet illius facta*, quod Besebel miro composuit studio. Ante altare etiam septem dependunt lampades mire atque pulquerrime inestimabili fuse labore, que a peritis, qui eas visere exoptant, Salomonaico dicuntur conflate. Alie tantumdem in choro dependunt lampades argentee, in modum corone, que in se insertis circulis cyatos recipiunt per girum : morisque est precipuis in festivitatibus oleo repletos accendi, quibus accensis veluti in die, ita in nocte tota reffulget ecclesia. Tria denique altaria in eadem sunt dicata ecclesia vel baselica, unum videlicet in honore Sancti Michaelis archangeli, aliud in veneratione beatorum apostolorum Petri et Pauli, tercium in honore almi prothomartiris Stephani. In ecclesia vero beate Dei genitricis Marie, que primitus est fundata, Sancti Martini, necnon et beati Benedicti haberi videntur altaria. Illa vero que in cimiterio fundata consistit, in honore Sancti Johannis Babtiste consecrata dinoscitur, quo inter natos mulierum majorem neminem surrexisse divina attestarunt oracula. Considerare libet quanta umilitate ac reverentia hisdem metuendus sit locus, qui tot principibus videtur esse munitus. Siquidem Dominus Christus Princeps est omnium principum, Rex regum, et Dominus dominantium, beata vero ejusdem Dei genitrix Maria, cunctarum virginum creditur esse regina, Michael cunctis prefertur angelorum, Petrus et Paulus capita sunt apostolorum, Stephanus protomartir principatum tenet in choro testium, Martinus vero gemma refulget presulum, Benedictus cunctorum est Pater monachorum. In septem itaque altaria, in septem candelabra, et in septem lampades septimformis gratia Spiritus Sancti intelligitur. Cognoscat quisquis ille est, qui hanc cupit legere vel audire vitam, cunctorum hoc capud esse cenobiorum, non solum que Gotie in partibus constructa esse videntur, verum etiam et illorum que aliis in regionibus ea tempestate et deincebs per hujus exempla hedificata, atque de thesauris illius ditata, sicut inantea narratura est scedula. Dedit autem cor suum ad investigandam beati Benedicti Regulam, eamque ut intelligere possit satagere circumiens monasteria, perito[s] quosque interrogans que ignorabat, et omnium

*Fol. 5 v°.

Beati Benedicti investigat regulam abbas, omnium Sanctorum regulas congregat, monasteriorum consuetudines discit et eas monachis tradit observandas.

sanctorum quascumque invenire potuit regulas congregavit, normamque utilem, et monasteriorum salubres consuetudines didicit, suisque eas tradidit monachis observandas. Instituit cantores, docuit lectores, habuit gramaticos, et scientia scripturarum peritos, de quibus etiam quidam post fuere episcopi. Adgregavit librorum multitudinem, congregavit preciosa vestimenta ecclesiastica, calices argenteos pregrandes, offertoria argentea, et quicquid operi Dei necessarium esse conspexit, summo cum studio adquisivit. Notus itaque factus est omnibus, et fama sanctitatis ejus regias imperialesque penetravit aures.

Per cartam Karolo imperatore monasterium tradit possidendum.

Abiit deinde ad gloriosissimum imperatorem Karolum ob utilitatem monasterii, illique cenobium pia consideratione preventus, ne incommoda a parentibus suis paterentur, post ejus discessum superstites, per cartam tradidit possidendum : a quo mox *[im]munitatem percepit continentem ita.

*Fol. 6 r°.

In nomine sancte et individue trinitatis, Karolus, Dei gratia Rex Francorum et Longobardorum, ac patricius Romanorum.

Maximum regni nostri in hoc augere credimus munimentum, si beneficia oportuna loca [locis] ecclesiarum benevola devotione concedimus, ac Domino protegente, stabiliter perdurare conscribimus. Igitur notum sit omnibus episcopis, abbatibus, comitibus, vicecomitibus, vicariis, centenariis, judicibus, seu omnibus fidelibus presentibus scilicet et futuris, qualiter vir venerabilis, Benedictus, abba, ex monasterio quod ipse novo opere, jure proprietario, a fundamentis, in honore Domini ac Salvatoris nostri Jhesu Christi, seu semperque Virginis ejusdem Dei genitricis Marie, seu aliorum sanctorum hedificavit, in loco nuncupante Aniano, in pago Magdalonense, *subtus castro Monte Calmense, ad Nostram accessit Clementiam, et predictum monasterium, cum omnibus rebus et ornamentis ecclesie seu appendiciis vel adjacentiis suis, in manibus nostris plenissima deliberatione visus est delegasse; et ipsum sanctum locum sub nostra defensione atque dominatione, ad regendum nobis visus est tradidisse. Idcirco ad ejus petitionem talem pro eterna retributione beneficium erga ipsum sanctum locum visi fuimus indulsisse, ut in ecclesiis et locis vel agris seu aliis possessionibus ipsius monasterii, quas moderno tempore per nostram donationem ac confirmationem seu ceterorum fidelium juste possidere videtur, in quibuslibet locis quiquid* (sic) *ibidem propter divinum amorem collatum fuit, queque etiam*

*deincebs in jure ipsius sancti loci, aut per nos aut per alios, voluerit divina pietas augeri : precipientes jubemus atque anatematizamus ut nullus comes neque episcopus, aut ulla judiciaria potestas, ad causas audiendas vel preda exigenda, aut mansiones, vel paratas faciendas, aut fidejussores tollendos, nec homines ipsius monasterii, tam ingenuos quamque servos, qui super terram memorati monasterii residere videntur, distringendos, nec ullas redibitiones aut inlicitas occasiones perquirendas, aut ullum omnino censum inquirendum, ullo umquam tempore ingredi audeat, vel exactare presumat, sed hoc ipse abbas vel successores sui aut monachi memorati loci, presentes scilicet et futuri, propter nomen Domini, sub integra emmunitatis nomine, absque cujuslibet inquietate aut contrarietate valeant dominare, et nulli umquam homini pro qualicumque re nullum censum omnino audeant inpendere, set ipsum sanctum locum sub nostra defensione atque dominatione volumus constare. Statuentes ergo atque jubentes ut neque vos, neque juniores seu successores vestri, vel quislibet ex judiciaria potestate in eeclesiis et locis vel agris seu reliquis possessionibus suprascripti monasterii, vel de omnia que supra scripta sunt, nullo unquam tempore inquietare aut exactare presumatis, sed quod propter nomen Domini, eterna remuneratione ad jam fatum monasterium indulsimus perennibus temporibus proficiat in augmentis. Et quandoquidem divina vocatione suprascriptus venerabilis Benedictus, abbas, vel successores ejus, de hac luce migraverint ad Dominum, qualem meliorem et nobis per omnia fidelem, ipsa sancta congregatio de suprascripto monasterio aut *de qualicunque loco voluerint eligere abbates* * Fol. 6 v°.
qui ipsam sanctam congregationem secundum regulam Sancti Benedicti regere valeat, per hanc nostram auctoritatem et permissa indulgentia licentiam habeant, et ubicumque voluerint ordinari aut ipsi aut monachi ipsorum, vel a quolibet pontifice, ex precepto et consensu nostro potestatem habeant, quatinus ipsis servis Dei qui ibidem Deo famulari videntur, pro nobis ac conjuge, proleque nostra et stabilitate tocius regni a Deo nobis commissi vel conservandi actencius Domini misericordiam exorare delectentur.

Et ut hec auctoritas confirmacionis nostris futurisque temporibus, Domino protegente, valeat inviolata manere, manu propria signaculum subscripsimus, et anuli nostri impressione adsignari jussimus [1].

Hec gloriosissimus rex Karolus, venerabili viro Benedicto per preceptum contulit, set et circumquaque utilia peccorum laboribusque apta

[1] Cette phrase est inscrite en marge dans le manuscrit.

per cartam imperialem loca ab eo suscepit. Honore autem magno ab imperatore donatus, scilicet argenti libras ferme quadraginta, ad suum in pace rediit quantocius monasterium. Mox autem patrium ut attigit solum, divisum per partem quod adtulerat argentum, benedictionis gratia per singulorum direxit monasteria. Erat enim illi hoc nostris temporibus pre cunctis singulare donum, benevola scilicet circa omnes piaque consideratio atque sollicitudo omnium monasteriorum circa longeque positorum. Etenim ea crebro visitabat, et ordine sancte vite imbuebat. De his autem que illi a fidelibus conferebantur, juxta numerum habitantium, vel secundum posse transmittebat, his qui magis indigebant amplius, exigua autem indigentibus minus. Noverat utique singulorum monasteria, eorumque nomina retinebat. Pallia vero, quia singulis dare non poterat, per partes divisa ad cruces saltem faciendas mittebat. Omnium denique monasteriorum, tam in Provincia quam in Gotia seu Novempalitana provintia consistentium erat quasi nutrix, fovens juvansque, atque ab omnibus amabatur ut pater, venerabatur ut dominus, reverebatur ut magister. Pauperum quoque summo cum studio secernebatur portio, viduarum non paciebatur in alios expendere usus particulas. Omnium siquidem sanctimonialium viduarumque circa positarum noverat nomina. Captivis ylariter prebebatur redemtio, nullus illo habente indonatus, ut reor, habiit, set pro posse, omnibus omnia factus est. Quapropter ultro quisque ei suam ferebat subtantiam, quam in usus pauperum, egenorum, viduarum captivorumque ac monachorum expendendam compererat : ita ut a quibusdam pene quatuor aut quinque susciperet milia solidorum vasorumque, indigentibus distribuendam. Cura illi etiam erat ingens suos non solummodo predicationis reficere cibo, verum etiam quoscumque obviare contingeret, mox celesti eos alebat pane, et ne oblivione salubrem ammitteret escam, verbis talibus ut tenacius inhererent cordi insulcare consueverat. Esto, inquiens, casto corpore et umilis corde quoniam Deo accepta non est superba castitas aut umilitas inquinata. Quibusdam vero hoc inculcare solitus erat : si plurima tibi inpossibilia esse precepta noscuntur, hoc exiguum serva preceptum : Declina a malo, et fac bonum [Psal. xxxvi, 21]. Que sententia ita ei familiaris

Omnium monasteriorum est quasi nutrix, Benedictus.

Terreno non solum, sed celesti pane omnes alebat.

extitit, ut tempore, mortis collectis omnium Patrum sententiis, unum ex ea vellet conficere librum. Fratribus vero sibi subjectis omni ora, in nocturnis scilicet, in capitulo, in refectorio, pabula vite prebebat. Et quoniam, dum benivolentiam ejus pandere *tentavimus, virtutum ejus copia palam occurrerunt, pro viribus comodum decernimus quantulumcumque de his necientibus desiderantibusve enucleare. Hoc enim comperit omnis qui illius familiaritati adesit, caritate eum vincere cunctos. Numquam enim que sibi set pocius que utile aliis judicavit agere voluit. Quod si recessit, cito correxit. Caritatis enim amore, ut plures faceret salvos, aliorum circuibat cellas, et eis Regule sancte pandebat absconsa. Caritate utique plenus, Arelato cum quampluribus episcopis, abbatibus, monachis per plures resedit dies, canonum secreta pandens, et beati Gregorii pape homelias enucleans ignorantibus. Plenus nempe caritate, ex diversis locis in suo cenobio suceptos alebat clericos ac monachos quibus magistrum preponens sacris imbuebat sensibus. Caritate sibi injuriam facientibus, munera destinabat. Neque laborandum est ut pandamus que melius cuncti viderunt : perplures obsequio experti sunt. A rigore vero sue prime conversionis paululum declinarat, quoniam impossibile opus adsumserat : set voluntas eadem permanebat. Siquidem cum arantibus, ipse arabat, cum fodentibus socius erat, cum messoribus metebat. Et quamvis regio illa solis calore esset adusta, et ita vapor ygnis, velut a clibano procedens, incendebat pocius quam calefiat ; hic suis nimio fervore estuantibus, vix ante oram reffectionis aque poculum indulsit. Nam labore defessi, ygne perusti, frigulam pocius desiderabant aquam quam vinum ; nec erga eum quisque murmurare poterat quoniam similia paciebatur. Que eis res non modicum ferebat solamen, quoniam dum se arentem siti cerneret, humanius erga suos agebat ; nec laborantium quis fabulis perstrepere audebat, sed manus opere, lingue occupabantur psalmodiis. Euntium enim et redeuntium ac laborantium ora divinis meditationibus erant intenta. Seppe eum etiam palmas cedere vidimus, eorum videlicet qui erga eum in potu ciboque humanius agere conati sunt. Sepe sibi positum vas mensurare conspeximus, et, sicut hi qui cellario prefuerunt narrant aliis bibentibus vinum, aquam excepto sabbato aut dominica die

* Fol. 7 r°.

Cunctos caritate vincebat.

A rigore prima conversionis paululum declinaverat, sed voluntas et exemplum idem permanebant.

3

sepe bibebat. Sepe a cybo ejus pinguedinem subtraximus, et ne vel exigua particula casei triti in eo inveniretur summopere curabatur. Carnem quadrupedum a die conversionis sue usque ad exitum vite edere noluit, jus e pullo compositum sumebat, si aliqua accessisset debilitas. Multos etiam per annos primevo tempore pinguedinem vetuit : ceteris vero, quotiens oportunum fuit, ea que sibi negabat prebebat. Tanta enim ejus erat sollicitudo, ut si vel modica grana leguminum, vel exigue porri comme cauliumque folia ab eo neglecte invenirentur, mox digna excommunicationis animadvertebatur sententia, cujus probaretur esse delictum. Sin autem quis ei aquam ad lavandum porrigeret, et, ut solet, largius quam decet effunderet, peccatum incurrere fatebatur, eo quia discretionis non incederet calle. Erat illi et hoc singulare bonum. Nam si quis cogitationibus concussam mentem gerens, mox, ut ad eum accederet (ibat) ejus salubre consilio tumultuosa turba cogitationum habitabat (abibat). Sepe etiam cum infestis cogitationibus pulsatus quis, sicut a vero fratre didici, diceret, quia ibo et pandam vos domno. Benedicto,
* Fol. 7 v°. ilico inportunus ab eo *recedebat tumultus. Si quis vero gravioribus esset detentus delictis, illi cor suum pandens, consolationis recipiebat fomentum. Si tristicie morbo angeretur, accedens ad eum mox letus discessit.

Crescit turba monachornm. Mansionem novam pergrandem jubet construere Benedictus.

Ducta est autem turba monachorum Deo famulantium, ita ut plus quam trecenti fierent, ob quorum eximiam congregationem talem mansionem construere jussit, que mille et eo amplius homines capere videtur, centum recipiens cubitos in longitudinem et viginti in latitudinem. Et quia cetera loca eos capere non quibant, constituit locis congruis cellas quibus, prefectis magistris, posuit fratres.

Domum minatur inundatio.

Accidit denique eodem tempore inundatio pluviarum, quiescentibusque magistro cum fratribus subito ab ambobus hostiis ingredi redundans aqua cepit ac quiescentium occupare domum. Pavore vero fratres perterriti concite surgunt. Domus autem latrinarum super torrentem magno cum labore fuerat sita, quam tumens torrens nitebatur subvertere, ita ut ab inferioribus conquassientes, rauco cum murmure, unde in jam jamque ruituram prosilirent domum. Concurrunt pariter media ferme nocte ad ecclesiam, ubi ipse Pater perveniens primus, signi funem arripuit, jussitque canere laudes, sanctorumque implorare suffragia atque cum lacrimis una Dei flagitare clementiam. Post multas quoque preces adeunt visere, si jam domus foret subversa. Quo eunte venerabile viro, obscura sub caligine noctis vepris cruribus ejus esit, nimioque tedio affectus lacrimabiliter, ut sedaretur inundatio, Deum deprecatus est. Set cum ad locum devenerunt, integro decendisse pede aqua reperta est. Confisi jam de Dei adjutorio, ad socios in ecclesia constitutos redeunt et beneficia Dei narrantes pariter benedixerun Deum. Interea audientes ejus sanctitatis famam gregisque ejus sanctam opinionem, postulare instanter exempli gratia monachos nonnulli episcopi ceperunt, de quibus Leidradius, Lugdunensium pontifex, volens monasterium quod vocatur Insula-Barbara rehedificare, quesivit instanter qui ei initium bone vite ostenderent, et accepit. Siquidem electos ferme a grege xx discipulos, quibus preposuit rectorem, eosque Burgundie partibus ad habitandum direxit : quo prestante, Christo Domino nunc in sancta religione pollentes et florentes, pregrandis est turba adgregata monachorum. Teodulfus quoque Aurelianensium presul, cum monasterium Sancti Maximini construere vellet, a jam prefato viro postulat regularis discipline peritos : cui mox adsensum prebuit, et bis denos illi monachos prefecto magistro misit. Qui constanter in sancto studio decertantes, non parvam monachorum turbam coadunarunt, quos cum visitandi gratia Pater venerabilis adisset, que ibidem acta sint pandam. Siquidem ejus prestolantes adventum, omni studio satagunt quatinus, ejus pro amore, copia piscium cyborumque apparatus non solum illi, verum etiam omnibus fratribus foret abunde. Fit concursus fratrum, sollicitantur piscatores, perscrutantur nundine : set tanta evenit difficultas, ut nec ad emendum invenirentur, nec ab eis capi possit. Qua de sterilitate nimio afficiebantur merore. Advenit interdum magister, gaudentes suscipiunt, gaudensque eorum prefectibus resalutat : set verecundiam fratres leto celabant sub vultu. Preterea accidit ut frater quidam, quippiam operis exercens, juxta fluvium Ligeris sisteret : et ecce subito pregrandem piscem, quem ysicem vocant, conspicit circa litus natantem ; ad quem non tardus *capiendum insiluit, abstractumque fratribus detulit. Fit quoque ac de re gaudium set ammiratio major. Omnes tamen meritis

Nonnulli episcopi, volentes monasteria instaurare, quærunt eum, ut bonæ vitæ initium doceat.

Monachos visitat.

* Fol. 8 r°.

hoc venerabilis viri Benedicti evenisse confessi sunt. Hoc enim ego a fideli fratre, ni fallor, ita didici. Alcoinus quoque ex genere Anglorum, ordine levites, sapientia preclarus sanctitatis merito venerabilis, regens monasterium beati Martini confessoris, qui fuit Turonensium pontifex quique in aula gloriosi imperatoris Karoli omni honore dignus habebatur, auditam expertamque viri Dei sanctitatis famam, inviolabili se illi caritate conjuncxit, ita ut ex suis epistolis ei sepe directis adgregatis in unum unus conficeretur libellus. Datis itaque illi muneribus postulat obnixe sibi monachos dari. Cui cum protinus venerabilis Pater adsensum prebuisset, equos misit qui e(qu)os ferrent : quos in monasterio, cui nomen est Cormarinc, quod edificaverat, collocavit. Fuere etiam et hi, ut reor, xx cum prelato sibi magistro : ad quorum bonum conversationis exemplum, magna est adgregata multitudo monachorum. Que autem per idem tempus propicia Divinitate sint acta miracula, non ab rem puto, si huic operi inserantur. Quidam siquidem frater ut tabulam sacratam, in qua beati Dionisii erant reliquie aliorumque Sanctorum plantate missus est ab alia cella ad aliam deffere : hisque secum pergens catulos detulit, tabulam vero sacratam post aliquos dies revertens, non lotis vestibus incautus defferre nititur. Ingressus navigio properat. Erat enim cella ipsa inter stagnum et mare sita. Sed, ut mox terram attigit, equumque ascendens in quo catulos pertulerat, tabulam portaturus suscepit, divina hunc ultio perculit. Equus quidem eadem ora se in circulo rotando conversus est, quousque frater in terram rueret, tabula quoque manibus ejus elapsa inlesa suscipitur. Equus siquidem statim exstractus est; sed et his qui ceciderat frater non sine magno est langore evectus, a quo diu confectus tandem sanitatem recepit. Hi vero fratres qui petendas reliquias miserant, que acciderant audientes, alium rursus fratrem mittunt. Qui quoniam erat sacerdos, secum crucem, in qua lignum erat Dominicum tulit. In stagnum vero ingressus, valida tempestate vexatur navicula : sed mox ut crucem quam collo gestabat undis tumentibus opposuit, quieverunt procelle. In cella vero quiescens, per somnium vidit mire candoris virum, qui eum ita affatus est. Nisi, inquid, lignum Domini mei tecum adtulisses, nequaquam abhinc quo velles tempore exires. Admonetur ita-

Alcuinus inviolabili caritate se Benedicto jungit. Eorum epistolæ.

De monasterio Cormarine dicto.

Miracula.

que ut pedester eas defferret, et quoniam non obtemperavit deductas ad prefatam cellam reliquias, gravi est infirmitate percussus. Post hec autem in ecclesia eadem, qua reliquie fuerunt delate, parum pendebat, in cujus vascula permodicum erat oleum, sed in crastino plena reperta sunt. Hoc autem contigit per ter. Hec nempe his quibus languor acciderat narrantibus conperi. In montibus autem in quibus fratres soliti erant alendarum ovium curam habentes habitare, sibi ad orandum exiguum oratorium construxerant, in quo ingresse sunt mulieres postquam fratres ab eo discesserant loco, et deridentes habitacula monachorum aiebant ad invicem : Tu vicem abbatis habeto, in loco ejus stans. Sicque singule ordinatim stantes, in loco orationis quasi orantes, male surrecture recumbebant. Vacua siquidem remanserant habitacula, in quibus estatis tempore solummodo morabantur, set eas statim digna subsequitur ultio. Tornutionibus vero vexari ceperunt, a quo *dolore non sunt erepte, quousque viri earum subsecuti sunt monachos a montibus cum ovibus descendentes, eosque precati sunt, ut pro temerariis preces funderent. Orantibus autem fratribus sanitati sunt continuo reddite. Quidam inergumenus vice etiam quadam ad monasterium parentibus deducentibus suis venit, qui in baselica beate semperque virginis Dei genitricis Marie collocatur pro quo, dum orationem cum vigiliis fratres fudere, sanitatem perceptam dicessit in pace. Femina rursus inmundo spiritu plena, ad monasterium pervenit, eamque in oratorium sancti Johannis Babtiste, quod in cimiterium situm, fratres cum vigiliis et orationibus custodiunt, qui prestante Deo sospes abscessit. Ad oratorium vero quod in honore sancti Saturnini martiris dedicatum est, ubi venerabilis vir primum abitare cepit, si quis febricitans habierit et paululum dormierit, si fide non esitaverit, incolumes revertetur ad propria : que multorum relatione didici, eorum videlicet qui per semet beneficium sanitatis experti sunt. Hec de miraculis nostris actis temporibus pauca dixisse sufficiat.

* Fol. 8 v°.

Ludovicus, rex Aquitaniorum, Benedictum mittit ad Regulam cunctis monachis regni docendam.

Ad ordinem ceptum, juvante Deo redeamus. Glorissimus autem Ludovicus, rex Aquitaniorum tunc, nunc autem divina providente gratia tocius Ecclesiæ Europa degentis imperator Augustus, sanctitatis ejus vitam compertam permaxime diligebat, ejusque consilium libenter obtemperabat; quem etiam omnibus in suo regno monasteriis prefecit, ut normam salutiferam cunctis ostenderet. Erant enim quedam monasteria instituta canonica servantes, Regule autem precepta ignorantes. Cujus ille obediens jussis, circumivit singulorum monasteria, non solum semel et bis, sed et multis vicibus ostendens monita Regule, eamque eis per singula capitula discutiens, nota confirmans, ignota elucidans : sicque actum est, providente Deo, ut omnia pene monasteria in Aquitania sita regularem

Antiquus Hostis animum imperatoris Karoli adversus eum concitare nititur.

susciperent formam. Sed is qui bonis actibus semper invidet, innocentie adversarius et pacis inimicus non equum decernit, si pii regis diutinus adhereret amiciciis damnum sue parti inferre non dubitans, horum si eminus indivisa caritas permaneret; et quoniam nature sue gloriam superbiendo amisit, in ea bona que perdidit ne homo introducatur totis viribus cavet. Dolet enim hominem miseratione Dei recuperari. Set nec mirum si piorum probitate hostis crucietur antiqus, et eorum quos invincibiles cernit profectibus torqueatur, cum sint etiam plures qui hujus malignitatis opera imitentur. Multi enim, quod dolendum valde est, uruntur alienis utilitatibus, atque in eorum armantur odium, quorum sequi nolunt exemplum. Prefatis ergo proficuis actibus Deoque dignis agnitis, quorum stipatus agmine, invidie jaculis armatus, male pugnaturus processit, et primum quidem clericorum in ejus derogatione accendit animos ; tunc demum aule regie militum stimulat corda, quorundam etiam comitum subvertit mentem, omnesque pariter invidie face succensi non clam, sed jam palam virus pestifere mentis vomentes circillionem rerumque cupidum et prediis aliorum invasorem, suarum animarum jugiter oratorem publica voce clamabant, quorum vesana sevitia ad tantum nefas prorupit, ut animum serenissimi imperatoris Karoli erga eum concitare temptarent. Set vir Dei bene secura conscientia, nec derogationibus commovetur, nec fraudulentis assertionibus

* Fol. 9 r°.

perterritur. Palatium deinceps hac de re adiit. Quo eunte *prohibere nonnulli conantur, adtestantes si conspectibus imperatoris adsisterit, patriam ultra non visum iri, quoniam erga se nimis imperialis ira foret accensa. Pergit tamen intrepidus, Dei miseratione confisus illi spem suam commitens, cujus pro amore certabat non pigrus. Esto, exilii decerneretur subire laborem, mentem suam agebat famulari Deo securiorem. Quod si ab officio ne preesset pelleretur, omni desiderio actenus hoc se concupisse narrabat. At priusquam in conspectu imperatoris adstetit, ad tantam superna pietas tranquillitatem ejus inflexit mentem, ut viso eo deoscularetur, eique poculum propria porrigeret manu : et quem emuli a proprio solo autumabant fieri extorrem, ad eum rediit magno cum honore. Sicque, divina ordinante misericordia, eum dum infamare conati sunt, predicarunt, et quem mentiendo odiosum reddere studuerunt, hunc non solum minimis, verum etiam magnatibus venerandum ostenderunt.

Villelmus quoque comes, qui in aula imperatoris pre cunctis erat clarior, tanto dilectionis affectu beato Benedicto deinceps adesit, ut, seculi dignitatibus dispectis, hunc ducem vie salutaris eligeret, qua pertingere posset ad Christum, acceptamque tandem convertendi licentiam, magnis cum muneribus auri, argentique ac preciosarum vestium spetiebus subsequitur venerabilem virum. Nec mora in deponendi comam fieri passus est, qum pocius die natalis apostolorum Petri et Pauli, auro textis depositis vestibus, Christicolarum induit abitum, seseque celicolarum adscisci numero quantocius congaudens. Vallis vero a beati viri Benedicti monasterio ferme quatuor distat milibus, cui nomen est Gellonis, in qua construere prefatus comes, in dignitate adhuc seculi positus, cellam jusserat; illo se vite sue tempore Christo tradidit serviturum, et quoniam nobilibus natalibus ortus, nobiliorem se fieri Christi amplectendo pauperiem studuit, summumque quem genuino perceperat, pro Christo abjecit honorem; ratum puto si de piis conversationis ejus actibus pro nescientibus pandam. Etenim in cellam prefatam venerabilis Pater Benedictus suos jam posuerat monachos, quorum exemplo imbutus, infra paucos dies, eos a quibus edoctus est, virtutibus antecellit. Adjuvantibus quoque eum filiis, quos suis commitatibus prefecerat, commitibusque vicinis, ad perfectum fabricam monasterii, quam ceperat, cito deduxit. Qui locus ita secretus est, ut solitudinem non desideret abitator. Cingitur denique nubiferis undique montibus : neque cuiquam illic accessus est, nisi quem ultroneus orandi causa deduxerit animus. Tanta vero ameni- Willelmus comes.

tate est perfusus, ut si Deo servire decreverit, aliorum non desideret loca : siquidem adsunt vinee, quas prefatus vir plantare precepit, ortorum quoque copia vallis stipata diversorum generibus arborum, possessiones adquisivit plurimas. Petente siquidem eo serenissimus rex Ludoycus spatioso hoc dilatavit termino, de fiscis suis ad laborandum concedens loca, vestes sacras perplurimas dedit, calices argenteos aureosque et offertoria preparavit, libros secum perplures adtulit, altaria auro argentoque vestivit. In hanc nempe ingressus cellam, totum se dedicavit Christo, nichil mundane pompe relinquens vestigium. Tante autem deinceps umilitatis fuit, ut rarus aut nullus ex monachis ita flecti
* Fol. 9 v°. posset, dum obviare contingeret, *ut ab eo umilitate non vinceretur. Vidimus sepe eum sedentem asinum suum, flasconem vini in stratorio defferre, eumque super insedi, calicem in terga humeris vehentem nostri monasterii fratribus tempore messis, ad refocilandam sitim eorum occurrere. In vigiliis quoque ita pervigil erat, ut vinceret cunctos. In pistrino, nisi occupatio aliqua prepediret aut egritudo tardaret, propriis operabatur manibus. Quoquinam vice sua complebat. In habitu summe humilitatis adsumpserat formam, jejunii amator extitit, orationibus instans, compunctioni continuus : vixque corpus Christi poterat percipere, priusquam lacrimarum ejus in terram decurrerent gutte. Lectuli quoque duritiam avide expetebat : set propter ejus invalitudinem Benedictus Pater culcitram, eo nolente licet, substerni fecit. Aiunt nonnulli se quia sepe pro Christi amore flagellis cedi, nullo alio preter eo qui aderat conscio jussit. Mediis fere noctibus glacialibus profusus rigoribus, uno perraro tectus tegmine, sepe in oratorium quod in honore sancti Michaelis construxerat, soli Deo notus, vacans orationibus stabat. His aliisque virtutum fructibus intra exiguos stipatus annos, imminere sibi diem mortis cognoscens, cunctis monasteriis in regno domini Karoli pene sitis per scripturam notum fieri jussit, se ab hoc jam seculo migrasse : sicque deinceps copia virtutum reportans, Christo vocante, migravit e mundo. Hec proscire cupientibus dixisse sufficiant : ad ceptum rursus redeamus opus. Piissimus quoque Ludoycus rex, quo ab insanis magis magisque inridebatur Benedictus, venerabilis abba, eo sibi eum in dilec-

tionis sociabat multocius amore, sciens malorum esse consuetudinem profectibus obesse justorum. Regina quoque pio affectu colebat eum, et quia justum noverat, libenter obscultabat, suisque muneribus sepissime honorabat. Et quoniam turba discipulorum ejus succreverat, et locus in quo ipse degebat infecundus humusque sterelis pene et ardore solis superhustus est, dedit illi monasterium quod est in Arvernis territorio situm, quod sanctus Meneleus regio de semine ortus fundavit, in quo et jacet in corpore : ubi duodecim direxit monachos, constituens eis abbatem summe reverentie virum, nomine Andoarium, qui a primevo tempore conversionis sue ei adheserat, virum probatum et multis laboribus adtritum ; quibus laborantibus pioque studio decertantibus ferme septuaginta, vel eo amplius, illis monachicam vitam pro posse servantes adheserunt. Ad quod monasterium dum quadam vice egregius abbas, visendi gratia, fratres adiret, ex alia parte ejus adventum dum quidam abbas cum fratribus suis expeteret, contigit eum in ipsius monasterii cellam, ubi ecclesia in honore Dei et Salvatoris nostri sita est, advenire. Siquidem ibi primum habitare fratres ceperant : set quia angustus erat locus, ad jam prefatum monasterium serenissimus rex eos transtulerat. Fratres autem qui ad providendam cellam remanserant, videntes abbatem una cum suis gavisi sunt. Et quia erat eis ingens paupertas, tristabantur. Set quoniam ubi karitas est, etiam exigua sufficiunt, jubet qui preerat fratribus, vinum afferre; cui mox ille : nichil, inquid, esse in vasculo vinum. Duo siquidem illis vascula euntes permodica reliquerant fratres, in quibus modicum erat vinum, ex quo vel missas canere, vel dominicis diebus singulas perciperent potiones. Audito autem magister celle illius non esse vinum in vasculo, doluit, set confidens ait. Perge et affer nobis quoniam pro amore patris nostri bibent hi qui ad eum properant, et non defficiet eis. *Perrexit frater et abstracto duce egreditur vinum. Jam quidem prius voluerat accipere, sed nequaquam inventum recesserat. Nunciat quod acciderat : glorificant Deum qui aderant, et meritis domni Benedicti fieri profitentur. Biberunt ergo pro velle, et secum benedictionis causa tulerunt. Domnus quoque Benedictus cum suis adveniens, juxta quod opus fuit accepit, secumque ex eo in via tulit :

Dat regina monasterium, in Arvernis, quod fundavit Sanctus Meneleus.

Quum, quadam die, fratres adiret abbas, vinum deficiens in vacuis vasculis tamen sponte venit.

*Fol. 10 r°.

sicque post hec cessavit vas fundere vinum. Ipsis nempe fratribus hec qui viderant refferentibus comperi, qui usque nunc testes horum existunt. Alia rursus vice, in eodem monasterio venit : post longum vero predicationis sermonem pioque confabulationis alloquio, discessurus pacis osculum fratribus prebet. Quidam autem frater inter alios osculaturus accessit : quem perspectum vir Dei protinus substitit, pacisque osculum paululum negavit : post increpationem vero congruam, nobis mirantibus fratrem deosculatus est. Post hunc quoque inter alios alter adfuit frater, cui similiter fecit. Tunc demum ultimo vale dicens fratribus habiit. Illo autem abeunte in crastino compertum est quoniam fratres illi fugam arripere disposuerant. Intelleximus tunc quoniam ob hanc causam eos, revelante sibi Sancto Spiritu, venerabilis abbas osculari tardabat, quorum perversam voluntatem, etsi non patenter ostendit, turbatas tamen conscientias salubriter increpavit. Aliud demum illi monasterium gloriosissimus rex dedit ubi, ut reor, viginti monachos misit, abbatemque illis constituit. Situm vero est monasterium illud in territorio Pictavense et dedicatum in honore Sancti Savini, in quo positi fratres dum in piis studiis vigilanter desudant, turba monachorum non parva eis adjungitur. Rursus ei aliud contulit monasterium, quod est in territorio Bituricense situm, illoque quadraginta ferme posuit monachos constituitque abbatem : et quoniam locus ille novo opere erat fundandus, adjutorium prestitit libros vestesque sacras dedit. At illi in sancte religionis habitu florentes, sancteque conversationis normam pandentes, unitatem quoque spiritus servantes in vinculo pacis, permaximum intra Christi ovile gregem monachorum adgregarunt. Ulfarius etiam quidam nomine, Vuilelmi consanguineus, vir inluster et nobilis per cartam ei ad hedificandum monasterium locum tradidit in Albiensis confinio, ubi etiam monachos, ordinato illis abbate, fere duodecim misit : et his etiam quoniam novo opere fabricam monasterii ceptam perficere satagebant, libros plurimos contulit, vestes sacras prebuit, calicem argenteum ac offertoria, crucemque et omnia que illis necessaria fore prospexit, administravit. Ipsi vero tam in hedificia rerum corporearum quam etiam in hedificatione animarum, sancteque Regule institutis decertantes, magnam Christo

Cuidam fratri pacis osculum negat.

Rex aliud monasterium dat in territorio Pictavense.

Aliud in territorio Bituricense.

Ulfarius quidam, vir illuster, cartam ei tradit ad edificandum aliud in Albensis confinio.

Deo famulantium congregationem religiosorum fratrum adquisierunt. Post hobitum quoque serenissimi imperatoris Karoli, cum filius ejus, Ludovicus, rex Aquitaniorum, imperii curam suscepisset, Francie eum partibus ire jussit, in Alsath Maurum monasterium designavit, ubi plures sue vite sequaces ex Aniano monasterio collocavit. Et quoniam magnum a palatio distat spacium locus prefatus, nec congruo occurrere tempore cum vocaretur poterat, et quia imperatori multis pro causis erat necessarius, placuit imperatori ut non longe a palatio provideret locum abtum sibi, in quo cum paucis quiescere posset. Sicque prefecto abbate fratribus Mauro degentibus, ipse cum nonnullis imperatoris *voluntati obtemperaturus accessit. Vallis autem erat vicina, que a palatio, ut reor, sex non amplius milibus distat, que viri Dei placuit occulis : ibique imperator jussit construere miro opere monasterium, quod vocatur Inda, mutuato de rivulo ejusdem vallis nomine. In dedicatione vero ecclesie adfuit imperator, eamque de suis copiosissime ditavit fiscis immunitatemque jussit, atque per scripturam triginta ut ibidem Deo fratres Christo famulantes persisterent monachi statuit. Qua de re, ut numerus impleretur venerabili abba de notis monasteriis lectos jubet venire fratres, quos suo instrueret exemplo, essentque aliis documentum salutis, quousque instinctu divine gratie seculari pompa relicta eterno Regi militare desiderantes ex eadem provincia in eorum subrogarentur ordine. Cepit autem post hec vir Dei palatinas terere fores, olimque dimissum ob multorum utilitatem ferre tumultum. Omnes siquidem qui aliorum passi incommodis imperialia petebant suffragia, cum ad eum accederent, alacriter susceptos osculabatur eorumque querimonias in scedulis inpressas tempore opportuno offerebat imperatori. Ex quibus adsuetus aliquoties serenissimus imperator mapulam manicasque ejus palpans reperiebat, repertasque legebat, atque ut utilius noverat decernebat; propter oblivionem quippe talibus in locis eas ferre solitus erat. Libenter etenim hujuscemodi querimonias audiebat imperator, et ob id quam maxime sedulo illum in palacio fore jubebat. Etenim qui eum ex regni moderamine, ex dispositione provinciarum et ex suis consulerent utilitatibus, erant perplures, nullis prorsus afflictorum

Post obitum Karoli imperatoris, jubet Ludovicus Benedictum Maurum monasterium Alsaticum adire.

*Fol. 10 v°.

Jubet imperator construi monasterium Inda.

Offert imperatori Benedictus querimonias multorum.

miseriis ita compaciebatur, nullusque monachorum inopiam ita regi ut ipse pandebat. Erat quippe miserorum advocatus, set monachorum pater, pauperum consolator, set monachorum eruditor, divitibus pabulum vite prebebat, set monachorum mentibus Regule disciplinam inculcabat. Omnium licet utilitatibus consuleret, monachorum tamen necessitatibus sedulo interveniebat. Prefecit eum quoque imperator cunctis in regno suo cenobiis; ut sicut Aquitaniam Gotiamque norma salutis instruxerat, ita etiam Franciam salutifero imbueret exemplo. Multa denique monasteria erant que quondam regulariter fuerant instituta; set paulatim tepescente rigore, regularis pene deperierat ordo. Ut autem, sicut una omnium erat professio, fieret quoque omnium monasteriorum salubris una consuetudo, jubente imperatore adgregatis cenobiorum patribus, una cum quampluribus monachis perplures resedit dies. Omnibus ergo simul positis, Regulam ab integro discutiens, cunctis obcura dilucidavit, dubia patefecit, priscos errores abstulit, utiles consuetudines, affectusque confirmavit. Judicia igitur Regule cunctaque dubia ad proficuum deductam effectum, quas minus Regula pandit consuetudines, adsentientibus cunctis protulit, de quibus etiam capitularem institutum imperatori confirmandum prebuit, ut omnibus in regno suo positis monasteriis observare preciperet: ad quem lectorem scire cupientem dirigimus. Cui protinus imperator adsensum prebuit inspectoresque per singula posuit monasteria, qui utrum ea que jussa fuerant si observarentur inspicerent, quique etiam formam *salubrem ignorantibus traderent. Perfectum itaque prosperatumque est opus, divina opitulante misericordia, et una cunctis generaliter posita observatur Regula, cunctaque monasteria ita ad formam unitatis redacta sunt, ac si ab uno magistro et in uno imbuerentur loco. Uniformis mensura in potu, in cibo, in vigiliis, in modulationibus cunctis observanda est tradita. Et quoniam alia per monasteria ut observaretur, instituit Regula, suos Inda degentibus ita omni intentione instruxit, ut ex diversis regionibus adventantes monachi, non, ut ita dixerim, perstrepentia ut imbuerentur indigerent verba : quia in singulorum moribus, in incessu habituque formam disciplinamque regularem pictam cernerent. Propter plurimorum quoque indiscretum fervuorem et quorundam ineptum teporem, minusque

Prefecit eum imperator cunctis cenobiis in regno.

Unam consuetudinem, jubente imperatore, omnibus monachis nititur imponere.

*Fol. 11 r°.

Una tandem observatur Regula.

capacium sensum obtunsum, constituit terminum ordinemque observandum cunctis tradidit, illos retrahens ne superflua peterent, hos imperans ut torporem excuterent, alios nichilominus admonens ut saltim visa implere expeterent. Denique multa Regula implere jubet set permulta sunt que usus explere cotidianus expetit, ipsa tamen reticet ex quibus omnibus habitus monachi veluti gemmis ornatur, et sine quibus dissolutus ac fluxus inconpositusque esse probatur. Nonnulla autem precipit que aut propter concordiam unitatis aut certe propter observantiam honestatis, seu propter considerationem fragilitatis ammittuntur. Quapropter pie recordationis venerabilis abba queque observanda comperit, absque ulla cunctatione vel excusationis fuco implere decrevit : ea vero que certis pro causis aut dimittenda cognovit, aut commutanda inspexit, nichilominus, prout rectius et secundum posse locique positionem dirimere quivit, suis observanda discipulis tradidit. Si qua nempe minus lucide pagina Regule pandit, aut omnino silet racionalibiter Pandit ipse Regulam. abteque instituit atque supplevit de quibus ope divina jutus pauca relatu perstringam. Primitus siquidem quam signum horis nocturnis pulsetur, in fratrum dormitorio schillam tangere jussit, ut prius monachorum congregatio orationibus fulti, propria residerent per loca, tunc demum ecclesie hostiis patefactis hospitibus pateretur ingressus. Surgentes vero concite juxta quod Regula precipit, fratres aquis se sanctificatis perfundant, et cuncta altaria humiliter et cum reverentia percurrant, sic demum ad propria loca accedant sintque parati, ut cum tercium pulsaverit signum, absque [mora] surgentes adtonitis auribus sacerdotem expectent, qui officium incipiendi sortitus est. Nec cuiquam liceat per hoc spacium per angulos ecclesie sistere, eorum scilicet quibus ingredi jussum est; set in choro sedentes institutos secrete concinant psalmos. Psalmos autem cantare jussit quinque pro omnibus fidelibus in to[to] terrarum orbe vivis, quinque etiam pro omnibus fidelibus defunctis; pro eis quoque qui nuper defuncti sunt, quia ad noticiam singulorum non statim causa pervenit, ut jugiter canerentur, instituit nichilominus quinque. Decursos vero psalmos quinque pronus orationi incumbat, eos pro quibus cecinit Deo commendans : et tunc demum pro aliis rogaturus initium sumat. Nec pigritandum est pro certis defixisque psalmodiis eterno Regi dimerso in terra corpore supplicare cum potentibus ad singula verba *non revereatur quis inflectere caput; maximeque quia hoc modo gratia provocetur divina, et compunctionis suscitetur fervor. Tempore siquidem estatis expletum matutinorum officium mox egredi ab ecclesia propter somnolentiam jussit, seseque calciantes lotis faciebus denuo ad ecclesiam concite redeant, et juxta prefatum ordinem altaria cum reverentia circumeant, sanctisque se aquis perfundant: et sic deinceps ad loca sibi constituta accedant, diurnum expleturi honeste officium que officia juxta Romanum psalmo CXVIII persolventur, sintque parati ut pulsato signo ore prime, mox ad chorum occurrant. Signum autem ita prolixe tangere jussit, ut omnes illo sonante occurrant, illo cessante sacerdos incipiat horam. Expleta prima in unum adgregati solvant capitulum. Quo expleto, cum silentio aut psalmos decantando exeant ad opus sibi injunctum. In monasterio quoque remanentes non fabulis occupentur ociosis, set bini et bini, aut certe singuli in quoquina, in pistrino, in cellario psalmos canant. Post completorium vero instituit ut non pro libita quis voluntate aut egrediatur, aut moretur in oratorio; sed hyemis tempore decem prius canant psalmos, estate vero quinque, sicque pulsato signo omnes pariter juxta prefatum modum altaria cuncta circumeant, et sic ad lecta sua singuli pausaturi accedant. His tribus per diem vicibus circumire cuncta precepit altaria, et ad primum ex eis orationem dominicam dicant, et simbolum ceteris orationem dominicam, vel sua confiteantur delicta. Diurnis autem orationum oris ad suum quisque accedat oraturus locum. Si autem pecculiariter sibi vult orare quibuscumque vacat oris, licenter peragat. Has igitur tres ideo constituit orationis vices, ut hi qui torpore pigrescunt, et orare fastident, saltim compulsi agant que libenter nolunt, et constitutas non presumant relinquere oras. Hi vero qui nimio succenduntur amore, ne dextera indiscrete petant retraantur. Sic enim accidere solet ut nimiis vigiliis atterantur unius noctis indiscretio: oris autem quibus divinis psalmodiis esse intentum oportet preocupatus somno non valeat divinum exsolvere censum. In abitu quoque dissimiles fecerat multorum consuetudo. Siquidem

*Fol. 11 v°.

nonnullis usque ad talos cocullę pendebant. Quam ob rem vir Dei uniformem cunctis tenendum monachis instituit modum, ut non amplius a duobus cubitis excederet mensura, vel usque ad genua pertingere posset. Concessit etiam necessitatis causa, preter quam Regula jubet duas scilicet stamineas, et femoralias pellicias quoque et tegumenta eorum cappas duas ; et quecumque necessarium prospexit, ut omnem amputaret occasionis ambagem, tribuit et concessit. Ostendit quoque per scripturam imperatoris rationem de his que jubet Regula, set certis ex causis intacta remanent, et de his que illa prorsus reticuit, set utiliter supplentur. Omne quippe suum desiderium in observationem Regule converterat suumque hoc permaxime erat studium, ut nil intellectui ejus excederet. Quam ob causam quos peritos esse compererat, adtente sciscitabatur circa longeque positos, eos etiam qui istis in partibus ad montem Cassinum accederent, veluti qui non audita solummodo, set visa perciperent. Ob quam dilectionem intelligentie cum quislibet ei aliquid novi panderet, mox humiliter suscipiens sine reverentia aiebat, necdum se posse occultos sensus Regule nosse et cum cunctis non dicam tyronibus, set ipsis etiam sapientibus ipse eam elucidaverit, nova et *inaudita se non tantum a peritis, verum etiam a simplicioribus reperire fatebatur. Fecit denique librum ex Regulis diversorum Patrum collectum, ita ut prior beati Benedicti Regula ceteris esset, quem omni tempore ad collectam matutino legere jussit. Ex quo rursus ut ostenderet contentiosis nil frivola cassaque a beato Benedicto edita fore, set suam ex aliorum fultam esse Regulam ; alium collectis Regularum sententiis composuit librum, cui nomen Concordia Regularum dedit, ita dumtaxat ut beati Benedicti precederet sententia, ei vero racionabiliter concinentes jungerentur deinceps. Alium nichilominus ex sanctorum doctorum homeliis, que in exortationem monachorum sunt prolate, conjuncxit librum, eumque omni tempore in vespertinis collectis legere jussit. Cernens quoque nonnullos totis nisibus anelare in adquirenda monachorum cenobia, eaque non tantum precibus ut obtineant, verum etiam decertare muneribus, suisque usibus stipendia monachorum expendi, ac per hoc diruta nonnulla, alia vero fugatis monachis a secularibus obtineri clericis, adiit hac de causa

* Fol. 12 r°.

Scribit lib[...] diversis Reg[...] trum.

Alium com[...] Concordia [...]rum.

piissimum imperatorem precibusque pulsat, ut ab hujuscemodi contentionibus clericos, monachos vero ab hoc redderet periculo extorres. Adsensum prebet gloriosissimus imperator, monasteria in regno suo cuncta prenotata, in quibus ex his regulares abbates esse queant decernit : ac per scripturam ut inconcussa omni maneant tempore, firmare precepit, suoque anulo signavit, sicque multorum cupiditatem monachorum nichilominus pavorem extersit. Erant etiam quedam ex eis munera militiamque exercentes. Quapropter ad tantam devenerant paupertatem, ut alimenta vestimentaque deessent monachis. Que considerans suggerente prefato viro piissimus rex, juxta posse servire precepit, ita ut nil Deo famulantibus deesset ac per hoc alacres pro eo ejusque prole, tociusque regni statum piissimum precarentur Deum. His vero monasteriis que sub cannonicorum relicta sunt potestate constituit eis segregatim unde vivere regulariter possent, cetera abbati concessit. Que autem, cum ad generalem placitum jubente imperatore pergeret, nutu Dei acciderent, non solendum puto. Ibat nempe egritudine nimisque caloribus fessus jussis obtemperans regis set caritatis armis stipatus, multorum explere utilitatem paratus. Set his qui piis semper invidet actibus inimicus ut piorum detrimentum ferret saluti, nunc a tramite cepto tali arte retardare molitur. Equos siquidem, quibus ipse veendus erat, per vasta silvarum deturbans custodibus fecit ignotos. Set vir Dei nullo dolore de amissis equitibus perculsus, alacer regias propere penetrat fores. Expletis siquidem monasteriorum monachorumque, de quibus illi ingens et jugis piaque erat sollicitudo utilitatibus, numerus equorum imminutus a rege fulcitur. Set et post unius mensis spacium amissi reducuntur equites, sicque divinitus actum est, ut quia de amissis non doluit duplicatum susciperet lucrum. Cepit post hec diversis variisque alteri egritudinibus, et multos per annos continuis vigiliis, assiduis lacrimis, acerrimisque jejuniis atque laboribus, meditationibusque attritum corpusculum novo certamine preparare : ut qui a subactis viciis virtutum obtinuerat arcem, nobiliter infirmitatibus pacientie armis accinctus decertans, geminatam a rege suo, superatis hostibus, victricem perciperet palmam. Quo enim validius pulsabatur egritudine, eo intentius magis

Inimicus equos quibus vehendus erat Benedictus deturbat.

Cepit Benedictus ægrotare.

magisque aut orationibus vel lectionibus persistebat. Nullus ociosum repperit, nullus omnino in opere *Dei pigrum; nullus vanis frivolisque *Fol. 12 v°. fabulis occupatum invenit. Aut enim ipse per se lectioni instabat, aut legentem studiose audiebat. Quis umquam solum nisi flentem reperit? quis ad eum subito ingrediens siccas ejus reperit genas? et non prorsus haut humo prostratum, haut celo erectis manibus stantem, haut ne sacris voluminis nimiis humectaretur fletibus pagina, pugnis recipientem lacrimas invenit. Carnis deficiebant vires, set animi adamantine durior persistebat intentio. Rigor semel ceptus pene ipse perdurans. Carnium quadrupedum esus non suscepit a die conversionis sue; balnearum etiam in ultimo suo tempore languoribus attritus vix umquam indulsit. Vestimentum post quadraginta vel eo amplius dies mutare solitus est. Legere siquidem coram se sanctorum Patrum vitam obitusque jubebat; qua lectione recuperatus animus fortior perdurabat. O bone Jhesu, quibus suspiriis fletibusque perfusus estuabat animus cupiens dissolvi, et esse cum Christo! non tamen si necessarius fratribus foret, laborem ferre recusans. Invalescente autem egritudine, imperatorem familiariter adloqutus, monasterio deducitur, fratribusque valefaciens, totam noctem orationibus psalmodiisque pernoctans, ipsius Dei regulare officium peregit. At cum alterius diei regularem explesset officium, et cursum persolvere vellet, ventum est ad clausulam : Justus es, Domine ; quem versiculum decantans ait: Deficio; et adjecit : Fac cum servvo tuo, Domine, secundum misericordiam tuam [Psal. CXVIII]; sicque inter verba orationis virtutibus decoratum emisit spiritum. Adsunt autem ejus omnibus divitiis dulciores epistole, quas pridie quam migraret e seculo, fratribus Aniano positis proprio dictavit hore, in quibus testatur faciem suam amplius non visuram. Aiunt etiam quidam quoniam ora qua migravit ad Christum, episcopo Stabili Magalonensi obitus ejus revelatus est; a somno siquidem surgens mox suis quod acciderat retulit. Obitum autem ejus ob id cursim attigimus, quoniam fratres qui eo tempore presentes adfuerunt, lacius explicati sunt, quod sequens demonstrat pagina.

Benedictus igitur abbas in provincia Gotie exortus, sub Pipino rege Francorum, et post ejus discessum sub Karolo, filio ejus, ab infantie

De ejus obitu, epistola monachorum Indæ monasterii ad Ardouem.

tempore usque in adolescentia militavit. Post hec autem, relicto palatio, in monasterio Sancti Sequani in provintia Burgundiorum habitum veri monachi suscepit : ibique duobus ac semis annis consistens, Deo jugiter militavit. Set quia ibi regularem usum minime reperit, in Gotie partibus migravit, ibique super fluvium Anianum manu propria cellam primitus, postmodum vero cum ipsis fratribus qui ob amorem Christi sub regimine ejus venerunt, monasterium ex novo opere construxit, in quo non longo post tempore trecentos sub suo regimine monachos habuit. Defunctoque Karolo imperatore, Ludoycus filius ejus imperium suscipiens, Benedictum venerabilem virum una cum suis quibusdam discipulis in Franciam venire fecit, ac primitus in pago Alsazense monasterium ei Maurum dedit. Postmodum vero, pro ejus amore, juxta Aquis palatium super fluvium Indam, ex novo opere ei monasterium hedificavit. Hic est Benedictus, per quem Dominus Christus in omni regno Francorum Regulam sancti Benedicti restauravit. Hic habuit sub regimine suo monasteria duodecim, id est
*Fol. 13 r°. Anianum, *Gellonem, Casamnovam, Insulam Barbaram, Menatem, Sanctum Savinum, Sanctum Maximinum, Maciacum, Cromariacum, Cellam Novam in Tolosano, monasterium Maurum in Elizaz, Indam ex jussu imperatoris ob illius ac discipulorum ejus hedificatam, et de fiscis regalibus ditatam. In his omnibus ex doctrina sua monachos et rectores misit. Curam autem maximam habuit de omni ordine ecclesiastico, videlicet monachorum, cannonicorum atque laïcorum, maxime autem monachorum. Imperator autem omne ejus consilium libenter audivit et fecit, unde et a quibusdam Monachus vocitatur, videlicet quod monachos sancti viri pro ejus amore semper suos proprios appellavit, et post ejus discessum actenus abbatem se monasterii illius palam esse profitetur. Sanctus igitur vir usque ab hobitum suum in palatio regis pro augmento fidelium, non pro terrenis rebus perseveravit, quia juxta erat monasterium in quo degebat. Ante quartum vero exitus sui diem adhuc sanus omnia imperatori que ei solitus erat dicere replicavit, et in ipsa die febre correptus, ad mansionem suam usque pervenit. Altera vero die audientes hoc omnes magnati imperatoris, ad eum visitandum venerunt. Tanta autem ibi fuit multitudo episcoporum, abbatum ac monachorum,

ut nobis qui eum ibi custodiebamus, vix ad eum accedere facultas esset. Helisacar autem abbas primus ad eum venit, et cum eo usque ad obitum perseveravit. Quinta siquidem feria egrotavit ; in sexta autem feria nocte misit imperator Tanculfum camararium, jubens ut eum in ipsa nocte ad monasterium fereremus ; quem levantes ante gallorum cantum una cum Elysacar et suis ac nostris hominibus, prima ora diei ad monasterium deduximus. Cumque esset tertia diei ora, omnes a se exire precepit, et usque ad sextam oram solus permansit. Post hec ingressus supradictus abbas cum preposito nostro, percunctati sunt quomodo hageret. Quibus ipse respondit, numquam se tam bene fuisse, adjuncxitque : usque modo inter coros sanctorum coram Domino adstiti. In crastina autem fratribus ad se vocatis eis monita salutis dedit, et tunc professus est quia quadraginta octo anni essent ex quo monachus fuerat, in quibus annis nullo die antea panem comedit, donec coram Deo lacrimas funderet. In ipsa die brevem ammonitionis imperatori misit, et alios per diversa monasteria direxit. Hisdem vero venerabilis vir omne officium suum de quinque annis et duobus mensibus ante obitum suum, sicut in ejus tabulis post ejus discessum reperimus, et ipse vivens quibusdam dixit cantatum per semetipsum reliquid. Obiit autem septuagenarius, tertio idus februarii, anno ab incarnatione Domini octingentesimo vigesimo primo, indicione decima quarta, concurrente primo, epacta decima quarta, anno nono imperii Ludoyci piissimi imperatoris. Post tercium vero diem sepulcrum ejus aperuimus, et eum in vas lapideum, quod imperator paraverat, mutavimus. Discoperientes autem faciem ejus vidimus in frontem et circa oculos ac labia ejus tantum ruborem, quantum nec vivus habuerat. His ita exceptis, et ita se habentibus, nos famuli ex monasterio Inda, videlicet Deidonus, Levigildus, Bertradus et Desiderius, tibi Ardoni magistro nostro salutem in Domino obtamus, petimusque karitati tue, ut, secundum a Deo datam tibi sapientiam, de Vita Patris nostri Benedicti *libellum componas, et cum nobis dirigas. Salutant vos omnes fratres nostri, et vos salutate omnes fratres vestros. Amen. * Fol. 13 v°.

[*Epistola Sancti Benedicti missa Georgio, abbati Aniani, ex monasterio Inda.*]

[Fol. 13 v°. — 10 Février 821.]

Summe in Domino Christo beatitudinis ac felicitatis Georgio, monasterii Aniani abbati, et cunctis filiis ac fratribus nostris bene ac vigilanter sub norma patris degentibus Benedicti, ultimus omnium abbatum, Benedictus, obtat, jam in extremis positus, salutem.

Super omnibus igitur que meum ardent animum, et pre cunctis curam inquirunt rebus, hoc est quod de vestro maxime sollicitor vite regularis ordine. Nempe nequaquam ullo modo ignoro vos nobiliter desudare et nostri fidelissime fore memores, neque ullo indigere adhortationis verbo. Verumptamen in ultimis constitutus, ignorans utrum jam videre queam virtuti erga vos karitate animum, nonnulla tam per fideles verba amicos quamque per epiculos curam dirigere. Denique ipsi nostis qualiter totis quantum valui nisibus, quamdiu potui, et vite et exortationis exempla monstravi sollicitus vobis. Nunc ergo, fili mi, precor et per ipsum testor dominum, ut unianimes in caritatis nexu idem sitis sapientes. Neque ullos quos vel mecum adduxi, vel alicubi propter aliquod exemplum aut pro aliqua re misi, quasi habeatis extraneos. Set quicumque ad vos iterum ex illis reverti voluerint, et regulariter vobiscum versari pie benigniterque, velut fratres recipite, ut decet. Deo enim gratias, non deerit vobis corporale subsidium. Omnibus autem generaliter, maxime vero illis quos nobis in amicicia junctos nostis, diligentissimum semper adtendite affectum; et ut potestis, aliis pauperioribus que supersunt vobis necessaria monasteriis ministrate. abbati quoque Modario de monasterio Sancti Tiberii auxilium in quibus indiguerit, ferte; et de his et de aliis veluti in vita mea, magis autem post mortem agite meam. Sicut ergo multa monasteria dudum viciata, jam aliquid emendationis a nobis accepisse videntur, largiente Deo, ita omnimodis nunc cavete; ne, quod absit te posco misericors, domine, sinistram viam............ ...... scilicet queant ullo tempore tenere. Monasterio vero Inde velut fratribus estote juncti unicis. Elisacar quoque, qui pre omnibus super terram omni tempore nobis extitit amicus fidelissimus cannonicorum, et fratres ipsos in eo habetote semper loco et ad eum semper sit refugium vestrum. Sed vobis ita nunc suggero, quia ignoro utrum in presenti vos videam seculo. Jam septimo idus februarii acerbissimo dante misericordia Christi....... tactus verbere nichil aliud quam ultimum celeri expecto diem vocationis. Jussit hoc domnus Benedictus, adhuc vivens, quarto idus februarii, scribere, et obiit tertio idus ejusdem mensis. Explicit epistola.

[*Epistola Sancti Benedicti Nibridio archiepiscopo.*]

[Fol. 33 v°.]

[U]t valeat novvos, divino semine jacto,
Ore poli madidos doctorum vomere cultus.
Ordis opimus ager centenos reddere fructus.

Venerabili in Christo patri Nibridio, archiepiscopo, Benedictus, ultimus omnium abbatum abbas, sempiterne felicitatis salutem opto in Domino.

Eia vir Dei, pareat modo karitas ac dilectio seu benivolentia, qua semper modo, in quantum potes, sive per temetipsum, seu familiares et amicos, necnon per omnia monasteria ubicumque transmittere potueris, ut orationibus, tam in psalmis quam in missis, pro me ad Dominum fundere non cessent, quia modo valde necessarium mihi est. Scito, pater dilecte, quia jam in extremis pugno, ad finem curro, jam anima a corpore separatur, et in hac luce occulis corporis te minime video. Ille qui potens est facere de immundo mundum, de peccatore justum, de impio sanctum, faciat nos pariter regnum perfrui sempiternum, ibique cum omnibus sanctis cantare canticum novum. Supplico, karissime pater, ut, sicut semper mercedem habuisti de fratribus qui degunt in Aniano monasterio, ita semper usque dum sancta anima a corpore egreditur vestro, melius ac melius habeatis in vestra sancta dilectione. Omnes istis in partibus amicos familiares et propinquos commendo. In monasterio quoque vestro totis nisibus, sicut credo, facitis, eisque ad perseverantiam laborare studete, et illam sententiam, tam in divitibus quam in pauperibus, quam dominus per beatum apostolum suum, Paulum, dignatus est dicere, ubi ait: argue, obsecra, increpa, semper ex ore proferte vestro. Ad omnes vestras sanctitas, credo, benesciat quem arguere debeat, quem obsecrare et quem increpare. Propterea dico, pater, ut nullum periculum remaneat in vobis, unde in perpetuum damnari debeatis, set libera voce cum psalmista dicere valeatis : justiciam tuam non abscondi in corde meo, veritatem tuam et salutare tuum dixi. Jam omnia cum karitate et discretione agite, vosque Trinitas sancta custodiat et premium largiatur eternum. Amen.

Incipiunt capitula regalium preceptorum monasterio Anianensi collatorum.

Cap. XII. Item preceptum Ludoyci de eisdem ad Ermenaldum, abbatem.

Cap. XIII. Item preceptum Ludoyci de Casa Nova, sive Gordanico, ad Sevegillum, abbatem.

Cap. XIIII. Item preceptum Ludoyci ad eumdem Benedictum, abbatem, de adquirendis vel adquisitis monasterio Anianensis, et de mancipiis Sancti Martini Arelatensis.

Cap. XV. Preceptum Ludoyci de Curcennate, ad Ermenaldum, abbatem.

[Cap. XVI]. Preceptum Ludoyci de Sancto Martino Arelatensi, et de Massatia.

[Cap. XVII]. Preceptum Ludoyci ad Georgium, abbatem, de Sancto Martino Arelatensi et de Murenate.

[Cap. XVIII]. Preceptum Ludoyci de comutationibus, inter Notonem, archiepiscopum, et Leibulfum, comitem.

[Cap. XIX]. Preceptum Ludoyci, imperatoris, ad Anianenses monachos et ad Gellonenses, de electo abbate, Trutesindo.

[*Privilegia papalia.*]

(Fol. 14 v°.)

[I]. Privilegium papæ Johannis, de libertate monasterii Anianensis, ad Rainaldum, abbatem.

[II]. Privilegium papæ Nicholai, de libertate monasterii Anianensis et de cella Gellonensi, ab abbate Anianensi ordinanda sive disponenda.

[III]. Privilegium Alexandri papæ, de libertate ejusdem monasterii et de cella Gellonensi, ab abbate Anianensi ordinanda sive disponenda.

[IV]. Privilegium papæ Urbani, de libertate ejusdem monasterii et de eidem collatis.

[V]. Privilegium papæ Pascalis, de libertate ejusdem monasterii et de eidem collatis.

[VI]. Privilegium ejusdem Pascalis, papæ, de libertate monasterii et cellarum ejusdem, et de confirmatione quarumdam ecclesiarum.

[VII]. Privilegium ejusdem papæ Pascalis de cella de Gordanico.

[VIII]. Privilegium ejusdem papæ Pascalis de eadem cella de Gordanico.

[IX]. Privilegium Calixti, papæ, de cella de Gordanico et de confirmatione privilegiorum suorum predecessorum.

[X]. Privilegium Innocentii papæ, de ecclesiis celle de Gordanico pertinentibus, videlicet in Udeticensi episcopatu habitis.

[DIPLOMATA.]

I.

[CARTA QUA BENEDICTUS ANIANENSE MONASTERIUM SUB DEFENSIONEM ET DOMINATIONEM KAROLI MAGNI TRADIT, ET QUA KAROLUS IMMUNITATIS BENEFICIUM MONASTERIO ET POTESTATEM MONACHIS ABBATEM LIBERE ELIGENDI, CONCEDIT].

(Fol. 15 r°. — 27 juillet 777.)

In nomine sancte et individue Trinitatis. Carolus, gratia Dei, rex Francorum et Langobardorum, ac patricius Romanorum. Maximum regni nostri in hoc augere credimus munimentum, si beneficia opportuna locis ecclesiarum benivola devotione concedimus, ac Domino protegente stabiliter perdurare conscribimus. Igitur notum sit omnibus episcopis, abbatibus, comitibus, vicecomitibus, vicariis, centenariis, judicibus seu omnibus fidelibus presentibus scilicet et futuris, qualiter vir venerabilis Benedictns, abba ex monasterio, quod ipse novo opere jure proprietario a fundamentis in honore Domini Dei et Salvatoris nostri Jhesu Christi, seu sancte semperque Virginis ejusdem Dei genitricis Marie, seu aliorum sanctorum, hedificavit in loco nuncupante Aniano, in pago Magdalonense, subtus castro Monte-Calmense, ad nostram accessit clementiam, et predictum monasterium, cum omnibus rebus et ornamentis ecclesie seu appendiciis vel adjacentiis suis, in manibus nostris plenissima deliberatione visus est delegasse, et ipsum sanctum locum sub nostra defensione atque dominatione ad regendum nobis visus est tradidisse.

Idcirco ad ejus petitionem talem, pro eterna retributione, beneficium erga ipsum sanctum locum visi fuimus indulsisse, ut in ecclesiis et locis vel agris seu aliis[1] possessionibus ipsius monasterii, quas moderno tempore per nostram donationem ac confirmationem seu ceterorum fidelium juste possidere videtur, in quibuslibet locis, quicquid ibidem propter divinum amorem collatum fuit, queque etiam deinceps in jure ipsius sancti loci, aut per nos aut per alios voluerit divina pietas augeri; precipientes jubemus atque anatematizamus, ut nullus comes, neque episcopus aut ulla judiciaria potestas ad causas audiendas, vel freda exigenda, aut mansiones vel paratas faciendas, aut fidejussores tollendos, nec homines ipsius monasterii tam ingenuos quamque servos, qui supra terram memorati monasterii residere videntur, distringendos, nec ullas redibitiones aut inlicitas occasiones perquirendas, aut ullum omnino censum inquirendum, ullo umquam tempore ingredi audeat vel exactare presumat. Set hoc ipse abbas vel successores sui aut monachi memorati loci, presentes scilicet et futuri, propter nomen Domini, sub integræ immunitatis nomine, absque cujuslibet inquietate aut contrarietate valeant dominare, et nulli umquam homini pro qualicumque re nullum omnino censum audeant inpendere; set ipsum sanctum locum sub nostra defensione atque dominatione volumus constare. Statuentes ergo atque jubentes ut neque vos, neque juniores seu successores vestri, vel quislibet ex judiciaria potestate in ecclesiis et locis vel agris seu reliquis possessionibus suprascripti monasterii, vel de omnibus, que suprascripta sunt, nullo umquam tempore inquietare aut exactare presumatis; set quod nos, propter nomen Domini et eterna remuneratione, ad jam fatum monasterium indulsimus, perhennibus temporibus proficiat in augmentis. Et quandoquidem, divina vocatione, suprascriptus venerabilis Benedictus abba vel successores ejus de hac luce ad Dominum migraverint, qualem meliorem et nobis per omnia fidelem ipsa sancta congregatio de suprascripto monasterio aut de qualicumque loco voluerint eligere abbatem, qui ipsam sanctam congregationem secundum regulam sancti Benedicti

[1] On a effacé postérieurement et remplacé par « reliquis ».

regere valeat, per hanc nostram auctoritatem et premissa indulgencia licentiam habeant et ubicumque voluerint ordinari, aut ipsi aut monachi ipsorum vel a quolibet pontifice, ex precepto et consensu nostro, potestatem habeant, quatenus ipsi servi Dei, qui ibidem famulari videntur, pro nobis ac conjuge, proleque nostra et stabilitate tocius regni a Deo nobis commissi vel conservandi, attentius Domini misericordiam exorare delectentur. Et ut hec auctoritas confirmationis nostrisque futurisque temporibus, Domino protegente, valeat inviolata manere, manu propria signaculis subscripsimus et anuli nostri impressione adsignari jussimus.

Signum Karoli gloriosissimi regis. Bartolomeus notarius ad vicem Hludovici recognovi.

(Data VI° kalendas augustas, anno nono decimo regni nostri.

Actum in Ruganerburg palatio nostro publico, in Dei nomine)[1].

II.

[ITEM PRECEPTUM EJUSDEM IMMUNITATIS LUDOYCI AD EUMDEM BENEDICTUM ABBATEM].

(Fol. 15 v°. — 24 avril 814.)

In nomine Domini Dei et Salvatoris nostri Jhesu Christi. Hludovicus, divina ordinante providentia, Imperator Augustus. Omnibus episcopis, abbatibus, ducibus, comitibus, vicedominis, vicariis, centenariis seu reliquis fidelibus vel ministris nostris discurrentibus, notum sit, quia quicquid propter divinum amorem vel opportunitatem servorum Dei agimus, hoc nobis procul dubio ad eternam beatitudinem pertinere confidimus. Igitur comperiat omnium fidelium nostrorum sollertia presentium scilicet et futurorum, quia vir venerabilis Benedictus, abba ex monasterio Aniano, situm in pago Magdalonense, constructo in honorem Domini et Salvatoris nostri Jhesu Christi et sancte Marie semper Virginis seu et ceterorum sanctorum, detulit nobis preceptum domni et genitoris nostri Karoli, Serenissimi Imperatoris, in quo continebatur, qualiter ipse memoratum, monasterium in suo proprio construxerat et eum eidem genitori nostro per cartam donationis delegaverat, et quomodo idem Serenissimus

[1] D'une écriture postérieure.

Imperator ipsum vel monachos ibidem degentes sub immunitatis defensione susceperat; set pro firmitatis studio peciit predictus abba Celsitudinem nostram, ut denuo nos ipsum monasterium sub nostra defensione reciperemus et pro mercedis nostre augmento ei concedere et confirmare deberemus. Cujus petitioni denegare noluimus, set ita in omnibus et presentes et futuri fideles sancte Dei Ecclesie et nostri concessum atque perpetuo a nobis confirmatum esse cognoscant. Precipientes ergo jubemus, ut nullus judex publicus neque quislibet ex judiciaria potestate, nec ullus ex fidelibus sancte Dei Ecclesie ac nostris, in ecclesias, aut loca, vel agros, seu reliquas possessiones predicti monasterii, quas moderno tempore per donationem et domni Imperatoris Karoli et nostras et ceterorum fidelium juste possidere videtur, in quibuslibet locis, quicquid ibidem propter divinum amorem conlatum fuit, queque etiam deinceps in jure ipsius sancti loci, aut per nos aut per alios, voluerit divina pietas augeri ad causas audiendas, vel freda exigenda, aut mansiones vel paratas faciendas, aut fidejussores tollendos, nec homines ipsius ecclesie tam ingenuos quamque serwos, qui super terram memorate ecclesie residere videntur, distringendos, nec ullas redibitiones aut inlicitas occasiones requirendas, ullo unquam tempore ingredi audeat vel exactare presumat. Et quicquid de rebus prefati monasterii fiscus sperare poterat, totum nos pro eterna remuneratione predicto monasterio concedimus, ut perpetuis temporibus in alimoniam pauperum et stipendia monachorum ibidem Deo famulantium proficiat in augmentum. Et quandoquidem divina vocatione supradictus abba vel successores ejus de hac luce migraverint, quamdiu ipsi monachi inter se talem invenire potuerint, qui ipsam congregationem secundum regulam sancti Benedicti regere valeant, per hanc nostram auctoritatem et consensum licentiam habeant eligendi abbates, quatinus ipsis servis Dei, qui ibidem Deo famulare videntur, pro nobis et conjuge proleque nostra et stabilitate tocius imperii nostri a Deo nobis concessi vel conservandi, jugiter Domini misericordiam exorare delectetur. Et ut hec auctoritas nostris futurisque temporibus, Domino protegente, valeat inconvulsa manere, manu propria subscripsimus et anuli nostri impressione signari jussimus. Signum Hludovici Serenissimi Imperatoris.

Durandus, diaconus, ad vicem Helisacar recognovi. Data VIII kalendas maii anno primo, Christo propicio, imperii nostri, indicione VII.

Actum Aquis palatio nostro, in Dei nomine feliciter. Amen.

III.

[HLUDOVICUS, IMPERATOR AUGUSTUS, INDICAT QUÆ RES SUB DEFENSIONE IMMUNITATIS CONTINENTUR].

(Fol. 16 r°. — 19 mars 822.)

In nomine Domini Dei et Salvatoris nostri Jhesu Christi. Hludovicus, divina ordinante providentia, Imperator Augustus, omnibus comitibus, vicariis, centenariis sive ceteris judicibus, vestris partibus Provincie Septimanie et Aquitanie consistentibus. Notum vobis sit, quia vir venerabilis Trutesindus, abba monasterii Anianensis, suggessit nobis atque indicavit, quod homines vel famuli memorati monasterii, per diversa consistentes, in ministeriis vestris multa prejudicia et infestationes paciuntur, tam a junioribus vestris quam ab aliis hominibus, et non possunt habere defensionem per preceptum immunitatis, quod nos eidem monasterio, propter Dei amorem et nostram elemosinam, concessimus, eo quod vos sive juniores vestri dicatis non plus immunitatis nomen complecti quam claustrum monasterii, cetera omnia, quamvis ad ipsum monasterium pertinentia, extra immunitatem esse. Propter hoc volumus ut intelligatis, non solum ad claustrum monasterii vel ecclesias atque atria ecclesiarum, immunitatis nomen pertinere, verumetiam domos et villas et septa villarum et piscatorias manufacta vel quicquid fossis vel sepibus aut alio clusarum genere precingitur eodem immunitatis nomine contineri ; et quicquid intra hujusmodi munimenta ad jus cujuslibet monasterii pertinentia, a quolibet homine, nocendi vel damnum inferendi causa, spontanea voluntate committitur, in hoc facto immunitas fracta esse judicatur. Quod vero in agro vel campo aut silva, que nulla munitione cinguntur, casu, sicut fieri solet, a quibuslibet hominibus commissum fuerit, quamvis idem ager vel campus aut silva ad ecclesiam preceptum immunitatis habentem pertineat, non tamen in hoc immunitas fracta judicanda est. Et ideo non sexcentorum solidorum conpositione, set

secundum legem, que in eo loco tenetur, multandus est his qui fraudem vel damnum in tali loco convictus fuerit fecisse. Precipimus tamen vobis, ut vos ipsi caveatis et observetis quam juniores et ministeriales vestri, ut homines ac famuli memorati monasterii, in omnibus locis ad vestra ministeria pertinentibus, pacem habeant et eis liceat cum securitate memorato monasterio deservire, tam in privatis quam in publicis et communibus locis. Nec ullus vestrum vel juniorum vestrorum ulterius audeat dispoliare, et, vel in fluminibus, vel in plagia maris piscantes, vel in aliis locis ad predictum monasterium pertinentibus, diversas utilitatem et servitia facientes infestare vel inquietare, aut a debito injuncto sibi servitio proibere vel alquid contra legem et justiciam facere. Quia si ulterius ad nostras aures fuerit perlatum et verum inventum, temeritatem nostri mandati condigna suis factis vindicta cohercere decrevimus. Propterea precipimus atque jubemus, ut taliter exinde agatis, qualiter gratiam nostram vultis habere propiciam. Et ut cercius hanc nostram jussionem esse credatis, de anulo nostro subter jussimus sigillari.

Data XIIII kalendas aprilis, anno, Christo propicio, VIIII imperii Hludovici piissimi Augusti, indicione XV. Actum Aquisgrani palatio, in Dei nomine feliciter. Amen.

IV.

[HLUDOVICUS IMPERATOR AUGUSTUS, BENEDICTO ET EJUS SUCCESSORIBUS LICENTIAM CONCEDIT LIBERE HUC ET ILLUC DISCURRERE, SUBLATO OMNI CENSU VEL REDIBITIONE].

(Fol. 16 v°. — 29 avril 814.)

In nomine Domini Dei et Salvatoris nostri Jhesu Christi. Hludovicus, divina ordinante providentia, Imperator Augustus. Notum sit cunctis fidelibus nostris, partibus Septimanie Provincie, Burgundie consistentibus vel omnibus rempublicam procurantibus, presentibus scilicet et futuris, quia in elemosina nostra Benedicto, abbati ex monasterio Aniana, quod est constructum in honore Domini nostri Jhesu Christi, in pago Magdalonense, seu successoribus, rectoribus videlicet memorati monasterii pro oportunitate servorum Dei in eodem cenobio consistentium concessimus, ut, quandocumque eis libuerit missos suos in aliquam partem imperii nostri, negotiandi gratia, dirigere cum carris videlicet et saumis sive navigio, cum qualecumque scilicet negotio, licentiam habeant pergendi ubi voluerint, absque alicujus infestatione vel contrarietate. Ideo has litteras auctoritatis nostre eis fieri jussimus, per quas jubemus cunctis fidelibus nostris et junioribus vestris, ut nemo teloneum, nec pontaticum nec portaticum, aut cespitaticum, seu rotaticum, aut travaticum, atque salutaticum, vel ullum censum aut ullam redibitionem ab eis exigere presumatis, set liceat eis per hanc nostram auctoritatem pacifice et libere huc illucque discurrere tam terreno quamque navigio, et absque alicujus contrarietate, sicut superius intulimus, vel infestatione, aut detentione negotia sua peragere, et ubicumque advenerint, per vos defensionem et salvationem habeant. Et si aliquis temere hanc nostram preceptionem irrumpere temtaverit, magistri locorum illorum, qui rempublicam procurare noscuntur, illud emendari jubeant, sicut Dei nostramque velint habere gratiam. Et, ut hec auctoritas firmior habeatur et per futura tempora plenius conservetur, de anulo nostro subter sigillari jussimus.

Faramundus ad vicem Helisacar scripsit. Data IIII Kalendas maias, anno primo, Chisto propicio, imperii nostri, indicione VII. Actum Aquis palacio nostro, in Dei nomine feliciter. Amen.

V.

[PRECEPTUM HLUDOVICI, IMPERATORIS AUGUSTI, QUO CONFIRMANTUR COMMUTATIONES JAM ANTEA CONCLUSÆ].

(Fol. 17 r°. — 22 février 815.)

In nomine Domini Dei et Salvatoris nostri Jhesu Christi. Hludovicus, divina ordinante providentia, Imperator Augustus. Si enim ea que fideles imperii nostri pro oportunitatibus utrisque partis inter se commutaverint, nostre confirmamus auctoritatis, morem in hoc facto exercemus imperialem, et in postmodum jure firmissimo mansurum permanere volumus. Quapropter noverit utilitas seu industria omnium fidelium nostrorum tam presentium quam et futurorum, quia, adiens Serenitatem culminis nostri, vir venerabilis Benedictus, abba ex monasterio quod vocatur Anianense, situm in pago Magdalonense, constructum in honore Domini et Salvatoris nostri Jhesu Christi et sancte Marie semper Virginis, quod ipse a fundamentis in suo construxerit proprio et domno et genitori nostro Karolo bone memorie prestantissimo Augusto, cum omnibus ibidem aspicientibus per cartam delegavit donationis, innotuit eo quod, cum pluribus hominibus per diversos pagos commanentes, commutationes fecisset, datis scilicet de rebus predicti monasterii, per cartulas commutationis, illis, et acceptis ab eis de rebus eorum propriis ad partem monasterii sui similiter per cartulas commutationis et manibus bonorum hominum roboratis: ex videlicet ratione, ut quicquid pars alteri contulit parti, absque ullius inquietudine aut injusta interpellatione jure firmissimo retinerent. Et idcirco postulavit idem Benedictus, ut super easdem commutationes nostre auctoritatis preceptum fieri censeremus, per quod jure firmissimo et ipse et rectores ipsius monasterii, hoc quod acceperant et quod illi aliis tradiderant, perenniter haberent et possiderent. Cujus precibus, ob reverentiam ipsius sancti loci et utilitatem utrarumque partium, hanc nostre auctoritatis preceptionem super easdem commutationes fieri decrevimus; per quam decernimus atque jubemus, ut non solum res que ab aliis hominibus idem tradite sunt monasterio, et idem monasterio alii homines similiter per cartulam commutationis tradiderunt, jure firmissimo teneant atque possideant; verum etiam et sic ubi deinceps, per cartulam commutationis, cum quibuslibet liberis hominibus, rectores ipsius monasterii commutationem facere voluerint, licentiam habeant, ea scilicet ratione, ut commutationes pari tenore conscribantur, manibusque bonorum hominum roborentur; et quicquid pars juste et racionabiliter alteri contulerit parti, per hanc nostram auctoritatem jure firmissimo teneant atque possideant; et, quicquid ex inde facere voluerint, libero in omnibus perfruantur arbitrio faciendi. Et, ut hoc preceptum auctoritatis nostre pleniorem obtineat vigorem et per futura tempora inviolabiliter conservetur, de anulo nostro subtus jussimus sigillari.

Durandus diaconus ad vicem Helisacar recognovi.

Data VIII kalendas martias, anno, Christo propicio, secundo imperii domini Hludovici piissimi Augusti, indicione VIII.

Actum Aquisgrani palatio regio, in Dei nomine feliciter. Amen.

VI.

[HLUDOVICUS, IMPERATOR AUGUSTUS, INDICAT QUÆ RES SUB DEFENSIONE IMMUNITATIS CONTINENTUR].

(Fol. 17 v°. — 19 mars 822.)

In nomine Domini Dei et Salvatoris nostri Jhesu Christi, Hludovicus, divina ordinante providentia, Imperator Augustus, omnibus comitibus vicariis, centenariis, sive ceteris junioribus vestris partibus Provintie Septimanie et Aquitanie consistentibus.

Notum sit vobis quod vir venerabilis Tructesindus, abba monasterii Anianensis, suggessit nobis atque indicavit, quod homines vel famuli memorati monasterii per diversa loca consistentes, in ministeriis vestris multa prejuditia et infestationes paciantur, tam a junioribus vestris quam ab aliis hominibus, et non possunt habere defensionem per preceptum immunitatis, quod nos eidem monasterio, propter Dei amorem et nostram elemosinam, concessimus, eo quod vos sive juniores vestri dicatis non plus immunitatis nomen complecti quam claustrum monasterii, cetera omnia, quamvis ad ipsum monasterium pertinentia, extra immunitatem esse. Propter hoc volumus ut intelligatis non solum ad claustrum monasterii vel ecclesias atque atria ecclesiarum immunitatis nomen pertinere, verum etiam domos et villas et septa villarum et piscatorias manufacta vel quicquid fossis vel sepibus aut alio genere claustrum precingitur, eodem immunitas nomine contineri, et quicquid intra hujus modi munimenta ad jus cujuslibet monasterii pertinentia, a quolibet homine, nocendi vel damnum inferendi causa, spontanea voluntate committitur, in hoc facto immunitatis fracta esse judicatur. Quod vero in agro vel campo aut silva que nulla munitione cinguntur, casu, sicut fieri solet et a quibuslibet hominibus commissum fuerit, quamvis isdem ager vel campus aut silva ad ecclesiam preceptum immunitatis habentem pertineat, non tamen in hoc immunitas fracta judicanda est. Et ideo non sexcentorum solidorum compositione, set, secundum legem que in eo loco multandus est, teneatur is qui fraudem vel damnum in tali loco convictus fuerit fecisse. Precipimus tamen vobis, ut vos ipsi caveatis et observetis, quam et juniores et ministeriales vestri, ut homines ac famuli memorati monasterii, in omnibus locis ad vestra ministeria pertinentibus pacem habeant, et eis liceat cum securitate memorato monasterio deservire, tam in privatis quam in publicis et communibus locis; nec ullus vestrum vel juniorum vestrorum ulterius eos audeat dispoliare, et vel in fluminibus, vel in plagia maris piscantes, vel in aliis locis ad predictum monasterium pertinentibus, diversas utilitates et servitia facientes infestare vel inquietare, aut et debito injuncto sibi servitio proibere vel aliquid contra legem et justiciam facere. Quia, si ulterius ad nostras aures fuerit perlatum et verum inventum, temeratorem nostri mandati condigna suis factis vindicta coercere decrevimus. Propterea precipimus atque jubemus, ut taliter exinde agatis qualiter gratiam nostram vultis habere propitiam. Et ut certius hanc nostram jussionem esse credatis, de anulo nostro subter jussimus sigillari.

Data XIIII kalendas aprilis, anno, Christo propicio, VIIII imperii domni Hludovici, piissimi Augusti, indicione XV. Actum Aquisgrani palatio, in Dei nomine feliciter. Amen.

VII.

[LITTERÆ HLUDOVICI IMPERATORIS AUGUSTI, QUIBUS CONFIRMATUR PRIVILEGIUM A BENEDICTO, ET GEORGIO, ABBATIBUS, MONASTERIO BELLA CELLA DICTO, IN PAGO ALBIENSI SITO, CONCESSUM, QUOD MONACHI LIBERE ABBATEM ELIGANT, ET QUIBUS EXTENDITUR IMMUNITAS DICTO MONASTERIO].

(Fol. 18 r°. — 9 mars 820.)

In nomine Domini Dei et Salvatoris nostri Jhesu Christi, Hludovicus, divina ordinante providentia, Imperator Augustus. Notum sit omnibus fidelibus nostris quia vir venerabilis Benedictus abba, una cum consensu Georgii venerabili abbatis Anianensis monasterii, quem ipse ibidem successorem elegerat, et monachis ibidem consistentibus, seu etiam et Nibridii archiepiscopi reverentissimi et aliorum servorum Dei, cuidam cellule, in pago Albiensi, super fluvium qui dicitur Aquotis sitam, nuncupantem Bella Cella, constructam in honore sancti Benedicti et aliorum sanctorum, quam nuperrimis temporibus novo opere, in rebus quas Vudfarius comes memorato monasterio Anianensi delegaverat, constructa est, tale privilegium ob firmitatem loci illius concessit, ut semper de ipsa congregatione ibidem eligerent abbates, quamdiu ibi tales invenire potuissent. Si vero contigisset ibidem illum invenire minime posse, ut de predicta congregatione Anianensis monasterii ibidem constitueretur; et si aliter quam opportebat fecisset, aut a suo proposito in aliquo exorbitasset, ut rector sæpe nominati monasterii sua auctoritate illud emendaret. Ceterum, quamdiu suam professionem bene observabant, nullatenus qualibet occasione eos infestassent aut eorum quietem perturbassent, aut aliquid contrarii eis fecissent. Set ut melius conservaretur, petiit ut nostre jussioni majus ratum maneret. Proinde has litteras fieri jussimus, per quas jubemus, ut memorati fratres in eodem loco consistentes, juxta superius taxatum modum Deo quiete militent, et abbatem, quamdiu ex se bonum eligere potuerint, juxta premissam constitutionem eligant; et si a proposito suo aliorsum digressi fuerint, per abbatem Anianensis monasterii corrigantur; et, sicut intulimus nullam infestationem aut inquietudinem, qualibet occasione, dum bene suum propositum conservaverint, a rectoribus vel congregatione prescripti monasterii Anianensis paciantur, sed juxta premissam conditionem in omnibus quiete vivere valeant. Hec vero cellula, sub eadem immunitate qua nos predicto monasterio Anianensis fecimus in[di]visibiliter, sicut res cetere ad ipsum monasterium pertinentes, ita eas sub nostra defensione consistant. Et ut hec nostra jussio in omnibus firmior habeatur et melius conservetur de anulo nostro subter jussimus sigillari. Durandus diaconus ad vicem Helisacar recognovi.

Data VII idus martis anno, Christo propicio, VI imperii domni Hludovici piissimi Augusti, indicione XII. Actum Aquisgrani palacio regio, in Dei nomine feliciter. Amen.

VIII.

[PRECEPTUN KAROLI MAGNI DE CELLA NOVA ET DE PORCARIA ET DE SOGRADO ET DE COMAIAGAS ET CAUCINO, AD SUPRADICTUM BENEDICTUM, ABBATEM].

(Fol. 18 v°. — Juin 799.)

Carolus gratia Dei rex Francorum et Langobardorum ac patricius Romanorum, omnibus episcopis, abbatibus, ducibus, comitibus, vicariis, centenariis, seu cunctis fidelibus sancte Dei Ecclesie et nostris presentibus et futuris. Notum sit qualiter vir venerabilis, Benedictus, abba ex monasterio sancte Dei Genitricis semperque Virginis Marie, quod est constructum in loco nuncupante Aniano, in pago cujus vocabulum est Magdalonense, Serenitati nostre suggessit eo quod ipse, una cum monachis suis, loca aliqua erema infra fiscum nostrum nuncupante Juviniacum, antiquo vocabulo vocatur Fonte Agricolæ, nunc autem Nova Cella apellatur, quam ipsi proprio opere edificaverunt; etiam et molina duo infra ipsius terminum fisci super fluvium Leto visi sunt construxisse, et inter mare et stagnum, loco qui vocatur Porcarias, una cum consensu omnium et ceterorum christianorum ibi circumquaque habitantium, de loca herema accepisset; similiter, in loco qui dicitur Osogrado, cellam hedificasset cum omni adjacentia sua, etiam et alia loca Comaiacas et Caucino super fluvium Araurem ubi dicitur Ad Salices, ad pascua armentorum et alenda peccunia, cum aliis usibus suis actenus habeant. Et asserit se hec omnia cum equitatis ordine, absque ullius inlicita contrarietate possidere, set pro integra firmitate petiit Celsitudini nostre, ut quicquid nunc tempore ipse cum monachis suis, juste et racionabiliter ad supradicta loca habere dinoscitur, denuo per nostre auctoritatis preceptum ei et monachis suis inibi sub sancta regula consistentibus, plenissima deliberatione, pro mercede anime nostre, ad prefatum monasterium cedere et confirmare deberemus, cujus petitionem denegare nolumus, set in elemosina nostra ita concessisse et in omnibus confirmasse cognoscere. Precipientes ergo jubemus ut, neque vos neque juniores seu successores, que memorato viro, venerabili Benedicto abbati, aut successorihus suis, de supradicta loca undecumque ad presens ipse et monachi sui, cum equitatis ordine ac juste et racionabiliter vestiti esse noscuntur, inquietare aut calumniam generare nec aliquid exinde contra justiciam abstrahere aut minuare quoquo tempore presumatis, set, per hanc nostram auctoritatem atque confirmationem, habeant in helemosina nostra omnique tempore concessum, ita ut eis melius delectet pro nobis et filiis ac filiabus nostris seu cuncta familia domus nostre et in omni populo gentis nostre adtentius Domini misericordiam exorare. Et ut hec auctoritas firmior habeatur et diuturnis temporibus melius conservetur, manus nostras signaculis subter eam decrevimus roborare, et de anulo nostro jussimus sigillare.

Signum Karoli, gloriosissimi regis. Erchimbaldus ad vicem Radoni.

Data in mense junio, anno XXXI et XXVI regni nostri. Actum Aquis palatio nostro, in Dei nomine feliciter. Amen.

IX

[PRECEPTUM LUDOYCI IMPERATORIS, AD EUMDEM BENEDICTUM ABBATEM, DE GELLONE ET DE MANGARACIO ET DE CASTRA ET DE MILIACO ET DE ECCLESIA SANCTI PARAGORII ET DE MILICIANO ET DE MONTE CALMENSI].

(Fol. 19 r°. — 814-840.)

In nomine Domini Dei et Salvatoris nostri Jhesu Christi, Hludovicus divina ordinante providentia Imperator Augustus. Si erga loca divinis cultibus mancipata, propter amorem Dei ejusque in eisdem locis sibi famulantes, beneficia opportuna largimur, premium nobis apud Dominum æterne remunerationis rependi non diffidimus. Idcirco notum sit omnibus fidelibus nostris presentibus et futuris, quia placuit nobis pro mercedis nostre augmento, ad monasterium quod dicitur Aniana, situm in pago Magdalonense, constructum in honore Domini et Salvatoris nostri Jhesu Christi et sancte Marie semper Virginis seu et aliorum sanctorum, ubi Benedictus abba preesse videtur, aliquid ex rebus tradere nostris, id est quandam cellulam nuncupante Gellonis, in pago Lutovense, cum omnibus apendiciis suis, vel quicquid ibi Vuillelmus quondam comes, qui ipsam cellam in causa domni et genitoris nostri construxit, seu et alii boni homines per strumenta cartarum tradiderunt, necnon et in predicto pago villam que dicitur Magarantiate, et in eodem pago, in loco qui dicitur Castra, pastura ad pecora eorum alenda, cum terminis et adjacentiis suis; in pago Bederense, fiscum nostrum qui dicitur Miliacus, cum ecclesia Sancti Paragorii et Militiano villam; et in pago Magdalonense, castrum quod dicitur Monte Calmensi, situm juxta fluvium Eraur, cum ecclesia Sancti Hylarii, a terminis ejusdem monasterii Anianense, usque ad terminos eorum, sicut domnus et genitor noster, Karolus bone memorie piissimus Augustus, trans ripam prefati fluminis, per suum preceptum, ad proprium ante dictum tradidit monasterium, excepto proprium ingenuorum hominum, quod infra conjacet. Item in eodem pago illos segos cum piscatoria, quantumcumque in eodem loco idem genitor noster quondam ad suum habebat opus, qui est inter mare et stagnum cum ecclesia et villaribus......... et omnibus aspicientiis vel adjacentiis suis. De silva vero que eidem fisco adjacet, concedimus eisdem monachis et eorum hominibus, ut ad usus et ad piscatorias reemendandas, quantumcumque necesse fuerit, ad eorum utilitatibus accipiant. Pascua etiam ad alimalia alenda, absque ullius hominis impedimento, ubi voluerint et illi et homines eorum habeant. Cetera vero que restant et silva et pascua utantur, et comes, et habitatores civitatis Agatensis, sicut antiquitus usus fuit; in pago namque Agatense, fiscum nostrum qui nuncupatur Sita; et in pago Narbonensi salinas que sunt in loco nuncupante ad Signa, quantascumque eis noster missus Leibulfus comes designavit, cum terminis et laterationibus suis, hec omnia prescripta cum ecclesiis, villaribus, domibus, mancipiis, virgis, silvis, terris, pratis, pascuis, garricis, molendinis, aquis aquarumve decursibus, cultum et incultum, cum omnibus adjacentiis vel adpenditiis, totum et ad integrum memorato concessimus monasterio. Et hanc preceptionem nostre auctoritatis pro firmitatis studio fieri jussimus, per quam omnino precipimus atque jubemus, ut nullus ex fidelibus sancte Dei Ecclesie ac nostris de prescriptis rebus a nobis prefato monasterio vel congregationi ibidem degente, concessis aliquid abstraere aut minuere temtet, nec homines ibidem commanentes distringere, nec fidejussores tollere, nec paratas requirere, nec ullas redibitiones exigere presumat. Set sicut nobis ob amorem Dei prescripta loca cum omnibus eorum apendiciis eidem congregationi delegari atque perpetualiter ad habendum tradere libuit, ita Domino protegente absque alicujus contrarietate vel de minoratione aut resultatione, jure firmissimo ipsas res habere et possidere valeant. Placuit etiam nobis hujus congregationi monasterii, quando Dominus habundanter largiri dignatus fuerit, decem modia de holeo dare, id est de tolomena et salaria, quando vero minus sex modia. Et jubemus per hoc preceptum procuratoribus earundem villarum presentibus et futuris, ut mensuram holei prescriptam, missis supradicte congregationis vel successorum ejus, jure uno, annis singulis dare studeant. Hec quippe auctoritas ut nostris et futuris temporibus Domino protegente valeant inconvulsa manere, manu propria subscripsimus et anuli nostri inpressione signari jussimus.

Signum domni Hludovici Serenissimi Imperatoris.

X.

[PRECEPTUM LUDOYCI IMPERATORIS, AD TRUTESINDUM ABBATEM, DE GELLONE, DE MONTE CALMENSI, DE SANCTO PARAGORIO ET DE SITA ET DE SANCTO MARTINO ARELATENSI ET DE MASSATIA ET DE MURENATE].

(Fol. 19 v°. — 21 mars 822.)

In nomine Domini Dei et Salvatoris nostri Jhesu Christi, Hludovicus, divina ordinante providentia, Imperator Augustus. Si erga loca divinis cultibus mancipata, propter amorem Dei ejusque in eisdem locis sibi famulantes beneficia opportuna largimur, primum nobis apud Dominum eterne remunerationis rependi non diffidimus; idcirco notum sit omnibus fidelibus nostris presentibus scilicet et futuris, quia placuit nobis, pro mercedis nostre augmento, ad monasterium quod dicitur Aniano, situm in pago Magdalonense, constructum in honore Domini et Salvatoris nostri Jhesu Christi et sancte Marie semper Virginis, seu et aliorum sanctorum, ubi nunc Trutesindus abba preesse videtur cum turba monachorum, aliquid ex nostris rebus tradere nostris, id est quandam cellulam nuncupante Gellonis, sita in pago Ludovense, cum omnibus apendiciis suis, vel quicquid ibi Vuillelmus, quondam comes, qui ipsam cellulam in causa domni et genitoris nostri construxit, seu et alii boni homines per strumenta cartarum tradiderunt. Necnon et in predicto pago villam que dicitur Magaranciate et in eodem pago, in loco qui dicitur Castra, pastura ad peccora eorum alenda cum terminis et ajacentiis suis. In pago Beterense fiscum nostrum qui dicitur Miliacus, cum ecclesia Sancti Paragorii et Miliciano villa. Et in pago Magdalonense castrum quod dicitur Monte Calmense, situm juxta fluvium Araur, cum ecclesia Sancti Hylarii, a termino ejusdem monasterii Anianense usque ad terminos eorum, sicut genitor noster Karolus, bone memorie, piissimus, Augustus, trans ripam prefati fluminis per suum preceptum ad proprium ante dictum tradidit monasterium, excepto proprium ingenuorum hominum quod infra conjacet. Item in eandem pago illos segos cum ipsa piscatoria, quantumcumque in eodem loco idem genitor noster quondam ad suum habebat opus, qui est inter mare et stagnum, cum ecclesia et villaribus et piscatoriis et omnibus aspicentiis vel adjacentiis suis. De silva vero, que eidem fisco adjacet, concedimus eisdem monachis et eorum hominibus, ut ad usus et ad piscatorias reemendandas, quantumcumque necesse fuerit, ad eorum utilitatibus accipiant. Pascua etiam ad animalia eorum alenda, absque ullius hominis impedimento ubi voluerint, et illi et homines eorum habeant. Cetera vero que restant et silva et pascua utantur, et comes et habitatores civitatis Agatensis, sicut antiquitus usus fuit. In pago namque Agatense fiscum nostrum, qui nuncupatur Sita, et in pago Narbonense salinas que sunt in pago nuncupante Ad Signa, quantascumque ei noster missus Leybulfus, comes, designavit cum terminis et laterationibus. Insuper et cellam juris nostri, que est constructa in honore sancti Martini, intra muros Arelatensis civitatis, que cum omnibus que ad eam in eodem pago Arelatensi vel Avinionensi presenti tempore legibus pertinent. Et locum qui est in pago Aurasione, vocabulo Morenatus, vel que ad ipsum locum pertinent; similiter et villam que dicitur Massascia, cum omnibus apendiciis habentem plus minus quadraginta mansos, que est ex ratione predicte celle Sancti Martini : Hec omnia prescripta cum ecclesiis, villis, villaribus, domibus, edificiis, mancipiis, terris, vineis, olivetis, silvis, garricis, pratis, pascuis, molendinis, aquis aquarumve decursibus, piscatoriis, perviis, exitibus, regressibus, cultum vel incultum cum omnibus adjacentiis et apendiciis suis et ad integrum quantumcumque juris nostri et possessionis ac proprietatis, predicto monasterio concessimus, per hanc nostre auctoritatis donationem, ad stipendia fratrum ibidem Deo famulantium et ad subsidia pauperum, ad cunctas ejusdem monasterii utilitates perpetualiter concedimus ad habendum. Ita videlicet ut quicquid ab hodierno die et tempore predictis rebus facere, vel ordinare, vel etiam disponere, rectores et ministri predicti monasterii voluerint, libero in omnibus perfruantur arbitrio faciendi. Et nullus ex fidelibus sancte Dei Ecclesie ac nostris, de prescriptis rebus a nobis prefato monasterio vel congregationi ibidem degenti concessis, aliquid abstraere aut minuere * temtet, nec homines ibidem commanentes distringere, nec fidejussores nec paratas requirere, nec ullas redibitiones exigere presumat. Set sicut nobis ob amorem Dei prescripta loca, cum omnibus eorum apendiciis eidem congregationi delegari atque perpetualiter ad habendum tradere libuit, ita, Domino protegente, absque alicujus contrarietate vel diminutione aut resultatione, jure firmissimo ipsas res habere et possidere valeant. Placuit etiam nobis hujus congregationi monasterii, quando Dominus habundanter largiri dignatus fuerit, decem modia de holeo dare, id est de tolomena et solaria, quando vero minus sex modia. Et jubemus per hoc preceptum procuratoribus earundem villarum presentibus et futuris, ut mensuram holei prescriptam missis supradicte congregationis vel successorum ejus in Arelato, annis singulis dare studeant. Hec quippe auctoritas ut nostris et futuris temporibus, Domino protegente, valeat inconvulsa manere, manu propria subscripsimus et anuli nostri impressione signari jussimus.

* Fol. 20 v°.

Signum Hludovici, Serenissimi Imperatoris; Durandus, diaconus, ad vicem Fridigisi recognovi.

Data XIII kalendas aprilis, anno, Christo propicio, VIII imperii Hludovici piissimi Augusti, indictione XV. Actum Aquisgrani, palatio regio, in Dei nomine feliciter. Amen.

XI.

[PRECEPTUM KAROLI AD ARNULFUM, ABBATEM, DE GELLONE, DE MONTE CALMENSI, DE SANCTO PARAGORIO, DE SITA, DE ARELATO, DE MASSACIA, DE MURENATE, DE CASA NOVA].

(Fol. 20 v°. — 22 juin 852.)

In nomine sancte et individuae Trinitatis. Karolus gratia Dei rex. Si bene gesta erga loca divinis cultibus mancipata progenitorum nostrorum auctoritatis nostre preceptionibus confirmamus, regie celsitudinis opera frequentamus. Itaque notum sit omnibus sancte Dei Ecclesie fidelibus et

nostris presentibus atque futuris, quia Arnulfus venerabilis abba monasterii quod dicitur Aniana, situm in pago Magdalonense, in nostram veniens presentiam, obtulit reverentie nostre quoddam preceptum, per quod domnus et genitor noster dive memorie, Ludovicus Imperator, quasdam res prenominato monasterio, ob amorem Dei et reverentiam sanctorum, quorum ibi coluntur reliquie, in jus ecclesiasticum tenendas delegavit atque contradidit, id est quandam cellam nuncupantem Gellonis, sitam in pago Lutovense, cum loco qui dicitur Magarantiate, seu et qui vocatur Castra, cum terminis et adjacentiis suis. Et in pago Biterrense, fiscum qui dicitur Miliacus, cum ecclesia Sancti Paragorii et Militiano villa cum omnibus apendiciis et adjacentiis suis, et in eodem pago villam Cincianum, cum apendiciis et adjacentiis suis. Et inter confinia de pago Rutenico seu Nemausense, alpes quas dicunt Jaullo, et locum qui dicitur Auraria, ab omni integritate cum terminis et adjacentiis suis. Et in pago Magdalonense castrum quod dicitur Monte Calmense, situm juxta fluvium Araur, cum ecclesia Sancti Hylarii, et super prefatum fluvium Caussinum, cum villulis et aspicientiis suis. Et in alio loco Commaiacas seu Paliares, cum finibus et adjacentiis suis. Et in loco qui dicitur Sogradus, cellulam quam ipsi monachi ædificaverunt. Et in ipso pago, in
* Fol. 21 r°. fisco nuncupante *Juviniaco, locum qui vocatur Nova Cella et molina duo infra ipsius fisci terminum super fluvium Leto. Et inter mare et stagnum, locum qui vocatur Porcarias, et in ipso pago, illos segos cum piscatoria et plagis maris et fiscum adherentem illis, qui nuncupatur Sita, qui est inter mare et stagnum et subjungit pago Agatensi, cum mancipiis et omnibus piscatoriis et aspicientiis seu adjacentiis suis, usque ad locum qui dicitur Caraiacum, quantumcumque in eisdem locis genitor noster quondam ad suum habuit opus. Et in pago Narbonense salinas, que sunt in loco nuncupante Ad Signa, cum terminis et laterationibus suis. Insuper et cellam juris nostri, que est constructa in honore sancti Martini infra muros civitatis Arelatensis, cum omnibus que ad eam in eodem pago Arelatensi vel Avinionensi pertinent, et locum qui est in pago Arausione, vocabulo Murenatis, quicquid ad ipsum locum pertinet. Et villam que dicitur Massatia, cum omnibus apenditiis suis, habentem plus minus

mansos quadraginta, et est ex ratione predicte celle Sancti Martini. Et in pago Ucetico donavit genitor noster cellam suam, que nuncupatur Casanova, cum rebus sibi pertinentibus. Has denique res omnes cum apendiciis et adjacentiis earum, a premisso domno et genitore nostro Augusto Hludovico supra prefato monasterio collatas atque contraditas, sine cujuspiam contradictione aut minoratione perpetuo a rectoribus ejusdem tenendas concedimus, et Altitudinis nostre precepto hoc confirmamus. Precipientes atque jubentes, ut nullus ex fidelibus sancte Dei Ecclesie ac nostris, de prescriptis rebus prefato monasterio vel congregationi ibidem degenti a genitore nostro concessis aliquid abstraere, ut supra signatum est, aut minuere temtet, nec in ecclesias aut loca vel agros seu reliquas possessiones predicti monasterii, quas, moderno tempore, per donationem genitoris nostri ac nostram confirmationem seu ceterorum fidelium, juste possidere videtur in quibuslibet locis, quicquid ibidem propter divinum amorem collatum fuit, queque etiam deinceps in jure ipsius sancti loci, aut per nos aut per alios, voluerit divina pietas augeri, ad causas audiendas, vel freda exigenda, aut mansiones vel paratas faciendas, aut fidejussores tollendos, nec homines ipsius monasterii, tam ingenuos quamque servos, qui super terram memorati monasterii residere videntur, distringendos, nec ullas redibitiones aut inlicitas occasiones perquirendas, ullo unquam tempore ingredi audeat vel exactare presumat. Et quicquid de rebus prefati monasterii fiscus sperare poterat, totum nos, pro eterna remuneratione, predicto monasterio concedimus, ut, perpetuis temporibus, in alimonia pauperum et stipendia monachorum ibidem Deo famulantium proficiat in augmentum. Et quandoquidem divina vocatione supradictus abba et successores ejus de hac luce migraverint, quamdiu ipsi monachi inter se tales invenire potuerint qui ipsam congregationem secundum regulam sancti Benedicti regere valeant, per hanc nostram auctoritatem et consensum, licentiam habeant semper eligendi abbates, quatinus ipsis servis Dei, qui ibidem Deo famulari videntur, pro nobis et conjuge proleque nostra et stabilitate tocius regni a Deo nobis commissi vel conservandi, jugiter Domini misericordiam exorare delectetur. Et ut hec au*ctoritas confirmationis futurisque temporibus, Domino * Fol. 21 v°.

protegente, valeat inconvulsa manere, manu propria subscripsimus et anuli nostri inpressione signari jussimus.

Signum Karoli gloriosissimi regis. Bartolemeus notarius ad vicem Hludovici recognovit. Data XI kalendas julii, indictione I, anno XIII, regnante gloriosissimo Karolo rege. Actum in Poncione, fisco regio, in Dei nomine feliciter. Amen.

XII.

[TRADITIO SEU DONATIO CELLULÆ GORDANICUS DICTÆ ET CELLULÆ CASANOVA DICTÆ ET OMNIUM QUE VUILLELMUS, QUONDAM COMES, KAROLO MAGNO TRADIDERAT, MONASTERIO ANIANO AB IMPERATORE LUDOVICO FACTA].

(Fol. 21 v°. — 21 mai 815.)

In nomine Domini Dei, et Salvatoris nostri Jhesu Christi, Hludovicus, divina ordinante providentia, Imperator Augustus.

Si liberalitatis nostre munere de beneficiis a Deo nobis conlatis, locis Deo dicatis aliquid conferimus, id nobis et ad mortalem vitam feliciter transigendam et ad eternam perpetualiter obtinendam profuturum liquido credimus. Unde noverit experientia atque utilitas omnium fidelium nostrorum, tam presentium quam et futurorum, quia placuit nobis, pro mercedis nostre augmento et anime emolumento, quandam cellulam ex re proprietatis nostre, que nuncupatur Casa Nova, que sita est juxta castrum que nuncupatur Planitium, in pago Ucetico, super fluvium Cicer, quam dudum Vuillelmus, condam comes, a fundamento, in honore sancte Marie semper Virginis construxerat, et rebus quamplurimis ditaverat, et domno et genitori nostro, Karolo, bone memorie, piissimo, Augusto, cum rebus et omnibus que eidem cellule aspicere fecerat, per cartulam delegavit donationis, set postea propter compendium set loci utilitatem, non procul ab eodem loco, eadem cellula constructa est, que nuncupatur Gordanicus, in eodem pago vel super eundem fluvium, ad monasterium quod nuncupatur Aniana concedere, et per hanc nostre auctoritatis largitionem tradere, quod est situm in pago Magdalonense, non longe a castro quod dicitur Mons Calmus, constructum in honore Domini et Salvatoris nostri Jhesu Christi et sancte Marie semper Virginis, ubi etiam Senegildus abbas preesse videtur, quod holim vir venerabilis, Benedictus abbas, in suo construxerat proprio, et similiter domno et genitori nostro Karolo Imperatori per strumenta delegaverat cartarum. Hanc itaque cellulam, que sicut diximus nuncupatur Gordanicus, et illam que vocatur Casa Nova, cum omnibus ibidem pertinentibus vel aspicientibus, cum mancipiis, domibus, hedificiis, terris, vineis, silvis, pratis, pascuis, aquis aquarumve decursibus, mobilibus et immobilibus, cum omnia que predictus Vuillelmus per venditiones, sessiones, donationes adquisierat, et prefato domno et genitori nostro tradiderat, et cum his que postea predictis locis a bonis hominibus traditum est, memorato monasterio Aniano presenti tempore tradidimus, et per hanc nostre auctoritatis donationem perpetualiter ad habendam concessimus, ita videlicet ut quicquid in ipsis locis, aut de ipsis ad utilitatem et profectum rectores aut congregatio ipsus monasterii facere vel judicare voluerint, libero in omnibus perfruantur arbitrio faciendi. Hec vero auctoritas largitionis nostre, ut per curricula annorum inviolabiliter inconsulsam obtineat firmitatem, et a fidelibus nostris, presentibus scilicet et futuris, seu etiam et successoribus nostris fidelibus sancte Dei Ecclesie verius cerciusque credatur, etiam manu propria subter firmavimus, et anuli nostri impressione signare jussimus.

Signum Hludovici, Serenissimi Augusti. Durandus, diaconus, ad vicem Helisacar recognovi.

Data XII kal. junias, anno, Christo propitio, secundo imperii domni Hludovici piissimi Augusti, indictione VIII. Actum Aquisgrani palatio regio, in Dei nomine feliciter. Amen.

XIII.

[CARTA QUA LUDOVICUS IMPERATOR TRADIT MONASTERIO ANIANENSI ET ABBATI HERMENALDO PERMULTAS CELLULAS IN PAGIS LUTOVENSI, BITERRENSI, RUTENICO, NEMAUSENSI, MAGDALONENSI, AGATENSI, NARBONENSI, ARAUSIONE, UCETICO SITAS].

(Fol. 22 r°. — 21 octobre 837.)

In nomine Domini Dei et Salvatoris nostri Jhesu Christi, Hludovicus, divina ordinante providentia, Imperator Augustus.

Si erga loca divinis cultibus mancipata, propter amorem Dei ejusque in eisdem locis sibi famulantes, beneficia oportuna largimur, premium nobis apud Dominum æterne retributionis rependi non difidimus. Idcirco notum sit omnibus fidelibus nostris presentibus et futuris, quia placuit nobis, pro mercedis nostre augmento, ad monasterium quod dicitur Aniana, situm in pago Magdalonense, constructum in honore Domini et Salvatoris nostri Jhesu Christi et sancte ac semper Virginis Marie seu aliorum sanctorum, ubi venerabilis Hermenaldus abba preesse videtur, aliquid ex rebus tradere nostris, id est quandam cellulam, nuncupantem Gellonis, sitam in pago Lutovense, cum omnibus apendiciis suis vel quicquid ibi Vuillelmus, condam comes, qui ipsam cellulam in causa domni et genitoris nostri construxit, seu et alii boni homines per strumenta cartarum tradiderunt. Et in predicto pago villam que dicitur Magaranciate et locum qui dicitur Castra, pastura ad peccora eorum alenda, seu diversis usibus cum terminis et adjacentiis suis. Et in eodem pago fiscum nostrum Curcennate, cum omnibus adjacentiis suis. In pago quoque Biterrense fiscum nostrum, qui dicitur Miliacus cum ecclesia Sancti Paragorii et Miliciano villa cum omnibus apendiciis et adjacentiis suis. Et in eodem pago villam Cincianum cum apenditiis et adjacentiis suis. Et inter confinia de pago Rutenico seu Nemausense alpes ad pecora alenda seu alios usus quas dicunt Jaullo, cum terminis et adjacentiis suis, quas holim prefato monasterio per missos nostros Ragambaldo seu Fulcoaldo comite tradidimus, cum integritate omni, sicut a temporibus domni et genitoris nostri ab eisdem monachis possessum fuit. Et locum qui dicitur Auraria, cum omni integritate, sicut holim a bone memorie Ermengarde regine, predicto monasterio traditum est. Et in pago Magdalonense castrum quod dicitur Monte Calmense, situm juxta fluvium Araur, cum ecclesia Sancti Hylarii, a termino ejusdem monasterii Anianensis usque ad terminum rerum, sicut genitor noster trans ripam prefati fluminis per suum preceptum ad proprium jam dicto tradidit monasterio, excepto proprium ingenuorum hominum quod infra conjacet. Et super

* Fol. 22 v°. * prefatum fluvium Caucinum, ad pascua armentorum et alenda pecora seu alias utilitates cum villulis et omnibus aspicientiis suis. Et alio loco

Comaiagas, cum finibus et adjacentiis suis, seu et Paliares cum apendiciis suis. Et in loco qui dicitur Sogrado, cellulam quam ipsi monachi hedificaverunt cum adjacentiis suis. Omnia hec cum omni integritate, sicuti a misso genitoris nostri Karoli, Leydrath archiepiscopo, traditum et in arboribus per cruces et terminationes adsignatum fuit et ab ipsis monachis a temporibus genitoris nostri possessum. Et in ipso pago, in fisco nostro nuncupante Juviniaco, locum quod antiquo vocabulo Fons Agricole dicebatur, nunc autem Nova Cella apellatur, quam proprio opere ipsi monachi manibus suis edificaverunt, etiam et molina duo infra ipsius fisci terminum, super fluvium Leto ab eisdem constructa, cum omni integritate, sicut actenus a temporibus prelibati genitoris nostri quieto ordine tenuerunt; et inter mare et stagnum locum qui vocatur Porcarias, quem sibi ad porcos alendum vel ad piscationis oportunitatem seu alias adjacentias, de locis heremis prefati monachi susceperunt, et a genitore nostro eis per preceptum conlata sunt. Item in eodem pago illos segos cum ipsa piscatoria et plagis maris et fiscum nostrum adherentem illis, qui nuncupatur Sita, qui est inter mare et stagnum et subjungit pago Agatensi, cum ecclesiis, villaribus, mancipiis, plagis maris et piscatoriis, cum omnibus aspicientiis et adjacentiis, cum silvis et arboribus supra positis, usque ad locum qui dicitur Caraiacum, quantumcumque vel quomodocumque in eisdem locis idem genitor noster quondam ad suum habuit opus. Et in pago Narbonense salinas que sunt nuncupante Ad Signa, quantascumque noster missus Leibulfus, comes, eis designavit cum terminis et laterationibus suis. Insuper et cellam juris nostri, que est constructa in honore Sancti Martini, infra muros civitatis Arelatensis, cum omnibus que ad eam in eodem pago Arelatensi vel Avinionensi presenti tempore pertinent. Et locum qui est in pago Arausione, vocabulo Murenatis, quicquid ad ipsum locum pertinet; et villam que dicitur Massacia, cum omnibus apendiciis suis, habentem plus minus mansos XL, que est ex ratione predicte celle Sancti Martini; seu et insulam Suburbanam nuncupatam, que cingitur ab omni parte a Rodano flumine, cum ecclesiis ac rebus seu apenditiis suis, sicut quondam Leybulfus, comes, per auctoritatem nostram cum Notone, archiepiscopo, ex suo alode excam-

biavit et jure possedit atque per cartam donationis prefato contulit monasterio. Necnon et in pago Ucetico donamus cellulam proprietatis nostre, que nuncupatur Casanova, que sita est juxta locum qui vocatur Gordanicus super fluvium Cicer, sicut eam et genitor noster quondam possedit et nos holim prefato monasterio per hauctoritatem nostram concessimus. Hec omnia prescripta, cum omni integritate predicto, monasterio per hanc nostre auctoritatis donationem perpetualiter concedimus, ad stipendia fratrum ibidem Deo famulantium, ita ut quicquid ab hodierno die et tempore de predictis rebus facere vel ordinare voluerint ministri loci ipsius, libero in omnibus perfruantur arbitrio. Quam ob rem hanc preceptionem nostre auctoritatis pro firmitatis studio fieri jussimus per quam omnino precipimus atque jubemus, ut nullus ex fidelibus sancte Dei Ecclesie ac nostris de prescriptis rebus, a nobis prefato
* Fol. 23 r°. monasterio vel congregationi ibidem degenti * concessis, aliquid abstraere aut minuere temtet, nec in ecclesiis aut loca vel agros seu reliquas possessiones predicti monasterii, quas moderno tempore per donationes genitoris nostri ac nostras seu ceterorum fidelium juste possidere videtur, in quibuslibet locis quicquid ibidem propter divinum amorem conlatum fuit, queque etiam deinceps in jure ipsius sancti loci, aut per nos, aut per alios voluerit divina pietas augeri, ad causas audiendas vel freda exigenda, aut mansiones vel paratas faciendas, aut fidejussores tollendos nec homines ipsius monasterii tam ingenuos quamque servos, qui super terram memorati monasterii residere videntur, distringendos, nec ullas redibitiones aut inlicitas occasiones perquirendas, ullo unquam tempore ingredi audeat vel exactare presumat. Et quicquid de rebus prefati monasterii fiscus sperare poterat, totum nos pro ęterna remuneratione predicto monasterio concedimus, ut perpetuis temporibus, in alimonia pauperum et stipendia monachorum ibidem Deo famulantium proficiat in augmentum. Et quandoquidem divina vocatione supradictus abba et successores ejus de hac luce migraverint, quamdiu ipsi monachi inter se tales invenire potuerint, qui ipsam congregationem secundum regulam sancti Benedicti regere valeant, per hanc nostram auctoritatem et consensum, sicuti in aliis eorum continetur preceptis a nobis vel genitore

nostro sibi conlatis, licentiam habeant semper eligendi abbates, quatinus ipsis servis Dei qui ibidem Deo famulari videntur, pro nobis et conjuge proleque nostra et stabilitate tocius imperii a Deo nobis concessi vel conservandi jugiter Domini misericordiam exorare delectetur. Et ut hec auctoritas nostris futurisque temporibus, Domino protegente, valeat inconvulsa manere, manu propria subscripsimus et anuli nostri inpressione signari jussimus.

Signum Hludovici Serenissimi Imperatoris. Hirminmaris notarius, ad vicem Hugonis recognovi.

Data XII kalendas novembris anno, Christo propicio, XXIIII imperii domni Hludovici piissimi Augusti indictione XV. Actum Aquis Grani, palatio regio. In Dei nomine feliciter. Amen.

XIV.

[PRECEPTUM LUDOYCI AD EUMDEM BENEDICTUM ABBATEM DE ACQUISITIS MONASTERIO ANIANENSI ET ADVOCATIS MONASTERII RESTITUENDIS REBUS, ET PRÆCIPUE DE MANCIPIIS SANCTI MARTINI ARELATENSIS].

(Fol. 23 r°. — 15 octobre 816.)

In nomine Domini Dei et Salvatoris nostri Jhesu Christi, Hludovicus divina ordinante providentia Imperator Augustus. Notum sit omnibus fidelibus nostris partibus Septimanie Provincie, Aquitanie, vel in ceteris provinciis consistentibus, quia vir venerabilis Benedictus abba, ad nostram accedens clementiam, suggessit ut per nostram jussionem advocati monasterii Anianensis perdita quererent, et justa possessa ubique secundum legem defenderent, quem nos libenter recepimus, et has litteras scribere et ei dare jussimus, per quas omnibus notum facimus, ut sciatis advocatos predicti monasterii Anianensis omnia que secundum legem quesierint, et quicunque de predicti monasterii rebus eis aliquid quesierit, et secundum legem definitum fuerit, ratum et stabile permaneat. Et ideo precipimus ut ubicunque in loca vel potestates seu ministeria cujuslibet et comitum advenerint, et undecumque de rebus predicti monasterii justiciam quesierint, absque ulla dilatione secundum legem justiciam recipiant et faciant. Si vero quilibet aliquam dilationem in justiciis faciendis opposuerit, aut aliquam injustam occasionem adhibere conatus fuerit, advocatis ipsius monasterii injungimus ut nobis renuntient. Et nos illi qui nostram jussionem neglexerit, secundum facti sui meritum retribuamus. Dixit etiam nobis predictus Benedictus, abba, eo quod mancipia de monasterio Sancti Martini, vel alia, quod nos largitionis nostre munere ad predictum Anianensis monasterio concessimus, per loca diversa fugitiva sint. De quibus volumus ut ejusdem monasterii advocati ea perquirant, et, ubicunque inventa fuerint et secundum legem Romanam tricennio se defendere voluerint, et hoc advocati predicti monasterii ex propinquis eorum circumcinxerint, aut testimonia idonea dederint, fiant de eis secundum Romane legis sanctionem, ut tricennium ea excludere non possint. Et ut has litteras nostras esse verius credatis, de anulo nostro subter jussimus sigillari.

Durandus diaconus ad vicem Frigidisi recognovi.

Data idibus octobris, anno, Christo propicio, imperii nostri III, indictione X. Actum Compendio palatio regio, in Dei nomine feliciter. Amen.

XV.

[PRECEPTUM LUDOYCI DE CURCENNATE, AD ERMENALDUM, ABBATEM].

(Fol. 23 v°. — 19 octobre 837.)

In nomine Domini Dei et Salvatoris nostri Jhesu Christi, Hludovicus, divina propitiante clementia, Imperator Augustus, omnibus fidelibus sancte Dei Ecclesie nostris presentibus scilicet et futuris. Notum sit quia holim adhuc in Aquitania constituti et necdum imperiali honore et nomine celitus in insigniti beneficiavimus quandam villam in pago Lutovense, Aniani monasterii, que est in honore sancti Salvatoris seu beate Marie Virginis et Petri et Pauli apostolorum atque archangeli Michaelis dicata, petente nimirum Benedicto ejusdem monasterii tunc temporis abbate, et per auctoritatem nostram delegare curavimus. Set quia deinceps divinitus nobis imperiali solio sublimatis easdem res pociori auctoritate roboratas fuisse necdum constiterat Ermenaldus, venerabilis ejusdem monasterii abba nostre supplicavit clementie, ut denuo nostram auctoritatem super rebus ville, que dicitur Curcionatis, accipere mereretur, per quam eas firmius possidere valeret. Cui divino amore et honore adsensum prebentes, hos nostros apices ei fieri jussimus, per quos decernimus atque sancimus, ut jam dicta villa Curcionatis, cum omni integritate sua, diebus vite nostre beneficiario munere in dominatione et gubernatione Aniani monasterii rectorumque illius, atque sustentatione fratrum in eo Domino militantium persistat; et quicquid de ea jure ecclesiastico et modo beneficiario facere disposuerint, liberam habeant potestatem. Et ut hec auctoritas nostra firmior habeatur, de anulo nostro subter jussimus sigillare.

Signum Hludovici Serenissimi Imperatoris. Herminmarius, notarius, ad vicem Hugonis recognovi.

Data XIIII kalendas novembris anno, Christo propicio, XXIIII imperii domni Hludovici piissimi Augusti, indictione XV. Actum Aquis Grani palatio regio, in Dei nomine feliciter. Amen.

XVI.

[PRECEPTUM LUDOYCI DE SANCTO MARTINO ARELATENSI ET DE MASSATIA].

(Fol. 24 r°. — 12 mars 820.)

In nomine Domini Dei et Salvatoris nostri Jhesu Christi. Hludovicus divinante (sic) providentia Imperator Augustus. Cum locis divino cultui mancipatis ob divine servitutis amorem si quiddam conferimus, et imperialem morem decenter implemus et id nobis profuturum ad eterne remunerationis premia capessenda veraciter credimus. Idcirco noverit omnium fidelium nostrorum presentium scilicet et futurorum sollertia, quia nos divino amore succensi olim per nostrum preceptum tradidimus quandam cellam proprietatis nostre, sitam infra muros Arelatensis civitate, constructam in honore sancti Martini confessoris Christi, cum rebus et mancipiis ad se aspicientibus vel pertinentibus monasterio Anianense, quod est dicatum in honore Domini et Salvatoris nostri Jhesu Christi et sancte Marie semper Virginis, situm in pago Magdalonense. Et tunc placuit nobis, pro remedio anime nostre, ut pius Dominus peccaminum nostrorum maculas tergere et supernis civibus adscisci dignetur, quandam cellam juris nostri que dicitur Massacia cum apendiciis suis, habentem plus minus quadraginta [mansos], que est ex ratione predicte celle Sancti Martini, non solum eidem celle reddere, set etiam liberalitatis nostre munere per hos imperiales apices nostros ibidem confirmare, quatenus eadem cella cum predicta villa perpetuum in jus et dominationem prefati monasterii Anianensis eorumque rectorum persistat. Hanc vero villam, cum omnibus ad se presenti tempore juste et legaliter aspicientibus vel pertinentibus, cum domibus, ædificiis, ecclesiis, mancipiis utriusque sexus, terris, vineis, pratis, silvis, pascuis, aquis aquarumve decursibus, molendinis, perviis, exitibus et regressibus, vel quantumcumque ad eam moderno tempore aspicere videtur et nostri juris atque possessionis jure proprietatis est, totum et ad integrum vel inexquisitum predicte celle Sancti Martini et monasterio Anianensi, per hanc nostre auctoritatis donationem donamus atque transfundimus ; ita videlicet ut quicquid rectores et ministri prefati monasterii Anianensis ob utilitatem et profectum predicti monasterii facere voluerint, libero in Dei nomine perfruantur arbitrio faciendi. Et ut hec auctoritas per futura tempora inviolabilem obtineat firmitatem, eam manu propria subter firmavimus et anuli nostri inpressione signari jussimus.

Signum Hludovici Serenissimi Imperatoris. Durandus diaconus ad vicem Fridigisi recognovi.

Data IIII idus marcii, anno, Christo propicio, VII imperii domni Hludovici piissimi Augusti, indictione XIII. Actum Aquisgrani palatio regio, in Dei nomine feliciter. Amen.

XVII.

[PRECEPTUM LUDOYCI AD GEORGIUM ABBATEM, DE SANCTO MARTINO ARELATENSI ET DE MURENATE].

(Fol. 24 v°. — 4 décembre 819.)

In nomine Domini Dei et Salvatoris nostri Jhesu Christi, Hludovicus, divina ordinante providentia, Imperator Augustus. Si liberalitatis nostre munere de beneficiis a Deo nobis conlatis ad loca divinis cultibus mancipata, propter amorem celestis patrie, et sustentationem ibidem Deo famulantium aliquid largimus, id nobis procul dubio et ad mortalem vitam felicius transigendam et ad eternam perpetualiter obtinendam profuturum, liquido credimus. Idcirco noverit omnium fidelium nostrorum presentium scilicet et futurorum sagacitas, quia nos divina aspiratione tacti et celestis patrie amore succensi, ob anime nostre salutem vel stabilitatem christiani imperii, libuit nobis ad monasterium quod dicitur Aniana, quod est constructum in honore Domini nostri et Salvatoris et sancte Marie semper Virginis, quod est situm in pago Magdalonense, set ubi Georgius abba, presse videtur, quandam cellulam juris nostri que est constructa in honore sancti Martini infra muros Arelatensis civitatis, cum his que ad ei infra eundem pagum presenti tempore pertinent, et locum qui est in pago Aurasione, vocabulo Murenatia, vel que ad ipsum locum pertinent, similiter et in pago Avenionensi per hanc nostre auctoritatis donationem conferre. Hanc vero cellam superius prescriptam cum ecclesiis, domibus, ædificiis, mancipiis, terris, vineis, pratis, silvis, pascuis, aquis aquarumve decursibus, molendinis, mobilibus et immobilibus, cultum et incultum, totum et ad integrum quantumcumque ad ipsam dictam cellam, sicut diximus, presenti tempore legitime aspicit, et nostri juris atque possessionis in predictis pagis jure proprietatis est, per hanc nostre auctoritatis donationem memorato monasterio, ad stipendia fratrum ibidem Deo famulantium et ad subsidia pauperum vel ad cunctas ejusdem monasterii Aniani necessitates consulendas, ad emolumentum anime nostre perpetualiter concessimus atque perpetuo ad habendum delegavimus, ita videlicet ut quicquid de ipsa cella vel de rebus ad eam pertinentibus, rectores et ministri supra memorati monasterii disponere atque ordinare vel etiam facere voluerint libero in omnibus perfruantur arbitrio faciendi. Hec vero auctoritas largitionis nostre, ut per curricula annorum inviolabilem atque inconvulsam obtineat firmitatem, manu propria subter firmavimus et anuli nostri inpressione signari jussimus.

Signum Hludovici Imperatoris. Serenissimi Faramund, ad vicem Fridigisi recognovi.

Data II nonas decembris, anno, Christo propicio, imperii domni nostri VI, indictione X. Actum Aquisgrani palatio regio, in Dei nomine feliciter. Amen.

XVII *bis*.

[HLUDOVICUS, IMPERATOR, ADVOCATIONIS CURAM MAURINO VASSALLO COMMITTIT, AD UTILITATEM MONASTERII ET SECUNDUM PETITIONEM ABBATIS, ET LICENTIAM CONCEDIT ABBATI DE MINORIBUS CAUSIS ALTERUM ADVOCATUM MITTENDI].

(Fol. 24 v°. — 21 juillet 835.)

In nomine Domini Dei et Salvatoris nostri Jhesu Christi, Hludovicus, divina propiciante clementia, Imperator Augustus. Si petitionibus servorum Dei justis et rationabilibus divini cultus amore *faciemus, id nobis procul dubio ad æternam beatitudinem promerendam profuturum liquido credimus. Idcirco notum esse volumus cunctis fidelibus sancte Dei Ecclesie et nostris presentibus scilicet et futuris, quia Ermenaldus abba monasterii nostri, quod dicitur Aniana, ad nostram accedens mansuetudinem, ostendit nostre magestatis obtutibus quandam preceptionem, quam nos olim ad petitionem predecessoris sui Benedicti abbatis, ob amorem Dei et monasterii utilitatem fieri jusseramus, de advocatione videlicet.......... que ad hoc in nostram preceperamus commendationem, ut liberius predicti monasterii utilitates et necessitates procurare valeret. Set eodem advocato divina vocatione rebus humanis exemto, nostram expetivit clementiam, ut eandem advocationis curam Maurino vassallo nostro committeremus. Cujus petitioni nostris indigere auxiliis perpendentes, divino tacti munere, postulata concessimus, committentes eidem vassallo nostro Maurino nomine, rerum monasterii sui curam in adquirendis videlicet justiciis et aliis faciendis. Propter hoc, hos nostre auctoritatis apices ei successorumque per tempora labentia sibi succedentibus fieri ac dari precipimus, per quos precipimus atque jubemus omnia quecumque predictus advocatus sepedicti monasterii Anianensis, nomine Maurinus, secundum legem quesierit aut querentibus obstiterit, vel juste satisfecerit atque legaliter diffinita fuerit, rata et stabilita permaneant, et ubicumque ad loca et potestates seu ministeria cujuscumque comitum advenerit, undecumque de rebus ejusdem monasterii justiciam quesierit, absque ulla dilatione secundum legem plenissimam recipiat atque querentibus faciat. Et quia constat idem monasterium nostrum proprium esse, volumus et precepimus, ut sepe nominatus advocatus nulla ulla-

* Fol. 25 r°.

tenus testimonia super nostra ejusdem............. monasterii, testes recipiat, set quiquid juste et legaliter quesierit sive defenderit, cum nostre partis testibus effectum rei eum dicare ac perficere studeat. Si vero quilibet aliquam dilationem in justiciis faciendis opposuerit, aut aliquam injustam occasionem conatus fuerit adhibere, predicto advocato injunximus ut nobis renuntiet. Et nos illi qui nostram jussionem neglexerit, secundum facti sui meritum retribuamus. Dixit etiam nobis predictus Ermenaldus abba, eo quod mancipia de monasterio Sancti Martini, quod nos largitionis nostre munere ad predictum Anianensis monasterium concessimus, per loca diversa fugitiva sint. Volumus ut predictus advocatus ea querat et, ubicumque inventa fuerint et secundum legem romanam tricennnio se defendere voluerint, et hoc predictus advocatus ex propinquis eorum circumcinxerit, aut testimonia idonea dederit, fiant de eis secundum Romane legis sanctionem, ut tricennium ea excludere non possint. Et liceat ei suas res proprias, absque cujuslibet interpellatione injusta aut inquietudine, quiete possidere, et quia memorata ad peragendum ei injunximus ab omni hoste vel vuacta sive ab omni publico servitio immunem existere, quatinus advocationem a nobis sibi injunctam liberius atque utilius peragere valeat. Licentiam etiam dedimus idem abbati de minoribus ac levioribus causis alterum advocatum mittere, qui prefati monasterii causas atque necessitates utiliter fideliterque administrare possit. Et ut has litteras nostras esse verius credatis, de anulo *nostro subter eas jussimus sigillare. * Fol. 25

Hirminmarius notarius ad vicem Hugonis recognovi.

Data XII kalendas augusti, anno, Christo propicio, XXII imperii domni Ludowici piissimi Augusti, indictione XIII. Actum Stremiaco villa, in Dei nomine feliciter. Amen.

XVIII.

[PRECEPTUM LUDOYCI, DE COMMUTATIONIBUS INTER NOTONEM, ARCHIEPISCOPUM ARELATENSEM ET LEIBULFUM, COMITEM].

(Fol. 25 v°. — 3 janvier 825.)

In nomine Domini Dei et Salvatoris nostri Jhesu Christi, Hludovicus, divina ordinante providentia, Imperator Augustus. Si enim ea que fideles imperii nostri pro eorum opportunitatibus inter se commutaverint, nostris confirmamus edictis, imperialem exercemus consuetudinem, et hoc in postmodum jure firmissimo mansurum esse volumus. Idcirco noverit omnium fidelium nostrorum presentium scilicet et futurorum industria, quia vir inluster Leibulfus comes, per Hilduinum archicappellanum nostrum nobis suggessit, ut liceret ei de quibusdam rebus proprietatis sue commutationem facere cum rebus episcopatus Arelatensis ex beneficio videlicet suo. Nos itaque jussimus per nostras litteras Notoni, Arelatensi archiepiscopo, utrasque res prespiceret et si congruum atque utilissimum ambabus partibus esset, licentiam haberent inter se commutandi et cartulam, sicut moris est, inter se faciendi. Veniens itaque predictus vir reverentissimus Noto, archiepiscopus, in presentiam nostram, dixit se commutationem pre manibus habere, adserens predictam commutationem congruam et utilissimam esse, obsecrans tam ex parte sua quam ex predicti Leibulfi, ut super easdem commutationes nostrum fieri decerneremus preceptum. Cujus petitionem adsensum prebentes, jussimus ita fieri sicut ipsi obsecrabant. Continebatur enim in eis commutationibus, quod predictus Noto, archiepiscopus, una per consensum et voluntatem cannonicorum suorum dedisset ex rebus episcopatus sui, de beneficio videlicet predicti Leibulfi, eidem Leibulfo ad suum proprium ad habendum, aliquas res de ratione Sancte Marie et Sancti Stephani vel Sancti Genesii, in pago ipso Arelatensi, insulam suburbanam ipsius civitatis, que de utrisque partibus circumdatur a Rodano flumine, cum ecclesiis duabus et domos ad abitandum tres et aliis mansiunculis tribus et de vinea modiatas XII, de prato modiatas VI, de horto modiata una, de terra culta et inculta modiatas quadraginta, et in loco qui vocatur Rubinas casas VIII, hortos duos, vinea modiatas IIII et in loco qui vocatur Ferronianus mansiones V, hortum unum de terra modiatas ducentas LXX; et in territorio ipsius civitatis, in Campo Lapideo, pascua de supradictis ecclesiis, qui dicitur Pinnanus, ubi puteus atque defossus esse dinoscitur, solidatas XII, cum terminis et laterationibus, sicut earum in prescriptis commutationibus continetur. Et e contra in conpensatione harum rerum dedit predictus Leibulfus, comes, partibus supradictarum ecclesiarum

Sancte Marie et Sancti Stephani et Sancti Genesii ex rebus proprietatis sue, que sunt infra agrum qui vocatur Argenteo, in villa Campo Publico, ecclesiam cum altaribus tribus, que sunt in honore Sancte Marie et Sancti Petri et Sancti Johannis cum secretario, et cellas duas cum curte et horto et arboribus et de vinea modiatas quindecim, de terra modiatas arabili LX; etiam in ipsa villa domos duas cum curtibus *et hortis, et in villa que dicitur Raunessa, et in villa que dicitur Gelatiano casas IIII, vineas IIII, et de horto modiatam unam, et de alia vinea modiatas decem, et in villa Occisianus casas duas, ortis duabus, et in villis que vocantur Gaugiacus Euricus et Occisianus, et in villa Campo Publico de terra modiatas CCCC, de vinea modiatas VIII cum terminis et laterationibus earum, quemadmodum in eisdem commutationibus continetur. Unde et duas commutationes, sicut superius comprehensum est, pari tenore conscriptas, manibusque bonorum hominum roboratas, prefatus Noto archiepiscopus pre manibus se habere professus est; set pro integra firmitate petierunt Celsitudini nostre, ut ipsas commutationes denuo per nostrum mansuetudinis preceptum plenius in Dei nomine confirmare deberemus. Quorum petitionibus denegare noluimus, set sicut unicuique fidelium nostrorum juste petentium, ita nos illis concessisse atque in omnibus confirmasse cognoscite. Precipientes ergo jubemus, ut quicquid pars juste et racionabiliter alteri contulit parti, deincebs per hanc nostram auctoritatem jure firmissimo teneat atque possideat, ut quicquid exinde facere voluerit, libero in omnibus perfruatur arbitrio faciendi quicquid elegerit. Et ut hec auctoritas firmior habeatur et per futura tempora melius conservetur, de anulo nostro subter jussimus sigillari.

* Fol. 26 r°.

Durandus diaconus ad vicem Fridugisi recognovi.

Data III nonas januarias, anno, Christo propicio, XI imperii domni Hludovici piissimi Augusti, indictione III. Actum Aquisgrani palatio regio, in Dei nomine feliciter. Amen.

XVIII *bis*.

[CUM ARNALDUS, COMES, QUASDAM TERRAS, IN PAGO BITERRENSI, PER WADIUM BENEDICTO ABBATI, TRADIDISSET, ET MORTUO ARNALDO, MISSI IMPERATORIS PREDICTAS TERRAS REVOCASSENT, LUDOYCUS DECERNIT ET JUBET, PETENTE ABBATE, UT RES QUAS ARNALDUS MONASTERIO PERDONAVERAT, MONASTERIO PERMANEANT].

(Fol. 26 r°. — 14 août 822.)

In nomine Domini Dei et Salvatoris nostri Jhesu Christi, Hludovicus, divina ordinante providentia, Imperator Augustus, omnibus fidelibus sancte Dei Ecclesie presentibus scilicet et futuris. Notum sit quia Tructesindus venerabilis abba ex monasterio quod dicitur Aniana, in honore Domini Dei et Salvatoris nostri Jhesu Christi, nec non et sancte Marie constructum, nostre mansuetudini suggessit, qualiter Arnaldus comes, in pago Biterrense, villam de Cinciano et Casules, proprium ex comparatione et adquisitione adquisivit. Et ipse Arnaldus per suum wadium domno Benedicto tradidit predictas res prefati monasterii Anianensis; quo mortuo, missi nostri partibus nostris predictas res revocaverunt. Petiit itaque predictus abba Benedictus clementiam nostram, ut ipsas res de jure nostro in ejusdem monasterii dicione perpetualiter ad obtinendum tradidissemus, quod ita et fecimus. Petiit itaque nos Tructesindus abba, ut nostrum preceptum super hoc negotio fieri juberemus, per quod nostris futurisque temporibus ipse et successores sui per eum securius et firmius eas possiderent. Cujus petitioni adsensum prebuimus, et hoc nostre auctoritatis preceptum fieri decrevimus, per quod decernimus atque jubemus, ut quicquid rerum suarum predictus Arnaldus ad prefatum monasterium Anianum perdonavit, firmum et inviolabile permaneat, ita videlicet ut quicquid de ipsis vel in ipsis rectores et ministri supra memorati monasterii disponere atque ordinare vel etiam facere pro utilitate ejusdem monasterii voluerint, absque ullius injusta contradictione ordinent atque disponent et faciant quicquid utilitati predicti monasterii congruere et convenire perspexerint. Et ut hec auctoritatis nostre preceptio firmior habeatur, et per futura tempora melius conservetur, anuli nostri inpressione subter eam signari jussimus.

Hirminmaris diaconus, ad vicem Fridugisi abbatis, recognovi.

Data xviiii kalendas septembris, anno, Christo propicio, viiii imperii domni Hludovici, piissimi Augusti, indictione......

Actum Carbonaco villa, palacio regio, in Dei nomine feliciter. Amen.

XIX.

[PRECEPTUM LUDOYCI IMPERATORIS AD ANIANENSES MONACHOS ET AD GELLONENSES, DE ELECTO ABBATE TRUTESINDO].

DIRECTA VENERABILIBUS FRATRIBUS ANIANO DEGENTIBUS.

(Fol. 26 v°. — 822.)

In nomine Dei et Salvatoris nostri Jhesu Christi, Hludovicus, divina ordinante providentia, Imperator Augustus, venerabilibus fratribus in Aniano sive Gellone monasterio constitutis. Proxime accidit Agobardum archiepiscopum ad nostram devenisse presentiam, indicans nobis, quomodo eo presente et Nibridio archiepiscopo, sine mora omnes pari consensu Tructesindum super vos elegissetis abbatem. Cui facto, quia racionabile nobis videbatur, adsensum prebere non distulimus, desiderantes ac obtantes ut pietas divina id ad suam et ad vestram communem salutem proficere faciat, et ille patris ac pastoris inter vos locum obtineat, et vos ut Christi oves pari humilitate ac devotione, sicuti dignum et rectum est subditi et obedientes ei sitis. Et hec obedientia vel humilitatis subjectio karitatis munimine est roboranda, que sine simulatione false extrinsecus ostentationis in vobis fieri necesse est; vos enim obtime nostis, cum quanto studio ac sudore a beate memorie domno Benedicto patre vestro, locus iste primo incoatus ac constructus est, deinde qua diligentia ille nitebatur ut vos, quos divina superni pastoris gratia per sue devotionis instantiam inibi coadunaverat, secundum monastice vite regulam recte conversaremini. Quod et Deo largiente, juxta id quod desideravit ad effectum perduxit, set et de sancto sacro eodem examine, per imperium a Deo nobis comissum, longe lateque pie conversationis normam coadoptavit e vobis et disseminare non destitit; et cum profecto ita se res habeat dignum vos ammonere statuimus, ut Deo cooperante id efficere studeatis, ne in diebus vestris res tam egregie

inchoata et ad incrementum perducta, quolibet casu quicquam detrimenti sumat, set tales semper per Dei misericordiam esse studeatis, ut de vobis possint, sicut prius magistri et doctores, sancte non solum regularis vite verum omnis spiritualis norme et precipui apicis adsumi ubicumque necessitas vel voluntas fuerit. Porro Tructesindum, abbatem vestrum, ammonitum esse volumus, ut circa vos paternum exerceat amorem et consideret secundum etatem vel valetudinem corporis vel infirmitatis cujuslibet molestiam, quid cui conveniat ex subjectis sibi, et caveat omnimodis ne in negligentes adeo fervida zeli castigatio modum
ol. 27 r°. eccedat, ut eos pusill*animes reddat, nec apud observantes mandata Dei talis sit ut torpore et desidia in eis rigorem constantie frangat, set maxima discretione juxta apostolum sit omnibus omnia factus, ut omnes ad se pertinentes salvare possit. Quod si forte evenerit, quod nos non obtamus, ut ille extra regulam vobis a memorato Benedicto obtime traditam in aliquo deviaverit, et magis voluerit que agenda sunt proprio arbitrio et voluntate quam vestro communi consilio agere, vos eum ut karissimi fratres et filii cum omni mansuetudine et pacientia corrigite, et si vobis adsensum prebuerit et per vos correctus fuerit, hoc Dei dono tribuatis. Si vero ille pertinatior in sua, quod absit, permanere voluerit sententia, tunc nobis id significari prius faciatis quam foris vicinis nostris notum fiat, quia cum in aliis regalem excerceamus potestatem, in vobis tamen paternum semper volumus obtinere affectum. Et quamvis hec licentia a nobis sit vobis concessa, tamen sumopere cavendum est, ne de qualibet re adversus abbatem vestrum levi ira aut parva perturbatione inflammati, frustra pertinaci audatia adversus eum commoveamini. Nam si aliquis vestrum sine ratione adversus eum inflammabitur et nostras aures sine causa pulsaverit, nos adversus se noverit districta animadversione esse commotum, ut ille qui ejusmodi est ceteris fiat documentum, ne in posterum aliquis audeat adversus magistrum suum injuste consurgere. Vos quoque, seniores, in omnibus adjuvate eum, tam in districtione juniorum fratrum, quam etiam et in reliqua utilitate monasterii, nec ullum solum sub tanti ponderis onere gravari paciamini, set juxta apostolum invicem honera portate, et sic adimplebitis legem

Christi. Vos autem, juniores fratres, statuimus ammonere, ut in omnibus abbati vestro et senioribus fratribus obedientes sitis et humiles, non protervi, non murmuratores, set cum omni humilitate ac mansuetudine servate propositum vestrum. Nam si secus egeritis, ut aliquis vestrum adversus abbatem et fratres infletur, et non solum sibi, set etiam aliis perverse transgressionis fuerit incitamentum, et non sui abbatis vel fratrum sustinuerit correctionem, hunc nobis cum festinatione mitti precipimus, ut eum in talem dirigamus locum, unde ille vobis minime possit quicquam inferre scandali. Hec vobis ideo scribere jussimus, ut cognoscere possitis quantam curam ac sollicitudinem de vobis habere desideramus. Eandem enim familiaritatem, quam cum pie recordationis Benedicto abbate vestro habere visi sumus, si precepta ejus obedienter custodire volueritis, vobiscum similiter habere volumus, et curam vestri ipsiusque monasterii semper agere. Et quia constat per cartam donationis predicti patris vestri eundem monasterium genitoris nostri prius et denuo nostrum esse alodem, eandem licentiam quam ipse prius et nos deincebs per precepta immunitatis visi sumus concedere, perpetuis temporibus firmiter observare et inviolabiliter conservare promittimus, ut quandocumque divina vocatione predictus abba vel successores ejus de hac luce migraverint, quamdiu inter vos tales invenire potueritis qui ipsam congregationem secundum regulam sancti Benedicti regere valeant, per sepescriptam et roboratam nostram auctoritatem licentiam habeatis semper eligendi abbatem. Obtamus vos pro nobis orantes ac sanctum propositum vestrum custodientes, in Christo semper bene valere. Amen.

[PRIVILEGIA PAPALIA]

I.

[PRIVILEGIUM PAPÆ JOHANNIS DE LIBERTATE MONASTERII ANIANENSIS, AD RAINALDUM ABBATEM].

(Fol. 27 v°. — 965-972.)

Johannes episcopus, servus servorum Dei, dilectissimo in Domino filio Rainaldo[1] religioso, abbati venerabilis monasterii quod vocatur Aniana, quod est in honore sancti Salvatoris, Domini nostri Jhesu Christi et sancte Marie ac perpetue Dei genitricis Virginis Marie, sanctique Michaelis archangeli, et sancti Petri seu aliorum sanctorum, quod est fundatum in comitatu Sustancionense, super rivulum quod dicitur Anianum, tuisque successoribus inperpetuum. Convenit apostolico moderamini pia religione pollentibus benivola karitate succurrere, et poscentium alacri devotione impertire assensum. Ex hoc enim potissimum premium apud conditorem omnium reponitur Dominum, quando venerabilia loca opportune ordinata ad meliorem fuerint sine dubio statum nostra apostolica auctoritate perducta. Igitur quia vestra dilectio nostrum apostolatum humiliter postulavit, quatinus concedamus et confirmemus tibi supradictum monasterium, quod vocatur Aniana, cum casis, vineis, cellis, ecclesiis atque capellis, terris, campis, pratis, pascuis, silvis arboribus pomiferis fructiferis diversis generis, puteis, fontibus, rivis, aquimolis, piscationibus, tam infra mare magnum quam etiam in stagnum, sive etiam in lacis atque salinarum filas, necnon villis, servis et ancillis, colonis et colonabus, cultum vel incultum et cum omnibus, quantum ad predictum monasterium pertinere dinoscitur, et nunc vestris detinetur manibus, vel que in antea, Deo auxiliante, per christianissimis viris concessa vel offerta fuerint. Post vero obitum abbatis nemo ibidem abbatem constituat, nisi quem communis consensus et voluntas fratrum

[1] Le mot Rainaldo a été surchargé sur le manuscrit. Je l'ai rétabli parce qu'il se trouve dans la table et que l'examen de la surcharge permet de le retrouver.

ex ipsa congregatione elegerit et rogaverit. Insuper concedimus tibi ut omni anno, in festivitate sancti Salvatoris Domini nostri Jhesu Christi, quicumque persona hominum penitentiam ibidem agere voluerit, a nobis et a beato Petro apostolorum principe, licentiam habeatis penitentiam donandi. Iterumque concedimus tibi ut omnes monachi, qui tua pertinentia esse videntur, tibi sint subjecti, et secundum regulam beati Benedicti abbatis tibi deserviunt, per tuam jussionem sint absoluti et laici secundum kannonicam auctoritatem similiter. Et qui tibi obedire noluerit, sub anatematis vinculo subjaceat, et sicut nos per hanc privilegii paginam tibi concedimus, post vero obitum tuum tuisque successoribus abbatibus similiter sit concessum, statuentes sub divini judicii operatione et anatematis validissimis interdictionibus, ut nulla umquam magna vel parva hominum persona presumat eidem venerabili monasterio ad damnum sive molestiam incumbere sive de rebus et possessionibus ipsius monasterii auferre vel alienare. Promulgamus nempe et hoc auctoritate beati Petri apostolorum principis, per hujus nostri privilegii apostolici constitutionem, ut omnia que a te et a quibuslibet Christi fidelibus eidem venerabili monasterio donata sunt, aut in futuro donata fuerint, firma stabilitate ad jus et dominium ipsius permaneant. Si quis autem, *quod non credimus, tam impius et iniquus et presumptor et inobediens fuerit, et hujus nostri privilegii apostolici in modica parte frangere voluerit, et omnia que supra a nobis concessa sunt non observaverit, maledictionem a Patre et Filio et Spiritu Sancto in omnibus consequatur, et a gremio sancte Matris Ecclesie sit alienus et a consortio beatorum principum apostolorum Petri ac Pauli et a corpore et sanguine Domini nostri Jhesu Christi usque in eternum, nisi respuerit, sit deputatus et cum impio Juda in Tartarei cahos voragine sit concremandus. Qui vero custos et observator hujus nostri privilegii in omnibus fuerit, benedictionis gratiam a misericordissimo Domino Deo nostro consequi mereatur et a dextris inveniatur in locum lucis constitutus, ubi cum sanctorum cetibus sine fine gaudia eterna percipere mereatur in secula seculorum. Rescriptum per manum Stephani sacri scrinii sancte Romane Ecclesie, in mense et in die v. † Bene valete.

* Fol. 28 r°.

II.

[PRIVILEGIUM PAPÆ NICHOLAI, — DE LIBERTATE MONASTERII ANIANENSIS, QUO PAPA ABBATI MONASTERII LICENTIAM CONCEDIT DONANDI PENITENTIAM, EXCOMMUNICANDI ET EXCOMMUNICATIONEM SOLVENDI, ET MONASTERIUM CONCEDIT IMMUNE ESSE AB OMNI VINCULO EXCOMMUNICATIONIS, SI IN PROVINCIAM CONJECTA FUERIT EXCOMMUNICATIO, ET PROHIBET NE ALIQUA POTESTAS VIM INFERRE CENOBIO AUDEAT — ET DE CELLA GELLONENSI AB ABBATE ANIANENSI ORDINANDA SIVE DISPONENDA].

(Fol. 28 r°. — 4 mai 1061.)

Nicolaus episcopus servus servorum Dei, dilectissimo filio Poncio, abbati venerabilis monasterii Anianensis quod est fundatum atque sacratum in honore sancti Salvatoris, Domini nostri Jhesu Christi ac perpetue Dei genitricis semper Virginis Marie, sanctique Michaelis necne gloriosi Petri apostolorum principis seu aliorum sanctorum ejusque successoribus salutem et apostolicam benedictionem. Convenit apostolico moderamini pia religione pollentibus benivola karitate succurrere, et poscentium votis pium impertire assensum, quia apud conditorem omnium nobis potissimum reponitur premium, si venerabilia loca religiosorum virorum devotione constructa, nostra apostolica auctoritate fuerint corroborata, atque ad meliorem statum perducta. Igitur quia tua dilectio nostram suppliciter expostulat clementiam, quatenus apostolico privilegio concedamus et corroboremus tibi tuisque successoribus monasterium Anianense, secundum tenorem atque astipulationem regalis privilegii, quod eidem loco clementer dinoscitur fuisse indultum a pie memorie Karolo, Francorum rege Romanorumque patricio, a Ludovico etiam illius filio, tue fraternitati ex animo faventes, quicquid regalis munificentia in possessionibus terrarumque reditibus, silvis, pascuis, cultis et incultis, aquarumve decursibus, marinis stagneis fluviorumque piscationibus, ecclesiarum, cum suis adjacentiis, delegationibus, ingenuorum, servorum seu colonum propagationem atque incolatu olim predicto Anianensi cenobio contulit, et quod pia devotio fidelium obtulit vel oblatura est omneque illud quod in presenti vel in posterum ad prefatum Anianense monasterium pertinere vel possidere a te tibique commissis dinoscitur, ut absque omni inquietudine cujuscumque potestatis vel conditionis intacta retinere, distribuere, ordinare aut commutare pro loci humilitate valeas, concedimus et nostra auctoritate corroboramus. Et quia ineffrenata cupiditas heresisque simoniaca apud vestrates omnino temperantie discretionisque modum ignorat, ut liberius, que speculative vite sunt congrua, exercere valeatis subrogatione abbatis, sana congre*gationis electione, secundum beati Benedicti normam concedimus, et ut idem subrogandus ab episcopo, quem religiosioris vite meritum commendaverit, benedicatur, fratresque sibi commissi ad sacros ordines promoveantur. Et ut ipse abbas religionis tramitem digne et laudabiliter tenere visus fuerit, licentiam donandi penitentiam undecumque ad se humiliter concurrentibus excommunicandique perversos potestatem habeat et solvendi satis facientes auctoritate apostolica indulgemus. Quod si forte populi iniquitate et malitia exigente, necesse fuerit provinciam excommunicationis vel anatematis gladio ferire paterna indulgemus pietate et apostolica auctoritate confirmamus, ut idem locus Anianensis immunis maneat ab omni vinculo excommunicationis, ut fratres inibi degentes pro nostra tociusque sancte Romane Ecclesie salute, et prosperitate licenter omnipotenti Deo preces presolvere valeant, penitentesque qui ad diem festum consecrationis confluxerint, ipsa tantummodo die absolutione nostra releventur, ut uberius devotionis sue vota propitiatori omnium exolvant. Quicumque vero laudabili fama vel exemplo predicti loci Anianensis provocatus, tumulari se in predicto loco petierit, aut possessionis seu substantie sue qualemcumque quantitatem jam dicto cenobio erogandam delegaverit, nullo pacto vel occasione prohibeatur ab episcopo, cujus ipsa persona fuerit, excepto si pro pravis meritis excommunicationi proprii episcopi publice subjacuerit. Et ne parvam quamlibet occasionem predicti loci congregatio adinveniat minus exequendi que sancta sunt et justa et sancte regule congrua, sub divini nominis atestatione prohibemus, ne aliqua mundialis potestas, comes videlicet aut commitissa, archiepiscopatus, aut episcopus seu qualibet secularis persona presumat eidem prefato monasterio, arte vel ingenio aut maligna occasione, vim inferre vel molestus esse seu quippiam de rebus vel possessionibus auferre aut

* Fol. 28 v°.

alienare aut aliquem cujuscumque servicii censum contra fas vel monastico ordini in aliquo contrarium exigere. Set quicumque eidem predicto et congregationi loco devotus extiterit, et aliquod suffragium verbo aut opere aut substantie sue erogatione contulerint, a pio remuneratore omnium Deo superne benedictionis et nostre humilitatis gratiam percipiant. Super omnia vero pacis et concordie vinculo consulentes et litigiorum fomitem radicitus abolere cupientes, sub atestatione nominis summi Dei obtestamur, et excommunicamus, ne in loco Gellonensi quispiam episcopus abbatem benedicere presumat, quia ad aures nostre pervenit Clementie antiquitus cellam predictam juris fuisse Anianensis cenobii, set omnis ordinatio et dispositio possibilitasque jam dicti Gellonensis in manum consistat abbatis congregationisque Anianensis. Si quis autem hujus nostri privilegii sanctionem et corroborationem in aliquo refragare vel infringere temptaverit, ab omnipotente Deo Patre et Filio et Spiritu Sancto perpetua maledictione damnatur et a sancte Ecclesie gremio expulsus cum impiis et homicidis diabolo tradatur, perhennibus geenne incendiis concremandus. Qui vero hujus nostri privilegii conservator extiterit cum benigno sanctorum omnium collegio euge mereatur percipere beatum.

* Fol. 29 r°. *Datum Rome IIII nonas mai, per manum Bernardi Sancte Prenestine ecclesie episcopi, anno ab incarnatione Domini nostri Jhesu Christi M° LX° I°; anno III° Pontificatus Nicholai Pape secundi, indictione XIIII.

III.

[ITEM PRIVILEGIUM ALEXANDRI PAPÆ AD EMENONEM, ABBATEM, DE LIBERTATE EJUSDEM MONASTERII, ET DE CELLA GELLONENSI AB ABBATE ANIANENSI ORDINANDA SIVE DISPONENDA].

(Fol. 29 r°. — 7 novembre 1066.)

Alexander episcopus, servus servorum Dei, dilectissimo filio Emenonio, abbati venerabilis monasterii Anianensis, quod est fundatum atque sacratum in honore sancti Salvatoris Domini nostri Jhesu ac perpetue Dei genitricis semper Virginis Marie sanctique archangeli Michaelis, nec ne gloriosi Petri apostolorum principis seu aliorum sanctorum ejusque

successoribus, salutem et apostolicam benedictionem. Convenit apostolico moderamini pia religione pollentibus benivola karitate succurrere et poscentium votis pium impertire suffragium, quia apud conditorem omnium nobis potissimum reponitur premium, si venerabilia loca religiosorum virorum devotione constructa nostra apostolica auctoritate fuerint corroborata, atque ad meliorem statum perducta. Igitur quia tua dilectio nostram suppliciter expostulat clementiam, quatinus apostolico privilegio concedamus et corroboremus tibi tuisque successoribus monasterium Anianense, secundum tenore atque astipulatione regalis privilegii, quod eidem loco clementer dinoscitur fuisse indultum a pie memorie Karolo Francorum rege Romanorumque patricio, a Ludovico etiam illius filio, tue fraternitati ex animo faventes, quicquid regalis munificentia in possessionibus terrarumque rebus, silvis, pascuis, cultis et incultis, aquarumve decursibus, marinis stagneis, fluviorum piscationibus, æcclesiarumque cum suis adjacentiis delegationibus, ingenuorum servorum seu colonum propagatione, atque incolatu olim predicto Anianensis cenobio contulit, et quod pia devotio fidelium obtulit vel collatura est, omneque illud quod in presenti vel in posterum ad prefatum Anianense monasterium pertinere vel possidere a te tibique comissis dinoscitur, ut absque omni inquietudine cujuscunque potestatis vel conditionis intacta retinere, distribuere, ordinare aut commutare pro loci utilitate valeas, concedimus et nostra auctoritate confirmamus. Et quia ineffrenata cupiditas heresisque simoniaca apud vestrates omnino temperantie discretionisque modum ignorat, ut liberius que speculative * vite sunt congrua exercere * Fol. 29 v°
valeatis subrogatione abbatis, sana congregationis electione, secundum beati Benedicti normam concedimus, et ut idem subrogandus ab episcopo quem religiosioris vite meritum commendaverit benedicatur, fratresque sibi commissos ad sacros ordines promoveantur, et ut ipse abba religionis tramitem digne et laudabiliter tenere visus fuerit ad se venientibus consilium penitentie inpendendi licentiam, si tamen ad hoc episcopus illius loci assensum prebuerit, non denegamus. Quod si forte populi iniquitate, malitia exigente, necesse fuerit provinciam excommunicationis vel anathematis gladio ferire, paterna indulgemus pietate et apostolica

auctoritate confirmamus, ut idem locus Anianensis immunis manet ab omni vinculo excommunicationis, ut fratres inibi degentes pro nostre tociusque sancte Romaneque Ecclesie prosperitate liceat omnipotenti Deo preces persolvere valeant, penitentesque qui ad diem festum consecrationis confugerint ipsa tantummodo die nostra absolutione releventur, ut uberius devotionis sue vota sua propitiatori omnium exsolvant. Quicumque vero, laudabili fama vel exemplo predicti loci Anianensis provocatus, tumulari se in predicto petierit, aut possessionis seu substantie sue qualemcumque quantitatem jam dicto cenobio erogandam delegaverit, nullo pacto vel occasione prohibeatur ab episcopo. Super hec etiam apostolica auctoritate monemus, ut prefati venerabilis loci monachi et quique sibi subditi nullius injusticie inquietudinem ab aliqua persona, tam in treuva Dei quam extra treuvam, molestentur, ut, securitate salubriter data, utilitati Ecclesie liberius providere valeant. Et ne parvam quamlibet occasionem predicti loci congregatio adinveniat minus exequendi que sancta sunt et juxta et sancte regule congrua sub divinis nominis atestatione, prohibemus ne aliqua mundialis potestas, comes videlicet aut comitissa, archiepiscopus seu quodlibet secularis persona presumat eidem prefato monasterio, arte vel ingenio aut maligna occasione, vim inferre vel molestus esse seu quempiam de rebus vel possessionibus auferre aut alienare, aut aliquem cujuscumque servitii censu contra fas vel monastico ordine in aliquo contrarius exigere. Set quicumque eidem predicto loco et congregationi devotus extiterit et aliquid suffragium verbo aut opere aut substantie erogatione contulerint, a pio remuneratore omnium Deo superne benedictionis et nostre humilitatis gratia percipiant. Et quia ad aures nostre pervenit scientie antiquitus cellam Gellonensem juris fuisse Anianensis cenobii, quandoquidem pacis et concordie vinculo consulere et litigiorum fomitem radicitus abolere debemus, sub atestatione divini nominis obtestamur, et excommunicamus, ut, si ita est, ne in loco Gellonensi quippiam episcopus abbatem benedicere presumat, set omnis ordinatio et dispositio possibilitasque jam dicte celle in manu consistat abbatis vel congregationis Anianensis. Si quis autem hujus nostri privilegii sanctionem et corroborationem refragare vel infringere temptaverit et ammonitus digne emendare contemserit, ab omnipotente Deo Patre et Filio et Spiritu Sancto perpetua maledictione damnetur et a sancte Ecclesie gremio expulsus, cum impiis et sacrilegis diabolo tradatur perhennibus gehenne incendiis concremandus. At vero custos et observator quecumque extiterit ibique tumulatus fuerit ac beneficium aliquid pro anime sue remedio dederit, absolutionem peccatorum suorum promereatur, et a* remuneratione omnium bonorum celestis vite felicitate donetur. Insuper hec omnia concedimus tibi et successoribus tuis licentiam dandi penitentiam undecumque ad te humiliter concurrentibus, excommunicandique potestatem habeas et solvendi satisfacientes apostolica auctoritate indulgemus. * Fol. 30 r°

Datum Lateranis VII idus novembris, per manus Petri, sancte Romane Ecclesie subdiaconi atque bibliotecarii. Anno ab incarnatione Domini M° LX° VI°; anno quoque Pontificatus Alexandri Pape II, IIII°, indictione IIII.

IV.

[PRIVILEGIUM PAPÆ URBANI II[1], DE LIBERTATE EJUSDEM MONASTERII, ET DE EISDEM COLLATIS].

(Fol. 30 r°. — 14 avril 1099.)

Urbanus episcopus servus serworum Dei dilecto filio Petro, monasterii Anianensis abbati, ejusque successoribus regulariter substituendis in perpetuum. Justis votis assensum prebere justisque petitionibus aurem accommodare nos convenit qui, licet indigni, justicie custodes atque precones in ecclesia apostolorum principum Petri et Pauli specula positi, Domino disponente, videmus existere. Tuis igitur, fili in Christo karissime Petre, justis petitionibus annuentes, Anianense cenobium, cui Deo auctore presides, juxta predecessorum nostrorum Johannis, Nicholai, Alexandri statuta, sub apostolice sedis tuitione perpetuo confirmamus decreti presentis auctoritate munimus. Statuimus enim, ut quecumque dona quascumque possessiones egregie memorie reges Karolus ac Ludovicus, vel alii Francorum principes seu fideles quilibet de suo jure hactenus eidem monasterio contulerunt, quecumque hodie possidet sive in futurum, concessione pontificum, liberalitate principum vel oblationibus

fidelium juste poterit adipisci, firma tibi tuisque successoribus et illibata permaneant. Decernimus ergo ut nulli omnino hominum liceat idem cenobium temere perturbare aut ejus possessiones auferre vel ablatas retinere, minuere vel temerariis vexationibus fatigare, sed omnia integra conserventur eorum pro quorum sustentatione et gubernatione concessa sunt usibus omnimodis profutura. Obeunte nunc ejus loci abbate vel tuorum quolibet successorum, nullus ibi qualibet subreptionis astucia seu
* Fol. 30 v°. violentia preponatur, nisi quem fratres communi consensu vel * fratrum pars consilii sanioris secundum Dei timorem et beati Benedicti regulam elegerint; electus, a quo maluerit catholico benedicatur episcopo. Id ipsum etiam de fratrum qui ad sacros ordines promovendi sunt ordinatione concedimus. Laicos seu clericos seculares ad conversionem suscipere nullius episcopi vel prepositi contradictio vos inibeat, nec pro communi provincie sive diocesis excommunicatione locus vester excommunicationi subjaceat, ut tamen illic excommunicati ad communionem non admittantur; nec ulli episcopo congregationem vestram excommucandi licentia concedatur; sepulturam quoque ejusdem loci omnino liberam esse decernimus, ut eorum qui illic sepeliri deliberaverint, aut possessionis sive substantie sue qualemcumque quantitatem cenobio ipsi eroganda delegaverint, devotioni et extreme voluntati, nisi forte excommunicati sint, nullus obsistat. Si quis igitur in crastinum archiepiscopus, aut episcopus, imperator aut rex, princeps, dux, comes, vicecomes, judex aut ecclesiastica secularisve persona hanc nostre constitutionis paginam sciens, contra eam temere venire temptaverit, secundo terciove commonita, si non satisfactione congrua emendaverit, potestatis honorisque sui dignitate careat, reamque se divino juditio existere de perpetrata iniquitate cognoscat, et a sacratissimo corpore et sanguine Dei et Domini Redemptoris nostri Jhesu Christi aliena fiat, atque in extremo examine districte ultioni subjaceat. Cunctis autem eidem cenobio justa servantibus, sit pax Domini nostri Jhesu Christi, quatenus et hic fructum bone actionis percipiant, et apud districtum judicem premia eterne pacis inveniant. Amen. Amen. Scriptum per manum Petri, notarii regionarii et scriniarii sacri Palatii.

Datum Laterani per manum Johannis sancte Romane Ecclesie diaconis cardinalis, XVIII kalendas maii, indictione VII, anno dominice incarnationis M° XC° IX°, Pontificatus autem domini Urbani secundi Pape, XII°.

V.

[PRIVILEGIUM PAPÆ PASCALIS II[i], DE LIBERTATE EJUSDEM MONASTERII ET DE EISDEM COLLATIS].

(Fol. 30 v°. — 9 avril 1100.)

Pascalis episcopus servus serworum Dei, dilecto filio Petro monasterii Anianensis, ejusque successoribus regulariter substituendis in perpetuum. Quociens digna consideratione venerabilium locorum quieti providemus *conversantes in eis fratres, ut Deo devotius serviant exortamur. Quanto enim a secularium infestatione congregatio existit religiosa securior, tanto in divinis laudibus perseverat ditata libertate devotior. Idcirco, fili in Christo karissime Petre, predecessorum nostrorum Johannis, Nicolai, Alexandri et Urbani statuta servantes, Anianense monasterium, cui, Deo auctore, presides, juxta petitionem tuam et apostolice sedis protectione munimus, et ejus perpetuo libertate donamus. Quecumque enim dona, quascumque possessiones egregie memorie rex Karolus ac Ludovicus vel alii Francorum principes seu fideles, quilibet de suo jure actenus eidem monasterio contulerunt, et quecumque hodie possidet, sive in futurum concessione pontificum, liberalitate principum vel oblatione fidelium jure poterit adipisci, decreti presentis auctoritate tibi tuisque successoribus confirmamus. Decernimus ergo ut nulli omnino hominum liceat idem cenobium temere perturbare aut ejus possessiones auferre vel ablatas retinere, minuere, vel temerariis vexationibus fatigare, set omnia integra conserventur eorum pro quorum sustentatione et gubernatione concessa sunt, usibus omnimodis profutura. Obeunte nunc ejus loci abbate vel tuorum quolibet successorum, nullus ibi qualibet subreptionis astutia seu violentia preponatur, nisi quem fratres communi consensu vel fratrum pars consilii sanioris, secundum Dei timorem et beati Benedicti regulam, elegerint. Electi autem benedictionem et clericorum promotionem, secundum supradictorum privilegia patrum

* Fol. 31 r°.

accipiendas censemus. Laicos seu clericos seculares ad conversionem suscipere nullius episcopi vel prepositi contradictio vos inibeat ; nec pro communi provintie sive diocesis excommunicatione locus vester excommunicationi subjaceat, ut tamen illic excommunicati ad communionem non admittantur ; nec ulli episcopo congregationem vestram excommunicandi licentia concedatur. Sepulturam quoque ejusdem loci omnino liberam esse decernimus, ut eorum qui illic sepeliri deliberaverint, aut possessionis sive substantie sue qualemcumque quantitatem cenobio ipsi erogandam delegaverint devotioni et extreme voluntati, nisi forte pro sua pravitate excommunicati sint, nullus obsistat. Si qua igitur in crastinum ecclesiastica secularisve persona hanc nostre constitutionis paginam sciens, contra eam temere venire temptaverit, secundo terciove commonita, si non satisfactione congrua emendaverit, potestatis honorisque sui dignitate careat reamque se divino judicio existere de perpetrata iniquitate cognoscat, et a sacratissimo corpore et sanguine Dei et Domini Redemptoris nostri Jhesu Christi aliena fiat, atque in extremo examine districte ultioni subjaceat. Cunctis autem eidem cenobio juxta servantibus sit pax Domini nostri Jhesu Christi, quatenus et hic fructum bone actionis percipiant, et apud districtum judicem premia eterne pacis inveniant. Amen. Amen. Amen. Scriptum per manum Petri, notarii regionarii et scriniarii sacri palacii.

Datum Laterani per manum Docibilis sancte Romane Ecclesie diaconi cardinalis, v idus aprilis, indictione VIII, anno dominice incarnationis M° C°, Pontificatus autem domini Paschalis II Pape, I°.

VI.

[PRIVILEGIUM EJUSDEM PASCALIS II[i] PAPAE, DE LIBERTATE MONASTERII ET CELLARUM EJUSDEM ET DE CONFIRMATIONE QUARUMDAM ECCLESIARUM].

(Fol. 31 v°. — 24 avril 1106.)

Paschalis episcopus servus servorum Dei, dilecto in Christo filio Petro Anianensi abbati, ejusque successoribus regulariter substituendis in perpetuum. In omnibus gravaminibus filiorum recurrendum tamquam ad matrem omnium ad sedem apostolicam sanctorum Pontificum decreta sancxerunt. Ea propter ad sedem te apostolicam recurrentem materne affectionis sinu excipimus, et gravamina que actenus passus es, prestante Domino, amovemus. Sanccimus enim nemini deinceps episcoporum facultatem fore, ut cenobium vestrum, per occasionem vicis apostolice, opprimat, nec singularem in ipso ejusdem vicis apostolice potestatem, aut per surreptiones aliquas exigere, aut per occasiones quaslibet audeat exercere. Nec pro parrochiarum interdictis episcopalibus, cellarum vestrarum monachi, nisi super episcopi vel abbatis persona causa fuerit, inhibeantur, clausis januis, non admissis parrochianis, divina silenter officia celebrare. Ipsarum etiam parrochiarum episcopis non permittimus ut vel tuam vel successorum tuorum personam sinodali vocatione debeant fatigare, nisi pro karitatis gratia cum eis volueritis convenire. Preterea ecclesias illas quas per episcoporum concessiones tua strenuitas adquisivit, vestro inperpetuo Anianensi monasterio confirmamus, videlicet ecclesiam Sancti Petri de Giniaco, ecclesiam Sancti Martini de Saliente, ecclesiam Sancti Petri de Abeliano, ecclesiam Sancti Stephani de Villanova, ecclesiam Sancti Cipriani de Salviano, ecclesiam Sancti Nicholay de Talpusciac, ecclesiam Sancti Johannis de Vico. Ad hec adicientes decernimus: ut nulli omnino hominum liceat idem cenobium temere perturbare, aut ejus possessiones auferre, vel ablatas retinere, minuere vel temerariis vexationibus fatigare, set omnia integra conserventur, eorum pro quorum sustentatione et gubernatione concessa sunt, usibus omnimodis profutura. Si quis igitur in crastinum archiepiscopus aut episcopus, imperator aut rex, princeps aut dux, comes, vicecomes, judex aut ecclesiastica quelibet secularisve persona, hanc nostre constitutionis paginam sciens, contra eam temere venire temptaverit, secundo terciove commonita, si non satisfactione congrua emendaverit, potestatis honorisque sui dignitate careat, reamque se divino judicio existere de perpetrata iniquitate cognoscat, et a sacratissimo corpore ac sanguine Dei et Domini nostri Jhesu Christi aliena fiat, atque in extremo examine districte ultioni subjaceat. Cunctis autem eidem loco justa servantibus sit pax Domini nostri Jhesu Christi, quatinus et hic fructum bone actionis percipiant, et apud districtum judicem premia eterne pacis inveniant. Amen. Amen. Amen.

Scriptum per manum Rainerii scriniarii regionarii sacri palacii et notarii.

Ego Paschalis catholice Ecclesie episcopus subscripsi.

Datum Laterani per manum Johannis, sancte Romane Ecclesie diaconi cardinalis ac bibliotecarii, VIII kalendas maii, indictione XIII, anno dominice incarnationis M° C° VI°, Pontificatus autem domni Paschalis secundi Pape, VI°.

VII.

[PRIVILEGIUM EJUSDEM PASCHALIS II PAPÆ DE CELLA DE GORDANICO].

(Fol. 32 r°. — 12 avril 1114.)

Paschalis episcopus servus serworum Dei, dilecto filio Petro Anianensis monasterii abbati, salutem et apostolicam benedictionem. Apostolice sedis auctoritate debitoque compellimur pro universarum ecclesiarum statu satagere, ut earum quieti, auxiliante Domino, providere. Ea propter, opportunum duximus, dum in Galliarum partibus moraremur, controversiam illam que inter Case Dei monasterium et Anianense cenobium super cella de Gordanico agebatur, venerabilibus fratribus Arberto Avinionensi, Eustachio Valentino, Hismioni Diensi episcopis discutiendam determinandamque committere. Qui nimirum utriusque partis ratiotinationibus diligenter discussis et cannonice examinatis, sicut ex eorum allegatione cirographoque comperimus et, perspectis pontificalibus ac regalibus instrumentis et aliarum cartarum indiciis, justum esse senserunt et scriptis subscriptionibusque sancxerunt, ut monasterium Anianense prefatam cellam de Gordanico ad Dei servitium regere ac perpetuo habere deberet. Ut enim verbis ipsorum loquamur, inter primam justam acquisitionem et ultimam justam revestitionem quam per nos acceperant, nullam invenire potuerunt justam ipsius possessionis interruptionem. Nos ergo supradictorum fratrum, quos in hoc negotio nostri vice judices dedimus, litterarum presentium decreto judicium confirmamus et supradictam cellam de Gordanico, tibi karissime fili Petre, abbas predicti Anianensis monasterii tuisque successoribus firmam et quietam in perpetuum manere sanccimus, precipientes et interdicentes ne, super hac ulterius querimonia, Case Dei fratres Anianense cenobium inquietare presumant, set quiete ac libere sub Anianensis cenobii jure ac possessione in perpetuum conservetur, cum omnibus pertinentiis ac possessionibus suis, sicut a Ludoico imperatore, Karoli Magni imperatoris filio, concessum ac traditum Anianensi cenobio, per instrumenti regalis memoriam declaratur. Si qua igitur in futurum ecclesiastica quelibet secularisve persona hanc nostre confirmationis paginam sciens, contra eam temere venire temptaverit, potestatis honorisque sui dignitate careat, reamque se divino judicio existere de perpetrata iniquitate cognoscat, et a sacratissimo corpore ac sanguine Dei et Domini Redemptoris nostri Jhesu Christi aliena fiat, atque in extremo examine districte ultioni subjaceat, nisi secundo tertiove commonita, presumptionem suam congrua satisfactione correxerit. Cunctis autem eidem cenobio ista servantibus sit pax Domini nostri Jhesu Christi, quatenus et hic fructum bone actionis percipiant et aput districtum judicem premia æterne pacis inveniant. Amen. Amen. Amen.

Ego Paschalis catholice Ecclesie episcopus, subscripsi.

Datum Laterani per manum Johannis, sancte Romane Ecclesie diaconi cardinalis ac bibliotecarii, II idus aprilis, indictione VI, incarnationis dominice anno M° C° XIIII°, Pontificatus quoque domini Paschalis secundi Pape, XIIII°.

VIII.

[PRIVILEGIUM EJUSDEM PASCALIS II PAPÆ, DE EADEM CELLA DE GORDANICO].

(Fol. 32 v°. — 27 novembre 1114.)

Paschalis episcopus servus serworum Dei, dilecto filio Petro Anianensis monasterii abbati, salutem et apostolicam benedictionem. Causam celle de Gordanico nos ita firmaveramus, sicut ab episcopis definitam perceperamus, quos vice nostra judices dederamus. Ceterum neque sic Case Dei monachi quiescentes Anianensis monasterii monachos falsitatis apud nos accusare ceperunt, quod litteras ex episcoporum judicum nominibus non veras set fictas attulerunt, seque in ea re injuriam pati clamabant. Unde opportunum duximus, eandem causam repetita tractatione discutere, ut omnem litis fomitem ab utroque monasterio removeremus. Statuto igitur tempore, partes utreque ante nostram presentiam redierunt. Judices idem, videlicet Arbertus Avinionensis, Ismio Diensis, Eustachius Valentinus episcopi, suas ad nos litteras remiserunt, sigillis propriis nominibusque signatas, in quibus se pro precepto nostro Valentiam convenisse, causam inter monachos Case Dei atque Anianenses discussisse, cellam de Gordanico, de qua lis erat, monachis Anianensibus habendam ac perpetuo possidendam, dictante justicia, censuisse, et inde eis cartam fecisse significabant, ubi manibus propriis scripserunt et quam sigillorum suorum inpressione signaverunt. Cum has quoque litteras Case Dei monachi falsas assererent, Anianenses contra ad justificandas jurejurando se paratos exhibuerunt. Ceterum fratribus nostris, qui nobiscum in tempore aderant, incongruum et plenum prejudicio visum est, ut sigillis certis inpresse littere aliis debeant probacionibus certificari, cum eciam in pontificum decretis transmarinos homines in clericatum suscipi cum episcoporum cyrographis permittatur. Sic igitur iterato judicio, statutum est, ut Anianensi monasterio cella eadem de Gordanico quieta semper et integra cum universis suis possessionibus conservetur ; monachis vero Case Dei perpetuum super eodem negocio silencium est indictum. Nos itaque, omni jam seposito velamine falsitatis et manifeste per Dei gratiam justicie veritate comperta, tam episcoporum, qui Valencie negotium tractaverunt, quam fratrum nostrorum episcoporum seu cardinalium, qui Laterani causam retractaverunt, judicium confirmantes, nostre auctoritatis assercione corroboramus, et sepedictam cellam de Gordanico tamquam prioratum in possessione ac subjeccione Anianensis monasterii perpetuo permanere sanccimus, omni deinceps monachorum Case Dei calumnia questione et contradiccione seposita.

Datum Laterani per manum Johannis, sancte Romane Ecclesie diaconi cardinalis ac bibliotecarii, v kalendas decembris, indictione VIII incarnationis dominice anno M° C° XIIII°, Pontificatus autem domni Paschalis secundi Pape, anno XV°.

IX.

[PRIVILEGIUM CALIXTI II PAPÆ, DE CELLA GORDANICO, ET DE CONFIRMATIONE PRIVILEGIORUM PREDECESSORUM EJUS].

(Fol. 33 r°. — 15 juillet 1120.)

Calixtus episcopus, servus servorum Dei, dilecto filio Poncio, Anianensis monasterii abbati, salutem et apostolicam benedictionem. Super cellam Sancte Marie de Gordanicis jam diu apud sedem apostolicam facta questio invenitur. Siquidem domini nostri sancte memorie Pascalis pape temporibus et vos vestros, [et] monachi Case Dei suo eam vendicare monasterio sepius temptaverunt; post multas autem querimonias, cum predictus dominus allegaciones vestras diligencius, constituto tempore, audivisset, veritate tandem sagaciter indagata, cellam ipsam monasterio vestro adjudicavit, et in questione illa monachis Case Dei perpetui silencii taciturnitatem indixit, sicut in definicionis ejus scripto plenius continetur. Ceterum fratres illi, etsi ex tunc toto ejusdem domini tempore quievisse visi sunt, ante nos tamen apud Clarummontem eandem querimonias renovarunt, asserentes se in judicio pregravatos, eo quod ipsorum justicia non adplenus fuit inquisita. Nos, ut nulla eis adversus apostolicam sedem clamoris relinquerunt occasio, eorum scripta et raciones perscrutati sumus et nichil roboris, nichil in eis momenti reperientes, fratribus ipsis desistere ab hac deinceps inquietacione precepimus. Hoc frater noster Atto, Arelatensis archiepiscopus, audiens, et ipse clamare cepit, dicens Arelatensem ecclesiam injuste suis possessionibus spoliatam, quoniam predicta cella de Gordanicis cum rebus suis ad jus Arelatensis ecclesie pertinebat, et per eas monachi Case Dei locum illum sub censu annuo detinuerant. Cumque id frequencius inculcaret, ne aliquam ei videremur inferre injuriam *, diem agende cause apud Montempessulanum * Fol. 33 v°.
statuimus, ubi pars utraque conveniens suas protulit raciones. Quibus sufficienter inspectis, ex fratrum nostrorum sentencia judicatum est archiepiscopum debere super eadem ecclesia revestiri, si Arelatensem ecclesiam locum illum ante domini nostri judicium possedisse idoneis testibus comprobaret. Judicio itaque adimpleto, mox ei restituta est

possessio, salvo nimirum Anianensis monasterii jure, si quod esset. Tunc eciam terminus constitutus est, in quo de proprietatis jure apud Tolosam in utriusque partis presencia tractarent. In ipso ergo concilio questio mota est. Et quidem Anianenses monachi cellam illam per Lodoici imperatoris, Caroli Magni imperatoris filii, et filii ejus Karoli regis scripta et largiciones Anianensi monasterio vendicabant. Archiepiscopus vero se Lodoici, filii Bosonis, regis Vienne, cyrographo tuebatur. Causa itaque aliquandiu coram omnibus ventilata, nos fratribus nostris Cononi Prenestino et Lamberto Hostiensis episcopis et cardinalibus, Bosoni Sancte Anastasie, Deusdedit Sancti Laurencii in Damaso et Johanni Sancti Grisogoni presbiteris, et diaconibus Petro Sanctorum Cosme et Damiani, Gregorio Sancti Angeli et Grisogono Sancti Nicolay de Carcere, et archiepiscopis Oldegario Tarragonensi et Bernardo Auxiensi, et item episcopis Raimundo Barbastrensi, Guidoni Lascurrensi, Gauterio Magalonensi et Galoni Leonensi, et abbatibus Arduino Sancti Savini et Amico Sancti Laurencii foras muros, precepimus ut in partes secederent, et controversias ipsam judicio canonico definirent. Egressi de consilio fratres inter se diucius contulerunt. Novissime discussis utrimque racionibus et cartarum monumentis sepius revolutis, hujusmodi sentenciam in concilii audiencia ediderunt. Donacionis scripta, que Arelatensi ecclesie a predicto rege Ludoyco, Bosonis filio, post Ludoyci ymperatoris, Magni Karoli filii, et filii ejus Karoli regis confirmaciones de cella de Gordanicis collata sunt, robur nullus obtineant. Quod enim Deo semel oblatum fuerat ab aliis, ulterius alii non potuit erogari. Hoc eciam ex abundanti additus est, ut Anianenses monachi trium idoneorum testium assercione probarent, Anianense monasterium cellam de Gordanicis per triginta annorum spacium sine interrupcione legitima possedisse, antequam monachi eam Case Dei, per quos Arelatensis ecclesia in possessionem intraverat, obtinerent, et sic locus idem in jure deinceps ac possessione Anianensis monasterii permaneret. Hanc profecto sentenciam toti concilio complacere a fratribus nostris archiepiscopis episcopis et abbatibus acclamatum est. Confestim Anianenses in medium tres senes monachos protulerunt, qui, tactis sacrosanctis evangeliis, firmaverunt Anianenses monachos cellam de Gordanicis per xxx annorum spacium sine interrupcione legitima possedisse, antequam eas Case Dei monachi obtinerent. Prolatam igitur a fratribus supranominatis de jam sepe dicta cella sentenciam et tocius assensu concilii approbatas, nos, auctore Deo, assercionis nostre munimine confirmamus, et Anianensi monasterio super ea in posterum inferri calumpnias auctoritate sedis apostolice penitus prohibimus. Quecumque preterea Anianense monasterium per autenticam predecessorum nostrorum Johannis, Nicolay, Alexandri, Urbani, Paschalis, pontificum Romanorum, privilegia possidet, tibi tuisque successoribus in perpetuum confirmamus. Idem enim locus specialiter sub beati Petri jure ac proteccione consistit. Predictam cellam de Gorda*nicis Arelatensis archiepiscopus in manu nostra, per virgam quam gestabat, in conspectu tocius concilii refutavit. * Fol. 34 r°. Nos vero eam tibi, fili in Christo karissime Ponti, et per te Anianensi monasterio, per eandem virgam protinus restituentes, tam Arelatensi ecclesie quam et monasterio Case Dei perpetuum super eadem cella silencium, sub anathematis obligacione indiximus; et instrumenta cartarum ab archiepiscopo et monachis Case Dei vobis reddi precipimus, ne illorum occasione aliquis denuo querimonie scrupulus oriatur. Si qua igitur in futurum ecclesiastica secularisve persona hanc nostre restitucionis paginam sciens, contra eas temere venire temptaverit, secundo terciove commonita, si non satisfaccione congrua emendaverit, potestatis honorisque sui dignitate careat, reasque se divino judicio existere de perpetrata iniquitate cognoscat et a sacratissimo corpore ac sanguine Dei et Domini Redemptoris nostri Jhesu Christi aliena fiat, atque in extremo examine dictricte ulcioni subjaceat. Cunctis autem eidem loco justa servantibus sit pax Domini nostri Jhesu Christi, quatinus et hic fructum bone accionis percipiant et apud districtum judicem premia eterne pacis inveniant. Amen. Amen. Amen.

Ego Calixtus, chatholice Ecclesie episcopus, ss.

Ego Cono, Prenestinus episcopus, ss.

Ollegarius, Tarraconensis ecclesie dispensator, ss.

S. Raimundi, Barbastrensis episcopi... ✝ Ego archiepiscopus Bernardus Ausoiensis subscripsi. Ego Lambertus, Hostiensis episcopus, ss. Ricardus, Narbonensis archiepiscopus. † Ego Petrus, cardinalis Sanctorum Cosme et Damiani, ss. Ego Boso, tituli Sancte Anastasie presbiter cardinalis, ss. Ego Ato, Arelatensis episcopus, ss. † Ego Gregorius, diaconus cardinalis Sancti Angeli, ss. Ego Deusdedi, tituli Sancti Laurencii in Damaso presbiter cardinalis, ss. Ego Fulco, Aquensis archiepiscopus, subscripsi. Ego Galterius, Magalonensis episcopus, ss. † Ego Johannes, presbiter cardinalis, de titulo Sancti Grisogoni, huic judicio interfui et ss. Ego Amico, abbas Sancti Laurencii foris muros, ss. † Ego Arduinus, abbas Sancti Savini, ss.

Datum Tholose, per manum Grisogoni, sancte Romane Ecclesie diaconi cardinalis ac bibliothecarii, idibus julii, indiccione XII, dominice incarnacionis anno M° C° XX°, Pontificatus autem domni Calixti secundi Pape, anno primo.

X.

[PRIVILEGIUM INNOCENTII II PAPÆ, DE ECCLESIIS CELLE DE GORDANICO PERTINENTIBUS, VIDELICET IN UDETICENSI EPISCOPATU HABITIS].

(Fol. 34 r°. — 29 novembre 1130.)

Innocencius episcopus servus servorum Dei, dilecto filio Petro, abbati monasterii Anianensis, ejusque successoribus regulariter substituendis in perpetuum. Ad hoc universalis ecclesie cura nobis a provisore omnium bonorum Deo commissa est, ut et religiosas diligamus personas, et bene placente Deo religionem studeamus modis omnibus propagare. Nec enim Deo gratus aliquando famulatus inpenditur, si non ex caritatis radice procedens a puritate religionis fuerit conservatus. Hoc nimirum caritatis intuitu, dilecte in Domino fili Petre abbas, Anianense monasterium cui Deo auctore presides, sub apostolice sedis proteccionem suscipimus, et scripti nostri pagina communimus, statuentes ut quascumque posses-
* Fol. 34 v°. siones, quecumque bona idem monasterium * in presenciarum juste et legitime possidet, quicquid enim donacione fratris nostri, Raimundi Uzeticensis episcopi, Gordanicensi monasterio et per illud prefato Anianensi collatum est, firma tibi tuisque successoribus illibata permaneant. In quibus hec propriis nominibus duximus exprimenda : ecclesiam vide-

licet Sancti Stephani de Sermentis, Sancti Petri de Aveiano, Sancti Privati de Ripariis, Sancti Martini de Planis, Sancti Stephani de Fontibus, Sancti Xristofori de Valle Airanica, Sancti Xristofori de Campo Miliario, Sancti Andree de Rocapertus, Sancte Marie de Bundilione, Sancti Castoris, Sancti Petri Calvinianensis, Sancti Vincencii de Croso, Sancti Stephani de Heremo, Sancti Martini de Casamaur, Sancti Petri de Sudone; ecclesias autem in Uzeticensi episcopatu a laicis possessas, quas assensu et concessione episcoporum ejusdem loci habere poteritis, vobis concedimus. Porro decimas de fructibus laborum vestrorum quos propriis excolitis sumptibus, nullus usurpare vel exigere audeat. Quecumque pretera Anianense monasterium per autentica predecessorum nostrorum felicis memorie, Johannis, Nicolay, Alexandri, Urbani, Pascalis et Calixti Romanorum pontificum privilegia possidet, aud in futurum racionabiliter, prestante Domino, poterit adipisci, quieta vobis et integra conserventur. Decernimus ergo ut nulli omnino hominum liceat prefatum monasterium temere perturbare, aud possessiones ejus auferre, vel ablatas retinere, minuere, vel temerariis vexaccionibus fatigare. Si qua igitur in posterum ecclesiastica secularisve persona hanc nostram constitucionis paginam sciens, contra eam temere venire temptaverit, secundo terciove commonita si non satisfaccione congrua emendaverit, potestatis honorisque sui dignitate careat, reamque se divino judicio existere de perpetrata iniquitate cognoscat et a sacratissimo corpore et sanguine Dei et Domini redemptoris nostri Jhesu Christi aliena fiat, atque in extremo examine districte ulcioni subjaceat. Conservantibus autem fiat pax Domini nostri Jhesu Christi quatinus et hic fructus bone accionis percipiant, et apud districtum judicem premia eterne pacis inveniant. Amen. Amen. Amen.

Ego Innocencius episcopus, ss.

Datum apud Clarummontem per manum Aimerici sancte Romane Ecclesie diaconi cardinalis et cancellarii, III kalendas decembris, indiccione VIII, anno incarnacionis dominice M° C° XXX°, Pontificatus domini Innocencii Pape secundi, anno I°.

XI.

[PRIVILEGIUM EUGENII III PAPÆ, QUO CONFIRMANTUR POSSESSIONES QUAS CONTULIT RAYMUNDUS, UZETICENSIS EPISCOPUS, GORDANICENSI MONASTERIO, ET PER ILLUD, ANIANENSI].

(Fol. 34 v°. — 11 novembre 1146.)

Eugenius episcopus servus servorum Dei, dilecto filio Guillelmo, Anianensi abbati, ejusque successoribus regulariter substituendis in perpetuum. Ad hoc universalis ecclesie cura a provisore omnium bonorum commissa est, ut religiosas diligamus personas et beneplacentem Deo religionem studeamus modis omnibus propagare. Nec enim Deo gratus aliquando famulatus impenditur, nisi ex radice karitatis procedens, a puritate religionis fuerit conservatus. Hoc nimirum karitatis intuitu, dilecte fili Guillelme, abbas Anianense monasterium, cui, Deo auctore, presides, sub
* Fol. 35 r°. apostolice sedis proteccione suscipimus et presentis scripti pagina * communimus statuentes ut quascumque possessiones quecumque bona idem monasterium in presenciarum juste et legitime possidet, quicquid enim donacione fratris nostri Raimundi, Uzeticensis episcopi, Gordanicensi monasterio et per illud prefato Anianensi canonice collatum est, firma tibi tuisque successoribus et illibata permaneant. In quibus hec propriis duximus exprimenda vocabulis, ecclesiam Sancti Johannis de Aniana, ecclesiam Sancti Martini de Carcares, ecclesiam Sancti Amancii de Tauleto, ecclesiam Sancti Juliani de Aspiriano, ecclesiam Sancti Feirreoli de Cinciano, ecclesiam Sancte Marie de Liziniano, ecclesiam Sancti Dii de Seta et locum Sete, ecclesiam Sancti Jachobi de Bocigis, ecclesiam Sancte Crucis de Cellanova, ecclesiam Sancti Martini de Scafiaco, ecclesiam Sancti Juliani de Balanegues, ecclesiam Sancte Marie de Rubo, ecclesiam Sancti Salvatoris de Pino, ecclesiam Sancti Clementis, ecclesiam Sancti Stephani de Fontanes, ecclesiam Sancte Crucis de Quintilanegues, ecclesiam Sancti Stephani de Volio, ecclesiam Sancti Stephani de Arzilariis, ecclesiam Sancti Silvestri de Brucis, ecclesiam Sancti Martini de Val Retenes, cellam de Gordanico, ecclesiam Sancte Marie de Cairano, ecclesiam Sancte Marie de Ortulis, ecclesiam Sancte Marie de Canoa, ecclesiam Sancti Johannis de Liviniaco, ecclesiam Sancti Salvatoris de

Interaquis, ecclesiam Sancti Romani cum aliis ecclesiis ad Interaquas pertinentibus, ecclesiam Sanctorum Cornelii et Cipriani, cum castro de Salviano, ecclesiam Sancti Stephani de Villa nova, ecclesiam Sancti Petri de Abiliano, ecclesiam Sancti Martini de Salencio, ecclesiam Sancti Petri de Giniaco, ecclesiam Sancti Nicolay de Talpuciaco, ecclesiam Sancti Johannis de Vico, ecclesiam Sancte Marie de Arnempdes, ecclesiam Sancte Marie de la Bastida, ecclesiam sancti Petri de Stirpi, ecclesiam Sancti Bauzilii ; piscarias quas idem monasterium habet in mari et in stagno apud Frontinianum. Porro decimas de fructibus laborum vestrorum, quos propriis excolitis sumptibus, nullus usurpare vel exigere audeat. Quecumque pretera Anianense monasterium per autentica predecessorum nostrorum felicis memorie Johannis, Nicholay, Alexandri, Urbani, Paschalis, Calixti, Innocencii, Romanorum pontificum privilegia possidet, aud in futurum racionabiliter, prestante Domino, poterit adipisci, quieta vobis et integra conserventur. Proibemus quoque ut nullus abbas vel monacus ipsius monasterii possessiones absque communi fratrum vel sanioris partis consilio ab ipso alienare presumat. Decernimus ergo ut nulli omnino hominum liceat prefatum monasterium aut ejus ecclesias, possessiones et bona temere perturbare, auferre, retinere, minuere seu quibuslibet molestiis vel indebitis exaccionibus fatigare, set omnia integra conserventur eorum pro quorum gubernacione et sustentacione concessa sunt usibus omnimodis profutura, salva sedis apostolice auctoritate et diocesanorum episcoporum canonica justicia. Si qua igitur in futurum ecclesiastica secularisve persona hanc nostre constitucionis paginam sciens, contra eam temere venire temptaverit, secundo terciove commonita, si non satisfaccione congrua emendaverit, potestatis honorisque sui dignitate careat, reamque se divino judicio existere de perpetrata iniquitate cognoscat, et a sacratissimo corpore ac sanguine Dei et Domini Redemptoris nostri Jhesu Christi aliena fiat, atque in extremo examine districte ulcioni subjaceat. Cunctis autem eidem loco justa servantibus sit pax Domini nostri Jhesu Christi, quatinus et hic fructus bone accionis percipiant et apud districtum judicem premia eterne pacis inveniat. Amen. Amen. Amen.

Ego Eugenius catholice Ecclesie episcopus, ss. ✝ Ego Guido presbiter cardinalis tituli Sancti Grisogoni, ss. ✝ Ego Theodewinus Sancte Ruphine episcopus, ss. ✝ Ego Octavianus diaconus cardinalis Sancti Nicholay in carcere Tulliano, ss. ✝ Ego Albericus Hostiensis episcopus, ss.

Datum Viterbi, per manum Baronis sancte Romane Ecclesie subdiaconi, III idus novembris, indicionne X, incarnacionis dominice anno M° C° XL° VI°, Pontificatus domini Eugenii III Pape, anno secundo.

XII.

[PRIVILEGIUM ANASTASII IIII PAPÆ DE EADEM CELLA DE GORDANICO ET DE ECCLESIIS EI PERTINENTIBUS ET DE QUIBUSDAM ALIIS, AD GUILLELMUM, ABBATEM].

(Fol. 35 v°. — 17 novembre 1154.)

Anastasius episcopus servus servorum Dei, dilecto filio Guillelmo Anianensi abbati, ejusque successoribus regulariter substituendis in perpetuum. Quociens a viris religiosis presidium apostolice sedis expetitur, et, quod justum esse dinoscitur, ab eis devocione debita postulatur, libenti debemus animo quod expetunt indulgere, et justis eorum postulacionibus gratum nos convenit impertiri consensum. Tunc enim viri ecclesiastici religionis et honestatis, Deo preeunte, accipiunt incrementum, cum nostre auctoritatis patrocinio fulciuntur et tam ipsi quam bona eorum sub apostolice sedis proteccione consistunt. Eapropter, dilecte fili Guillelme, tuis justis postulacionibus gratum impercientes assensum, Anianense monasterium cui, Deo auctore, preesse dinosceris, sub beati Petri et nostra proteccione suscipimus, et presentis scripti privilegio communimus, statuentes ut quascumque possessiones, quecumque bona idem monasterium in presenciarum juste et canonice possidet, et quicquid enim donacione fratris nostri Raimundi, Uzeticensis episcopi, Gordanicensi monasterio et per illud prefato Anianensi canonice collatum est, firma tibi tuisque successoribus illibata permaneant. In quibus hec propriis duximus exprimenda vocabulis: ecclesiam Sancti Johannis de Aniana, ecclesiam Sancti Martini de Carcares, ecclesiam Sancti Amancii de Teuleto, ecclesiam Sancti Juliani de Aspiriano, ecclesiam Sancti Ferreoli de

Cinciano, ecclesiam Sancte Marie de Liziniano, ecclesiam Sancte Marie de Carnencaz, ecclesiam Sancti Dii de Seta et locum Sete, ecclesiam Sancti Jacobi de Bocigis, ecclesiam Sancte Crucis de Cella nova, ecclesiam Sancte Marie de Bella, ecclesiam Sancti Martini de Scaphiaco, ecclesiam Sancti Juliani de Balanegues, ecclesiam Sancte Marie de Rubo, ecclesiam Sancti Salvatoris de Pino, ecclesiam Sancti Clementis, ecclesiam Sancti Stephani de Fontanes, ecclesiam Sancte † (Crucis) de Quintillanegues, ecclesiam Sancti Stephani de Volio cum capellis suis, scilicet cum ecclesia Sancti Stephani de Argillariis, cum ecclesia Sancti Andree de Sugras, cum ecclesia Sancti Johannis de Cumaiagas, et cum ecclesia Sancte Fidis de Ficheiras, ecclesiam Sancti Silvestri de Brucis, ecclesiam Sancti Martini de Valle Retensi, cellam de Gordanico, ecclesiam Sancte Marie de Cairana, ecclesiam Sancte Marie de Ortulis, ecclesiam Sancte Marie de Canoa, ecclesiam Sancti Johannis de Liviniaco, ecclesiam Sancti Salvatoris de Interaquis, ecclesiam Sancti Romani, cum aliis ecclesiis ad Interaquas pertinentibus, scilicet cum ecclesia Sancti Petri de Stirpia et ecclesiam Sancti Johannis de Balmis, ecclesiam Sanctorum Cornelii et Cipriani, cum castro de Salviano *, ecclesiam Sancti Stephani de Villanova, ecclesiam Sancti Petri de Abiliano, ecclesiam Sancti Martini de Salencio, ecclesiam Sancti Petri de Giniaco, ecclesiam Sancti Nicolay de Talpuciaco, ecclesiam Sancti Johannis de Vico, ecclesiam Sancte Marie de Arnempdes, ecclesiam Sancte Marie de la Bastida, ecclesiam Sancti Baudilii, cum decimis videlicet et oblacionibus ad ipsas ecclesias pertinentibus, piscarias quas idem monasterium habet in mari et in stagno apud Frontinianum; donum denique aribatici cum aqua fluvii Amancionis, a molendino fiscalino usque ad pontem Veronie, quod Raimundus et Aielmus, Bernardus et Beatrix, Melgorie comites, eidem monasterio contulisse noscuntur, feudum quoque Adalaiz, villam videlicet cum ecclesia de Gairiga et feudum Ermengaudi, ecclesiam scilicet de Avidaz simul cum decima, vobis pariter confirmamus. Statuimus preterea ut in villis, castris et possessionibus ejusdem monasterii et prope monasterium, per spacium unius leuge, nullus in detrimentum ipsius ecclesie novas municiones presumat hedificare. Sanccimus eciam ut nulli episcoporum, nisi

* Fol. 36 r°.

quod justum et canonicum fuerit et quod habere soliti sunt, a te vel ab ecclesiis tuis aliquid presumant exigere. Porro decimas de fructibus laborum vestrorum, quos propriis excolitis sumptibus, nullus usurpare vel exigere audeat. Quecumque preterea Anianense monasterium per autentica predecessorum nostrorum felicis memorie Johannis, Nicholay, Alexandri, Urbani, Pascalis, Calixti, Innocencii et Eugenii, Romanorum pontificum, privilegia possidet, aut in futurum, prestante Domino, poterit adipisci, quieta vobis et integra conserventur. Proibemus quoque ut nullus abbas vel monacus ipsius monasterii temere perturbare seculum aut ejus possessiones auferre vel ablatas retinere, minuere, seu quibuslibet vexacionibus fatigare, set illibata omnia et integra conserventur eorum pro quorum gubernacione et sustentacione concessa sunt, usibus omnimodis profutura, salva sedis apostolice auctoritate et diocesanorum episcoporum canonicorum justicia. Si qua igitur in futurum ecclesiastica secularisve persona hanc nostre constitucionis paginam sciens, contra eam temere venire temptaverit, secundo terciove commonita, nisi presumpcionem suam congrua satisfaccione correxerit, potestatis honorisque sui dignitate careat, reamque se divino judicio existere de perpetrata iniquitate cognoscat et a sacratissimo corpore ac sanguine Dei et Domini Redemptoris nostri Jhesu Christi aliena fiat, atque in extremo examine districte ulcioni subjaceat. Cunctis autem eidem loco sua jura servantibus sit pax Domini nostri Jhesu Christi, quatinus et hic fructus bone accionis percipiant, et apud districtum judicem premia eterne pacis inveniant. Amen. Amen. Amen.

Ego Anastasius catholice Ecclesie episcopus †, ss. † Ego Guido presbiter cardinalis tituli Sancti Grisogoni, ss. † Ego Nicholaus Albanus episcopus, ss. † Ego Guido diaconus cardinalis Sancte Marie in porticu, ss. † Ego Odo diaconus cardinalis Sancti Nicholay in carcere Tulliano, ss. † Ego Julius presbiter cardinalis tituli Sancti Marcelli, ss. † Ego Guigido Sabinensis episcopus, ss. Ego † Bernardus presbiter cardinalis tituli Sancti Clementis, ss. † Ego Johannes presbiter cardinalis Sanctorum Johannis et Pauli tituli Pamachii, ss.

Datum Lateranis, per manum Rolandi, sancte Romane Ecclesie presbiteri cardinalis et cancellarii, XV kalendas decembris, indiccione III, incarnacionis dominice anno M° C° L° IIII°, Pontificatus domini Anastasii Pape IIII, anno II°.

XIII.

[PRIVILEGIUM ADRIANI PAPÆ IIII QUO PAPA SUB SUA PROTECTIONE ANIANENSE MONASTERIUM SUSCIPIT ET POSSESSIONES ENUMERAT].

(Fol. 36 r°. — 12 décembre 1154.)

Adrianus episcopus servus servorum Dei, dilecto filio Guillelmo abbati monasterii Anianensis, ejusque successoribus regulariter substituendis in perpetuum. Justis religiosorum desideriis consentire ac racionabilibus eorum postulacionibus clementer annuere apostolice sedis, cui largiente Domino deservimus, auctoritas et fraterne caritatis unitas nos hortatur. Quocirca, dilecte in Domino fili Guillelme, tuis justis postulacionibus gratum impercientes assensum, Anianense monasterium, cui Deo auctore preesse dinosceris, sub beati Petri et nostra proteccione suscipimus et presentis scripti privilegio communimus, statuentes ut, quascumque possessiones quecumque bona idem monasterium in presenciarum juste et canonice possidet, aut in futurum concessione pontificum, largicione regum vel principum, oblacione fidelium, seu aliis justis modis, prestante Domino, poterit adipisci, quicquid enim donacione fratris nostri Raimundi, Uzeticensis episcopi, Gordanicensi monasterio et per illud prefato Anianensi collatum est, firma tibi tuisque successoribus et illibata permaneant; in quibus hec propriis duximus exprimenda vocabulis: ecclesiam Sancti Johannis de Aniana, ecclesiam Sancti Martini de Carcares, ecclesiam Sancti Amancii de Teuleto, ecclesiam Sancti Juliani de Aspiriano, ecclesiam Sancti Ferreoli de Cinciano, ecclesiam Sancte Marie de Liziniano, ecclesiam Sancte Marie de Carnencas, ecclesiam Sancti Dii de Seta, et locum Sete, ecclesiam Sancti Jacobi de Bozicis, ecclesiam Sancte Crucis de Cella nova, ecclesiam Sancte Marie de Bella, ecclesiam Sancti Martini de Scafiaco, ecclesiam Sancti Juliani de Balanegues, ecclesiam Sancte Marie de Rubo, ecclesiam Sancti Salvatoris de Pino, ecclesiam Sancti Clementis, ecclesiam Sancti Stephani de Fontanes, ecclesiam

Sancte Crucis de Quintillanegues, ecclesiam Sancti Stephani de Volio, cum capellis suis, scilicet cum ecclesia Sancti Stephani de Argilariis, cum ecclesia Sancti Andree de Sugras, cum ecclesia Sancti Johannis de Cumaiagas et cum ecclesia Sancte Fidis de Ficheiras, ecclesiam Sancti Silvestri de Brucis, ecclesiam Sancti Martini de Valle Retensi, cellam de Gordanico, ecclesiam Sancte Marie de Cairana, ecclesiam Sancte Marie de Ortulis, ecclesiam Sancte Marie de Canoa, ecclesiam Sancti Jhoannis de Liviniaco, ecclesiam Sancti Salvatoris de Interaquis, ecclesiam Sancti Romani, cum aliis ecclesiis ad Interaquas pertinentibus, scilicet cum ecclesia Sancti Petri de Stirpia, et ecclesia Sancti Johannis de Balmis, ecclesiam Sanctorum Cornelii et Cipriani cum castro de Salviano, ecclesiam Sancti Stephani de Villanova, ecclesiam Sancti Petri de Abiliano, ecclesiam Sancti Martini de Salencio, ecclesiam sancti Petri de Giniaco, ecclesiam Sancti Nicholay de Talpuciaco, ecclesiam Sancti Johannis de Vico, ecclesiam Sancte Marie de Arnempdes, ecclesiam Sancte Marie de la Bastida, ecclesiam Sancti Salvatoris de Rubo, ecclesiam Sancti Baudilii, cum decimis et oblacionibus videlicet ad ipsas ecclesias pertinen-
* Fol. 37 r°. tibus, piscarias quas idem * monasterium habet in mari et in stagno apud Frontinianum; donum denique aribatici cum aqua fluvii Amancionis, a molendino fiscalerio usque ad pontem Veronie, quod Raimundus et Aielmus, Bernardus et Beatrix, Melgorie comites, eidem monasterio contulisse noscuntur; feudum quoque Adalaiz, villam videlicet cum ecclesia de Gairriga et feudum Ermengaudi, ecclesiam scilicet de Avidaz simul cum decima, vobis pariter confirmamus. Statuimus preterea ut in villis, castris et possessionibus ejusdem monasterii et prope monasterium, per spacium unius leugue, nullus in detrimentum ipsius ecclesie novas municiones presumat edificare. Sanccimus eciam ut nulli episcoporum, nisi quod justum et canonicum fuerit et quod habere soliti sunt, a te vel ab ecclesiis tuis aliquid exigere, vel easdem ecclesias presumant sine causa canonica interdicere. Porro decimas de fructibus laborum vestrorum, quos propriis excolitis sumptibus, nullus usurpare vel exigere audeat. Quecumque preterea Anianense monasterium, per autentica predecessorum nostrorum felicis memorie Johannis, Nicolay, Alexandri, Urbani, Pas-

chalis, Innocencii, Eugenii, Anastasii, Romanorum pontificum privilegia possidet, aut in futurum racionabiliter, Deo propicio, poterit adipisci, quieta vobis et integra conserventur. Proibemus quoque ut nullus abbas vel monacus ipsius monasterii possessiones, absque communi fratrum vel sanioris partis consilio, ab ipso alienare presumat. Decernimus ergo ut nulli omnino hominum liceat supradictum monasterium temere perturbare aut ejus possessiones auferrere vel ablatas retinere, minuere, seu quibuslibet vexacionibus fatigare, set illibata omnia et integra conserventur, eorum pro quorum gubernacione et sustentacione concessa sunt, usibus omnimodis profutura, salva sedis apostolice auctoritate et diocesanorum episcoporum canonica justicia. Si qua igitur in futurum ecclesiastica secularisve persona hanc nostre constitucionis paginam sciens, contra eam temere venire temptaverit, secundo terciove commonita, nisi presumpcionem suam congrua satisfaccione correxerit, potestatis honorisque sui dignitate careat, reamque se divino judicio existere de perpetrata iniquitate cognoscat, et a sacratissimo corpore ac sanguine Dei et Domini Redemptoris nostri Jhesu Christi aliena fiat, atque in extremo examine districte ulcioni subjaceat; cunctis autem eidem loco sua jura servantibus sit pax Domini nostri Jhesu Christi, quatinus et hic fructum bone accionis percipiant, et apud districtum judicem premia eterne pacis inveniant. Amen. Amen. Amen.

Ego Adrianus katolice Ecclesie episcopus, ss. ✝ Ego Guido presbiter cardinalis tituli Sancti Grisogoni, ss. ✝ Hugo Ostiensis episcopus, ss. Ego Guido diaconus cardinalis Sancte Marie in Porticu, ss. ✝ Ego Odo diaconus cardinalis Sancti Nicolay in carcere Tulliano, ss. Ego Julius presbiter cardinalis tituli Sancti Marcelli, ss. ✝ Gregorius Sabiniensis episcopus, ss. ✝ Ego Bernardus tituli Sancti Clementis, ss. ✝ Ego Johannes presbiter cardinalis Sanctorum Johannis et Pauli tituli Pamachii, ss.

Datum Rome apud Sanctum Petrum, per manum Rolandi, sancte Romane Ecclesie presbiteri cardinalis et cancellarii, II idus decembris, indiccione III, incarnacionis dominice anno M° C° L° IIII°, Pontificatus vero domini Adriani Pape IIII, anno primo.

XIV.

[ITEM DE EADEM CELLA DE GORDANICO. PASCHALIS PAPA SECUNDUS RAIMUNDO, UZETICENSI EPISCOPO PRECIPIT UT NEMAUSUM CONVENIAT, ET JUSTICIAM FACIAT].

(Fol. 38 v° [1]. — 8 février 1100-1117.)

P[aschalis] episcopus servus servorum Dei, venerabilibus fratribus et coepiscopis nostris R[aimnndo] Uzeticensi, A[rberto] Avinionensi, E[ustachio] Valentino, salutem et apostolicam benediccionem. Pro causa ecclesie de Gordanico que inter Anianenses et Case Dei monachos agitur, nuper ad vos litteras misimus. Sed iterata apud nos querela, nostras ad vos litteras iteramus, omnino precipientes ut in v^{a} feria prime ebdomade XLe proxime, sepositis occupacionibus ceteris, Nemausum conveniatis et plenam de eadem causa justiciam faciatis. Nec aliqua vobis scriptorum pontificalium occurrat objeccio, quin eidem cause finem debitum imponatis coram partis utriusque presencia, quos ex nostre auctoritatis jussu Uzeticensis episcopus convocare curabit.

Date VI idus februarii.

XV.

[ITEM DE EADEM CONTROVERSIA. PASCHALIS PAPA SECUNDUS, CONVOCAT MONACHOS AD SUAM AUDIENTIAM, AD PROXIMAM BEATI MARTINI SOLEMPNITATEM].

(Fol. 38 v°. — 25 mai 1100-1117.)

P[aschalis] episcopus servus servorum Dei. Dilectis filiis abbati et fratribus Anianensis monasterii salutem et apostolicam benediccionem. Causam de Gordanico inter vos et Case Dei monachos nos omnino finitam arbitrabamur, set iidem fratres omnino clamare non desinunt et conqueri que causa eadem non sit episcoporum, quibus commissa fuerat, judicio difinita. Asserunt et litteras illas falsas fuisse, quas nobis ex eorumdem judicium nominibus transmisistis. Nos igitur nullam videntes inter vos

[1] Les folios 37 v° et 38 r° ont été laissés en blanc, et non par mégarde, car les deux dernières lignes du titre précédent sont écrites en haut du verso du folio 37.

causam litis ac discordie remanere, tam vobis quam illis precipimus, ut in proxima beati Martini sollempnitate nostre vos audiencie presentetis, ut ejusdem cause finem omnino eternum et plenum, prestante Domino, suscipiatis.

Date Laterani, VIII kalendas junii, indiccione VII.

XVI.

[PASCHALIS PAPA SECUNDUS, RAIMUNDO, UZETICENSI EPISCOPO PRECIPIT, UT JUSTICIAM MONASTERIO FACIAT DE ECCLESIA SANCTI MARTINI IN CELLA DE GORDANICO].

(Fol. 38 v°. — 1099-1118.)

P[aschalis] episcopus servus servorum Dei, venerabili fratri R[aimundo] Uzeticensi episcopo, salutem et apostolicam benedictionem. Juxta confratrum nostrorum Ar[berti] Avinionensis, E[ustachii] Valentini, Hisdiensis episcoporum, discussionem atque judicium nos cellam de Gordanico Anianensi monasterio confirmavimus. Precipimus ergo experiencie tue, ut de ecclesia Sancti Martini de Plano, que ad prefatam cellam de Gordanico pertinere videtur, Anianensis monasterii fratribus debitam justiciam exequaris, ut omni deinceps querimonia sopiatur.

XVII.

[PASCHALIS, PAPA SECUNDUS, PRECIPIT RAIMUNDO, UZETICENSI EPISCOPO, UT JUSTICIAM FACIAT DE PONCIO GUILELMI DE BARIACO, QUEM, NON PRESTITA SATISFACCIONE, EXCOMMUNICATIONE ABSOLVIT].

(Fol. 38 v°. — 27 novembre 1099-1117.)

P[aschalis] episcopus servus servorum Dei. Dilecto fratri R[aimundo] Uzeticensi episcopo salutem et apostolicam benediccionem. Ex fratrum Anianensium suggestione cognovimus quod Poncium Guillelmi de Bariaco, excommunicatum pro possessione Gordanicensis monasterii quam sacrilege tenet et unde filiam suam dotavit, non premisso remedio satisffacionis absolveris, qua in re quam graviter contra ordinem tuum excesseris, mirum est si ipse non videas. Precipimus ergo ut omni occasione seposita, de eodem viro debitam supradictis fratribus justiciam facies, ne super te tanti excessus ulcio revertatur.

Date Laterani, v kalendas decembris.

XVIII.

[CALIXTUS PAPA SECUNDUS, MONACHOS CONVENIT IN PROXIMIS OCTAVIS PENTECOSTES, AD DICENDAM DE GORDANICO SENTENTIAM SUPER QUERELAM FRATRUM DE CASA DEI].

(Fol. 38 v°. — 15 avril 1119.)

Calixtus episcopus, servus servorum Dei, dilectis filiis Anianensi abbati et monachis, salutem et apostolicam benedictionem. Fratres Case Dei querelam suam super cellam de Gordanico adhuc repetere non desistunt. Quamobrem fraternitati vestre per presencia scripta precipimus ut, in proximis octavis Pentecostes, vos omnino ad cause hujus accionem paratos nostro conspectui presentetis, quatenus, querela tanto jam tempore agitata, judiciali tandem sentencia, prestante Domino, terminetis.

Data Anicii, XVII kalendas mai.

XIX.

[CALIXTUS PAPA SECUNDUS, LEODEGARIO VIVARENSI ET GUALTERO MAGALONENSI EPISCOPIS MANDAT, UT QUERIMONIAM DE GORDANICO AUDIANT].

(Fol. 39 r°. — 15 juillet 1119.)

Calixtus episcopus, servus servorum Dei, venerabilibus fratribus L[eodegario] Vivarensi et G[ualtero] Magalonensi episcopis, salutem et apostolicam benedictionem. Ab Anianensis monasterii fratribus, presentibus vobis, contra Arelatensem de ecclesia Sancti Martini querelam accepimus. Unde fraternitati vestre per presencia scripta mandamus ut, competenti loco et tempore, querimoniam ipsam plenius audiatis, eamque diligenter discussam canonico fine, prestante Domino, terminetis.

Date Tholose, idibus julii.

XX.

[CALIXTUS, PAPA SECUNDUS, R. ARELATENSI EPISCOPO PRECIPIT, UT JUSTITIAM DE ECCLESIA SANCTI MARTINI ANIANENSIS MONASTERII FRATRIBUS FACIAT].

(Fol. 39 r°. — 15 juillet 1119.)

Calixtus episcopus, servus servorum Dei, venerabili fratri R. Arelatensi archiepiscopo, salutem et apostolicam benedictionem. Anianensis monasterii fratres apud Montempessulanum super ecclesia Sancti Martini, te presente, in conspectu nostro querimoniam suam exposuerunt. Unde dileccioni tue per presencia scripta precipimus, ut judicio Vivariensis et Magalonensis episcoporum de eadem ecclesia predictis fratribus plenam justiciam exequaris.

Date Tholose, idibus julii.

XXI.

[CALIXTUS PAPA SECUNDUS PRECIPIT RAIMUNDO UZETICENSI EPISCOPO, UT PONCIUM MONEAT AD JUSTICIAM DE GORDANICO FACIENDAM ; QUA NON FACTA INFRA XXX DIES, EXCOMMUNICATIONEM PROFERT].

(Fol. 39 r°. — 14 juillet 1119.)

Calixtus episcopus, servus servorum Dei, dilecto fratri R[aimundo], Uzeticensi episcopo, salutem et apostolicam benediccionem. Fratrum Anianensis monasterii querela nos adhuc pulsare non desinit, super uxore Poncii Guillelmi de Bariaco et super Raimundo, filio ejus, quia honores, quos pater ipsius R. Gordanicensi monasterio violenter auferebat, ipsi eciam auferre ac detinere non desinant, nec inde velint justiciam, ab antecessoribus nostris sepe admoniti, exhibere. Unde tibi per presencia scripta precipimus, ut eos iterum ad justiciam faciendam officii tui auctoritate commoneas. Quod si infra xxx dies post admonicionem justiciam exhibere contempserint, nos extunc in eos, sicut in sacrilegos et contumaces et infantores eorum, sentenciam excommunicacionis proferimus. Ipsum vero judicium venerabili fratri nostro Avinianensi episcopo diffiniendum committimus. Date Tholose, pridie idus julii.

XXII.

[HONORIUS II STEPHANUM ABBATEM CASÆ DEI HORTATUR, UT DE INJURIIS, QUAS PETRUS ROTBAUDI ALIIQUE MONACHI CELLÆ GORDANICENSI INTULERINT, FRATRIBUS ANIANENSIBUS SATISFACIAT].

(Fol. 39 r°. — 26 avril 1125-1129.)

Honorius episcopus servus servorum Dei dilecto filio St[ephano] abbati Case Dei salutem et apostolicam benedictionem. Gravamur quoniam, sicut accepimus, apostolicis contempnis obedire mandatis. Monachi namque tui, Petrus Rotbaudi, Raimundus de Mirabello, Fulco et Aimelius de Gatigis, cellam de Gordanicis, Anianensi monasterio in Tholosano adjudicatam concilio, violenter et per potestates exteras invaserunt, et bona ejus sepe commoniti reddere neglexerunt. Unde in eos a fratre nostro G[alterio] Magalonensi episcopo, tunc apostolice sedis legato, excommunicacionis sententia data et a nobis est confirmata. Tu vero ipsis participans, quos ligamus solvere niteris et sic claves beati Petri, cui a Deo ligandi et solvendi potestas est tradita, evacuare contendis. Ne igitur tanti reatus eorum penam in te conversam sustineas, quod a monachis tuis commissum est, facias emendari. In ecclesiis autem, in quibus predicti excommunicati habitant, divina non celebrentur officia.

Date Laterani, VI kalendas maii.

XXIII.

[HONORIUS II PETRO, ABBATI ANIANENSI, SCRIBIT, SE STATUISSE, UT ABLATA A MONACHIS CASE DEI REDDANTUR, ET PRO EXPLENDIS DAMNIS CELLÆ GORDINACENSI ILLATIS, AB ABBATE CASÆ DEI L SOLIDI MELGORIENSES DUOBUS TERMINIS EI PERSOLVANTUR].

(Fol. 39 r°. — 6 avril 1127.)

Honorius episcopus servus servorum Dei, dilectis filiis P[etro] abbati et monachis Anianensibus salutem et apostolicam benedictionem. Controversia, que inter vos et abbatem Case Dei super dampnis ecclesie Sancte Marie de Gordanicis a monachis suis illatis diucius agitata est, per manum filiorum nostrorum cardinalium est terminata et postmodum auctoritate nostra firmata, ita videlicet ut pax et concordia firma inter vos et abbatem Case Dei et monachos futuris perpetuo temporibus observetur. Munimenta vero, que a monachis Case Dei super ecclesia de Gordanicis habentur, vobis reddantur, similiter et reliquie inde ab eis ablate, si in monasterio Case Dei aud in ejus obedienciis fuerint, restituantur. Pro dampnorum siquidem restauratione, quingenti solidi melgoriensis monete, duobus scilicet terminis, ducenti quinquaginta proximis kalendis augusti et totidem subsequenti sancti Michaelis festivitate, vobis a prenominato abbate Case Dei solventur. Abbas preterea Case Dei querelam quam habebat adversum vos aud in ecclesia de Gordanicis, refutavit.

Date Laterani, VIII idus aprilis, incarnacionis dominice anno M°C°XXVII°, Pontificatus autem domni Honorii secundi Pape, anno III°.

XXIV.

[INNOCENTIUS PAPA II QUOSDAM MILITES, PRO INJURIIS MONASTERIO ILLATIS, EXCOMMUNICATIONIS VINCULO INNODIT, NISI ABBATI SATISFECERINT].

(Fol. 39 v°. — 29 novembre 1198-1215.)

Innocencius episcopus, servus servorum Dei, venerabilibus fratribus Raimundo Magalonensi, B[ermundo] Biterrensi, P[etro] Lutevensi, Jo[anni] Nemausensi, episcopis et R[aimundo] Agatensi electo, salutem et apostolicam benedictionem. Querelam filiorum nostrorum Petri abbatis et monachorum Anianensium adversum quosdam milites parrochianos vestros, videlicet Poncium Agonensem, R[aimundum] Pinianensem, Olivarium Melgoriensem, et Petrum Raimundi Malaura, et coadjutores eorum accepimus, quod hominem suum a nundinis redeuntem miserabiliter interfecerint. Ideoque per presencia vobis scripta mandamus, quatenus milites illos diligenter commoneatis, ut predicto abbati et monachis de tam gravi excessu et injuria eis irrogata satisfaciant. Quod si infra dies postquam a vobis commoniti fuerint, satisfacere contempserint, nos extunc eos excommunicacionis sentencia innodamus, et mandamus vobis ut per vestras faciatis parrochias observari.

Date apud Clarummontem, III kalendas decembris.

XXV.

[EUGENIUS III PAPA RAIMUNDUM EPISCOPUM ET ARCHIDIACONOS MAGALONENSES HORTATUR, NE ABBATEM ANIANENSEM IN MELIORANDIS MONASTERII POSSESSIONIBUS APUD SANCTUM BRICIUM SITIS PROHIBEANT VEL AB ALIIS PROHIBERI SINANT].

(Fol. 39 v°. — 11 novembre 1145-1159.)

Eugenius episcopus servorum Dei, venerabili fratri R[aimundo] episcopo et archidiaconis Magalonensis ecclesie salutem et apostolicam benediccionem. Filius noster G[uilelmus] abbas Anianensis monasterii cum quibusdam fratribus suis ad nostram presenciam venit, et sedis apostolice patrocinium a predecessoribus nostris Anianensi monasterio jam diu concessum a nobis suppliciter impetravit. Inter cetera vero ecclesie sue negocia significavit nobis, quod in quadam possessione sui monasterii, que apud Sanctum Bricium sita est, edificia facere et ea ad utilitatem ipsius monasterii meliorare intendit, sed a quibusdam illius terre hominibus prohibetur. Ideoque per apostolica vobis scripta precipiendo mandamus, quatinus possessionem ipsam ad commodum ipsius monasterii legitime meliorare nec ipsi prohibeatis, nec ab alii prohiberi vel impediri permittatis. Si quis autem hoc temere impedire presumpserit, debitam de ipso justiciam faciatis.

Date Viterbii, III idus novembris.

XXVI.

[EUGENIUS III MAGALONENSEM ET BITERRENSEM EPISCOPOS HORTATUR, NE MONASTERIUM ANIANENSE INDEBITIS EXACTIONIBUS AGGRAVENT].

(Fol. 39 v°. — 11 novembre 1145-1152.)

Eugenius episcopus servus servorum Dei, venerabilibus fratribus R[aimundo] Magalonensi et B[ermundo] Biterrensi episcopis, salutem et apostolicam benediccionem. Perlatus est clamor ad aures nostras, quod ecclesias Anianensis monasterii injuste gravatis et eorum ministris indebitas exacciones imponitis atque ab ipsis monachis fidejussores exigitis. Quocirca per presencia vobis scripta precipiendo mandamus, quatinus a gravaminibus et exaccionibus indebiti omnino desistatis, et ab ipsis monachis, quamdiu exequi justiciam voluerint, fideijussores vel pignora nullatenus exigatis. Nichilominus quoque vobis precipimus, ut parrohianos vestros, qui bona ejusdem monasterii sub nomine feudi detinent, districte commoneatis, ut abbati et monachis debitum impendant obsequium; alioquin sciant, se sacrilegium committere et periculum eterne dampnacionis incurrere. Vos igitur pro vestri officii debito usque ad condignam satisfaccionem de ipsis justiciam faciatis.

Data Viterbii, III idus novembris.

XXVII.

[EUGENIUS III, PAPA, UTICENSI ET NEMAUSENSI EPISCOPIS MANDAT, UT MONEANT B. DE MONTEMIRATO ET FRATRES EJUS, NE DECIMAS ET PRIMITIAS ECCLESIÆ DE JUNAZ AUFERANT].

(Fol. 40 r°. — 17 janvier 1146-1153.)

Eugenius episcopus servus servorum Dei, venerabilibus fratribus Uticensi et A[delberto] Nemausensi episcopis, salutem et apostolicam benedictionem. Ex parte dilecti filii nostri, Anianensis abbatis, adversus B[ertrandum] de Montemirato et fratres ejus clamores accepimus, quod decimas et primicias ecclesie sue de Junaz violenter et contra justiciam auferant. Quia ergo in sua justicia omnibus et maxime his, qui ad apostolice sedis proteccionem specialiter debitores existimus, per presencia vobis scripta mandamus, quatinus eundem B. et fratres ejus districcius moneatis, ut decimas et primicias predicte ecclesie sine difficultate dimittant et nullam molestiam de ipsis decimis et primiciis memorato abbati de cetero faciant. Si vero monitis vestris obedire contempserint, de ipsis tamquam de sacrilegis canonicam justiciam faciatis.

Data Laterani, XVI kalendas februarii.

XXVIII.

[EUGENIUS III, PAPA, P. NARBONENSI ARCHIEPISCOPO MANDAT, UT COMPELLAT B. DE VALLEMALA AD OBSERVANDAM DIFFINITIONEM QUAM FECIT CUM ANIANENSE ABBATE].

(Fol. 40 r°. — 11 novembre 1145-1152.)

Eugenius episcopus servus servorum Dei, venerabili fratri Petro, Narbonensi archiepiscopo, salutem et apostolicam benediccionem. Adversus B.

de Vallemala querelam filiorum nostrorum G. abbatis et fratrum Anianensis monasterii nuper accepimus, quod, diffinicionem quam venerabilis frater noster R., episcopus, et archidiaconus Magalonensis atque Guillelmus de Montepessulano inter ipsum monasterium et P. Raimundi, antecessorem suum, utriusque partis consensu fecerunt et scripto firmarunt, infringere nititur et observare non velit Quia igitur nullus umquam contencionibus finis imponitur, si ea que judicata vel concorditer statuta sunt non servantur, per presencia tibi scripta mandamus, quatenus predictum B. diffinicionem ipsam pro debito pontificalis officii firmiter observare compellas.

Data Albe, v idus novembris.

XXIX.

[EUGENIUS PAPA III NEMAUSENSI ET VIVARENSI EPISCOPIS MANDAT, UT SECUNDUM JUSTICIAM DE GORDANICENSI MONASTERIO PROCEDANT].

(Fol. 40 r°. — 28 juin 1145-1153.)

Eugenius episcopus servus servorum Dei, venerabilibus fratribus A[ldeberto] Nemausensi et G[uillelmo] Vivarensi episcopis, salutem et apostolicam benediccionem. Fraternitati vestre litteras quas nobis super causa, que inter venerabilem fratrem nostrum E[vrardum], Uzeticensem episcopum, et dilectum filium nostrum B., Gordanicensem priorem, nobis delegantibus, coram nobis [vobis] delegata est, transmisistis, diligenter adtendimus. Ceterum quod in causa ipsa vestra fraternitas, prout racionis ordo suggerebat, procedere distulit, nisi quia sedi apostolice reverenciam exhibere in ejus privilegiis, humilitate debita, voluistis, nobis plurimum displicent. Privilegia enim non semper jus quod non habetur conferunt, set habitum conservant. Eapropter diucius expensis ac laboribus utriusque partis paterna benignitate parcere cupientes, ad examen vestrum eandem controversiam remittere dignum duximus fine debito terminandam. Per presencia scripta itaque vobis mandamus, quatenus, pro ipsis privilegiis que vobis super discussione ipsius controversie ostensa sunt, nullatenus dimittatis, quin seposita omni appellacione in eadem causa secundum justiciam procedatis. Quod autem predictus frater noster, Uzeticensis episcopus, autenticas litteras felicis memorie pape Innocencii opposuit, in quibus, sicut accepimus, continetur donaciones, concessiones, inbeneficiaciones a Raimundo, Uzeticensi episcopo, inutiliter factas, irritas esse censemus, non debet vos movere, si vobis est legitime probatum, quod in presencia ipsius pape ab eodem Raimundo episcopo restitucio ac donacio xv ecclesiarum Gordanicensi priori facta fuerit, et postmodum ejusdem predecessoris nostri privilegio confirmata. Non enim quod suum erat illicite donavit, set quod alienum cognovit restituit. Preterea de uno privilegiorum antedicti fratris nostri nobis suggestum est, quod post motam controversiam, a nobis fuerit impetratum. Quod si verum est, adverse partis justiciam non debet imminuere seu retardare.

Data Rome, apud Sanctum Petrum, IIII kalendas julii.

XXX.

[EUGENIUS III, PAPA, JUDICIUM INTER GUILELMUM ABBATEM ANIANENSEM ET FRATRES SANCTI SEPULCHRI SUPER ECCLESIA SANCTI SALVATORIS DE RUBO LATUM APPROBAT].

(Fol. 40 v°. — 1145-1153.)

Eugenius episcopus, servus servorum Dei, dilectis filiis Guillelmo abbati Sancti Salvatoris Anianensis monasterii ejusque fratribus salutem et apostolicam benedictionem. Quoniam ad nostrum spectat officium pro universis ecclesiis sollicitudinem gerere, oportet nos earum paci et tranquillitati, modis quibus possumus, providere. Eapropter, in Domino filii, controversie que inter vos et canonicos Sancti Sepulcri super ecclesia Sancti Salvatoris de Rubo longo fuit tempore agitata, finem imponere cupientes, causam ipsam dilectis filiis nostris Julio, presbytero, et Jacinto diacono cardinalibus, audiendam terminandamque commisimus. Qui rationes utriusque partis diligencius inquirentes, ex scripto quod venerabilis frater noster R[aimundus], Arelatensis archiepiscopus, nobis direxerat, qui eandem causam ex mandato nostro discusserat, cognoverunt, quod tres testes in presencia ejusdem archiepiscopi a vobis producti, adversa parte presente nec negante, jurejurando monstrarunt, abbatem Anianensem de prefate ecclesie possessione violenter expulsum fuisse.

Alii quoque duo in presencia ejusdem archiepiscopi juraverunt, monasterium Anianense per quadraginta annos et eo amplius ante expulsionem inconcusse prefatam ecclesiam possedisse. His itaque rationibus et aliis pluribus ex utraque parte inspectis, jam dictam Sancti Salvatoris ecclesiam, cum omnibus ad eam pertinentibus, vobis et vestro monasterio adjudicarunt, et predictis canonicis super eadem causa perpetuum silencium indixerunt. Nos autem, quibus a Domino est concessa potestas male acta corrigere et bene acta firmare, judicium ipsum datum a predictis filiis nostris cardinalibus confirmamus, et in perpetuum absque refragacione ratum manere decernimus. Si quis autem hujus nostre confirmacionis paginam sciens, contra eam temere venire temptaverit, secundo terciove commonitus, si vero presumcionem suam digna satisffaccione correxerit, omnipotentis Dei et beatorum Petri et Pauli, apostolorum, ejus indignacionem incurrant, et a sacratissimo corpore ac sanguine Domini nostri Jhesu Christi alienus fiat; conservantes autem, premium bone accionis.

Date......

XXXI.

[DE EODEM GORDANICENSI PRIORATU].

(Fol. 41 r°[1]. — 28 novembre 1133-1151.)

..... portavit. Nos itaque ad quos potissimum respicere pro universarum ecclesiarum statu attentam sollicitudinem gerere, et earum paci et tranquillitati, salubriter, in quantum possumus, providere, memorati predecessoris nostri vestigia subsequentes, causam ipsam, quemadmodum ab eo vobis commissa est, sollicitudini vestre committimus terminandam. Per presencia itaque vobis scripta mandamus quatinus, pro ipsis privilegiis que vobis super discussione ipsius controversie ostensa sunt, nullatenus dimittatis, quin, seposita omni appellacione et judicium declinandi tergiversacione, in eadem causa secundum justiciam procedatis. Quod autem predictus frater noster, Uzeticensis episcopus, auttenticas litteras felicis memorie Pape Innocencii opposuit, in quibus, sicut

[1] Un feuillet a été arraché au manuscrit avant la pagination la plus récente : la pagination la plus ancienne tient seule compte de ce feuillet qui y portait le n° 27.

accepimus, continetur donaciones, concessiones, inbeneficiationes, a Raimundo, Uzeticensi episcopo, inutiliter factas irritas esse censemus, non debet vos movere si, prout insigillatis litteris vestris conscriptum invenimus, duobus vel III testibus vobis legitime probatum est quidem in presencia ipsius pape, ab eodem Raimundo, episcopo, restitucio ac donacio quindecim ecclesiarum Gordanicensi priori facta fuerit, et postmodum ejusdem predecessoris nostri privilegio confirmata. Non enim quod suum erat illicite donavit, set quod alienum cognovit restituit. Preterea de uno privilegiorum ante dicti fratris nostri nobis suggestum est, quod post motam controversiam a memorato predecessore nostro Eugenio fuerit impetratum. Quod si verum est, adverse partis justiciam non debet inminuere set retardare.

Data Laterani, IIII kalendas decembris.

XXXII.

[ANASTASIUS IV, PETRO ARCHIEPISCOPO NARBONENSI, MANDAT, UT CANONICOS VALLISCROSE ROGET, UT COMPOSITIONEM AB IPSO INTER EOS ET MONACHOS ANIANENSES FACTAM OBSERVENT].

(Fol. 41 r°. — 28 novembre 1153-1154.)

Anastasius episcopus servus servorum Dei, venerabili fratri P[etro], Narbonensi archiepiscopo salutem et apostolicam benedictionem. Post dicessum C. et G. canonicorum Valliscrose, qui ad nostram presentiam venerant, dilecti filii nostri B. Gordanicensis et P. de Aspiriano, priores, ad nostram presenciam venientes, contra eos questi sunt nobis, quod diffinicionem, quam venerabilis frater R[aimundus] episcopus et A. archidiaconus Magalonensis, atque Guillelmus de Montepessulano, inter Anianense monasterium et P. Raimundi, eorum antecessorem, utriusque partis consensu fecerunt et scripto firmarunt, observare nullatenus velint. Preterea bullatas litteras predecessoris nostri sancte memorie Pape Eugenii in eadem causa tibi transmissas nobis monstrarunt, in quibus fraternitati tue mandatum est, ut diffinicionem ipsam firmiter faceres observari. Quia vero predicti canonici convencionem ipsam nobis celarunt et memorati predecessoris nostri mandatum nos convenit subsequi, per presencia tibi scripta mandamus, ut ad convencionem ipsam tenendam eosdem canonicos pro tui officii debito cogas.

Data Laterani, IIII kalendas decembris.

XXXIII.

[ANASTASIUS IV, PAPA, BITERRENSI ET UZETICENSI EPISCOPIS MANDAT, UT ECCLESIIS ANIANENSIS MONASTERII INTERDICERE MISTERIA NON PRESUMANT, NEC DECIMAS VEL OBLATIONES A MONASTERIO POSSESSAS INFESTENT].

(Fol. 41 r°. — 17 novembre 1153-1154.)

Anastasius episcopus servus servorum Dei, venerabilibus fratribus G[uillelmo] Biterrensi et R[aimundo] Uzeticensi, episcopis, salutem et apostolicam benediccionem. Et si beato Petro celorum regni clavigero et per eum ejusque successores reliquis pastoribus ecclesiarum tradita sit ligandi solvendique potestas, non tamen absque justa et racionabili causa canonice rigorem sentencie debent in quempiam exercere. Non enim quemquam lesit iniqua sentencia, set eum pocius ledere comprobatur a quo inique profertur. Eapropter universitati vestre per apostolica scripta mandamus, quatinus ecclesiis Anianensis monasterii, quod sub beati Petri et nostra proteccione consistit, absque canonica et evidenti causa divina misteria interdicere nullatenus presumatis. Nichilominus eciam fraternitati vestre presencium significacione mandamus, ut super ecclesiis ejusdem monasterii et earum decimis atque oblacionibus a predecessoribus vestris ipsi cenobio concessis, vel quas fratres monasterii per quadraginta retro annos sine legitima interrupcione possedisse noscuntur, eosdem fratres nulla racione de cetero infestetis.

Data Laterani, XV kalendas decembris.

XXXIV.

[ANASTASIUS IV, PAPA, GUILLELMO BITERRENSI EPISCOPO MANDAT, UT G. DE MAGALATE, PARROCHIANUM SUUM, COMMONEAT VILLAM CASSILIACO, EI QUONDAM A MONASTERIO ANIANENSE OBLIGATAM, MONASTERIO RESTITUAT, SOLUTA EI OBLIGATIONIS PECUNIA].

(Fol. 41 v°. — 1er septembre 1153-1154.)

Anastasius episcopus servus servorum Dei, venerabili fratri G[uillelmo], Biterrensi episcopo, salutem et apostolicam benediccionem. Ex parte dilectorum filiorum nostrorum G. abbatis et fratrum Anianensis monasterii adversus G. de Magalate, parrochianum tuum, querelam accepimus, quod villa de Cassiliaco, cum pertinenciis suis, quam P., olim abbas ipsius monasterii, pro C marchis argenti obligavit, nisi peccuniam ipsam per partes ei reddiderit, videlicet X marchas per singulos annos, prout ab ipso abbate promissum fuit, eis restituere nullatenus velit, maxime cum totam peccuniam insimul predicto G. persolvendam presentent. Quia igitur monasterium ipsum juris beati Petri est, pati nec possumus nec debemus quod sua justicia defraudetur, per presencia tibi scripta mandamus, quatinus eumdem G. ex parte nostra districte commoneas, ut, suscepta insimul tota pecunia quam sibi debent persolvere, memorato abbati et fratribus suis supradictam villam cum pertinenciis suis absque molestia et contradiccione restituat. Quod si tuis monitis obedire neglexerit, in personam ejus excommunicacionis sentenciam proferas et usque ad condignam satisfaccionem eam facias firmiter observari.

Date Laterani, kalendas septembris.

XXXV.

[ANASTASIUS IV, PAPA, ECCLESIE DE GORDANICIS DECIMAM DE TERAUSIO CONFIRMAT].

Fol. 41 v°. — 28 novembre 1153-1154.)

Anastasius episcopus servus servorum Dei. Dilecto filio Bertrando, priori ecclesie beate Marie de Gordanicis, salutem et apostolicam benediccionem. Apostolici moderaminis clemencie convenit religiosos viros diligere, et eorum jura, ne pravorum molestiis perturbentur, confirmacionis nostre munimine roborare. Quocirca, dilecte in Domino fili Bertrande prior, tuis justis postulacionibus gratum impercientes assensum, decimam de Terausio, quam commissa tibi ecclesia per sexaginta annos quiete asseritur possedisse, si verum est quod enim per quadraginta annos quiete possederit, tibi tuisque successoribus auctoritate sedis apostolice confirmamus et ratam eidem ecclesie perpetuis temporibus manere censemus. Nulli ergo omnino hominum fas sit hujus nostre confirmacionis paginam temerario ausu infringere, seu modis quibuslibet perturbare.

Si quis igitur id attemptare presumpserit, et secundo terciove commonitus reatum suum emendare condigna satisfaccione noluerit, laicus anathematis gladio feriatur, clericus honoris et beneficii sui privacione multetur.

Data Lateranis, IIII kalendas decembris.

XXXVI.

[ADRIANUS IV EPISCOPUM ELENENSEM JUDICEM CONSTITUIT, INTER FRATRES ANIANENSES ET EPISCOPUM BITERRENSEM, SUPER ECCLESIA DE VALELIIS LITIGANTES].

(Fol. 42 r°. — 19 janvier 1155-1159.)

Adrianus episcopus servus servorum Dei. Venerabili fratri Elenensi episcopo salutem et apostolicam benediccionem. Querelam dilectorum filiorum nostrorum fratrum Anianensis monasterii nuper accepimus. Conquesti sunt siquidem nobis, quod venerabilis frater noster, Biterrensis episcopus, ecclesiam de Valeliis ipsis contra justiciam auferat. Sane nos eandem causam discrecioni tue duximus committendam, per presencia tibi scripta mandantes, quatenus utramque partem congruo loco et tempore ante tuam presenciam evoces et, racionibus hinc inde diligenter auditis et cognitis, cui parti predicta ecclesia debeat juste competere, equitate media studeas diffinire.

Date Rome, apud Sanctum Petrum, XIIII kalendas februarii.

XXXVII.

[DE EODEM AD EPISCOPUM BITERRENSEM].

(Fol. 42 r°. — 19 janvier 1155-1159.)

Adrianus episcopus servus servorum Dei, venerabili fratri Biterrensi episcopo salutem et apostolicam benediccionem. Quanto majori est aliquis preditus dignitate, tanto sollicicius debet attendere, ut nichil quod sit officio episcopali contrarium sit ab eo ullatenus attemptatum. Pervenit ad nos quod possessionem ecclesie de Valleliis fratribus Anianensis monasterii injuste et sine aliqua racione subtraxeris et eam detineas occupatam. Quia ergo quod juris alterius est nullus debet per violenciam obtinere, fraternitati tue per apostolica scripta mandamus, quatenus vel ecclesiam ipsam fratribus supradictis restituas, vel in presencia venerabilis fratris nostri Elennensis episcopi plenariam eisdem fratribus non differas justiciam exhibere.

Date Rome, apud Sanctum Petrum, xiiii kalendas febroarii.

XXXVIII.

[ADRIANUS IV, PAPA, RAIMUNDO, MAGALONENSI EPISCOPO, MANDAT UT HABITATORES DE VILLE MAREOLIS COMMONEAT MUNITIONEM EVERTERE, IN DETRIMENTUM MONASTERII CONSTRUCTAM].

(Fol. 42 r°. — 20 avril 1154-1159.)

Adrianus episcopus servus servorum Dei, venerabili fratri R[aimundo], Magalonensi episcopo, salutem et apostolicam benediccionem. Sicut filiorum nostrorum abbatis et monachorum Aniane directa nobis relacio patefecit, habitatores ville de Mareolis, privilegii nostri auctoritate neglegta, prope monasterium in detrimentum ipsius novam municionem edificare presumunt, cum constitucio apostolice sedis inibeat infra leugam prope monasterium quemquam municionem aliquam in detrimentum ipsius debere construere. Quocirca per apostolica scripta fraternitati tue mandamus, quatinus si querela eorum innititur veritate, prefatos viros diligenter ammoneas, ut ab illius municionis construccione desistant, et quicquid illic noviter construxerunt evertant. Si vero monitis tuis obedire contempserint, excommunicacionis eos ulcione percellas, et sicut excommunicatos facias ab omnibus evitari, et in loco in quo municio construitur divina officia interdicas.

Data Rome, apud Sanctum Petrum, xii kalendas madii.

XXXIX.

[ADRIANUS IV, PAPA, PETRO LUTEVENSI EPISCOPO MANDAT UT G. DE SANCTA BRIGIDA ET QUOSDAM PARROCHIANOS, AD JUSTICIAM MONASTERIO FACIENDAM COMPELLAT, DE INJUSTE EXTIRPATA ET EVULSA GARRIGA ET NOVO PORTU ECCLESIÆ CONTRA CONSUETUDINEM IMPOSITO].

(Fol. 42 r°. — 12 décembre 1154-1158.)

Adrianus episcopus servus servorum Dei, venerabili fratri P[etro], Lutevensi episcopo, salutem et apostolicam benediccionem. Dilecti filii nostri

Anianenses fratres apostolorum limina visitantes, petitoria nobis insinuacione suggessi sunt, quod G. de Sancta Brigida decimas de propriis laboribus et nutrimentis contra interdictum privilegii ei presumit auferre. Quosdam enim parrochianos tuos gairigam de Avizaz, que ad jus monasterii Anianensis pertinere dinoscitur, eis contradicentibus, extirpare et evellere nobis eorumdem celero (?) patefecit. Preterea B. Guill. quendam portum ipsius ecclesie infestare et novum contra veterem consuetudinem super inducere improba temeritate presumit. Cum igitur ecclesiarum status in melius reformare et earum jura defendere ex officii nostri debito compellamur, fraternitati tue presencium significacione mandamus, quatinus, infra dies postquam scripta nostra susceperis, prefatum. G. de cetero a decimarum invasione cessare, predictos quoque parrochianos tuos, qui gairigam extirpare presumunt, ad plenam in tua presencia justiciam faciendam, et ut dampnum, quod in ipsa extirpacione gairige memorato cenobio intulerunt, cum integritate restituant, sub anathematis interminacione compellas. Insuper B. Guillelmi, ne portum ecclesie ulterius presumat ullatenus infestare, vel contra veterem consuetudinem novum super inducere, eodem modo quo superius dictum est, non differas cohibere. Nichilominus enim tue fraternitati mandamus, quod municionem Sancti Johannis, ad eum modum quem principes patrie statuerunt, cum omni diligencia facias sub celeritate restitui.

Date Rome, apud Sanctum Petrum, II idus decembris.

XL.

[ADRIANUS IV, PAPA, MAGALONENSI, AGATENSI ET LUTEVENSI EPISCOPIS MANDAT, UT INTER CANONICOS ECCLESIE SANCTE MARIE DE VALLE CROSA ET MONACHOS PACEM RESTAURENT].

(Fol. 42 v°. — 1154-1159.)

Adrianus episcopus servus servorum Dei, venerabilibus fratribus, Magalonensi, Agatensi, Lutevensi, episcopis, salutem et apostolicam benediccionem. Venientes ad apostolice sedis clemenciam, duo canonici ecclesie Sancte Marie de Valle Crosa, quorum alter nature jura in urbe persolvit, adversus monachos Anianenses querelam in nostris et nostrorum fratribus innovarunt. Aiebant siquidem quod predicti monachi ne plus quam VII fratres in conventu et ultra centum oves et capras in ipso loco habeant, eisdem voluntatis sue plenitudine interdicant. Modis enim aliis quibus possunt, eos non desinunt infestare; et quoniam emergencia scandala de medio tollere volumus, vobis de quorum discreccione confidimus controversiam ipsam discuciendam et debito fine terminandam commisimus. Ideoque per presencia vobis scripta mandamus, quatenus utraque parte ante vestram presenciam evocata, et racionibus hinc inde diligenter auditis et cognitis, ita inter eos competenti moderamine studeatis pacifice convenire, ut et isti possint libere Domino servire, et predictum monasterium Anianense propter hoc pati non debeat detrimentum. Quod si forte clerici predicte ecclesie de Valle Crosa, vocati a vobis, vestro conspectui presentare aud jam facte vel faciende a vobis composicioni stare noluerint, licet sint a nobis suspensionis sentencia absoluti, extunc tamen eadem eos sentencia religamus, et tamdiu ipsam sentenciam precipimus inviolabiliter observari, donec alterum de his que supra diximus adimplere cogantur.

Date Rome, apud Sanctum Petrum.

XLI.

[ADRIANUS IV MAGALONENSI, AGATENSI, LUTEVENSI EPISCOPIS MANDAT, UT INTER CANONICOS SANCTÆ MARIÆ VALLISCROSÆ ET FRATRES ANIANENSES PACEM FACIANT].

(Fol. 42 v°. — 23 janvier 1155-1159.)

Adrianus episcopus servus servorum Dei, venerabilibus fratribus Magalonensi, Agatensi, Lutevensi episcopis, salutem et apostolicam benedictionem. Venientes ad apostolicam sedem duo canonici ecclesie Sancte Marie de Vallecrosa, quorum alter nature jura in urbe persolvit, adversus monachos Anianenses querelam in nostros et nostrorum auribus innovarunt. Aiebant siquidem, quod predicti monachi, ne plus quam VII fratres in conventu et ultra centum oves et capras in ipso loco habeant, eis de voluntatis sue plenitudine interdicant; modis enim aliis quibus possunt eos infestare non desinunt et, quoniam emergencia scandala de medio tollere volumus, vobis de quorum discrecione confidimus, controversiam ipsam discuciendam et debito fine terminandam commisimus. Ideoque per presencia vobis scripta mandamus, quatinus infra unius mensis spacium, postquam presencia scripta receperitis, utraque parte ante vestram presenciam evocata et racionibus hinc inde diligenter auditis et cognitis, ita inter eos conpetenti moderamine studeatis pacifice convenire, ut et isti possint libere Domino deservire et predictum monasterium Anianense propter hoc pati non debeat detrimentum. Quod si forte clerici predicte ecclesie de Vallecrosa vocati a vobis, vestro conspectui presentare, aud jam facte vel faciende a vobis composicioni stare noluerint, licet sint a nobis a suspensionis sentencia absoluti, extunc tamen eadem eos sentencia religamus et tamdiu sentenciam ipsam precipimus inviolabiliter observari, donec alterum de his que supra diximus adimplere cogantur. Preterea nichilominus vobis mandamus, quatinus si, aliqua interveniente occasione, aliquis vestrum huic cause interesse non poterit, duo ex vobis propter hoc nequaquam dimittant, quin nostrum mandatum sicut supradiximus studeant adimplere.

Date Rome, apud Sanctum Petrum, x kalendas februarii.

XLII.

[HONORIUS II, PAPA, MANDAT OMNIBUS ARCHIEPISCOPIS ET EPISCOPIS, NE ULLUS MONASTERIUM ET FRATRES MOLESTET].

(Fol. 43 r°. — 16 ou 17 février 1125-1129.)

Honorius epicopus servus servorum Dei, venerabilibus fratribus archiepiscopis, episcopis, in quorum parrochiis Anianense monasterium et ejus ecclesie sita sunt salutem et apostolicam benediccionem. Absque mentis quiete et pacis tranquillitate nemo potest vestram contemplacionem sectari, nemo valet religioso affectu divinis obsequiis mancipari. Expedit igitur ut sacra loca et religiosi viri, creatoris sui famulatui dediti, nullis exterius perturbentur angustiis, nullis angariis, ut exaccionibus, molestentur. Quoccirca fraternitati vestre mandamus, ut Anianense monasterium et fratres cum pertinenciis suis nullatenus infestetis, nec ab eis decimas laborum suorum qui propriis suis excoluntur sumptibus exigatis. Laicos autem parrochiarum vestrarum, ne ab ipsis decimis expostulent, juxta commissum vobis officium, prohibete.

Date Lateranis, xiiii kalendas marcii.

XLIII.

[EUGENIUS III, PAPA, MAGALONENSIBUS EPISCOPO ET ARCHIDIACONIS MANDAT, TERMINATAM ESSE CONTROVERSIAM INTER MONASTERIUM ANIANENSE ET CANONICOS SANCTI SEPULCRI, DE ECCLESIA SANCTI SALVATORIS DE RUBO, ET PRECIPIT EIS EAM RATAM HABERE ET EXSEQUENDAM].

(Fol. 43 r°. — 12 avril 1145-1153.)

Eugenius episcopus servus servorum Dei, venerabili fratri episcopo et dilectis filiis archidiaconus Magalonensis ecclesie, salutem et apostolicam benedicciones. Dileccioni vestre notum fieri volumus, controversiam que inter Anianense monasterium et canonicos Sancti Sepulcri super ecclesia Sancti Salvatoris de Rubo fuerat agitata, per manus dilectorum nostrorum. Ju., presbiteri, et Jacobi, diaconi, cardinalium, quibus eam commisimus, racionabili esse judicio terminatam et prefatam Sancti Salvatoris ecclesiam, cum omnibus ad eam pertinentibus, abbati et Anianensi monasterio adjudicatam. Et nos eandem sentenciam apostolice sedis auctoritate sumavimus, et scriptorum nostrorum munimine roborari mandavimus. Per presencia itaque vobis scripta mandamus, ut vos eandem sentenciam ratam habeatis, atque ut abbas et monachi Anianensis monasterii prefatam ecclesiam quiete possidere valeant, efficere studeatis, et si quis eis injuriam exinde inferre temptaverit, canonicam de eo justiciam faciatis.

Date Remis, ii idus aprilis.

XLIV.

[ITEM DE GORDANICO, PAPA, MANDAT EPISCOPIS NARBONENSI, VIENNENSI, AVENONENSI UT AUDIANT PLENIUS RACIONES UTRIUSQUE PARTIS].

(Fol. 43 v°. — 21 juillet.)

..... episcopus servus servorum Dei, venerabilibus fratribus et coepiscopis R. Narbonensi, G. Viennensi, A. Avenonensi, E. Valentino, salutem et apostolicam benediccionem. Pro querela que inter Anianenses et Case Dei monachos diu agitata est super ecclesia de Gordanico, utrosque ante nostram presenciam evocavimus, et eorum causam fratribus nostris episcopis et cardinalibus pertractandam commisimus. Eorum itaque judicio Anianensibus monachis, cognitis ab utraque parte diligencius racionibus, est adjudicata revesticio. Et nos igitur eorum judicio auctoritatis nostre robor adicientes, Anianenses monachos in possessionem predicte ecclesie restituimus. Vestre igitur fraternitati mandamus ut IIª feria post diem dominicum proxime XL, in quo cantatur *Occuli mei semper ad Dominum*, loco conpetenti in unum convenientes, de jure utriusque ecclesie diligencius pertractetis, et racionibus ab utraque parte plenius auditis, eidem querele, largiente Domino, finem debitum imponatis.

Date XII kalendas augusti.

XLV.

[ITEM AD ABBATEM ET FRATRES ANIANENSIS MONASTERII, DE EODEM GORDANICO, UT JUDICIO EPISCOPORUM SE PRESENTARE CURENT].

(Fol. 43 vº. — 1ʳ novembre.)

..... episcopus servus servorum Dei, dilectis filiis abbati Anianensis monasterii et fratribus, salutem et apostolicam benedictionem. Clamor fratrum Case Dei de cella de Gordanico jam nobis gravis et tediosus est, quia et illi nobis frequencius imminent, et nostra videtur apud vos precepcio parvipendendi. Repetita igitur vobis precepcione mandamus, ut legati nostri Viennensis archiepiscopi, Granciopolitani quoque, ac Magalonensis episcoporum judicio vos presentare curetis, loco ac tempore quo ipsi providerint. Alioquin providendum vobis est ne vel arrogancia vel segnicie causam penitus amittatis.

Date Laterani, kalendas novembris.

XLVI.

[ADRIANUS IV, PAPA, TRANSACCIONEM CONFIRMAT, INTER PETRUM, ABBATEM MONASTERII, ET RAYMUNDUM, UZETICENSEM EPISCOPUM, FACTAM, DE QUATUORDECIM ECCLESIIS DE GORDANICIS UTRIQUE PARTI PRIVILEGIO ANTEA CONFIRMATIS].

(Fol. 43 vº. — 20 avril 1155-1159.)

Adrianus episcopus servus servorum Dei, dilecto filio Petro, Anianensi abbati, salutem et apostolicam benediccionem. Sicut equum est et officio religioso conveniens, si litigancium controversie concordia vel judicio terminentur, ita equidem equitatis vigor et ordo racionis expostulat, ut que terminata fuerint confirmentur, et ad perpetuam pacem ac memoriam posterorum scripti nostri pagina muniantur; cum autem inter te ac dilectum filium nostrum Bertrandum, priorem de Gordanicis, et venerabilem fratrem nostrum Raimundum, Uzeticensem episcopum, de quatuordecim ecclesiis, quas utraque pars privilegio sedis apostolice confirmatas habebat, controversia verteretur, venerabili fratre nostro Aldeberto Nemausensi episcopo mediante, talis inter vos transaccio facta est et utriusque partis assensu firmata; ipse siquidem consen*cientibus ecclesie sue canonicis, ecclesie Sancte Marie de Gordanico et per eam Anianensi monasterio, ecclesiam de Campo miliario, cum ecclesia Sancti Stephani de Heremo, ecclesiam Sancti Stephani de Sermencio, ecclesia Sancti Andree de Rocaperto et ecclesia Sancte Marie de Bundilione, cum omnibus pertinenciis suis habendas in perpetuum dedit, retento sibi tali quartone ac sinodo quales ei hactenus ob eisdem ecclesiis solvebatur. Concessit eciam vobis totam decimam de Tarausio, sine sua et suorum successorum inquietudine possidendam, cum ecclesia sancti Micahel de Gordone, ecclesia Sancti Stephani de Fontibus, ecclesia Sancte Marie de Arnempdes, cum omnibus suis pertinenciis, retento sibi tali quartone ac sinodo, qualem bone memorie Ebrardus, antecessor suus, in eisdem ecclesiis instituerat, salva nimirum in omnibus his ecclesiis ei ejusque successoribus canonica justicia et episcopali reverencia debitaque obediencia. Vos autem ei et Uzeticensi ecclesie absolutas ac liberas dimisistis ecclesiam de Valle Airanica, ecclesiam de Planis, ecclesiam de Casamaur, ecclesiam de Sudone, ecclesiam de Ripariis, ecclesiam de Aveiano, ecclesiam de Cavilanegues, ecclesiam de Croso et ecclesiam Sancti Castoris, quas olim A. R. antecessore suo ecclesie Gordanicensi et per illam monasterio Anianensi donatas et privilegio beate recordacionis pape Innocencii predecessoris nostri confirmatas asserebatis; ut itaque concordia ista firma et inviolata valeat perpetuis temporibus permanere, nos eam auctoritate apostolica confirmamus et presentis scripti pagina communimus, statuentes ut pro privilegiis apostolice sedis, que habentur

* Fol. 44 r°.

huic inde nichil minus obtinere debeat firmitatis. Nulli igitur omnino hominum liceat hanc paginam nostre confirmacionis infringere vel ei ausu temerario contraire. Si quis autem hoc attentare presumserit, indignacionem omnipotentis Dei et beatorum Petri et Pauli apostolorum ejus se noverit incursurum.

Date Rome, apud Sanctum Petrum, XII kalendas maii.

XLVII.

[ADRIANUS IV, PAPA, DONUM DIVERSARUM ECCLESIARUM CONFIRMAT].

(Fol. 44 r°. — 13 décembre 1154-1159.)

Adrianus episcopus servus servorum Dei. Dilectis filiis G. Ugo, abbati, et universo capitulo Anianensi salutem et apostolicam benediccionem. Ea que ab ecclesiasticis vel secularibus personis pietatis intuitu aliquibus ecclesiis conferuntur, ne quorumlibet hominum temeritate auferri debeant vel imminui, justum quidem est et consentaneum racioni, ut auctoritate sedis apostolice roborentur et nostri scripti patrocinio muniantur. Ea propter, dilecti in domino filii, vestris justis postulacionibus facilem impercientes assensum, donum quod venerabilis frater noster bone memorie Arnaldus, quondam Biterris episcopus, ecclesiam videlicet Sancti Cipriani de Salviano, ecclesiam Sancti Stephani de Villanova, ecclesiam Sancti Petri de Abiliano, ecclesiam Sancti Martini de Saliente, ecclesiam Sancti Petri de Giniaco, cum totis decimis et oblacionibus suis, ecclesie vestre dinoscitur contulisse, decimas enim omnes et oblaciones quas idem monasterium per annos quadraginta sine legitima interrupcione possedit, vel quas episcoporum concessione hactenus acquisivit, judicium insuper quo Arnauldus, Narbone archiepiscopus, tunc temporis apostolice sedis legatus, ecclesiam Sancti Juliani de Aspiriano, predicto monasterio vestro, sicut in ejusdem episcopi litteris continetur, adjudicasse dinoscitur, vobis et per vos ecclesie vestre auctoritate sedis apostolice confirmamus, et presentis scripti patrocinio communimus, statuentes, ut nulli omnino hominum liceat hanc nostre confirmacionis paginam ausu temeritatis infringere, vel ullatenus contraire. Si quis autem hoc attemptare presumpserit, indignacionem omnipotentis Dei et beatorum Petri et Pauli apostolorum ejus, se noverit incursurum.

Date Rome, apud Sanctum Petrum, idus decembris.

XLVIII.

[ADRIANUS IV, PAPA, BITERRENSI ET UZETICENSI EPISCOPIS MANDAT, NE MONASTERIO DIVINA MISTERIA PRESUMANT INTERDICERE, NEQUE FRATRES INFESTENT].

(Fol. 44 v°. — 12 décembre 1154-1159.)

Adrianus episcopus servus servorum Dei, venerabilibus fratribus G[uillelmo] Biterrensi et R[aimundo] Uzeticensi episcopis, salutem et apostolicam benedictionem. Et si beato Petro celorum regni clavigero et per eum ejusque successores reliquis pastoribus ecclesiarum, tradita sit ligandi solvendique potestas, non tamen absque justa et rationabili causa canonice rigorem sentencie debent in quempiam exercere. Non enim quemquam ledit iniqua, set eum pocius a quo inique profertur. Eapropter universitati vestre per apostolica scripta mandamus, quatinus ecclesiis Anianensis monasterii, quod sub beati Petri et nostra proteccione consistit, absque canonica et evidenti causa, divina misteria interdicere nullatenus presumatis. Nichilominus eciam fraternitati vestre presencium significacione mandamus, ut super ecclesiis ejusdem monasterii et earum decimis atque oblacionibus a predecessoribus vestris ipsi cenobio concessis, vel quas fratres monasterii per quadraginta retro annos sine legitima interrupcione possedisse noscuntur, eosdem fratres nulla racione de cetero infestetis.

Date Rome, apud Sanctum Petrum, II idus decembris.

XLIX.

[PASCHALIS II, PAPA, CASÆ DEI ET ANIANENSI ABBATIBUS DE CELLA GORDANICENSI LITIGANTIBUS PRÆCIPIT, UT DIE VIII KALENDAS JUNII VALENTIAM AD JUDICIUM EPISCOPORUM QUORUMDAM ACCEDANT].

(Fol. 44 v°. — 10 février 1100-1117.)

Pascasius episcopus servus servorum Dei, venerabilibus filiis Case Dei et Anianensis monasterii abbatibus salutem et apostolicam benedic-

tionem. Querelam, que inter vos agitur de cella de Gordanico, fratribus et coepiscopis nostris Gu[idoni] Viennensi, A[rberto] Avennonensi, Eu[stachio] Valentino, Is[mioni] Diensi, noveritis esse commissam. Vobis igitur per presencia scripta precipimus, ut VIII kalendas junii proximi, omni occasione seposita, ad eorum judicium Valenciam convenire curetis. Quod si forte datorum judicum unum aliquem deesse contigerit, nolumus occasione hac judicium intermitti. Quod enim a tribus unanimiter judicatum fuerit, nos ratum habebimus. Omnino enim volumus, ut de Gordanico lis omnis inter vestra monasteria sopiatur et cui jure competit celle possessio confirmetur. Si qua vero pars subire judicium recusaverit, cause deinceps accionem amittat.

Date Albe, IIII idus februarii.

L.

[ALEXANDER III, PAPA, PRIVILEGIUM INDULGET UT NEMO DECIMAS DE NOVALIBUS EXIGERE VEL SUPER PRIMICIIS ET OBLACIONIBUS MOLESTARE AUDEAT].

(Fol. 44 v°. — 5 août 1160-1181.)

Alexander episcopus, servus servorum Dei, dilectis filiis, priori et fratribus ecclesie Sancti Martini de Corcenatis, salutem et apostolicam benediccionem. Justis petencium desideriis dignum est vos [nos] facilem prebere consensum et vota que a racionis tramite non discordant effectu sunt prosequente complenda. Eapropter, dilecti in domino filii, vestris justis postulacionibus grato concurrentes assensu, devocioni vestre auctoritate apostolica indulgemus, ut nemo a vobis decimas de novalibus vestris aut de ortulo, si eum constiterit fuisse noviter exstirpatum seu de nutrimentis animalium vestrorum exigere audeat, vel super primiciis et oblacionibus indebite ullatenus molestare. Decernimus ergo, ut nulli omnino hominum liceat hanc paginam nostre concessionis infringere, vel ei aliquatenus contraire. Si quis autem id temptare presumpserit, indignacionem omnipotentis Dei et beatorum Petri et Pauli apostolorum ejus se noverit incursurum.

Date apud Montempessulanum, nonas augusti.

LI.

[ALEXANDER III. PAPA, DIVERSAS MUNICIONES MONASTERIO CONFIRMAT].

(Fol. 45 r°. — 15 septembre 1159-1181.)

Alexander episcopus, servus servorum Dei, dilectis filiis universis fratribus Aniane monasterii salutem et apostolicam benediccionem. Justis petencium desideriis facilem nos convenit imperliri consensum, et vota que racionis tramite non discordant effectu sunt prosequente complenda. Eapropter, dilecti in Domino filii, vestris justis postulacionibus benignum impercientes assensum, municionem de Lidigan et municionem de Aspiran, cetera quoque bona que in presenciarum juste et canonice possidetis, aut in futurum justis modis prestante Domino poteritis adispici, vobis vestrisque successoribus auctoritate apostolica confirmamus, et presentis scripti patrocinio communimus. Nulli ergo omnino hominum liceat hanc paginam nostre confirmacionis ausu temeritatis infringere, vel ei aliquatenus contraire. Si quis autem hoc attemptare presumpserit, indignacionem omnipotentis Dei et beatorum Petri et Pauli apostolorum ejus se noverit incursurum.

Date Anagne, XVII kalendas octobris.

LII.

[ALEXANDER III, PAPA, ARCHIEPISCOPO NARBONENSI EJUSQUE SUFFRAGANEIS MANDAT, NE A PARROCHIANIS SUIS HOMINES, FERIÆ CUJUSDAM CAUSA IN VILLAM ANIANENSEM CONVENIENTES, INJURIIS AFFICI PATIANTUR].

(Fol. 45 r°. — 6 août 1160-1181).

Alexander episcopus servorum Dei, venerabilibus fratribus Narbonensi archiepiscopo et universis ejus suffraganeis salutem et apostolicam benediccionem. Ex commisso nobis officio curam debemus et sollicitudinem gerere, ut res ecclesiastice et eorum jura in sua integritate serventur, nec quolibet faciente malicia ullatenus minuentur. Dilecti autem filii nostri, abbas et fratres Aniane, quandam feriam in villa de Aniana solent annuatim habere, ad quam multi de diversis partibus, tempore constituto,

conveniunt. Unde nos eorumdem abbatis et fratrum devocione pariter et postulacione inducti, et ipsius monasterii ampliacioni et indempnitati fervencius intendere cupientes, fraternitati vestre per apostolica scripta mandamus, quatenus universis parrochianis vestris sub districcione anatematis generaliter inhibeatis, nec quilibet illorum ad prescriptas ferias venientes in eundo vel redeundo impediant, aut aliquam injuriam vel molestiam audeant irrogare. Quod si quis eorum attemptare presumpserit, malefactorem ipsum, nisi a vobis commonitus ablata omnia cum integritate restituat, de injuriis et dampnis illatis debite satisfaciat, et personas liberas absolutasque dimittat, anathematis vinculo innodetis, et sentenciam illam usque ad dignam satisfaccionem firmiter observetis, et ab aliis faciatis inviolabiliter observari. Si vero alicujus castri dominus in rebus euncium et redeuncium rapinam commiserit et, a vobis vinculo anathematis innodatus, non resipuerit, castrum ipsum ad quod rapina devenerit usque ad plenariam satisfaccionem interdicto subjicere nullatenus diferatis.

Date apud Montempessulanum, VIII idus augusti.

[CARTÆ].

I.

[BERTRANDUS DE MONTE A BONO TRANSFERT PRO ALODIO DOMINO DEO ET ABBATI ANIANENSI CUM JURAMENTO ET RECIPIT PRO FEUDO AB ABBATE, OMNE QUOD HABET IN CASTELLO PODI A BONO, EO TENORE UT ABBAS NUNQUAM ALIUM DOMINUM EI IMPONERE POSSIT].

(Fol. 45 v°. — 1164.)

Anno incarnationis Domini nostri Jhesu Christi M° C° LX° IIII°. Ego Bertrandus de Monte a Bono, bona fide et sine dolo, nullo cogente imperio, cum hac presenti scriptura dono et in perpetuum transfero pro alodio Domino Deo et sacratissimo altari Anianensi ejusdem Salvatoris et tibi domino Raimundo Guillermo, abbati Anianensis monasterii, et successoribus tuis et universis monachis ejusdem monasterii presentibus et futuris, quicquid habeo seu habere debeo omneque quod habiturus sum in castello scilicet Podi a Bone, et omne illud, quod in eodem castello habeo et habiturus sum et in ejus terminio ex integro teneo et possideo et tenebo et possidebo, nomine predicti sacratissimi altaris et nomine tuo ac successorum tuorum et omnium monachorum qui in jam dicto monasterio sunt aut in futurum aderunt, et hoc donum per me et per omnes heredes meos seu successores promitto semper manere ratum et firmum. Eo tamen tenore pacti hanc facio donationem, quod nec tu, domine abbas Raimunde Guillelme, nec aliquis successorum tuorum seu monachorum possitis michi vel heredibus meis seu successoribus alium dominum imponere seu aliqua ratione statuere. Et ego in Dei nomine Raimundus Guillelmus, abbas Anianensis, nomine jam dicti sacratissimi altaris et meo et aliorum monachorum prefati monasterii hanc suscipiens donationem, secundum prefatas conventiones dono in feudo, tibi Bertranno de Monte a Bono et heredibus seu successoribus tuis, quicquid recipio a te ex jam dicta donatione, in castello scilicet Podio a Bone et in ejus terminio; propter quod feudum facis michi hominium et fidelitatem et juramentum de castello reddendo fideliter, sine fraude et dolo, et absque lucro et peccunie largitione, et sine dilatione, michi et successoribus meis et hec eadem facies tu successoribus meis et successores tui michi ac successoribus meis. Quapropter debes esse semper fidelis, tu et successores tui, michi et successoribus meis et monasterio Anianensi. Et ego Bertrannus de Monte a Bono, recipiens hoc feudum secundum conventiones michi impositas, promitto et convenio, per me et heredes seu successores meos, ea que superius scripta cautave sunt, me in perpetuum observaturum. Sic me Deus adjuvet et hec sacrosancte reliquie. Et ego predictus Raimundus Guillelmi, abbas, promitto per me et per successores meos, tibi Bertranno de Monte a Bono et successoribus tuis, quod si quis in prescripto castro de ipso vel in his que ad ipsum castrum pertinent tibi vel successoribus tuis vim intulerit, vel te vel successores tuos inquietaverit, de jure defendam et manu tenebo.

Factum est hoc in ecclesia Sancte Crucis, in presentia Poncii de Casulis, Petri Montispetrosi, Sicardi, Poncii de Salve, prioris, Bernardi Girardi, Bernardi de Saudeto, Petri Gros, monachorum; Berengerii Balbi, Raimondi de Calms, Petri Poncii, Petri Rainaldi, Petri de Leirrano, Petri Parrochie, Guillelmi Poncii, laicorum. Petrus Stephani scripsit.

II.

[PONCIA, UXOR EJUSDEM BERTRANDI ET FILII EORUM HOC IDEM DONUM RECOGNOSCUNT ET CONFIRMANT. ITEM CONFIRMANT ALTERAM DONATIONEM DECIMARUM SANCTI STEPHANI DE VOLIO, IN TERMINIO DE COMAIAGAS, EO TENORE CUM JURAMENTO FACTAM ET AB ABBATE PRO FEUDO RESTITUTAM, UT NEQUE ABBAS NEQUE PREDICTUS BERTRANDUS SEU SUCCESSORES DONATIONEM ALIENARE POSSINT].

(Fol. 46 r°. — 1181.)

Meminerint cuncti quod, anno dominice incarnationis M° C° LXXX° I°, ego Poncia, uxor condam Bertrandi de Monte a Bono et nos filii ejus, scilicet Guillelmus Maltos et Bertrandus et Berengarius et Garsendis, et ego Guillelmus de Maderiis, maritus predicte Garsendis, nos omnes bono animo, remoto omni dolo, cognoscimus, et in veritate credimus patrem nostrum donasse et tradidisse tibi Raimundo Guillelmi, abbati Anianensi, et conventui ejusdem monasterii, quicquid habebat vel habere debebat in castello de Podio a Bono vel in terminio ejus pro alodio. Et ego Raimundus, abbas, cognosco quod donavi in feudum predictam donationem jam dicto Bertrando et successoribus suis, quicquid recepi ab ipso ea jam dicta donatione in castello de Podio a Bono et in ejus terminio ; propter quod feudum debuit facere ipse et successores sui michi et successoribus meis hominium et fidelitatem et juramentum de castello reddendo, fideliter, sine fraude et dolo, et absque lucro et peccunie largitione, et sine dilatione. Quam donationem et traditionem nos omnes predicti ratam habemus et confirmamus, et promittimus eam semper firmam custodire, tactis a nobis sacrosanctis euvangeliis, ita quod nos nec aliquis nec aliqua nostrorum heredum vel heres heredum contra hujusmodi donationem veniemus vel eam infringere faciemus. Item nos omnes predicti Poncia et Guillelmus Maltos et Bertrandus et Berengarius et Garsendis et Guillelmus de Maderiis, firmiter credimus et cognoscimus, quod predictus Bertrandus de Podio a Bono vendidit et in perpetuum dereliquit, spontanea voluntate, nulla vi interveniente, quicquid habebat vel aliquo jure habere debebat ex decimis parrochie Sancti Stephani de Volio, in terminio de Comaiagas. Hanc venditionem nos omnes sepe dicti confirmamus atque laudamus, et promittimus tibi domino Raimundo Guillelmi, abbati, et monasterio Sancti Salvatoris et monachis ibi Deo famulantibus, quod nos predictam venditionem semper ratam et firmam habebimus, ita quod nos nec aliquis nec aliqua nostro precepto vel consilio contra hujusmodi venditionem et guirpitionem veniemus, si aliqua lege vel jure potuissemus, immo ei legi et juri, quantum ad hoc, renunciamus, et cuilibet judici nunciamus, quod si, errore vel imperitia ducti, hujusmodi venditionem infringere voluerimus, quod fores juditiorum nobis claudat et procul nos inde repellat. Sed sciendum est quod pro ista confirmatione habuimus a te predicto Raimundo, abbate, et a monasterio integre et pacifice CCCC solidos melgoriensium. Hec omnia, sicut superius sunt scripta, firmiter servabimus, sic Deus nos adjuvet et hec sancta IIII evangelia. Item nos omnes predicti Poncia, Guillelmus Maltos, Bertrandus, Berengerius, Garsendis et Guillermus de Maderiis, cognoscimus quod tali

tenore pacti donatio castelli tociusque illius terminii fuit facta, quod abbas neque successores sui possint alienare ullo modo predictam dona-
* Fol. 46 v°. tionem, neque predictus Bertrandus de Pogabon * neque successores sui, sine consilio abbatis vel successorum suorum, alium dominum contra possint imponere. Hujus rei testes sunt, Petrus de Monblos, Guillelmus de Cellanova, Raimundus Lombardi, Petrus Guillelmi de Mareiol, Ugo de Figariis, Petrus Tegan, Petrus de Podio, Poncius Caravallerii, Guillelmus Garnerii, Bernardus Arnaldi, Poncius Sadreia, Johannes Fangati, Maurinus frater ejus, Guillelmus Gallina, Guillelmus de Albi. Raimundus de Nibiano, monachus, scripsit.

III.

[ITEM RECOGNITIO ET CONFIRMATIO EARUMDEM DONATIONUM, A GARSENDE, FILIA BERTRANDI, UXORE QUONDAM GUILLELMI DE MADERIIS, DUCENTIS SOLIDIS MELGORIENSIUM AB ABBATE EI SOLUTIS, CUM JURAMENTO FACTA].

(Fol. 46 v°. — Août 1183.)

Notum sit omnibus hominibus quod ego Garsendis, uxor quondam Guillelmi de Maderiis, scio et in veritate recognosco, quod Bertrandus de Podio a Bono, pater meus, quicquid habebat vel habere debebat in castro sive in terminio de Podio a Bono dedit tibi, domino Raimundo, abbati Anianensi, et per te Anianensi monasterio, et rectoribus ejusdem futuris pro alode perpetuo; et ego hoc donum et etiam si quid pro me et heredibus meis iterum dare ibi potuero, cum hac presenti carta, omni dolo remoto, totum tibi et monasterio prefato perpetualiter dono et confirmo. Et ideo ego et heredes mei debemus tibi et abbatibus Anianensibus facere hominium. Similiter non ignoro quod pater meus predictus, si est aliquid quod in decimis de Comaiagas habere debuisset, quin totum hoc tibi et monasterio prescripto penitus non absolverit et in perpetuum dereliquerit, quod ego pro me et heredibus meis confirmo et laudo, et si quid dare vel absolvere ibi valuero, totum dono et omnino absolvo; et manifestum fieri volo, quod pro hac confirmatione et recognitione suscepimus, ego et vir meus prefatus, a te Raimundo abbate prenominato,

CC solidos melgoriensium, et juro, tactis sacrosanctis evangeliis, quod contra hoc per me nec per aliquam subpositam personam non veniam nec venire faciam. Actum est hoc anno dominice incarnationis M° C° LXXX° III° mense augusto, feria III^a, infra ambitum monasterii Anianensis, in presentia subscriptorum testium Guillelmi de Cellanova, sacerdotis, Petri Guillelmi de Mareiol, Ademari de Monte Arnaldo, Guillelmi Ademari, fratris ejus, Rotgerii de Monte a Bono, Petri de Liurano, Poncii Martini, Guillelmi de Albi, Raimundi Berengerii, Petri Caza, Aniani Garona, Deodati Fortirat, Guillelmi Rogaz. Raimundus de Nebiano, monachus, scripsit.

IV.

[RAIMUNDUS DE CALMIS TRANSFERT PRO ALODIO DOMINO DEO ET ABBATI, ET RECIPIT PRO FEUDO OMNE QUOD HABET IN CASTELLO PODIO A BONE, EA LEGE UT ABBAS NEC SUCCESSORES UNQUAM ALIUM DOMINUM IMPONERE POSSINT].

(Fol. 46 v°. — 1162.)

Anno incarnationis Domini nostri Jhesu Christi M° C° LX° II°. Ego Raimundus de Calmis, bona fide et sine dolo, nullo cogente imperio, cum hanc presenti scriptura dono et in perpetuum transfero pro alodio, Domino Deo et sacratissimo altari Anianensi ejusdem Salvatoris, et tibi domino Raimundo Guillelmo, abbati Anianensis monasterii, et successoribus tuis et universis monachis ejusdem monasterii presentibus et futuris, quicquid habeo vel habere debeo omneque quod habiturus sum in castello Podio a Bone; et omne illud quod in eodem castello habeo et habiturus sum ex integro teneo et possideo, et tenebo et possidebo, nomine predicti sacratissimi altaris et nomine tuo ac successorum tuorum et omnium monachorum, qui in jam dicto monasterio sunt aut in futurum aderunt; et hoc donum per me et per omnes heredes meos seu successores promitto semper manere ratum et firmum; eo tamen tenore pacti hanc fatio *donationem, * Fol. 47 r°.
quod nec tu, domine abbas Raimunde Guillelme, nec aliquis successorum tuorum seu monachorum, possitis michi vel heredibus meis seu successoribus alium dominum imponere, seu aliqua ratione s[ta]tuere. Et ego in Dei nomine Raimundus Guillelmus, abbas Anianensis, nomine jam

dicti sacratissimi altaris et meo et aliorum monachorum prefati monasterii, hanc suscipiens donationem secundum prefatas conventiones, dono in feudum, tibi Raimundo de Calms et heredibus seu successoribus tuis, quicquid recipio a te ex jam dicta donatione in castello scilicet Podio a Bone; propter quod feudum facis hominium michi et fidelitatem et juramentum de castello reddendo fideliter, sine fraude et dolo, et absque lucro et peccunie largione et sine dilatione michi et successoribus meis; et hec eadem facies, tu et successoribus meis, et successores tui mihi ac successoribus meis. Quapropter debes esse semper fidelis, tu et successores tui, michi et successoribus meis et monasterio Anianensi. Et ego Raimundus de Calms, recipiens hoc feudum secundum conventiones michi impositas, promitto et convenio, per me et heredes seu successores meos, ea que superius scripta cauteve sunt, me in perpetuum observaturum. Actum est hoc in capitulo Anianensi, presentibus Raimundo priore, Pontio de Casulis, Bernardo Calveto, Matfredo, Bernardo de Podio a Bone et reliquo conventu; laicis Poncio de Cinciano caudidico, Petro Poncio, Petro Uga, Bernardo Laurentio, Bertrando de Curia, et eisdem presentibus et eodem die, Raimundus de Calmis abbati super altare sancte crucis predictum castellum juravit. Petrus Stephani scripsit.

V.

[ITEM DE EODEM CASTELLO A BERNARDO DE CALMIS ET G. DE PODIO, FILIIS QUONDAM RAIMUNDI, CONFIRMATIO].

(Fol. 47 r°. — Janvier 1211.)

Notum sit omnibus hominibus hanc cartam audientibus, quod ego Bernardus de Calmis et ego G. de Podio a Bone, filii quondam R. de Calmis, in veritate scimus et recognoscimus, quod pater noster predictus dedit pro alodio et dominatione Sancto Salvatori et monasterio Anianensi et domino R., abbati ejusdem monasterii, et omnibus successoribus suis, partem suam quam ipse habebat vel habere debebat, et etiam quicquid juris ipse habebat tunc vel habere debebat, vel eciam in posterum habiturus erat, et omnem dominationem quam habebat vel habiturus erat, vel quocumque modo sibi et suis successoribus contingere debebat, in presenti vel in futurum, in toto castro vel in aliqua parte castri de Podio a Bone, et in omnibus pertinenciis suis vel dominationibus suis, vel in tota parrochia Sancti Silvestri, ubicumque sint infra predictum castrum vel extra ; et scimus et recognoscimus, quod propter hoc fecit hominium et juravit fidelitatem domino predicto R. abbati, et nos, predicti fratres G. et B., facimus hominium et juramus fidelitatem tibi domino B., abbati Anianensi, et omnibus successoribus tuis, et recognoscimus quod totum quod habemus nunc vel habere debemus vel habituri sumus, aliquo jure vel aliqua ratione in castro de Podio a Bone, scilicet infra vel extra in dominationibus vel pertinenciis ejusdem castri vel etiam in proprietatibus, quicquid sit vel quecumque sint, habemus et tenemus et tenere et habere debemus, nos et successores nostri omnes, in perpetuum a Domino Sancto Salvatore et monasterio Anianensi et a te domino B., abbate de Viridifolio ejusdem monasterii, et a successoribus tuis.

Factum est hoc anno ab incarnatione Domini M° CC° XI°, in presentia Ugonis de Giniaco, et Petri de Montepetroso monachorum, Deodati sacerdotis Sancti Amancii et Antonini sacerdotis, R. Bernardi de Montepetroso, Folcrandi de Maderiis, R. de Avena, B. Martini Deodati clerici, Petri Arnaudi, R. de Giniaco, Guillelmi Rotberti, publici notari, qui hanc cartam scripsit, feria IIII mensis januarii, in ecclesia Sancti Amancii de Teuleto.

VI.

[PETRUS GUILLELMI DE SANCTA BRIGIDA, RIXENDIS MATER ET BERNARDUS FRATER EJUS DANT PRO TRECENTIS SOLIDIS MONASTERIO ET RECIPIUNT PRO FEUDO, OMNE QUOD HABENT IN CASTELLO DE PODIO A BONO, EA LEGE UT ABBAS NULLI ALII DOMINIUM CONCEDAT. QUAM CARTAM LAUDAT SOROR GUILLELMA].

(Fol. 47 v°. — Mai 1187.)

Sit notum cunctis quod anno dominice incarnationis M° C° LXXX° VII°, ego Petrus Guillelmi de Sancta Brigida et Rixendis, ejus mater, et Bernardus, ejus frater, damus pro alodio et in perpetuum concedimus Deo et sancto Salvatori Ananie et tibi, domino Raimundo abbati, et successoribus tuis in perpetuum, omnia que habemus vel habere debemus in castello de Podio a Bono, et infra terminos ejus, sive infra parrochiam Sancti Silvestri et nos, nunc et de cetero, nomine vestro possidemus et possidebimus, et in presenti omnem vobis tradimus possessionem ; et hoc facimus mera et propria voluntate. Accepimus equidem a te, domino Raimundo abbate, pro remuneratione trecentos solidos ; et ego R. abbas reddo tibi, Petro Guillelmi, predicta ad feudum, ut a monasterio et pro monasterio habeas et teneas omnia predicta. Item nos omnes predicti Rixendis, Petrus Guillelmi et Bernardus ad feudum predicta recipimus, et super sancta Dei evangelia juramus, quod ad fidelitatem et utilitatem monasterii predicta omnia tenebimus et abbati semper pro velle suo restituemus. Preterea ego R., sepe dictus abbas, promitto vobis quod predicta nulli concedam, nec in aliquam omnino transfero personam sine vestra vestrorum vel voluntate, quominus alodium monasterii remaneat semper. Item ego Guillelma, soror predictorum, laudo hoc atque juro.

Acta sunt hec mense maii, in presentia istorum, Ai. prior, B. prior Gordanicensis, V. de Andusa, B. Raimundi de Mareiol, R. de Monte Petroso, B. de la Costa, P. de Liuran, P. de Podio, B. de Portale, G. Bonefacii, G. Garnerii, et B. frater ejus, Guillelmus Gras, G. de Albi, P. de Also, Willelmi Francesc, G. Massa et Raimundus de Nebiano, qui hec scripsit.

VII.

[QUOD IDEM FEUDUM RIXENDIS DE SANCTA BRIGIDA, MATER, PETRUS GUILLELMI ET BERNARDUS EJUS FILII, PIGNORI OBLIGANT ET TRADUNT MONASTERIO, PRO TRECENTIS SOLIDIS RAIMUNDENTIUM. QUOD LAUDAT GUILLELMA SOROR].

(Fol. 47 v°. — Mai 1187.)

In nomine Domini anno ejusdem incarnationis M° C° LXXX° VII°, ego Rixendis de Sancta Brigida et Petrus Guillelmi et Bernardus ejus filii, omnes nos obligamus pignori et tradimus tibi domino Raimundo, abbati Sancti Salvatoris Anianensis, et successoribus tuis, omnia que habemus vel habere debemus in castello de Podio a Bono, et infra terminos ejus et omnia que infra terminos parrochie Sancti Silvestri habemus vel habere debemus, pro trecentis solidis raimundentium, quos a te accepimus, ita quod in debito nichil remansit. Fructus autem et quicquid ex hoc pignore quocumque modo habueris, tu vel successores tui aliquando gratis habeatis et dono atque jure vestri alodii habeatis et percipiatis, quia omnia pro feudo a vobis habemus et possidemus, et vestrum est alodium, quicquid in castello vel infra predictos terminos habemus. Item ego Guillelma, soror predictorum, laudo hec atque juro. Preterea si hec moneta, solutionis tempore, deterior forte fuerit effecta, debemus pro ea reddere vobis vel vestris quatuor marchas argenti fini et juramus quod adversus hec nullo umquam jure vel modo veniemus, et predicta omnia observemus.

Acta sunt hec mense madii, in presentia istorum, A. prior.

VIII.

[RAIMUNDUS DE TURRE ET GALBORGS, UXOR SUA, TRADUNT CUM JURAMENTO MONASTERIO MEDIETATEM MOLENDINI IN FLUMINE ERAURI, IN MOLNARE QUOD DICITUR RIPA ALTA, PRO CCCL SOLIDIS MELGORIENSIUM, CUM RENUNCIATIONE EXCEPTIONI NON NUMERATÆ PECUNIÆ, ALICUI JURI SCRIPTO VEL NON SCRIPTO SEU CONSUETUDINI, ET OMNI AUXILIO COMPETENTI VEL COMPETITURO, ET CUM REGRESSU PRO EVICTIONE SUPER OMNES RES VENDITORUM].

(Fol. 48 r°. — Décembre 1213.)

Notum sit omnibus hec audientibus, quod, anno dominice incarnacionis M° CC° XIII°, mense decembris, ego Raimundus de Turre et ego Galborgs, ejus uxor, nos ambo pari consilio ac spontanea voluntate, bona fide et sine omni dolo, per nos et per omnes nostros, sine omni retencione vendimus, donamus, tradimus atque imperpetuum jure ac titulo vendicionis habere concedimus tibi domino Bernardo, abbati et cellarario Anianensi, et per te ipsi monasterio Anianensi et omnibus successoribus tuis, scilicet totam medietatem quam habemus et habere debemus et quarto molendino quod est in flumine Erauri, in molnare quod dicitur Ripa Alta. Et hoc molendinum est quartum, intellecto primo illud quod est ex parte de Balma et totam molnariam, quam in illo quarto molendino habemus, et generaliter totum hoc, quicquid sit, quod habemus vel aliquo modo seu intellectu habere possumus vel debemus, vel visi sumus habere vel tenere, nos vel aliquis nomine nostro, in toto predicto molnare de Ripa Alta, et omne jus et omnem accionem quam habemus vel aliquo modo habere debemus, racione vel occasione hujus predicti molendini, contra aliquam personam et specialiter contra Stephanum Guillermum et contra fratres suos. Et scimus et cum hac presenti carta in veritate recognoscimus, quod propter hanc venditionem et traditionem prescriptam dedisti nobis CCCL solidos melgoriensium, bonos bene et plenarie, et illos omnes habuimus et recipimus, ita quod ex hiis omnibus penes te vel monasterium predictum nichil remansit in debito, et in his omnibus ex certa scientia renunciamus exceptioni minerate [non numerate] pecunie, et promittimus et convenimus tibi stipulanti firmiter, quod nunquam contra dictam vendicionem vel aliquid predictorum, aliquo modo qui dici vel excogitari possit, veniemus; et si contra aliquo jure scripto, vel non scripto vel qualibet occasione seu consuetudine venire possemus, illi juri et occasioni et consuetudini et omni alio auxilio nobis competenti vel competituro penitus renunciamus, et totam hanc prescriptam venditionem faciemus te et successores tuos et dictum monasterium semper habere et tenere quiete, et ab omni persona contradicente jure defendemus, et pro eviccione, si ibi fieret, donamus tibi et monasterio prefato regressum super omnes res nostras, ubicumque et quecumque sint. Et ita hec prescripta omnia et singula semper tenebimus et observabimus et contra non veniemus. Sic Deus nos adjuvet et sancta quatuor Dei evangelia a nobis corporaliter tacta, et secundum posse nostrum ad commonicionem tuam infantibus nostris hec omnia faciemus laudare.

Testes vero sunt : Bernardus de Saudeto, Bernardus de Agde, Petrus de Monte a Bono, Poncius de Bello Loco, Eusiarius, Bertrandus de Montepetroso, Petrus Garcini, Raimundus de Modano, Bernardus de Montepetroso, Raimundus de Figareto, Bertrandus de Marcellano, monachi. Durandus de Oleriis sacerdos, Bertrandus de Marroiol, Petrus Guillermi de Marroiol, Guillermus de Liurano, B. Cleofardi, R. Buamundi, P. Fornerii, Ademarus Fornerii, G. de Nave, Stephanus de Aureliaco, Guillermus de Montepetroso, Raimundus Rotgerii, R. de Boisset, R. de

Podio Johanni, Guillermus de Nave junior, Bernardus de Interaquis, Raimundus Caprarii, Petrus Germani, Guillermus Aialinus, Petrus Gaza et Raimundus de Garriga, notarius Anianensis, qui hec scripsit.

IX.

[ROSTANNUS DE MONTE ARBEDONE TRADIT RAIMUNDO GUILLERMI, LODOVENSI EPISCOPO, ESTARE DE ANIANA ET TOTUM QUOD HABET IN PARROCHIA, PRO D SOLIDIS MELGORIENSIUM ET DAT REGRESSUM IN OMNIBUS REBUS SUIS DE EVICTIONE; EPISCOPUS HUNC VULT HONOREM MONASTERII ESSE].

(Fol. 48 v°. — Mars 1188.)

Anno dominice incarnationis M° C° LXXX° VIII°, mense marcii, ego Rostannus de Monte Arbedone, per me et per meos, bona fide et sine dolo, cum hac carta vendo et imperpetuum trado et solvo tibi domino R[aimundo] Guillermi, Lodovensi episcopo, et quibuscumque dimittere volueritis, scilicet totum illud estare de Aniana cum omnibus suis pertinenciis, quod Petrus Ermengavus de Podio Lacterio michi in ultima voluntate sua reliquit; et confrontatur ex una parte cum honore sacristie et ex alia parte cum domo Bernardi de Aureliaco, et ex alia parte cum plano de Gimel, qui est ante monasterium Sancti Salvatoris, et ex alia cum operatoriis Guillermi Garnerii; et generaliter totum hoc quicquid sit quod habeo vel habere debeo in tota parrochia Sancti Salvatoris de Aniana et Sancti Silvestri et Sancti Johannis, sicut usatica, alberga, dominia, consilia et quicquid sit vel quecumque sint. Propter hanc vendicionem et traditionem, dedisti michi D solidos melgoriensium, ita quod nichil remansit in debitum; et si magis valet hoc precio, illud totum bono animo vobis et quibus volueritis imperpetuum dono. Et hunc totum honorem faciam semper vos habere et tenere quiete, et ab omni contradicente jure defendam, et de evictione, si ibi a vobis facta fuerit, dono vobis regressum in omnibus rebus meis. Et ego R[aimundus] Guillermi, Lodovensis episcopus, volo quod iste honor et hec omnia sint imperpetuum monasterii Sancti Salvatoris Anianensis, pro salute anime mee et parentum meorum; et ut inde fiat annuatim anniversarium in monasterio in die obitus mei, in commemorationem anime mee et omnium parentum meorum, et expressim patris mei et matris mee, et Guidonis, fratris mei, et Guillermi de Montepetroso, fratris mei, et omnium fratrum meorum et sociorum. Totum hoc ita plenarie tenebo et observabo, ego Rustannus, nec contra hec aliquo jure vel racione veniam, per fidem meam plevitam.

Horum omnium testes sunt: P. de Carcassona, Garinus, monachi. Ber. Raimundi, Poncius Gaucelmus, P. Luciani, Poncius de Aniana, Berengarius Archerius, Bernardus Essegnat, Ber. Villanus, R. Agnan, R. de Tinzan, Bertrandus Sadriega, Rastellus, Stephanus de Salzeto, P. de Villanova et Guillermus Raimundi qui hec scripsit.

De Ermessenz uxore Rostanni, quando hec laudavit et plevivit per fidem suam, et habuit inde x solidos pro laudimio. Fuerunt testes, Ber. Raimundus, P. Lucianus, Guillermus Bortzes, B. de Prohis, Berengerius Archerius, P. de Carcasona monachus, Poncius Gaucelmus et Guillermus Raimundi.

X.

[ADALAICIA, UXOR GUILLELMI ROTGERII, CUM CONSILIO MARITI ET IPSE MARITUS ABBATI VENDUNT QUIDQUID JURIS HABENT IN MOLENDINIS DE ERAUR, PRO CCC SOLIDIS MELGORIENSIUM, CUM RENUNCIATIONE EXCEPTIONI NON NUMERATÆ PECUNIÆ ET OMNI JURIS REMEDIO, ET CUM JURAMENTO SUPER IIII^{or} EVANGELIA].

(Fol. 48 r°. — 1203.)

Anno dominice incarnationis M° CC° III°, ego Adalaicia, uxor Guillermi Rotgerii, cum consilio ejusdem Guillermi mariti mei, et ego jam dictus Guillermus Rotgerii, nos ambo insimul per nos et per omnes nostros presentes et futuros, bona fide et sine omni dolo vendimus; et jure venditionis cum hac presenti carta tradimus tibi domino Gaucelino, Anianensi abbati et cellarario, et successoribus tuis, quicquid juris habebamus vel habere debebamus in omnibus molendinis de Eraur, scilicet in medio molendino sextam partem, et in ultimo molendino quandam partiu[n]culam; et hoc facimus pro CCC solidos melgoriensium, quos omnes a te domino abbate et a tuis habuimus et accepimus, ita quod penes te vel tuos nichil remansit in debito. Et de his omnibus tenemus nos pro bene pacatis, et renunciamus exceptioni non numerate pecunie. Quod si hec venditio plus valet aut valebit jam dicti precii, totum tibi, domino abbati et cellario, et per te monasterio et cellario Anianensi donamus, donatumque imperpetuum esse volumus. Et super his omnibus ego jam dicta Adalaicia, totius juris remedio renuncio, ita quod si jure vel racione seu etiam aliqua consuetudine contravenire possem, non faciam, sed sicut in hoc instrumento continetur, sic omnia observabo, sic Deus me adjuvet et hec sancta quatuor Dei euvangelia. Testes sunt Ademarus de Villanova, Matfredus, Bertrandus de Montepetroso, Raimundus de Mozano, Rostagnus de Monmirat, Guillermus de Mareiol, Stephanus Guillermi, Guillermus de Montepetroso, Petrus Parrochia, Raimundus de Garriga, Raigmundus de Nebiano, qui hec scripsit.

XI.

[GUILLERMUS DE TRIPOLO ET BERENGUARIA UXOR, RAIMUNDO DE ANIANA PRIMUM MOLENDINUM DE RIPA ALTA, PRO VI LIBRIS ET DIMIDIA MELGORIENSIBUS, CONSILIO RAIMUNDI ABBATIS IMPIGNORANT, EA LEGE UT, DONEC REDIMATUR, RAIMUNDUS DARE DIMITTERE ET IMPIGNORARE CUI VOLUERIT, QUIBUSDAM EXCEPTIS, POSSIT, ET DE EA CARTA PLEVINAM PROMITTUNT].

(Fol. 49 r°. — 1175.)

Anno dominice incarnationis millesimo centesimo septuagesimo quinto, ego Guillermus de Tripolo et ego Berenguaria ejus uxor, consilio Raimundi abbatis, qui et cancellarius, bona fide et absque dolo, nomine pignoris laudamus tibi Raimundo de Aniana et tuis pro VI libris et dimidia melgoriensibus, quorum nichil apud te in debito remansit, quicquid habemus vel habere debemus in primo molendino de Ripa Alta, ut habeas et teneas ab hoc festo sancti Hilarii pro pignore ad unum annum, et sic stet de anno[1] in annum, donec redimatur, et possis dare, dimittere pro tuo et impignorare cui volueris, exceptis aliis sanctis, clericis vel militibus, consilio abbatis et cellararii, et proventus quos inde habueris tui sint et non computentur tibi in sortem; et ego Guillermus et ego Berengaria supradicti promittimus tibi et per fides nostras plevimus, quod contra hanc laudationem alioquin non veniemus. Si vero hec moneta vilesceret vel deterioraretur, debemus tibi persolvere predictam summam ad rationem

[1] Ms. Aniano.

marche argentis nunc valentis XLVIII solidos. De predictis vero denariis, jam dictus abbas pro laudamento x solidos habuit. Hujus rei testes sunt Poncius de Valle, Petrus Bedos, Poncius Stephani et Petrus, qui hec scripsit.

XII.

[ANNES, VOLUNTATE PETRI TOCABOIS DICTI MARITI ET CONSILIO RAIMUNDI ABBATIS, RAIMUNDO DE ANIANA FRATRI SUO TRADIT, PRO IIII^or LIBRIS MELGORIENSIBUS, PRIMUM MOLENDINUM ARAURIS, CUM JURAMENTO SUPER IIII^or EVANGELIA, X LIBRIS A PREDICTO ABBATE PRO LAUDAMENTO DATIS].

(Fol. 49 r°. — 1176.)

Anno dominice incarnationis M° C° LXXVI°, ego Annes, voluntate Petri Tocabois, qui est dictus maritus meus, et consilio Raimundi abbatis nunc cellarii, bona fide et absque dolo, vendo et imperpetuum laudo et cum presenti carta trado tibi, Raimundo de Aniana fratri meo, et tuis pro IIII^or libris melgoriensibus, ita quod ex his nichil apud te in debito remansit, quicquid habeo vel habere debeo pro porcione mea in primo molendino Arauris, ut habeas et teneas et possis dare, dimittere, vendere et impignorare cui volueris, exceptis aliis sanctis, clericis et militibus, consilio abbatis et cellarii; et nos jam dicti Annes et ego Petrus Tocabois, promittimus tibi Raimundo et tuis, quod contra hanc vendicionem, per nos vel per suppositam personam, nunquam veniemus. Sic nos Deus adjuvet et hec sancta IIII^or euvangelia; pro laudamento hujus vendicionis jam dictus abbas x solidos habuit. Testes sunt Petrus de la Medalata, Petrus Bedoz, Poncius Martinus, R. de Balmis, Gerardus de Lemosino et Petrus de Monblos, scripsit.

XIII.

[RAIMUNDUS RATERII DE SALVIO ET MARIA, UXOR, RAIMUNDO ABBATI HONOREM IN TERMINIO DE MAREIOLO ET DE ANIANA PRO M D LXXX SOLIDOS DENARIORUM MELGORIENSIUM VENDUNT, DONANT ET TRADUNT, CUM REGRESSU SUPER OMNIA JURA SUA ET CUM JURAMENTO SUPER IIII^or EVANGELIA].

(Fol. 49 v°. — 12 janvier 1183.)

Ex humane inventionis industria scripturarum adinventum est remedium, ut quod edax vetustas nititur abolere per scripturam in posterum notificetur. Igitur ergo in Dei nomine Raimundus Raterii de Salvio et ego Maria, ejus uxor, per nos et per nostros, vendimus et donamus, et cum hac carta modo tradimus et imperpetuum habere concedimus tibi Raimundo, abbati Anianensi, et per te monasterio Anianensi et omnibus fratribus ibidem Deo servientibus presentibus atque futuris, scilicet omnem honorem et jura et acciones que habemus in terminio de Mareiolo et de Aniana et in parrochia Sancti Silvestri de Bruciis, scilicet medietatem tocius honoris, quem pater mei Raimundi visus est tenere et habere, vel alius pro eo, sive ad feudum in terminio de Mariolo, et universam quartam partem illius honoris, quem pater mei Raimundi et Berenguarius de Salvio visi sunt tenere et habere, vel alius pro eis, sive ad feudum in termino de Aniana et in parrochia Sancti Silvestri de Bruciis, pro mille et quingentis LXX^a solidis denariorum melgoriensium, quos omnes habuimus et faciemus ea vobis juste habere et tenere, et ab omni contradicente in jure defendemus et nichil fecimus quominus hec fieri liceat. Si vero amplius vel valitura sunt, totum vobis predictis bono animo damus et monasterio jam dicto pro redemptione animarum nostrarum, necnon et parentum nostrorum firma predicta habebimus per hec sancta euvangelia, et inde damus vobis regressum super omnia jura nostra, et insuper firmantias vobis damus, scilicet Petrum de Riballa, et Aldebertum, qui universa ablata vobis restauret.

Facta sunt hec in monasterio prefato, anno dominice incarnationis M° C° LXXX° III°, mense januario, pridie idus ejusdem mensis, in presentia Hugonis, prioris de Giniaco, Bernardi de Salzeto, Raimundi de Salvio, Petri de Monblos, Guillermi de Crespiano, Bernardi de Tortosa, Raimundi de Garriga, Arberti, monacorum; Bernardi Galterii archipresbiteri, Guillermi de Cellanova, Bernardi Raimundi de Mareiolo, Bertrandi et Bremundi fratrum ejus, Guillermi de Cella, Raimundi de Duabus Virginibus, Petri de Podio, Poncii Martini et Raimundi fratris ejus, Raimundi de Boiset, Guillermi Bonefacii, Berengerii Regani, et Raimundi de Nibiano monaco, qui hec scripsit.

XIV.

[RECOGNITIO FEUDI ET HOMINIUM AB ERMEIARDE, UXORE CONDAM GUILLERMI DE MONTE PETROSO, ABBATI ANIANENSI, DE VILLA SANCTI SEBASTIANI DE MARIOLO].

(Fol. 49 v°. — Novembre 1213)

Anno ab incarnatione Domini M° CC° XIII°, mense novembris. Notum sit omnibus hec audientibus quod ego Ermeiardis, uxor condam Guillermi de Montepetroso, scio et in veritate recognosco, quod ego teneo et tenebo ad feudum honoratum, quicquid habeo vel habere debeo in villa Sancti Sebastiani de Maroiolo et in ejus termino, ubicumque in parrochia prefata sit, a monasterio Sancti Salvatoris Anianensis et a te domino Bernardo, abbate ejusdem monasterii; propter quod feudum ego et successores mei monasterio predicto et tibi, domino prefato abbati et successoribus tuis, faciemus comoniti; et ego jam dicta Emeniardis facio in presenti hominium, et tam ego quam successores mei erimus pro hoc feudo fideles et illud serviemus tibi et monasterio, secundum consuetudinem feudi honorati. Sciendum est quod in hoc feudo intelligo fundos, campos, vineas, ortos, prata, pascua, nemora, culta et inculta, homines et feminas, mansos, usaticos cum aquis aquarumve decursibus, et quicquid est aut esse potest, quod ad me pertinet aut pertinere potest, sive ad aliquas personas a me vel per me possidentes. Hujus rei testes sunt Bernardus de Saudeto, Bernardus de Acde, Raimundus de Nebiano prior, Petrus-Abon, Poncius de Bello loco, Bertrandus de Montepetroso, Petrus Garcini, Raimundus de Modano, Bernardus de Montepetroso, Petrus de Bariaco, Bertrandus de Marcellano monachi. Durandus de Oleriis, Bertrandus de Maroiol, Johannes Flavardi, Petrus de Bruccis, Raimundus de Turre, Petrus Regan, Guillermus de Albi et Guillermus filius ejus, Poncius Joan, Bernardus de Campanas, Raimundus Barriera, Raimundus Clavel, Guillermus Gaza, Silvester, Raimundus de Garriga, notarius Anianensis, qui hec scripsit.

XV.

[RECOGNITIO FEUDI ET HOMINIUM A PETRO DE BRUCCIS ABBATI ANIANENSI PRESTITA, DE HONORE IN PARROCHIIS SANCTI SILVESTRI DE BRUCCIS, SANCTE MARIE DE GARRIGA, SANCTI MARTINI DE CAUCX].

(Fol. 50 r°. — Mars 1213.)

Notum sit omnibus hec audientibus quod anno dominice incarnationis M° CC° XIII°, mense marcio, ego Petrus de Bruccis scio et in veritate recognosco, quod ego teneo et tenebo ad feudum honoratum, quicquid habeo vel habere debeo in parrochia Sancti Silvestri de Bruccis et in parrochia Sancte Marie de Garriga et in parrochia Sancti Martini de Caucx, a monasterio Sancti Salvatoris Anianensis et a te domino Bernardo, abbate ejusdem monasterii; propter quod feudum ego et successores mei monasterio predicto et tibi, domino prefato abbati, et successoribus tuis faciemus comoniti; et ego jam dictus Petrus de Bruccis facio in presenti hominium, et juro quod ero fidelis pro hoc feudo et illud serviam tibi et monasterio, secundum consuetudinem feudi honorati. Et in hoc feudo intelligo fundos, campos, vineas, ortos, prata, pascua, nemora, culta et inculta, homines, feminas, mansos, usatica cum aquis aquarumve decursibus, et quicquid est aut esse potest, quod ad me pertinet aut pertinere potest, sive ad aliquas personas a me vel per me possidentes. Hujus rei testes sunt : Raimundus Calveti, prior Gordianensis, Petrus de Pradinas, prior de Giniaco, Petrus de Montepetroso, prior de Carcares, Poncius Eme, prior de Vico, Raimundus de Morede, prior de Nizaz, Petrus Gari, Bernardus de Montepetroso, Poncius de Bello loco, Alafredus, Guillermus Gaza, Petrus Bruni, David Anglicus, Guillermus Joglar, Carbonel, Petrus Capraricia, Guillermus Tardiu, Bernardus Ricardi, Guillermus de Carrouols, Raimundus de Garriga, notarius Anianensis, qui hec scripsit.

XVI.

[RECOGNITIO FEUDI ET HOMINIUM ABBATI ANIANENSI A PETRO RAIMUNDI DE MONTE PETROSO, PRO SE ET FRATRIBUS SUIS, A PETRO GUILLERMI DE MAROIOL ET PETRO ERMENGAUDI PRESTITA, DE HONORE IN CASTRO DE MONTE PETROSO, CUM INDICATIONE TERMINORUM FEUDI, QUOS RAIMUNDUS DE ARENIS, MILES, EORUM MANDATO TERMINAVIT].

(Fol. 50 r°. — Avril 1212.)

Anno dominice incarnationis M° CC° XII°, mense aprilis, notum sit omnibus hec audientibus, quod ego Petrus Raimundi de Montepetroso, pro me et pro fratre meo Raimundo Bernardi, qui presens est, et pro Gaucelino fratre meo, qui absens est, scio et recognosco et ego Bernardus de Montepetroso, et ego Petrus Guillermi de Maroiol, et ego Petrus Ermengaudi scimus et recognoscimus, per nos et per omnes nostros, bona fide et sine dolo, quod quicquid habemus vel habere debemus vel tenemus, vel aliquis per nos, vel quicumque alii habent vel tenent de nobis in castro de Montepetroso, vel in pertinentiis suis, sicut infra terminatum est, totum habemus et tenemus ad feudum a monasterio Sancti Salvatoris Anianensis et a te domino Bernardo, abbate ejusdem monasterii. Et propter hunc feudum facimus tibi in presenti hominium et fidelitatem, et nos et sucessores nostri debens similiter facere hominium et fidelitatem tibi et successoribus tuis. Termini hujus feudi tales sunt, et sic terminatur a coro ecclesie Sancti Petri usque ad murum Barbacane, sicut terminat solarium Bernardi de Montepetroso ab oriente, et ab illo loco usque ad viam que exit per posterlam et a via illa usque ad carreriam que venit de Volpillaco, sicut termini ostendunt, qui dividunt hunc honorem et honorem Raimundi de Virsec et Petri Guillermi de Sancta Brigida ; qui honor est ex parte Orientis ; et ab illo loco usque ad viam que venit de l'estanol ; et ab illa via usque ad petram, que est in publica via, que venit ab ecclesia ad castrum ; et ab illo loco usque ad portam de Nalaieta ; et a porta predicta usque ad stare Raimundi Tudo, sicut vadit usque ad domum Guillermi Johannis et fratrum suorum et sicut vadit usque ad stare Raimundi de Podio et Petri fratris sui ; et sicut stare illud tenet usque ad domum Ricardi de la Coste et uxoris sue Napros, et ab illa domo usque ad stare Bernardi de Volio, et ab illo stare usque ad viam posterle; et a predicta via sicut stare Petri Vedelli, quod tenet de Guillermo de Madagot, vadit usque ad stare Raimundi Martini, filii condam Guillermi Martini, sicut illut stare vadit usque ad planum, et a plano sicut stare Petri Raimundi et fratrum suorum vadit, quod stare vocatur solarium del plan; et a solario sicut via tendit ad ecclesiam Sancti Petri. Preterea nos predicti domini de Montepetroso, omnes et singuli scimus et recognoscimus, quod quicquid habemus vel habere debemus vel alius per nos, vel quicumque alii habent vel habere debent infra hos terminos, quos Raimundus de Arenis, miles, terminavit mandato nostro et voluntate nostra, omnia habemus et tenemus ad feudum a monasterio Anianensi et a te predicto domino Bernardo, abbate. Preterea scimus et recognoscimus, quod quartam partem de las Auzedaz de Aniana, quam tenet a nobis Guillermus de Montepetroso, habemus et tenemus a monasterio Anianensi et a te predicto domino Bernardo abbate. Hujus rei testes sunt Raimundus de Nebiano monacus, Guillermus de Montepetroso et Guillermus filius ejus, Hugo de Albaiga, Bernardus de la Conba, Petrus Vedel, Bernardus de Interaquis et Raimundus de Garriga, notarius Anianensis, qui hec scripsit.

XVII.

[PETRUS ERMENGAUDI, FILIUS CONDAM RAIMUNDI DE MONTE PETPOSO, DONAT, LAUDAT ET CONCEDIT BERNARDO ABBATI XV DIES QUOS HABET IN TOTO CASTRO DE MONTE PETROSO, DE TURRE, MURIS, ETC ; IDEM ABBAS REDDIT EODEM PETRO IDEM JUS PRO FEUDO, ET PETRUS ABBATI HOMINIUM PRÆSTAT ET FIDELITATEM, CUM JURAMENTO SUPER IIII^or EVANGELIA CORPORALITER TACTA].

(Fol. 50 v°. — 5 août 1213.)

Anno dominice incarnationis M° CC° XIII°, nonas augusti, ego Petrus Ermengaudi, filius condam Raimundi de Montepetroso, bono animo ac spontanea voluntate, sine omni retentione, dono laudo atque in perpetuum pro alodio libero habere concedo Domino Deo et monasterio Sancti Salvatoris Anianensis et tibi domino Bernardo, ejusdem loci abbati, et

omnibus successoribus tuis in dicto monasterio canonice constitutis vel
* Fol. 51 r°. substituendis, *scilicet xv dies quos habeo et habere debeo pro dominio et pro senioria in toto castro de Montepetroso; quos xv dies ita ibi habeo, quod totam turrim ejusdem castri possum et debeo in inicio xv illorum dierum recuperare et ad manum meam, et in posse meo toto spacio dictorum xv dierum habere et tenere; et hoc possum facere in unoquoque anno semel, sub hac predicta forma, pro parte quam habeo et habere debeo, in toto dicto castro de Montepetroso et in omnibus ejus terminiis, et ita hoc totum et generaliter omne jus, qualecumque sit, quod habeo vel habere ulla ratione vel intellectu possum vel debeo in toto sepedicto castro de Montepetroso et in toto ejus terminio seu mandamento, in muris, in municionibus, in portallis, in hominibus et in feminis, tibi domino Bernardo, predicto abbati Anianensi et successoribus tuis pro alodio, libero dono et, sicut predictum est, concedo et trado et per te dicto monasterio, tradendo istam turrem et dictum castrum de Montepetroso, in corporalem possessionem omnium rerum predictarum remitto. Et ego Bernardus, predictus abbas Anianensis, per me et per omnes successores meos et per prefatum monasterium Anianensem, recipiens hanc totam predictam donationem *quam mihi et monasterio*[1] de castro de Montepetroso et de omni jure, quod ibi et in ejus terminio seu mandamento habes vel habere debes, dono tibi et tuis ad feudum honoratum et reddo plenarie et generaliter totam predictam donationem, quam michi et monasterio Anianensi fecisti et tradidisti, de castro et in castro Montispetrosi et in ejus omni terminio seu mandamento, tamen in hunc modum quod pro isto feudo facies, michi et successoribus meis abbatibus Anianensibus hominium et jurabis fidelitatem et vitam et membram, et quod nunquam ipsum feudum in toto vel in parte abbati Anianensi vel monasterio ulla racione vel occasione fraudabis, nec illum aliquomodo qui dici vel excogitari possit inde decipies, quod semper in unoquoque anno michi et successoribus meis, semel si voluntas nostra fuerit, totum ipsum feudum reddes et recognosces. Et ego, predictus Petrus Ermengaudi, recipio a te domino

[1] Les mots en italique sont barrés, mais non exponctués, dans le manuscrit.

Bernardo, abbate Anianensi predicto, hoc totum feudum predictum, et illud de manibus et pro manibus tuis accipio, tibi et successcribus tuis, et monasterio Sancti Salvatoris Anianensis recognosco, et inde non conectus set letanter et sponte facio tibi hominium, et promitto tibi stipulanti et omnibus successoribus tuis et monasterio Anianensi, fidelitatem et vitam et membram, et quod nunquam hoc feudum predictum in toto vel in parte abbati Anianensi vel monasterio aliqua racione vel occasione fraudabo; nec illum aliquomodo qui dici vel excogitari possit inde decipiam, et quod semper in unoquoque anno semel tibi et successoribus tuis, vel quolibet fideli nuncio tuo et dicto monasterio Anianensi, si voluntas nostra fuerit, totum hoc dictum feudum reddam, sicut predictum est, et recognoscam. Sic Deus me adjuvet et hec sancta IIII^or^ Dei euvangelia a me corporaliter tacta. Factum est hoc in ecclesia Sancti Martini de Montepetroso. Hujus rei testes sunt: Raimundus *de Nebiano, Petrus de Montepetroso, Bernardus de Montepetroso, Petrus Raimundi de Montepetroso, Raimundus Bernardi, Guillermus de Montepetroso et Guillermus filius ejus, Raimundus de Arenis, Petrus Guillermi de Mareiol, Raimundus Antonini, Petrus Arrufat, Petrus de Volio, Raimundus de Volio, Petrus Vedel, Guillermus de Furno, Raimundus del Vilar, Bertrandus de Maroiol, mo[nachi?], R. de Hugo, P. Fornerii, P. Bernardi, R. de Averno, Hugo Gallina, G. d'Albi junior, P. Guirardi, G. de Castilon, Bernardus Cleofardi et Raimundus Zoquerii, filius ejus, Carbonellus Bertlandi, P. Dalson, R. Buamundi, R. Garnerii, Petrus Gaza, Bernardus de Ladevese, P. Gras, G. Parrochia, G. Textor, P. de Aquaviva, P. Ferraire, P. Garnerii, P. Capraricia, P. Germani, G. Zabira, G. Nicolai, Berenguarius Rollan, G. de Nave, P. Bernardi, Ber. Arnaudi, P. Valsal, Deodatus de Aquaviva, Poncius Ortola, Ber. Godafre, R. Fabri, Johannes Garnerii, R. Boverii, R. de Ventajon, Ber. de Podio Caprario, P. Maissenz, Hugo d'Albi, Poncius Pastor, Geraldus Seguier, Johannes Capraricia, Petrus Vincencii, Johannes Flavardi, Bernardus de Interaquis, Guillermus de Mandagot et Raimundus de Garriga, notarius Anianensis, qui hec scripsit.

* Fol. 51 v°.

XVIII.

[TRANSACTIO, PIGNORIBUS CAPTIS EX UTRAQUE PARTE, INTER GAUCELINUM, ABBATEM ANIANENSEM, ET DOMINUM AIMERICUM DE CLAROMONTE, DE PIGNORE DE CANETO ET ALBERGIS DE ASPIRANO].

(Fol. 51 v°. — 1203.)

In nomine Domini, anno dominice incarnationis M° CC° III°. Notum sit omnibus hominibus hec audientibus, quod controversia erat inter dominum Gaucelinum, Anianensem abbatem, et dominum Aimericum de Claromonte. Petebat enim jam dictus A[imericus] de Claromonte a jam dicto abbate tria milia solidos melgoriensium, quos habet super pignore de Caneto et super albergis de Aspirano que debentur abbati, asserens jam dictum abbatem redimere debere pignus, quandocumque ipse A[imericus] vellet, superis succeptis fidejussoribus multis, insuper infinita dampna se fuisse passum, eo quod prefatum pignus non redimerat die inter eos prefixa. G[aucelinus] contra, dictus abbas, dicebat quod in jam dicto pignore non debebantur tria milia solidi, set erant minus ex una parte C LX solidi, et ex alia XXX, quos jam dictus A[imericus] tenebatur persolvere annuatim lavatorio Anianensi. Tandem in manu Aldeberti de Giniaco et Fredolis de Nefiano, asidentibus sibi Petro de Claromonte et Ademaro, Anianensi sacriste, ex utraque parte pignoribus captis, amicabiliter compositum est hoc modo, ut jam dictus Aimericus habeat et teneat prefatum pignus de Caneto et de Aspirano, ita quod abbas vel monasterium non possint compelli ab Aimerico vel a suis ad redimendum pignus prenominatum ; habeat tamen jam dictus A[imericus] potestatem compellendi jam dictum abbatem vel monasterium ad restituendum sibi jam dictos tria milia solidos melgoriensium infra tres menses post commonicionem ab eo factam ad recuperandum castrum de Giniaco, voluntate et assensu domini Bernardi de Andusia, nulla super hoc ab ipso Aimerico adibita machinacione, set habita certitudine de castri recuperacione; sed tamen debent minui de sorte predicta CC solidi.
* Fol. 52 v°. *Si tunc A[imericus] redditus jam dicti pignoris habuerit susceptos, si tamen Aimericus vellet comonere abbatem, anno completo post commonicionem factam, nichil de sorte minueretur. Et ego jam dictus A[imericus]

per me et per omnes meos promitto tibi domino G[aucelino], abbati, et successoribus tuis, quod pro jam dicto pignore reddam vobis annuatim xxx solidos melgoriensium ad festum beate Marie medii augusti, ad lavatorium Aniane reficiendum. Quod si non facerem, possetis me compellere in reditibus jam dicti pignoris; et in his jam dictis tribus milibus solidis continentur mille ducenti solidi, quos petebat Guillermus Niger; et ego G[aucelinus], abbas Anianensis, consilio et voluntate Ademarii, Anianensis sacriste, et Hugonis............., et Petri prioris de Aspirano, sicut continetur in instrumento pignoraticio ab Ademaro, condam Anianensi abbate, tibi facto, salvo eo quod non possis me compellere vel monasterium Anianensem ad restituendum tibi jam dictos tria milia solidos, nisi eo modo tantum quo in presenti instrumento scriptum est.

Acta sunt hec in villa de Aspirano, in presentia Petri Audemarii et Petri Pararii, Petri Benedicti, Guillermi Broca, Raimundi Garnerii, Stephani de Buciaco, Deodati Gasconis, Raimundi Pellicerii, Guillermi Figueira, Guillermi de Freiserieiras, Raimundi Barreira, Stephani Eudini, Bertrandi Magistri, Guillermi Roberti, qui hanc cartam scripsit.

XIX.

[RECOGNITIO FEUDI IN CASTRO DE PODIO ABONO ET IN PARROCHIIS SANCTI SILVESTRI DE MONTE CALMENSE, SANCTI STEPHANI DE ARGILERIIS ET SANCTI JOHANNIS DE COMAIAGAS; ET FIDELITAS ET HOMINIUM A RAIMUNDO DE SANCTO MAURICIO ABBATI ANIANENSI PRESTITA].

(Fol. 52 r°. — 1211.)

Anno dominice incarnationis M° CC° XI°. Ego Raimundus de Sancto Mauricio scio et in veritate cum hoc presenti instrumento profiteor et recognosco me tenere ad feudum, a Domino Deo et a monasterio Sancti Salvatoris Anianensis et a te, domino Bernardo de Viridifolio, ejusdem loci abbate, totum hoc quod habeo vel habere debeo in toto castro de Podio Abono, et in ejus terminio, et quicquid similiter habeo vel habere debeo in tota parrochia Sancti Silvestri de Monte Calmense et in parrochia Sancti Stephani de Argileriis et Sancti Johannis de Commaiagas; que omnia tenet a me Guillermus de Valleauquensi ad feudum; et pro isto feudo debeo facere hominium abbati dicti monasterii; quod hominium

tibi modo in presenti facio et juro fidelitatem. Testes sunt: Hugo de Giniaco, Bernardus de Acde, Raimundus de Nebiano, Petrus de Monte Abono, Guillermus de Cerviano, Raimundus de Roqueraute, Raimundus de Figareto, Bernardus de Becano, Alafredus, Guillermus de Ponto, Bertrandus Maurini, monachi, Stephanus de Ferreiris, Petrus Reigani, Poncius Martini, Guillermus de Luirano, Poncius Pellipari, Raimundus de Boiseto, Ademarus Fornerii, R. Rogerii, P. Maissenz, Bernardus de Caprariciа, G. de Albi, Petrus Guillermi de Mareiol, Poncius Gallina, G. Benedicti, Bernardus Galteri, Raimundus de Garriga, notarius Anianensis, qui hec scripsit.

XX.

[RECOGNITIO FEUDI A MAGISTRO R., FILIO QUONDAM ROTGERII DE PODIO ABONE, ABBATI ANIANENSI FACTA, DE I CAMPO IN LOCO SORGENS, IN PARROCHIA SANCTI SILVESTRI DE MONTE CALMENSE, DE I PECIA TERRE INCULTE IN EODEM LOCO, ET DE ALIO CAMPO, IN VENTAION, IN PARROCHIA ANIANENSI].

(Fol. 52 r°. — Juillet 1215.)

Anno dominice incarnacionis M° CC° XV°, mense julii, ego magister R., filius quondam Rotgerii de Podio Albone, et ego Bernardus Berardi, nos
* Fol. 52 v°. ambo * scimus et in veritate cum hac presenti scriptura recognoscimus, quod nos tenemus et tenere debemus a monasterio Sancti Salvatoris Anianensis et a te domino Bernardo, abbate ejusdem loci, ad feudum honoratum, I campum scilicet in loco qui dicitur Sorgens, in parrochia Sancti Silvestri de Monte Calmensi; et confrontatur campus iste, ex una parte cum bosco de Valle, et ex alia cum camino, quo itur a Podio Abone versus Anianam, et in eadem parrochia boscum de Podio Gavat; et confrotatur ex una parte cum bosco Petri de Podio Abone et ex alia cum dicto campo de Sorgens; et totum planterium, quod ibidem tenet a nobis Rainourz; et confrotatur ex una parte cum dicto bosco de Podio Gavat, ex alia cum vallato, quod se tenet cum fonte Lutoso; et in eodem loco juxta hoc planterium I peciam inculte terre, que confrotatur ex una parte cum supra dicto bosco de Podio Gavat, et ibidem aliud planterium quod tenet a nobis Riverius et confrotatur ex una parte cum camino publico,

quo itur ab Aniana apud Podium Abonem, ex alia cum valle cum vallato de fonte Lutoso, et ex alia cum sepedicto bosco de Podio Gaveto; et in parrochia Anianensi similiter alium campum, in loco qui dicitur Ventaion, qui confrotatur ex una parte cum terra Bernardi Godafre, ex alia cum terra Guillermi de Bua, et infra villam Aniane unam domum quam tenet a nobis Bernardus de Aurflacho, que jungitur ex una parte cum via que transit ante domum monacharum (*sic*) et ex alia cum alia via que movet a domo elemosine et tenet versus macellum, et modo de feudo plus nescimus; tamen tibi prefato domino Bernardo, abbati Anianensi, promittimus bona fide, et convenimus quod quancumque de hoc feudo, quod a te et a dicto monasterio tenemus, plus ad noticiam nostram pervenerit, illud totum tibi vel successoribus tuis dicemus notificabimus et recognoscemus; et inde tibi et omnibus successoribus tuis et monasterii Anianensi, specialiter pro hoc feudo, erimus semper amici et fideles. Sic Deus me Bernardum Berardum adjuvet et hec sancta IIIIor Dei euvangelia. Hoc idem totum ego jam dictus magister Raimundus, tibi domino abbati et omnibus successoribus tuis, et monasterio Anianensi mea bona fide convenio et promitto. Et ego Ber[nardus], abbas Anianensis, hoc totum feudum prescriptum laudo et imperpetuum habere concedo et confirmo tibi magistro R. predicto et tibi Ber. Berardo, ejus cognato, et vestris, et insuper in hujus rei testimonium et cautelam hanc cartam precepi nostri sigilli munimine roborari. Testes sunt: Raimundus de Garriga, Aniane publicus notarius, Bernardus de Veza, miles albus, Ber. Cleophart, Riverius, P. de Brucis, Guillermus Arnaldi, diaconus, et Petrus Carbonelli, qui hec scripsit.

XXI.

[DONATIO, SOLUTIO, GUIRPITIO ET CONCESSIO DEO ET MONASTERIO, MOLENDINI CUJUSDAM ERAURIS IN LOCO RIPA ALTA VOCATO, A NICHOLAO ET GUILLERMO NICHOLAI ET NICHOLAO, FILIO EJUS CUM JURAMENTO CORPORALITER PRESTITO, FACTA].

(Fol. 52 v°. — Février 1214.)

Anno dominice incarnationis M° CC° XIIII°, mense februarii. Ego Nicholaus et ego Guillermus Nicholai et ego Nicholaus, filii ejus, per nos et per omnes nostros heredes, bona fide et sine omni dolo, intuitu pietatis et misericordie, pro remedio animarum nostrarum et parentum nostrorum donamus, solvimus, guirpimus et gratis concedimus, Domino Deo, sancto Salvatori Anianensis monasterii et tibi domino Ber[nardo], abbati et cellario ejusdem loci, et omnibus successoribus tuis, videlicet quicquid habemus vel habere debemus in ultimo molendino Erauris, in loco qui vocatur Ripa Alta, videlicet quinque partes unius cartonis, in ipso molendino, ad omnes voluntates vestras plenarie faciendas; et juramus omnes nos predicti, quod contra hanc donationem vel solucionem vel concessionem nunquam veniemus nec venire faciemus. Sic Deus nos adjuvet et hec sancta IIIIor euvangelia a nobis corporaliter tacta. Testes sunt: Raimundus de Nebiano prior, Bernardus de Podalas, prior de Cinciano, Bernardus Medici, Bernardus Hospitalarius, Bernardus de la Devesa, Stephanus Aiola, Raimundus de Garriga, qui hec scripsit.

XXII.

[PERMUTACIO INTER JOHANNEM, MAGALONENSEM EPISCOPUM ET RAIMUNDUM, ABBATEM, DE ECCLESIA SANCTI MARTINI DE SCAFIACO PRO ECCLESIA SANCTI SEBASTIANI DE MAROIOL, CUM DOTE SUA, ET DE VILLA SANCTI MARTINI DE SCAFIACO CUM MANSO DE TAURONE, PRO VILLA DE MAROIOL, AB ABBATE EPISCOPO TRADITIS].

(Fol. 53 r°. — 26 septembre 1182.)

Anno dominice incarnacionis M° C° LXXX° II°, mense septembri. Ecclesie Dei prelati talentum sibi creditum augere festinantes studii ferventis previgili cura incessanter insudant suarum administrationum utilitatibus providere. Eapropter dominus Johannes, ecclesie Magalonensis antistes, ac dominus Raimundus, Anianensis abbas, convenerunt, duarum ecclesiarum invicem adhibita circumspeccione, facere vicissim commodam permutacionem. Ideoque ego Johannes, Dei gracia Magalonensis episcopus, per me et successores meos canonice substituendos, titulo permutacionis pro ecclesia Sancti Martini de Scafiaco, dono, laudo, concedo et imperpetuum trado tibi, domino R[aimundo,] Anianensi abbati, et omnibus successoribus tuis in ecclesia Sancti Salvatoris canonice constitutis, scilicet ecclesiam Sancti Sebastiani de Maroiol cum decimis et primiciis, cum quarto

quod ad episcopum spectat, et cum universa dote ejusdem ecclesie, et cum omnibus que ad episcopum pertinere debent vel possunt racione istius ecclesie, salvis tamen michi et successoribus sinodalibus institutis et episcopali reverencia et obediencia. Similiter Raimundus, Dei gracia Anianensis abbas, per me et successores meos canonice sustituendos, titulo permutationis, pro ecclesia Sancti Sebastiani de Maroiol dono, laudo, concedo, et imperpetuum trado tibi domino Johanni, Magalonensi episcopo, et omnibus successoribus tuis in ecclesia Magalonensi canonice substituendis, scilicet ecclesiam Sancti Martini de Scafiaco, cum decimis et primiciis, et cum universa dote ejusdem ecclesie, et cum universis que ad abbatem pertinent et ad monasterium Anianense vel pertinere possunt, racione istius ecclesie. Preterea ego Johannes, Magalonensis episcopus, alterius titulo permutationis, dono, laudo, concedo et imperpetuum trado tibi Raimundo, Anianensi abbati, et successoribus tuis, sine omni retencione, omne jus, dominium, dominationem, et quicquid ad me pertinere potest vel debet in tota villa de Maroiol, cum omnibus suis adjacenciis, et quicquid ad episcopum racione ejusdem ville pertinere debet vel potest in militibus, hominibus, feminis, vel in rebus eorum ipsius ville. Similiter ego Raimundus, Anianensis abbas, titulo istius secunde permutationis, dono, laudo, concedo et imperpetuum trado tibi Johanni, Magalonensi episcopo, et successoribus tuis sine omni retencione, omne jus, dominium, dominationem, et quicquid ad me vel ad monasterium pertinere potest vel debet, in tota villa Sancti Martini de Scafiaco, cum omnibus *suis adja- * Fol. 53 v°.
cenciis, et quicquid ad me vel ad monasterium, racione ejusdem ville, pertinere debet vel potest, in militibus, hominibus, feminis, vel in rebus eorum ipsius ville, et totum mansum de Taurone, cum usaticis, cultis et incultis, hominibus, feminis et cum omnibus que ad mansum pertinere debent vel possunt, et cum universis que umquam racione ejusdem mansi ad monasterium Anianense aliquomodo pertinuerunt.

Acta sunt hec in capitulo Anianensi, sexto kalendas octobris, in festivitate sanctorum martirum Cipriani et Justine; et affuerunt ibi Poncius de Cornone, Ademarus Guilaberti, Bernardus de Salzeto, Petrus de Rupe, Hugo de Giniaco, Aimericus, Arbertus, Petrus Raimundi, Raimundus

Poncius, Guillermus Garruz, Bernardus de Gardia, Raimundus de Nibiano, Bernardus de Tortosa, Guillermus de Cerviano, Petrus de Barreria, Guillermus de Caneto, Petrus de Albiliano, Raimundus de Salviano, Petrus de Montebloso, Poncius Arnulfi, Raimundus Longi, Raimundus de Garriga, Ademarus de Villannova, Guillermus de Boisseto, Guillermus Provincialis, Raimundus de Mosano, Guillermus Siguini, Guillermus de Abriniaco, Matfredus, Guillermus de Duabus Virginibus, monachi Anianenses, qui omnes isti hoc laudaverunt et confirmaverunt. Testes sunt: Olricus et Julianus, canonici Magalonenses, Raimundus Lumbardi, Guillermus de Cellanova, Gaucelinus, sacerdotes; Durandus de Lamata, Guillermus, Petrus Gormes diachoni, Petrus de Luirano, Guillermus Poncii, Petrus Fornerius, Bernardus Garnerius, Guillermus de Montepetroso, Petrus Cassa, Raimundus de Boisseto, Guillermus Gascho, Bernardus de Orlaco, Guillermus de Podio, Berengarius de Brozas, Petrus Regan, Raimundus Faber, Guillermus de Vallan, Johannes Groairos, Guillermus Vitalis, Silvester scripsit.

XXIII.

[RECOGNITIO ET DENUMERATIO FEUDI IN PARROCHIA SANCTI SEBASTIANI DE MAROIOL, EXCEPTO CORPORE VILLE, ET HOMINIUM ABBATI PRESTITUM A PETRO GUILLERMI DE MAROIOL].

(Fol. 53 v°. — 1181.)

In nomine Domini, anno incarnationis ejusdem M° C° L° XXX° I°. Notum sit omnibus hec audientibus, quod ego Petrus Guillermi de Maroiolo scio et in veritate recognosco, quod ego teneo et tenebo et antecessores mei tenuerunt ad feudum honoratum quicquid habeo vel habere debeo in tota parrochia Sancti Sebastiani de Maroiolo, excepto corpore ville, a monasterio Sancti Salvatoris Anianensis et a te domino Raimundo Guillermi, abbate ejusdem monasterii. Propter quod feudum, ego et successores mei monasterio predicto et vobis et successoribus vestris, faciemus et facimus commoniti hominium et erimus fideles et serviemus jam dictum feudum secundum consuetudinem et racionem feudi honorati. Sciendum est quod in hoc feudo intelligo fundos, campos, vineas, ortos, prata, pascua, nemora, culta et inculta, homines et feminas, mansos, usaticos cum aquis aquarumve decursibus, et quicquid est aut esse potest, quod ad nos pertinet aut pertinere potest, sive ad aliquas personas a nobis vel pro nobis possidentes. Quando Petrus Guillermi hoc laudavit et recognovit et hominium fecit, interfuerunt isti Aimericus prior, Raimundus de Garriga, Hugo de Andusia, Guillermus de Boiset, Raimundus Poncius, Guillermus Garin, Bernardus de Gardiis, Bernardus de Tortosa monachi, Bernardus Raimundi, Raimundus de Duabus Virginibus, Guillermus Raimundi, Guillermus de Valleta milites, Guillermus de Cellanova, Garbaldus, Petrus Rainaldus, Petrus de Luiram, Hugo Berengerii, Guillermus de Podio, Guillermus Garini, Guillermus Bonefacius, Guillermus Rogaz, Raimundus del Solier, Raimundus de Graniers, Raimundus Berengerii, Poncius Martini, Johannes Feltrier. Raimundus scripsit.

XXIV.

[ITEM DE EODEM FEUDO AB EODEM GUILLERMO DE MAROIOL ET FRATRE EJUS BREMUNDO].

(Fol. 54 r°. — 1181.)

In nomine Domini, anno incarnacionis ejusdem M° C° LXXX° I°. Notum sit omnibus hec audientibus quod ego, Guillermus de Maroiolo, et ego Bremundus, frater ejus, nos ambo scimus et in veritate cognoscimus, quod nos tenemus et tenebimus, et antecessores nostri tenuerunt ad feudum honoratum quicquid habemus, aut habere debemus, in tota parrochia Sancti Sebastiani de Maroiolo, excepto corpore ville, a monasterio Sancti Salvatoris Anianensis et a te domino Raimundo, abbate ejusdem monasterii Sancti Salvatoris. Propter quod feudum, nos et successores nostri, monasterio predicto et vobis faciemus commoniti et facimus hominium, et erimus fideles, et serviemus jam dictum feudum secundum consuetudinem et racionem feudi honorati. Sciendum est quod in hoc feudo intelligimus fundos, campos, vineas, ortos, prata, pascua, nemora, culta et inculta, homines et feminas, mansos, usaticos cum aquis aquarumve decursibus, et quicquid est aut esse potest quod ad nos pertinet aut pertinere potest, sive ad aliquas personas a nobis vel pro nobis possidentes. Quando Guillermus de Mariolo et Bremundus, frater ejus, hoc laudaverunt et recognoverunt et hominium fecerunt, interfuerunt Aimericus prior, Bernardus de Gardiis, Guillermus Guarinus, Raimundus Poncius, monachi Anianenses, Raimundus de Casulis, Guillermus de Cellanova, sacerdotes, Raimundus de Duabus Virginibus, Bernardus Raimundi de Maroiolo et Arnaldus frater ejus, Petrus Guillermi de Maroiolo, Guillermus Raimundi, G. de Valleta milites, Guillermus Poncii, G. de Fesc, Bertrannus de Infirmaria, Stephanus Martinus, Johannes et Poncius, fratres ejus, Ber. Arnaldus, A. de Volpilos, R. Boamundus, R. Bertrannus, Ber. Ruschier, G. Guarnerius, R. de Balmis, P. Fornerius, P. de Podio et Po, frater ejus, G. Bonefacius, G. Paxeria et St. frater ejus, B. de Aurlac, Stephanus Guillermi, G. Gras, M. Sutor, G. de Albi, G. Vitalis, Ber. de Caprarezia, Petrus Arnaudi, Raimundus scripsit.

XXV.

[TRADITIO ET OBLIGATIO, JURE PIGNORIS, EJUSDEM FEUDI AB EISDEM GUILLERMO ET BREMUNDO FACTA, TACTIS SACROSANCTIS EVANGELIIS, CUM PROMISSIONE QUOD HOC SCRIPTUM A BERTRANNO FRATRE OBSERVARE FACIANT].

(Fol. 51 r°. — Août 1181.)

In nomine Domini, anno incarnationis ejusdem M° C° LXXX° I°, mense augusto, ego Guillermus de Maroiolo et ego Bremundus, frater ejus, nos insimul, communi consilio et pari voluntate, bona voluntate et bona fide, sine omni dolo et cum presenti carta, tradimus et jure pignoris obligamus tibi domino Raimundo, abbati Anianensi, et per te monasterio et successoribus tuis, per DCC solidos melgoriensium, quos ita nobis persolvisti, quod nullus penes te remansit in debito, videlicet * totum illud quod habemus vel habere debemus in parrochia Sancti Sebastiani de Maroiolo. In hoc pignore intelligimus mansos, usaticos, homines, feminas, et omnes feudales, fundos, campos, vineas, ortos, prata, pascua, nemora, culta et inculta, cum aquis aquarumve decursibus, quod totum, sicut comprehensum est, recognoscimus a te et a monasterio Anianensi pro feudo tenere. Quicumque fructus vel quecumque utilitates inde tibi advenerint,

* Fol. 51 v°.

tui sint et non computentur tibi in sortem vel successoribus tuis. Si vero hec moneta Melgorii abbatuda vel quoquomodo deteriorata fuerit, reddemus tibi vel tuis successoribus marcham argenti fini, pro racione que non valet, scilicet L^{a} solidos, sine vestro vestrorumque dampno. Terminus vero hujus pignoris est ab hac festivitate omnium sanctorum usque ad II^{os} annos, et si tunc redemptum non fuerit, stet de anno in annum, tamdiu donec vobis vel vestris prefati solidi integre persolvantur. Nos vero jam dicti fratres, Guillermus et Bremundus, pari animo promittimus quod ita sicut scriptum est tenebimus et observabimus, et Bertranno, fratri nostro, ita tenere et observare faciemus ; et juramus, tactis sacrosanctis euvangeliis, quod contra hoc pignus per nos nec per aliquam subpositam personam non veniemus, nec in posterum venire faciemus ; et sit notum quod pro hoc feudo tibi vel successoribus tuis debemus facere hominium. Addimus et huic pignori, nos fratres prenominati, totum illud quod in parrochia Anianensi habemus vel habere debemus, ut in eodem pignore prefato habeas et quiete possideas, tu et successores tui, donec prefata pecunia tibi vel successoribus tuis, sicut predictum est, integre reddatur. Hujus rei testes sunt Aimericus prior, Guillermus de Cella Nova, Guillermus Poncii, Stephanus Martini, et J. et P. fratres ejus, Ber. de Infirmaria, B. Arnaldi, B. Ruschier, G. Garnerius, R. de Balmis, P. Fornerius, P. de Podio, et Pon. frater ejus, R. Boamundi, R. Bertrannus, Stephanus Guillermi, G. Gras, M. Sutor, G. de Albi, Ber. de Caprarezia, P. Arnaldi, G. Vitalis, G. Bonefacius, G. Paxeria, Raimundus scripsit.

XXVI.

[GUILLERMUS DE MAROIOL, BERENGUARIUS, RAIMUNDUS ET ARNALDUS CONCEDUNT MAGALONENSI EPISCOPO, PER ALODIUM TOTAM VILLAM DE MAROIOL, PRO QUA DEBENT FACERE HOMINIUM ET SACRAMENTUM FIDELITATIS. PROMITTIT EPISCOPUS SE NULLUM ALIUM DOMINUM INTERPONERE INTER SE ET FEUDALES ; DE FEUDO STARE TANTUM ECCLESIE SIBI RETINET ; CONCEDIT AUTEM CUM FEUDO, JUSTICIAS TOCIUS VILLÆ, EXCEPTIS CLERICORUM JUSTICIIS, ET REFUGIUM ECCLESIE].

(Fol. 51 v°. — 1157.)

In nomine Domini, anno ab incarnatione ejusdem M° C° L° VII°. Guillermus de Mariolo, et Berenguarius, et ego, Raimundus de Maruiol, et Arnaldus de Maroiolo, nos omnes communi consilio cognoscimus, concedimus et atorgamus totam villam de Maruiol per alodium tibi R., Magalonensi episcopo, et successoribus tuis, et ecclesie Magalonensi, pro qua nos et successores nostri, quicumque et quanticumque sint, debemus et debent facere hominium tibi et successoribus tuis et sacramentum fidelitatis, tam de ipsa villa quam de munitionibus et de las forzas que modo ibi sunt vel in antea erunt. Et ego Raimundus, Magalonensis episcopus, dono, laudo, concedo ad feudum vobis et successoribus vestris predictam villam de Maruiol, excepto stare ecclesie cum pertinenciis suis, sicut extenditur a domo Petronille Saice usque ad portale. Concedimus etiam vobis justicias tocius ville, exceptis justiciis clericorum, adicientes quod nec michi nec alicui successorum meorum licitum sit aliquem dominum vel dominam interponere in hoc feudo inter nos et vos, set semper integre dominium remaneat Magalonensi ecclesie. Volumus etiam ut refugium ecclesie nullo modo vobis denegetur, sed quocienscumque necesse fuerit, concedatur. Sciendum quod nos predicti et successores nostri vobis et vestris successoribus episcopis debitum servicium persolvere debemus.

Actum fuit hoc apud Sanctum Georgium d'Orcas, in presentia domini Ricardi, Sancti Guillermi abbatis, Berengarii de Monte Arnaldo, Ber. de Nant, P. Archidiaconi, P. Poncii, canonicorum, Bernardi Berenguarii, P. Lamberti, Bernardi presbiteri. Willermus, canonicus, scripsit.

XXVII.

[IMPIGNERATIO TOCIUS TERRÆ QUAM HABENT APUD MAROIOL, A BERNARDO RAIMUNDI ET ARNALDO, FRATRE EJUS, FACTA, PRO DC SOLIDIS MELGORIENSIBUS PACCATIS, CUM PRO EVICTIONE PROMISSIONE].

(Fol. 55 r°. — 1er avril 1183.)

Anno dominice incarnationis M° C° LXXX° III°, kalendas aprilis, ego Bernardus Raimundi de Maroiol et ego Arnaldus, frater ejus, bona fide et sine dolo, cum hac carta mittimus in pignore, pro C solidis melgoriensium tibi, Raimundo Guillermo, Anianensi abbati, et successoribus tuis et quibuscumque hoc pignus dimiseritis, scilicet totum illud quicquid sit quod habemus et habere debemus apud Maroiol, et in omni terminio suo, in quo habetis similiter pro pignore ex alia parte D solidos, et ita sunt DC solidi, ut habeatis et teneatis totum hoc pignus, et fructus et redditus vestros proprios faciatis et percipiatis, ita quod in sorte non computetur, et illa de mera liberalitate vobis damus, tamdiu donec DC solidos melgorienses vobis vel vestris solutos et paccatos habeamus, sine vestro enganno vel argentum finum ad rationem marche que nunc valet L solidos. Si tunc hec moneta Melgorii fuerit habatuda seu deteriorata, et hoc pignus faciemus vos et vestros semper habere et tenere quiete, et ab omni contradicente jure defendemus. Si vero aliquid inde vobis ablatum fuerit vel evictum, totum vobis jure restituemus. De Bernardo Raimundo, quando hoc laudavit, fuerunt testes Raimundus de Crecio, archidiaconus Luteve, Guarinus monacus, Bertrandus de Vallauches, G. de Fontaniis, Bernardus Vilanus, Nicholaus de Luteva, Bernardus Deulofez et Silvester, qui hec scripsit.

XXVIII.

[EJUSDEM FEUDI IMPIGNERATIO AB IISDEM FACTA, PRO CC SOLIDIS MELGORIENSIBUS, CUM OBLIGATIONE OMNIUM RERUM SUARUM PRO EVICTIONE, ET CUM CONFIRMATIONE PIGNORIS AB ERMENGARIT, UXORE BERNARDI].

(Fol. 55 r°. — Juillet 1183.)

Anno dominice incarnationis M° C° LXXX° III°, mense julio, ego Bernardus Raimundi de Maroiol et ego Arnaldus, frater ejus, bona fide et sine omni dolo, cum hac carta mittimus in pignore pro CC solidis melgoriensibus tibi, Raimundo Guillermo, Anianensi abbati, et successoribus tuis et quibuscumque hoc pignus dimiseritis, scilicet totum illud quicquid sit quod habemus et habere debemus apud Maroiol et in omni terminio suo, in quo habetis similiter pro pignore ex alia parte D solidos; et ita sunt DCC solidos, ut hoc pignus habeatis et teneatis; et fructus et redditus inde exeuntes vestros proprios habeatis et percipiatis, ita quod in sorte non conputentur, et illos de mera liberalitate vobis damus, tamdiu donec reddamus vobis vel vestris DCC solidos melgorienses, sine vestro enganno, quos bene a vobis habuimus et recepimus, vel argentum finum ad racio-

nem marche que nunc valet L solidos, si tunc hec moneta Melgorii fuerit habatuda seu deteriorata. Et hoc pignus faciemus semper vos et vestros habere et tenere quiete, et ab omni contradicente jure defendemus. Si
* Fol. 55 v°. vero aliquid in hoc pignore a vobis vel vestris ablatum * vel evictum fuerit, totum vobis vel vestris jure in integrum restituemus, et damus inde vobis et vestris regressum super omnes res nostras ubicumque sint; et juramus vobis super sancta Dei euvangelia, quod numquam contra hoc pignus aliquo jure ratione vel veniemus. Et ego Ermengarrit, uxor predicti Bernardi Raimundi, hoc idem laudo et concedo similiter per fidem meam plevitam. Testes sunt Garinus monacus, Bertrandus Guillermi, Petrus Dalmacii, Poncius de Aniana, Guillermus frater ejus, Raimundus de Agannico, Helyas scriptor. Silvester scripsit.

XXIX.

[TRADITIO ET JURE PIGNORIS OBLIGATIO TOCIUS HONORIS IN PARROCHIA SANCTI SEBASTIANI DE MAROIOL, PRO D SOLIDIS MELGORIENSIBUS, A BERNARDO RAIMUNDI DE MAROIOLO, CONSILIO UXORIS ERMENGARDIS, ET AB ARNALDO FRATRE FACTA].

(Fol. 55 v°. — 2 juillet 1181.)

In nomine Domini anno incarnationis ejusdem M° C° LXXX° I°, mense julio, VI nonas ejusdem, ego Bernardus Raimundi de Maroiolo, consilio et voluntate Ermengardis, uxoris mee, et ego Arnaldus, frater ipsius Bernardi. nos insimul, communi consilio et pari voluntate, bona fide et sine omni dolo, et cum hac presenti carta tradimus et jure pignoris obligamus pro D solidis melgoriensibus, quos ita nobis persolvisti, quod nullus penes te remansit in debito, tibi domino Raimundo Guillermi, abbati Anianensi et omnibus successoribus tuis, videlicet totum illum honorem quem habemus vel visi sumus habere seu aliquis aut aliqua per nos habet, in parrochia Sancti Sebastiani de Maroiolo, et concedimus tibi ut integre habeas et teneas et absque omni infestatione possideas, fructus quos inde habueris tui sint et non computentur tibi in sortem. Si vero hec moneta Melgorii abbatuda vel quoquomodo deteriorata fuerit, reddemus tibi vel tuis marcam argenti fini, pro ratione quam valet, scilicet L solidos sine tuo tuorumque dampno. Terminus vero hujus pignoris est ab hac festivitate sancti Michaelis usque ad duos annos, et si tunc redemptum non fuerit, stet de anno in annum, tamdiu donec prefati solidi tibi vel tuis sine tuo tuorumque dampno integre persolvantur. Sciendum vero est, quod nos jam dicti fratres Bernardus et Arnaldus de Maroiolo, recognoscimus totum predictum honorem, ubicumque in parrochia prefata sit, a te, prenominato abbate, et a monasterio pro feudo tenere, et convenimus per fidem nostram tibi et tuis, et juramus, tactis sacrosanctis evangeliis, quod contra hoc pignus per nos nec per aliquam suppositam personam non veniemus, nec venire faciemus. Et ego Ermeniardis supra nominata, laudo, affirmo hoc pignus, et convenio quod contra non veniam nec venire faciam, si Deus me adjuvet et hec sancta IIII^or^ Dei euvangelia. Addimus et huic pignori nos insimul prenominati totum illud quod in parrochia Anianensi habemus vel habere debemus, ut in eodem pignore habeas et quiete possideas, donec prefata pecunia tibi vel, sicut supradictum est, tuis reddatur. Sciendum est quod in hoc prefato pignore intelligimus fundos, campos, vineas, nemora, culta et inculta, homines, feminas, et quicquid est aut esse potest, quod ad nos pertinet aut pertinere potest, sive ad aliquas personas a nobis vel pro nobis possidentes. Hujus rei testes sunt Guillermus de Cella nova sacerdos, Guillermus Guarinus, Bernardus de Gardia monachi, Maurinus sutor, Raimundus pargamenerius, G. Maza laici. R. Poncius monacus, qui hanc cartam scripsit.

XXX.

[SIBILZ, UXOR QUONDAM PETRI DE VALLAUCHES, GUILLERMO DE VALLAUCHES DONAT, CONCEDIT OMNE JUS, OMNEM RATIONEM SEU ACCIONEM EI COMPETENTEM NOMINE DOTIS, HEREDITATIS SEU SPONSALICII VEL ALIO MODO, CUM RENUNCIATIONE].

(Fol. 56 r°. — Décembre 1198.)

Anno dominice incarnationis M° C° LXXXX° VIII°, mense decembris; ego Sibilz, uxor quondam Petri de Vallauches, per me et per meos, bona fide et sine omni dolo, cum hac carta dono, concedo et inperpetuum solvo tibi, Guillermo de Vallauches, et tuis omne jus et omnem rationem et accionem michi competentem nomine dotis mee vel hereditatis seu sponsalicii, vel alio modo qui dici vel excogitari possit, in toto honore et in omnibus bonis que fuerunt prefati mariti mei, quondam Petri de Vallauches, vel nomine rerum principalium seu accessionum, et generaliter solvo tibi et tuis, atque remitto et dono imperpetuum scilicet omne jus et omnem accionem michi competentem adversum te vel res tuas, vel adversus ea que habes vel tenes quoquomodo, et de omnibus te et tuas res omnes, et omnia que habes et tenes, vel aliquis per te, penitus libero et absolvo, et promitto tibi stipulanti, quod numquam contra hanc donationem predictam et cessionem seu remissionem veniam, nec aliquis arte mea vel ingenio meo ; et si aliquo jure scripto vel non scripto contra venire possem, illi penitus renuncio ; et ita plenarie me observaturam, sic Deus me adjuvet et hec sancta euvangelia. Testes sunt Berenguarius de Sancto Firmino, B. de Montemirato, G. Deodatus pellerius, Guillermus de Castronovo, pellerius, et Johannes Laurencii, qui hanc cartam scripsit.

XXXI.

[PROMITTIT ENGILRADA, FILIA AGNETIS, PETRO, ABBATI ANIANENSI, SE NUNQUAM EUM DECEPTURAM DE CASTELLO DE SALVIANO, NEC SOCIETATEM VEL AMICITIAM FACTURAM CUM HOMINE QUI CASTELLUM TOLLERE VELIT, NISI AD RECUPERANDUM CASTELLUM ; ET RECUPERATUM REDDERE PROMITTIT].

(Fol. 56 r°. — 1120-1140 ?)

De ista hora in antea non dezebrai ego Engilrada, filia Agnetis, te Petrum, abbatem Anianensem, filium Dede, de castello de Salviano neque de ipsas turres, neque de ipsos muros, neque de ipsos vallos, neque de ipsas fortezas, que hodie ibi sunt et in antea ibi erunt, ni nol ti tolrai, ni non t'en tolrai, ni nol ti vederai, nec homo nec femina, nec homines nec femine, cum meo consilio neque cum mea voluntate nec cum meo ingenio ; et si homo aut femina, homines aut femine lot tollia, o t'en tollia, ol ti tolliaun, aquel castell de Salviano suprascriptum, o t'en tolliaun, ego Engilrada, ab aquel homen, ab aquella femina, ni ab aquellas feminas ni ab aquels homens, finem neque societatem neque amiciciam non auria ni tenria, si non avia per lo castel a recobrar, e quan recobrat l'auria en ta poztad lo metria, sine enganno et sine lucro, sicut suprascriptum est. Aizi t'o tenrai e t'o atendrai, ego Engilrada supra scripta, per istos sanctos.

XXXII.

[IDEM SACRAMENTUM DE EODEM CASTELLO, AB AGNE, FILIA ENGERALDE FACTUM].

(Fol. 56 v°. — 1151.)

Ego Agnes, filia Engeralde, spontanea voluntate, facio tibi Willermo, abbati Anianensi, hujusmodi sacramentum. Ego Agnes, filia Engeralde, ab ista hora in antea non decipiam te Willermum, abbatem Anianensem, filium Belliardis, de castello de Salviano, neque de turribus ipsius, neque de muris, neque de vallis, neque de forticiis que hodie ibi sunt vel deinceps erunt, nichil de supradictis auferam tibi, nec aliquis vel aliqua meo consilio aut mea voluntate sive meo ingenio, et si aliquis vel aliqua auferret tibi supradictum castellum Salvianum, vel aliquam partem ejus cum aliquo illo vel cum illa, ego non haberem finem neque societatem neque amiciciam, nisi propter castellum recuperandum, et, postquam recuperarem illud, redderem tibi in tua potestate sine aliqua fraude et sine pecunia et sine aliquo lucro, et numquam illud tibi vetabo seu contradicam. Sicut superius scriptum est, ita bona fide sine fraude sine aliqua deceptione tibi faciam, et tenebo per hec sacrosancta euvangelia. Hoc sacramentum factum est anno ab incarnatione Domini M° C° L° I°, regnante Ludovico, rege Francorum, et Raimundo Trencavelli, vicecomite Biterrensi, in presentia monachorum Berenguarii de Villa nova, Petri Montispetrosi, G. Montispetrosi, P. de Cornone, P. de Abiliano; laicorum vero, Petri Raimundi de la Laveneira et A. fratris ejus, G. de Salviano et B. fratris ejus, A. de Salviano, G. de Salviano, G. de Stanno, Petri Parrochie, Bernardus Wrardi scripsit.

XXXIII.

[DE EODEM CASTELLO DE SALVIANO, GUILLERMUS ARNALDI DE BITERRIS, RECOGNOSCIT, SICUT ANTECESSORES GUILLERMUS DE SALVIANO ET ENGERALDA SOROR EJUS, SE UT FEUDUM ID AB ABBATE TENERE ET FACIT HOMINIUM ; NEC ABBAS ALII DOMINIUM ALIENARE POTEST].

(Fol. 56 v°. — 1158.)

Anno ab incarnacione Domini M° C° L° VIII°, regnante Lodoyco, rege Francorum, et Raimundo Trencavello, vicecomite Biterrensi, ego Guillermus Arnaldi de Biterris, recognosco jus et dominium ecclesie et altaris Sancti Salvatoris Anianensis monasterii et abbatis et monacorum ipsius loci, quod habent et semper habere debent, in castello de Salviano et in ejus terminio, et recognoscendo laudo et confirmo reddicionem et guirpicionem vel etiam donationem, quam fecerunt de suprascripto castello et de ejus terminio parentes et antecessores mei, videlicet Guillermus de Salviano et Engeralda, soror ejus, et Elesiarius, maritus predicte Engeralde, altari et abbatibus et monachis prefati monasterii; et ego similiter recognosco et dono ipsum castellum de Salviano in alodium, cum toto suo terminio, quantum ego ibi habeo vel habere debeo Domino Deo et
* Fol. 57 r°. altari suprascripto et tibi Petro, abbati Anianensi, * et monachis ejusdem loci presentibus et futuris, et omnem convenienciam et consuetudinem quam predicti antecessores mei predicto altari et abbatibus fecerunt et tenuerunt, similiter facio et tenere promitto, videlicet ut ego et quicumque ex successoribus meis predictum castellum ejusque honorem habuerint, sint fideles et adjutores monasterii, et fiant homines abbatis Anianensis, et jurent ei castellum suprascriptum sine lucro et sine largicione pecunie, et non possint neque habeant licenciam castellum ipsum intrare, neque honorem ejusdem castelli, neque aliquid de terminio ejusdem castelli dare, alienare, vendere neque impignorare alicui persone, neque alteri ecclesie nisi altari Sancti Salvatoris, sine consilio abbatis et monacorum, neque possint ullum alium aut ullam aliam dominum vel dominam pro ipso castro facere, nisi abbatem Anianensem, neque ab ullo alio neque ab ulla alia predictum honorem seu castellum

ad fevum accipere vel tenere, nisi ab abbate Anianensi. Et ego Petrus, abbas Anianensis, cum consilio nostri conventus, dono et laudo tibi predicto G. Arnaldi ipsum castellum suprascriptum, ad fevum, cum ejus terminio, et facio tibi convenientiam et successoribus tuis qui, sicut tu, sacramentum et hominium nostris successoribus fideliter fecerint. De [quo] nec ego neque successores mei possimus vel habeamus licenciam ipsum fevum suprascriptum vel aliquid de ipso alicui persone dare, vendere, vel impignorare, vel quocumque modo alienare, nisi tuo tuorumque consilio.

Factum est hoc in presentia Petri de Abiliano, prioris de Salviano, Petri de Montepetroso, B. Guirardi monacorum; et laicorum etiam G. de Salviano, Erimundi, Gairaudi, Petri Targua, G. Poncii, R. Pavoni, Damacii, B. Pini, Petrus scripsit.

XXXIV.

[DE EODEM CASTELLO DE SALVIANO, SACRAMENTUM A PETRO RAIMUNDI DE LAVENARIA, FILIO ERMENSENDIS, PRESTITUM].

(Fol. 57 r°. — 10 janvier 1169.)

Anno ab incarnatione Domini M° C° LX° VIIII°, Lodoyco rege regnante, IIII idus januarii, ego Petrus Raimundi de Lavenaria, filius Ermensendis, ex ista hora in antea non decipiam te Raimundum, abbatem Anianensem, filium Sibilie, de castello de Salviano neque de turribus ipsius, neque de muris, neque de vallis, neque de forticiis que hodie ibi sunt vel deinceps erunt, nichil de supradictis auferam tibi, ego, nec aliquis vel aliqua meo consilio aut mea voluntate, sive meo ingenio; et si aliquis vel aliqua auferret tibi suprascriptum castellum de Salviano, vel aliquam partem ejus, cum illo vel cum illa, ego non haberem finem neque societatem neque amiciciam, nisi propter ipsum castellum recuperandum et postquam *recuperarem illud, redderem tibi in tua potestate, sine aliqua fraude et sine pecunia et sine aliquo lucro, et numquam illud tibi vetabo seu contradicam, sicut superius scriptum est, ita bona fide, sine fraude, sine aliqua deceptione tibi faciam, et tenebo per hoc sacrosanctum altare. Hoc sacramentum factum est anno et die supradicto, Rotgerio regnante vicecomite

* Fol. 57 v°.

Biterrensi, in presentia monacorum Berengarii de Villa nova, Petri de Abiliano, Raimundi de Salve, Sicardi monachi Aniane, et A. sacerdotis, et fratris ejus Ber., presbiteri, et G. Bedoz sacerdotis. Laicorum vero Petri de Puteo, G. de Stanno, V. de Pedanazio, P. Deodati de Magualaz, A. de Lech, P. de Boiano, G. de Salviano, B. de Anizano, L. et G. et R. Ainulfi, R. de Kadola, P. monachi de Montepessulano, G. Cornelii, B. de Botenach levite, P. Giraldi subdiaconi, quorum hominum atestatione et P. Raimundi de Lavenaria suorumque baiulorum jussione, P. de Puteo scilicet et G. de Stagno. Petrus de Palleriis, levita, scripsit.

XXXV.

[ITEM DE EODEM CASTELLO SACRAMENTUM FIDELITATIS, A PETRO RAIMUNDI DE LAVENARIA, EA LEGE UT NEQUE ABBAS NEQUE IPSE PETRUS ALII JUS ALIENANDI HABEAT].

(Fol. 57 v°. — Samedi 10 janvier 1169 ou 1170.)

Anno ab incarnatione Domini M° C° LX° VIIII°, Lodoyco rege Francorum regnante, ego Petrus Raimundi de Lavenaria recognosco jus et dominium ecclesie vel altaris Sancti Salvatoris Anianensis monasterii et abbatis et monacorum ipsius loci, quod habent et semper habere debent in castello de Salviano et in ejus terminio, et recognosco, laudo atque confirmo reddicionem, et guirpicionem, vel etiam donationem quam fecerunt de supradicto castello parentes mei, et antecessores mei, videlicet Raimundus Maufredi, avus patris mei et infantes ejus Raimundus et Ber. et P. et Richeldis, soror eorum, et pater meus Petrus Raimundi de Lavenaria altari et monasterio supradicto, et ego similiter recognosco et dono per alodium ipsum castellum de Salviano cum toto suo terminio, quantum ego ibi habeo et habere debeo Domino Deo et altari supradicto et tibi Raimundo, abbati Anianensi, et monachis ejusdem loci presentibus et futuris, et omnem convenienciam et consuetudinem, quam predicti antecessores mei predicto altari et abbati fecerunt ac tenuerunt, similiter facio et tenere promitto, scilicet ut quicumque ex me aut ex successoribus meis predictum castellum vel honorem habuerint, sint fideles Sancti Salvatoris et fiant homines abbatis Anianensis, et jurent ei castellum supradictum sine lucro et largicione pecunie; et non possint neque habeant licenciam castellum vel honorem ipsum suprascriptum vel de ipso dare, vendere vel impignorare alii ecclesie, nisi Sancti Salvatoris Anianensis, aut ullo modo alienare, neque ullum alium dominum aut ullam aliam dominam pro ipso facere, nisi abbatem Anianensem ; neque ab ullo alio vel ab ulla alia, nisi ab ipso, predictum honorem seu castellum ad fevum accipere ; et ego Raimundus, abbas Anianensis, laudo et confirmo tibi, Petro Raimundo predicto, donum quod fecit Poncius de Salviano, pater tuo, Petro Raimundo de Lavenaria, de castello de Salviano et de honore quem habebat in terminio ipsius. Igitur dono ipsum castellum prescriptum tibi, Petro Raimundo de Lavenaria suprascripto, ad fevum et reliquum honorem, sicut patri tuo predicto, P. Raimundo, dimisit et derelinquit Poncius de Salviano avunculus, similiter ad fevum tibi dono et laudo et facio tibi convenientiam et successoribus tuis, ut nec ego neque successores mei possimus vel habeamus licentiam ipsum fevum suprascriptum seu de ipso alicui homini vel femine dare. * Fol. 58 r°.

Hoc totum factum est suprascripto anno, in mense januarii, IIII idus, feria VII, in presencia monacorum Berengarii de Villnova, P. de Anbiliano, R. de Salve, S. monachi de Aniana ; et laicorum Elisiarii de Castris, et G. de Stagno, P. de Puteo, A. de Lech, F. et G. et R. Arnulfi, B. de Anizano, B. de Castris, R. de Bradolla, B. de Valrranno, P. Deodati de Magalacio, P. de Boiano, G. de Salviano, P. monachi de Montepessulano, et sacerdotum A., capellani,. et B., fratris ejus, G. Bedoz, P. Geraldi subdiaconi ; a prescripto Petro Raimundo de Lavenaria rogatus, in predictorum testium audientia, Petrus de Palleriis scripsit.

XXXVI.

[DE EODEM CASTELLO DE SALVIANO, ELISIARIUS ET ARNAUDUS GUILLERMI FRATRES, RECOGNOSCUNT DOMINIUM ANIANENSIS MONASTERII ET CONFIRMANT ANTECESSORUM GUIRPITIONES ET JURANT ABBATI FIDELITATEM, NEUTRO ALIENANDI CASTELLUM LICENTIAM HABENTE].

(Fol. 58 r°. — Samedi 10 janvier 1169.)

Anno ab incarnacione Domini M° C° LX° IX°, Lodoyco rege Francorum regnante, et Rotgerio vicecomite Biterrensi, ego, Elisiarius, et ego, Arnaudus Guillermi, fratris ejus, recognoscimus jus et dominium ecclesie et

altaris Sancti Salvatoris Anianensis monasterii, et abbatis et monacorum ipsius loci, quod habent et semper habere debent in castello de Salviano et in ejus terminio, et recognoscendo laudamus et confirmamus reddicionem et guirpicionem vel eciam donationem, quam fecerunt de suprascripto castello et de ejus terminio parentes et antecessores nostri, videlicet Guillermus de Salviano et Engeralda soror ejus, et Elisiarius maritus
* Fol. 58 v°. predicte Engeralde * et Gaucelmus de Clareto et Agnes, uxor ejus, et altari et abbatibus et monachis prefati monasterii ; et nos similiter recognoscimus et donamus ipsum castellum de Salviano in alodium, cum toto suo terminio, quantum nos ibi habemus vel habere debemus, Domino Deo et altari supradicto, et tibi Raimundo, abbati Anianensi, et monachis ejusdem loci presentibus et futuris, et omnem convenientiam et consuetudinem, quam predicti antecessores nostri predicto altari et abbatibus fecerunt ac tenuerunt, similiter facimus et tenere promittimus, videlicet ut quicumque ex nostris antecessoribus aut ex nobis predictum castellum ejusque honorem habuerint, sint fideles et adjutores monasterii et fiant homines abbatis Anianensis, et jurent ei castellum suprascriptum, sine lucro et sine largitione pecunie, et non possint neque habeant licenciam castellum ipsum, neque honorem ejusdem castelli, neque aliquid de terminio ejusdem castelli dare, alienare, vendere, nec impignorare alicui persone, neque alteri ecclesie, nisi altari Sancti Salvatoris, sine consilio abbatis et monacorum, neque possint ullum alium aut ullam aliam dominum vel dominam pro ipso castro facere, nisi abbatem Anianensem, neque ab ullo alio neque ab ulla alia predictum honorem seu castellum accipere vel tenere, nisi ab abbate Anianense. Et ego Raimundus, abbas Anianensis, cum consilio nostri conventus dono et laudo tibi Elisiario et Arnaldo, fratri tuo, ipsum castellum suprascriptum ad fevum cum ejus terminio, et facio vobis convenientiam, et successoribus vestris qui sicut vos sacramentum et hominium nostris successoribus fideliter fecerunt, quod neque ego neque successores mei possimus vel habeamus licentiam ipsum fevum suprascriptum vel aliquid de ipso, alicui persone dare, vendere vel impignorare, vel quocumque modo alienare, nisi vestro vel vestrorum successorum consilio.

Factum est hoc supranominato anno, in mense januario, IIII idus, feria VII, in presentia monacorum Berengarii de Villanova et Petri de Abiliano, R. de Salwe, S. monachi de Aniana ; laicorum vero P. de Puteo, G. de Stagno, V. de Pedenacio, P. Deodati de Magalacio, R. Ainulfi, G. et R. de Cadolla, T. et A. de Lech, B. de Castriis, P. monachi de Montepessulano, A. sacerdotis, et B. sacerdotis, fratris ejus, G. Bedoc, P. de Paleriis, Ber. de Botenac levite, P. Giraldi subdiaconi, quorum omnium atestatione et e...., et fratris ejus A. jussione, Salvianus, levita, scripsit.

XXXVII.

[DE EODEM CASTELLO DE SALVIANO, PETRUS RAIMUNDI DE LAVINARIA, FILIUS ERMENSEDIS, RECOGNOSCIT JUS ET DOMINIUM ANIANENSIS MONASTERII, CONFIRMAT TRADITIONEM ANTECESSORUM, ET PROMITTIT FIDELITATEM, NEUTRO NEQUE ABBATE NEQUE PETRO LICENCIAM ALIENANDI HABENTE].

(Fol. 58 v°. — Vendredi 8 janvier 1188.)

Anno ab incarnacione Domini M° C° LXXX° VIII°, Philipo rege regnante, ego Petrus Raimundi de Lavinaria, filius Ermensedis, * recognosco jus et dominium ecclesie vel altaris Sancti Salvatoris Anianensis monasterii et abbatis et monacorum ipsius loci, quod habent et semper habere debent, in castello de Salviano et in ejus terminio, et recognosco, laudo et confirmo redditionem et guirpicionem vel etiam donationem, quam fecerunt de supradicto castello parentes et antecessores mei, videlicet Raimundus Matfredi, avus patris mei, et infantes ejus Raimundus et Bernardus et Poncius et Richeldis, soror eorum, et pater meus, Petrus Raimundi de Cellavinaria, altari et monasterio supradicto, et ego similiter recognosco et dono per alodium, ipsum castellum de Salviano, cum toto suo terminio, quantum ego ibi habeo et habere debeo, Domino Deo et altari supradicto, et tibi Ademaro, abbati Anianensi, filio Galburgis, et monachis ejusdem loci presentibus et futuris, et omnem convenientiam et consuetudinem, quam predicti antecessores mei predicto altari et abbati fecerunt ac tenuerunt, similiter facio et tenere promitto, scilicet ut quicumque ex me aut ex successoribus meis predictum castellum vel honorem habuerint, sint fideles Sancti Salvatoris, et fiant homines abbatis Anianensis, * Fol. 59 r°.

et jurent ei castellum supradictum, sine lucro et largicione pecunie, et non possint neque habeant licenciam castellum vel honorem ipsum supradictum, vel de ipso dare, vendere vel impignorare alii ecclesie, nisi ecclesie Sancti Salvatoris Anianensis, aut ullo modo alienare neque ullum alium aut ullam aliam dominum vel dominam pro ipso facere, nisi abbatem Anianensem, neque ab ullo alio neque ab ulla alia, nisi ab ipso predictum honorem seu castellum ad fevum accipere vel tenere. Et ego Ademarus, abbas Anianensis, laudo et confirmo tibi, Petro Raimundo, donum quod fecit Poncius de Salviano patri tuo, P. Raimundo de Laveneria, de castello de Salviano et de honore quem habebat in terminio ipsius. Igitur dono ipsum castellum predictum tibi, Petro Raimundo de Cellavinaria suprascriptum, ad fevum et reliquum honorem, sicut patri tuo Raimundo, predicto Petro Raimundo, dimisit et dereliquit Poncius de Salviano, avunculus ejus, similiter ad fevum tibi dono et laudo, et facio tibi convenientiam et successoribus tuis, ut nec ego neque successores mei possimus vel habeamus licenciam ipsum fevum supradictum, seu de ipso, alicui alii homini vel femine dare.

Hoc totum factum est suprascripto anno, in mense januarii, VI idus,
* Fol. 59 v°. feria VIª, in presentia monacorum Ermengaud et nobilis Poncii *Hugonis, prioris de Ginac, P. prioris Sancti Amancii, B. de Podio Abone infirmarii, P. Arnulfi et G. nepotis ejus, P. Raimundi monachi Sancti Poncii, A. sacerdotis, S. sacerdotis, B. Cota notarii Biterris, et laicorum Ademarii de Muro Vetulo, G. Poncii, R. Arnulfi, A. de Salviano, Sicardi, P. Vairati, B. Lanerii, P. de Campanolas, P. Bertrandi de Villanova, R. Bocheti, G. Roselli, G. Galardi, S. Boverii. Johannes, sacerdos, scripsit.

XXXVIII.

[DE EODEM CASTRO DE SALVIANO, RECOGNOSCIT BERNARDUS DE BEZERS, FILIUS ADELAICIE, SE TENERE CASTELLUM PRO FEUDO AB ABBATE ET FIDELITATEM ET VITAM ET MEMBRAM REDDERE JURAT].

(Fol. 59 v°. — 13 juillet 1209.)

In nomine Domini nostri Jhesu Christi, anno incarnationis ejusdem M° CC° IX°, III° idus julii, regnante Philipo rege Francorum, ego Bernardus de Bezers, filius Adelaicie, scio et in veritate recognosco cum hoc instrumento presenti, et profiteor, quod ego teneo castrum de Salviano et quicquid ibi habeo vel habere debeo, sive in turribus, sive in forciis, sive in muris, sive in portallis, a monasterio Sancti Salvatoris Anianensis, et a te, domino Bernardo, Dei gracia nunc ejusdem monasterii abbate ; et tam ego quam omnes successores mei a te et ab omnibus successoribus tuis eodem modo tenere debemus, et jurati modis omnibus et paccati, tibi et successoribus tuis, sine omni fraude, sine contrarietate, sine omni deceptione et sine pecunia, ad omnem voluntatem vestram et commonitionem reddere, et fidelitatem et vitam et membram, sicut melius dici vel intelligi potest, jurare; que omnia tibi, domino B. prefato et presenti Anianensi abbati, facio pro me et pro omnibus successoribus meis, et recognosco, et per me et per omnes meos, bona fide et spontanea voluntate, jurejurando promitto, quod predicta omnia tibi et monasterio pretaxato et omnibus successoribus tuis faciam semper et recognoscam, et quod nunquam ego, vel aliquis vel aliqua, meo consilio aut mea voluntate, sive meo ingenio, non auferam tibi vel successoribus tuis, nec contradicam dictum castellum de Salviano vel aliquid predictorum; et si aliquis vel aliqua tibi vel successoribus tuis auferet dictum castellum de Salviano vel aliquam partem ipsius castri, cum illo vel cum illa ego non haberem finem pacem nec societatem, nisi propter castrum recuperandum, et postquam recuperarem illud, redderem tibi et successoribus tuis, in vestri potestate, sine aliqua fraude et sine pecunia et sine aliquo lucro, et nunquam illud tibi vel successoribus tuis vetabo seu contradicam ; predicta omnia plenarie tenebo et observabo, et contra nullo loco vel tempore veniam. Sic Deus me adjuvet et hec sancta *IIII^or^ euvangelia. * Fol. 60 r°.

Hec predicta omnia facta sunt in presentia Ermengaudi, prioris de Tonnevo (?), Pon. prioris Anianensis, P. Guarini coquinarii Anianensis, R. de Figareto, monachi Anianensis, G. Ademari de Villa nova, P. de Bessano, R. Capellani, R. de Boiano, G. Salviani Gallardi, P[etri] de Cabrilis, P[etri] de Puteo, P[etri] de Albara, G. Arroverii, B. de Interaquis, Felgueriis, et P[etri] Carbonelli, qui hec scripsit, mandato Bernardi de Bezers. Idem per omnia juravit Matheus de Beders, baiulus Rostanni de Posqueriis, pro ipso Rostanno et mandato ipsius. Idem fecit B. Gordonus, baiulus Rostanni de Bezers.

XXXIX.

[DE EODEM CASTELLO, GUILLERMUS, FILIUS ANNETIS, FIDELITATEM ABBATI PROMITTIT].

(Fol. 60 r°. — 1155-1161.)

De ista hora in antea not dezebrai ego, Guillermus filius Annetis, te Petrum, abbatem Anianensem, filium Dede, neque tuos successores abbates ejusdem loci, de castello de Salviano, neque de ipsa turre, neque de ipsos muros, neque de ipsos vallos, neque de ipsas fortezas, que hodie ibi sunt et in antea facte erunt, ni nol ti tolrai, ni non t'en tolrai, ni nol vederai a ti ni als teus successors abbadz, nec homo nec femina, nec homines nec femine, cum meo consilio neque cum mea voluntate neque cum meo ingenio. Et si homo aut femina lut (*sic*) tollia o t'en tollia, aut homines aut femine lut tolliaun, aquel castel de Salvian suprascriptum, o t'en tolliaun tibi tuisque successoribus eu Guillems, ab aquel omen ni ab aquela femina, ni ab aquels homens, ni ab aquellas feminas finem nec societatem neque amiciciam non auria ni tenria, si non o avia per lo castel a recobrar, e quan recobraz (*sic*) l'auria, en ta poztad lu metria, sine enganno et sine deceptione et sine lucro.

XL.

[ITEM DE EODEM CASTRO, SACRAMENTUM FIDELITATIS ELISIARII DE CASTRIIS, FILII AUSILIE].

(Fol. 60 r°. — Jeudi 19 octobre 1123.)

Ego Elisiarius de Castriis, filius Ausilie, spontanea voluntate, jussione Engeralde, uxoris mee, facio tibi Petro, Anianensi abbati, hujusmodi sacramentum. Ego Elisiarius, filius Ausilie, ab ista ora in antea non decipiam te Petrum, abbatem Anianensem, filium Vierne, de castello Salviano, neque de turribus ipsius, neque de muris, neque de vallis, neque

de forciis, que hodie ibi sunt vel deinceps erunt, nichil de supradictis auferam tibi, nec ego nec aliquis vel aliqua, meo consilio aut mea voluntate sive meo ingenio; et si aliquis vel aliqua auferet tibi supradictum castellum Salvianum vel aliquam partem ejus, cum illo vel cum illa, ego non haberem partem neque socitatem neque amiciciam, nisi propter castellum recuperandum, et postquam recuperarem illud, redderem tibi in tua potestate, sine aliqua fraude et sine pecunia et sine aliquo lucro, et nunquam illud tibi vetabo *seu contradicam, sicut superius scriptum est. * Fol. 60 v°.
Ita bona fide, sine fraude, sine aliqua deceptione, tibi faciam et tenebo; per hec sacrosancta euvangelia.

Hoc sacramentum factum est anno ab incarnatione Domini M° C° XX° III°, feria V, XIIII kalendas novembris, luna VI^a. X^a, regnante Ludovico, rege Francorum, Bernardo vicecomite Biterrensi, in presentia Aldeberti Agatensis episcopi, et Petri abbatis et P. Berenguarii, et A. et B. Margone et P. Boniparis monacorum; et laicorum Bremundi de Tedan, et A. de Serinan, et R. de Serinan, et R. filii ejus, et G. de Servian et G. Poncii de Servian et G. Guers et G. Poncii. Bernardus, monacus, scripsit.

XLI.

[ITEM EJUSDEM CASTELLI DONATIO AB ELISIARIO ET ENGERALDA, UXORE EJUS].

(Fol. 60 v°. — Jeudi 19 octobre 1123.)

Anno ab incarnatione Domini M° C° XX° III°, feria V^a, XIIII kalendas novembris, luna VI^a. X^a, regnante Lodovico, rege Francorum, Bernardo, vicecomite Biterrensi. In nomine Domini, ego Elisiarius et ego Engeralda, uxor ejus, recognoscimus atque donamus in alodio castellum quod vocatur Salvianum, cum toto ejus terminio, Domino Deo et altari Sancti Salvatoris Anianensis ecclesie, et abbati Petro et monachis ejusdem loci presentibus et futuris; et si predecessores nostri aliquod donum abbatibus seu monachis predicti loci suprascripti castelli fecerunt, illud confirmamus, laudamus absque omni fraude atque deceptione, quocumque modo fuisset factum. Tali tamen condictione hanc donationem facimus, ne alicui potenti persone aliquis abbas seu monachi prefati loci suprascriptum castellum donent, atque nos et successores nostri qui predictum castellum possidebunt, pro eo contemporaneis abbatibus Anianensibus jusjurandum et hominium faciant, absque pecunia ab abbate donanda.

Hec donatio atque confirmatio et laudatio fuit facta consilio et in presentia Aldeberti, Agathensis episcopi, et Petri abbatis, P. Berenguarii, A. et B. Margonensis, P. Boniparis monacorum, et Bremundi de Tedan, A. de Servian, R. de Servian, et R. filii ejus, G. de Servian et G. Poncii de Servian, G. Guers, G. Poncii. Bernardus scripsit.

XLII.

[DE EODEM CASTELLO DE SALVIANO, ELISIARIUS, FILIUS ADALAIZ DE COGNATIO, RECOGNOSCIT DOMINIUM MONASTERII, ET EADEM LEGE FIDELITATEM ET HOMINIUM PRESTAT].

(Fol. 60 v°. — Mercredi 19 juillet 1190.)

Anno ab incarnatione Domini M° C° LXXXX°, regnante Philipo, rege Francorum, et Rotgerio, vicecomite Bitterrensi, ego Elisiarius, filius Aladaiz de Cognatio, recognosco jus et dominium ecclesie Sancti Salvatoris Anianensis monasterii et abbatis et monacorum ipsius loci, quod habent et semper habere debent, in castello de Salviano et in ejus terminio, et
* Fol. 61 r°. recognoscendo laudo et confirmo redditionem et guirpitionem * vel etiam donationem quam fecerunt de supradicto castello de Salviano parentes et antecessores mei, videlicet Guillermus de Salviano et Engeralda, soror ejus, et Elisiarius, maritus predicte Engeralde, et Gaucelinus de Clareto, et Annes, uxor ejus, et Elisiarius, pater meus, et Arnaldus Guillermi, avunculus meus, altari et abbatibus et monachis prefati monasterii ; et ego similiter recognosco et laudo dono ipsum castellum de Salviano in alodium, cum toto suo terminio, quantum ego ibi habeo vel habere debeo Domino Deo et altari suprascripto et tibi, Ademaro, abbati Anianensi, filio Galburgis, et monachis ejusdem loci presentibus et futuris, et omnem convenientiam et consuetudinem quam predicti antecessores mei predicto altari et abbatibus fecerunt ac tenuerunt, similiter facio et tenere promitto, videlicet ut quicumque ex me aut ex successoribus meis predictum castellum ejusque honorem habuerint, sint fideles

et adjutores monasterii, et fiant homines abbatis Anianensis, et jurent ei castellum supradictum sine lucro et sine largicione pecunie, et non possint neque habeant licenciam castellum ipsum neque honorem ejusdem castelli neque aliquid de terminio ejusdem castelli dare, alienare, vendere, nec impignorare alicui persone neque alteri ecclesie, nisi altari Sancti Salvatoris, sine consilio abbatis et monachorum, neque possint ullum alium aut ullam aliam dominum vel dominam pro ipso castro facere, nisi abbatem Anianensem, neque ab ullo alio neque ab ulla alia predictum honorem seu castellum ad fevum accipere vel tenere, nisi ab abbate Anianense. Et ego Ademarus, abbas Anianensis, cum consilio nostri conventus, dono et laudo tibi Elisiario, ad fevum, ipsum castellum suprascriptum cum ejus terminio, et facio tibi convenientiam et successoribus tuis, qui sicut tu sacramentum et hominium nostris successoribus fideliter fecerunt, quod neque ego nec successores mei possimus vel habeamus licenciam ipsum fevum suprascriptum, vel aliquid de ipso, alicui persone dare, vendere, vel impignorare, vel quocumque modo alienare, nisi tuo tuorumve consilio.

Factum est hoc supranominato anno, in mense julio, XIIII° kalendas augusti, feria IIII[a], in presentia Poncii Arnolfi, prioris de Salviano, et A., prioris de Abeliano, et B. de Saudet, et P. Guarcini, et R. de Magalaz, sacerdotis, et Ber, Botenac levite, * R. de Serignano, R. Arnolfi, A. de * Fol. 61 v°.
Salviano, B. Brarrac, G. de Salviano, B. Rogerii de Cognaz, B. Guillermi de Za Roveira, B. Johannis, G. Poncii, G. Audeberti, G. de Posols, P. de Albara, P. Porcelli, G. Sarignani, G. de Corzano, G. Gallardi, S. Carnificis, R. Andree de Sarignano, G. Berenguarii, sacerdotis, qui hec scripsit, jussione Elisiarii omniumque predictorum.

XLIII.

[REMEMORATIO DONATIONIS A MATFREDO, WILLELMO FRATRI SUO FACTE, DE DIVERSIS TERRIS ET MONETIS].

(Fol. 61 v°.)

Hic est brevis rememorationis, que fuit factus inter Vilelmo Petrone et Matfredo, fratre suo. Donat Matfredus a Vilelmo, fratre suo, a fevo, ipso campo de Alecia, sicut Petrus umquam melius habuit, aut homo per illum ; similiter ad ipso campo ipsa plantaria, quam edificat Petrus Becal et Johannes, frater ejus, sive Martinus Niblanus. Et iterum donat ad ipsum Vilelmo ipso campo, que est ad ipsa via que discurrit de Salviano a Villanova, et affrontat sive inlaterat in ipso campo Jadmirus laborat de tres partes, et de circii in strata ; et similiter donat ad ipsum Vilelmum, donat bordia ubi Petrus Grava Corbus habitat, cum ipsa ferragine et cum exivo et regressio suo ; et insuper donat ad ipsum Vilelmum una uncia de auro (?) a festa sancti Johannis Baptiste ; et si, ipso die sancte Johanne, ipse Matfredus non habuerit ad ipsum Vilelmum una uncia de auro iaferino vel almancorino sive cetino, donet Matfredus ad ipsum Vilelmum modio I de annona, de ipsa annona que exit de ipsa terra suprascripta ; et si non consequerit tantum in ipsa terra de annona que ad modio adveniet, donet Matfredus de alia donatione quod Petrus tenet, et fiat a sextario percurribile raso sine enganno. Et si Vilelmus mortuus fuerit sine infante, remaneat ad fratres suos Sigario et Deusde.

Factus est iste brevis in presencia Odilone et Bertrando sive Dagberto vel Petrone Gairaldo. Poncius, presbiter, scripsit.

XLIV.

[BREVIS REMEMORATIONIS CUJUSDAM DONATIONIS TERRE, CAMPUM LONGUM DICTE, QUAM TENEBAT PETRUS DE MARANCIANO DE MATFREDO, A DEUSDE PETRO QUONDAM FACTE, CUM CONSILIO MATFREDI DE SALVIANO. CONFIRMAT CUM JURAMENTO PETRUS DE MARANCIANO].

(Fol. 61 v°. — 15 octobre 1067 ou 1187.)

Hic est brevis rememorationis de ipsum donum de ipsa terra quem donavit Deusde Petrus a Domino Deo et sancto Cipriano et sancto Michaele sanctique Johannis B. B. in canonica. Donavit Deusde suprascriptis a Sancto Cipriano in canonica, cum consilio Matfredo de Salviano ipsum quartum de ipsa terra que vocatur Campum longum, quem tenebat Petrus de Maranciano de Matfredo suprascripto per fevum ; et afrotat ipsa terra
* Fol. 62 r°. de parte aqui*lonis in alodem de infantes de Matfredo suprascripto, de meridie afer in via que pergit de Surignano a Biterris, de circii alaterrat que pergit de Salviano a Villanova, de altano alaterrat in groisa

et in alio loco qui vocatur ad ipsas airas; similiter ipsum quartum de ipsum campum, quem tenent infantes Poncioni mancipio de Mafredo suprascripto per laborationem, et habet ipse campus affrontaciones vel conlateraciones: de altano alaterat in aliodem de Alnado vel Frotaris; de circii alaterat in via que pergit de Salviano ad Lavandorio; de aquilone afer in alodem Poncioni Gairaudo; de meridie afer in ipsos pasturales. De quantum infra istas totas afrontaciones vel conlaterationes includunt vel resonat, sic donavit Deusde suprascriptus in canonica, cum consilio Matfredo; et postea venit Petrus de Maranciano suprascriptus in ecclesia Sancto Cipriano, qui est fundatus in villa Salviano, ante altare, in presentia Poncioni, vicario, et Villermo fratre suo, et Poncion, presbitero, et Poncioni Rainulfo, diacono, et recognovit ipsum donum quod donaverat Adeusde filio suo suprascripto, et firmavit ipsum donum de ipsa terra, propter remedium anime sue, et propter remedium anime Ermensendis, uxoris sue, et propter remedium anime Deusde suprascripto, et propter remedium anime parentorum suorum, in tali conventu et racione, ut nullus homo aut femina habeat potestatem disrumpere ipsum donum de ipsa terra suprascripta, de ipsa canonica suprascripta; et qui hoc fecerit, in primis ira Dei incurrat et obsorbeat eum terra, sicut obsorbuit Datan et Abiran, et cum Juda Scariot participacionem habeat, et fiat anatema usque in secula seculorum.

Facta ista karta donatio XVIII kalendas novembris, anno VII regnante Philipo rege. Signum Petrus de Maranciano suprascriptus, qui ista carta donacione vel remuneratione fieri jussit, et ore et manu firmavit et donavit, et firmatores firmare rogavit.

XLV.

[GUILLERMUS, BERNARDUS COGNOMENTO, ALODEM IN VILLA FIRMANO DONAT, EA LEGE UT ABBAS ALODIS DE COMMUNIA SANCTI SALVATORIS TOLLENDI NON HABEAT LICENTIAM, ET, SI HOC FECERIT, UT PROPINQUUS POSSIT ALODEM HABERE PRO V SOLIDIS DE BITERRIS].

(Fol. 62 r°. — Lundi 16 avril 1061-1108 ou 1181-1223.)

In nomine Domini nostri Jhesu Christi. Ego Guillemm, cognomento Bernardi, recogitans fragilitatis mee casus, umanum iicirco ad facinora

mea minuanda vel parentum meorum, id est genitori meo Bernardo et genitrice mea Ava, et fratres meos, idcirco ego Wilermus, donator sum Domino Deo et altare Sancti Salvatoris Anianensis, et ejus genitrice, et
* Fol. 62 v°. aliorum reliquie quorum ibi venerantur * et Anianensi abbati et monachis ejusdem loci presentibus et futuris omnem alodem meum quem habeo in villa Firmano vel in ejus terminio, omnia quantum habeo vel habere debeo, excepto fevales chaballarios, id est campis cultis vel incultis, pratis, pascuis, eremis, et condrictis, et omnes salmes que ad meum adlodem pertinent vel pertinere debent, cum mansis et domibus, et homines et feminas qui ibi habitant (hii sunt Petrus Ebrini et filii sui, Vuilermus, et Raimundus, et Petrus Simfredus, et uxor sua, et filiis suis), cum cassalicis, et exeis et regressis, ortis, ortalicis, oglatis, aquis aquarumve decursibus, hec omnia superius nominata dono et trado Domino Deo et altari Sancti Salvatoris Anianensis, cum consilio et bona voluntate de nepotes meos, id est Petro Bremundo et Bernardo fratre suo, et isti similiter donant et dimittunt, cum tali vero racione, quod si abbas aut monachi de comunia Sancti Salvatoris tollere voluerint, non eis liceat facere; et si hoc fecerint, veniat aliquis de propinquis meis et ponat v solidos de Biterris super altare Sancti Salvatoris, et ipse habeat. Quod si forte aliquis de propinquis meis vel qualiscumque persona contra hunc donum, quem ego facio promitto animo et bona voluntate, venerit ad inrumpendum aut interpellandum, non eis liceat facere quod repetitis, set conponat ipsum alodem duplum et melioratum, et in antea donatio ista firma et stabilis permaneat omnique tempore.

Facta carta ista vi° x° kalendas madii, feria ii, regnante Philipo rege. Signum Vilemmi, qui hanc donationem fecerit, et manu sua firmavit, et testes firmare rogavit. S. R. Bremundi; S. Bernardi, fratris sui. S. Petri Ebrini. S. Vilermi Riculfi de Sirinano. S. Petri Ebrini. Petrus, presbiter, scripsit.

XLVI.

[RAIMUNDUS MATFREDI DE SALVIANO, FILIUS XADBURDIS, RECOGNOSCIT INJUSTITIAM PATRIS DE CASTRO ET VILLA SALVIANO, DONAT MONASTERIO CASTRUM ET ECCLESIAM SANCTI CIPRIANI ET RECIPIT CASTRUM AD FEUDUM, EADEM LEGE UT NEQUE IPSE NEQUE ABBAS FEVUM ALIENARE POSSINT].

(Fol. 62 v°. — 14 avril 1097.)

In nomine Dei omnipotentis Patris et Filii et Spiritus Sancti, ego Raimundus Matfredi de Salviano, filius Xadburdis, recognosco tortum et injusticiam quam fecit progenies mea et pater meus Sancto Salvatori Anianensis monasterii, de castro et villa de Salviano et de ejus terminio, et de ecclesia Sancti Cipriani, et de quantum ad ecclesiam pertinet; et per istam recognicionem ego, Raimundus suprascriptus, et uxor mea, Agnes, et infantes nostri, Raimundus et Bernardus et Matfredus, et filia nostra, Richeldis, reddimus * et guirpimus et donamus altari Sancti Salvatoris Anianensis, et abbati Petro, et monachis ejusdem loci presentibus et futuris, propter remedium animarum nostrarum et parentum nostrorum, suprascriptum castrum de Salviano, cum ejus terminio, totum quantum habemus vel habere debemus, et ecclesiam Sancti Cipriani, cum quantum ad eam pertinet cum filio nostro Matfredo; et Petrus abbas donat nobis ad fevum istum honorem suprascriptum, quem nos guirpimus ei, exterius ecclesiam Sancti Cipriani, quam retinent abbas et monachi in suo dominio, cum consilio et voluntate nostra, cum decimis et pertinenciis, et quantum ad ecclesiam pertinet vel pertinere debet, ut habeant et teneant omni tempore; et per istum fevum ego, Raimundus, sum homo abbatis et fidelis, et similiter infantes et successores mei, qui honorem istum habuerint, fiant homines abbatis Anianensis et fideles Sancti Salvatoris, sine alio lucro; et abbas Anianensis facit nobis convenienciam et successoribus nostris, quod non possit dare ulli homini vel femine suprascriptum fevum sine nostro consilio nec successores ejus. Et ego, Raimundus, et uxor mea et infantes nostri, similiter facimus convenientiam abbati et monachis, quod istum fevum suprascriptum nec de isto fevo non possimus dare, vendere, nec alienare ad sanctos nec

* Fol. 63 r°.

ad sanctas, nisi Sancto Salvatori Anianensis, et ego, Raimundus suprascriptus, plivisco per fidem meam, quod de isto placito non engannem abbatem neque monacos, nec modo nec in antea, et sim fidelis ejus et adjutor.

Facta scriptura ista XVIII kalendas madii, anno ab incarnatione Domini millesimo nonagesimo VII°, regnante Philipo rege. Signum Raimundi Matfredi de Salviano, qui hanc scripturam fieri jussit et manu sua firmavit, et testes firmare rogavit. S. Agnetis, uxoris sue. S. Raimundi, filii sui. S. Bernardi, filii sui. S. Richeldis, filie sue. S. Virgilii de Biterris. S. R. Petri de Villanova. S. A. de Villanova. S. R. Salomonis. S. B. Poncii de Veronia. Facta scriptura ista in presentia Willermi, prioris, et Poncii monachi, Hugonis et Ademari de Piniano monachi, et St. capellani de Villanova, et Raimundi Wifreni de Aspiriano, et Petri Willermi de Cornon. Bernardus, monachus, scripsit.

XLVII.

[BREVIS REMEMORATIONIS DE TERRA UNDE HABET DECIMUM CLERICUS QUI TENET SANCTUM CIPRIANUM].

(Fol. 63 r°.)

Hic est brevis rememorationis de ipsa terra, unde habet decimum ipse clericus major, qui tenet Sanctum Ciprianum. In primis de ipsa ferragine
. 63 v°. cum ipso orto, que Petrus ladmirus laborat; que ipsa ferraginis habet affrontationes vel conlaterationes : de altano affrontat in ipso prato suprascripto ; de meridie in ipso aspero, et habet decimum de ipso aspero prope ipso prato. Que ipse asperus habet affrontationes vel conlaterationes : de circii in ipsas bordias ; de altano, in via que pergit in alode Matfredo, et Villermo avunculo suo ; de meridie alaterat in via publica, que discurrit de Salviano a Surignano ; de aquilone, in ipso prato ; de circii affrontat in ipsa villa, et de ipso ortello que Petrus ladmarus similiter laborat. Et habet affrontationes : de circii in ipsas bordias ; de altano in via que pergit in pratos ; de aquilone in ipso exavo ; de meridie in furno. Et habet decimum de duas faixas, una est de Petrone Gairavo

alodis, et alia de Gual Carone, cognomento Matfredo; de meridie in pratos Matfredo ; et tenent se ambas, et habent affrontationes vel conlaterationes : de altano alaterant in alode de Volverado alcaro ; de circii in alode de Matfredo ; de aquilone in alode de Matfredo; de meridie in pratos Matfredo et Vilelmo. Et habet decimum de duas fixas, una est alodis de Ademaro filio 'Poncione, qui est quondam, et alia est alodis Petrone Guirano, et ambas se tenent, et ipsas faixas habent affrontationes vel conlaterationes : de circii, in via que pergit de Salviano a Villanova ; de meridie in alode Vilelmo et Matfredo ; de altano similiter ; de aquilone similiter[1] [et habet decimum de ipso complantario quem Brandoinus et Benedictus Fornerius et Dominicus Dominica sive Rainaldus Gauginne(?) edificaverunt in fevo de Petrone Gairalde et de ipso plantario que plantatur Guirandus (?); et laudabunt et Poncius in alode de Volverado Alcario] et de ipso campo que vocant Cocorone, que est alodis de Ademaro, habet ipso decimo. Similiter habet ipso decimo de ipso campo que vocant Rotondo, qui ambo se tenent [similiter habet ipsum decimum de ipso in aliolo quem habet Volveraldus Alcarius super huthas?] ; et est alodis de ipso Ademaro, et habet decimum similiter de alia faixa, qui est alode de ipso Ademaro, que tenet se ipsa faixa, cum ipso campo suprascripto [et habet ipso decimo de ipso agulione, qui est in ribarria in alodo de Ademare de bosco?]. Similiter habet decimum de ipsa faixa, que est in via de Villa nova , que tenet Odilone in fevo de Mafredo et de Villermo ; et de ipso campo de Gual Carone cognomento Matfredo, que est prope campo de Sancto Michaele, habet ipso decimo ; et de quanto alode habet Petrus Gairino, habet ipse toto decimo. Similiter de ipsa faixa de Petrone Gairavo, que est ad ipsa croisa, habet ipso decimo [et habet de ipsa moleira que est alodis de Petrone Gairino]. Et de ipsa condamina que vocant Longua, que est ad ipsa croisa [que est in via de Chaga Canqs, cum ipsa vinea que se tenet ad

[1] Les parties imprimées entre crochets sont en interligne dans le manuscrit et d'une écriture plus fine ou du même scribe ou au moins de même époque. Leur point précis d'insertion dans le texte n'est indiqué par aucun signe : on a tenu compte ici à la fois de leur place et du sens général de la phrase.

ipsa moleira et laborat ipsa vinea Martinus Bernardus], similiter habet
Fol. 64 r°. ipso decimo. * Similiter de ipso campo que vocant femada, ipso decimo; et de ipsa quairada qui est ad barchas, et est fevus de Bernardo Jactario, habet ipso decimo; et ipsa terra cum ipsa vinea, quem trasoarius edificavit, qui tenet usque ad ponto, similiter ipso decimo [excepto una quartairata]. Et de ipsa terra lavoriva tota que Aldefres, qui est quondam, habebat ad alode, similiter totum decimum; similiter de ipsa longia de Galcarone cognomento Matfredo, qui est in loco que vocant Salella ipso decimo [que de Seta radel de Garreirane, que est ad femada de Petrone Guirrat ipso decimo]; et de ipsa falca de ipso Galcarone, que est super Alecia, similiter ipso decimo. Similiter de ipso Agulione de Petrone Gairavo, qui est inter ambas vias qui discurrunt de Salviano ad Vuzano et Abartano ipso decimo; et de ipso Agulione de Volverado Alcario, qui est a bosco similiter ipso decimo; et de ipso alode que habet Dominicus Fornerius in via de Alicia, similiter ipso decimo, et de ipso campo de Volverado Alcario, que honoratur laborat, ipsum decimum similiter. Et ipse campus habet affrontationes sive conlaterationes: de altano in alode de Volverado suprascripto; de aquilone in strata publica, que discurrit de Salviano a Biterris civitate; de circii in alode Vilelmo sive Matfredo; de meridie in suprascripto Volverado [et de ipso complantario que plantavit Poncius Maria et Julianus et Poncius vel Quafres (?) et Adda Guarins similiter ipsum decimum] et de uno campo que Constantinus laborat de Vilelmo Raimundo. Similiter habet ipsum decimum de ipso manso de Petrone Iadmiro toto cum ipsas suas adjacencias, sive cum suo etavo, sive cum totas suas bordarias, excepta ipsa bordaria ubi Raimundus Durandus habitat, cum ipso ortello; et de ipso manso, ubi Rainaldus Gauginus habitat cum ipso orto et cum ipsas bordias disruptas, et cum ipso etavo que ad ipsum mansum pertinet, similiter ipso decimo. Et de ipsa boldaria, ubi Galtada habitat [et habet decimum de Unalanzia (?) qui est alodis de Petrone Tarredo et de alia] et de ipso manso ubi habitat Martinus, cognomento Bonesmo, pecia que est ad puteum Oldarico, que est alodis de ipso Petrone Tairedo et Poncione Stephano de Villanova, ipso decimo; et habet de ipsa quairata, que Durantus Croixinardus

laborat ad puteum Verando ipsum decimum; et tenet se cum campo de Sancto Cipriano; et de ipso manso, ubi Andreas Bartolomeus habitat, cum ipsas totas terras, que ad ipso manso pertinent, condrictas et ermas ipso * toto decimo; vel de vineas ermas sive condrictas et de ipso clauso de Vallemagna ipso decimo; et de ipsos asperos qui fuerunt vineis dominicales retro ad ecclesiam ipso decimo; et de ipso clauso de Alecta similiter ipso decimo; et de ipso campo de Volverado Alcairo, que est in via de Veneris ipso decimo; et de uno aspero que est ad puteum que vocant Voirando, que Petrus Eimericus laborat, ipso decimo; et habet toto decimo similiter de toto alode de Sancto Cipriano vel de Sancto Michaele sive Sancto Johanne; et habet de ipsum mansum totum ubi Johannes presbiter habitat, totum decimum; et habet de ipsum mansum ubi Ermenaldus habitat ipsum decimum, et habet ipsum decimum de ipsas Artigas que homines laborant, cum aixatas a bracia sua, et habet decimum de sesteiratas et de ciminatas de bovariis et de rustoribus.

* Fol. 64 v°.

XLVIII.

[PETRUS GUILLERMI, GUILLERMUS ET BERTANDUS DE MAROIOLO FIDELITATEM ET HOMINIUM PRESTANT ABBATI, DE VILLA SANCTI SEBASTIANI DE MARIOLO].

(Fol. 64 v°. — 1211.)

Anno ab incarnatione Domini M° CC° XI°. Notum sit omnibus hec audientibus, quod ego Petrus Guillermi de Maroiolo, et ego Guillermus, filius ejus, et ego, Bertrandus de Maroiolo, scimus et in veritate recognoscimus, quod nos tenemus et tenebimus, et antecessores nostri tenuerunt ad feudum honoratum, quicquid habemus vel habere debemus, in villa Sancti Sebastiani de Maroiols, et in ejus terminio, ubicumque in parrochia prefata sit, a monasterio Sancti Salvatoris Anianensis, et a te domino Bernardo, abbate ejusdem monasterii; propter quod feudum nos et successores nostri monasterio predicto, et vobis et successoribus vestris, faciemus commoniti et facimus hominium, et erimus fideles et serviemus jam dictum feudum secundum consuetudinem et racionem feudi honorati. Sciendum est quod in hoc feudo intelligimus fundos, campos, vineas,

ortos, prata, pascua, nemora, culta et inculta, homines et feminas, mansos, usaticos, cum aquis aquarumve decursibus, et quicquid est aut esse potest, quod ad nos pertinet aut pertinere potest, sive ad aliquas personas a nobis vel pro nobis possidentes. Hujus rei testes sunt Bernardus de Acde, R. de Nebiano, G. de Cerviano, P. de Bello Loco, P. Garcini, P. de Pradinas, B. de Beciano, G. de Ponte monachi, G. de
65 r°. Montepetroso, R. de Boiseto, * D. de Oleriis, G. de Luirano, P. Pelliparii, R. de Pallars, B. de Conquas, G. Codier; P. Fornerii, G. Reguan, B. Reguan, B. Bertlandi, R. Guarnerii, P. Bernardi, P. Maissenz, P. Arnaudi, J. Flavardi, G. de Castillun, Bernardus Lonbardi, et Raimundus de Garriga, notarius Anianensis, qui hec scripsit.

XLIX.

[FIDELITATEM ET HOMINIUM PRO DIVERSIS TERRIS IN PARROCHIA SANCTI SILVESTRI DE MONTE CALMENSI PRESTANT MAGISTER R. ET BERNARDUS BERARDI, SUUS COGNATUS].

(Fol. 65 r°. — Juillet 1205.)

Anno dominice incarnationis M° CC° V°, mense julii, ego Bernardus Berardi, scio et in veritate cum hac presenti scriptura recognosco, quod dominus magister R., filius quondam Rotgerii de Podio Abono, et ego ipse cum eo, tenemus et tenere debemus ad feudum honoratum a monasterio Sancti Salvatoris Anianensis et a te, domino Ber., abbate ejusdem loci, I campum, in loco qui dicitur Solgeas, in parrochia Sancti Silvestri de Monte Calmensi, et confrotatur ex una parte cum bosco de Valle, et ex alia cum camino quo itur a Podio Abono versus Anianam, et in eadem parrochia boscum de Podio Gavat; et confrotatur ex una parte cum bosco Petri de Podio Abono, et ex alia cum dicto campo de Sorgens; et planterium quem ibidem tenet a nobis Raimouz; et confrotatur ex una parte cum dicto bosco de Podio Gavat, ex alia cum vallato que se tenet cum fonte Beritoso; et ibidem justa hunc planterium, I peciam inculte terre que confrotatur ex una parte cum predicto bosco de Podio Gavat; et ibidem alium planterium, quod tenet a nobis Riverius sutor; et cumfrotatur ex una parte cum camino publico, quo itur ab Aniana versus Podium Abonem, ex alia cum vallato de fonte Butoso, et ex alia cum sepe

dicto bosco de Podio Gavato; et in parrochia Anianensi I campum, in loco qui dicitur Ventaion, qui confrotatur ex una parte cum terra Bernardi Godafredi, ex alia cum terra G. de Bua, et infra villam Anianam, in domum quam tenet a nobis Ber. de Aurillaco, que confrontatur ex una parte cum via que transit ante domum monacarum, et ex alia cum alia via que movet a domo Elemosine, et tenet versus macellum; et modo de hoc feudo plus nescio. Et promitto et convenio tibi prefato domino Ber., abbati, quod quantumcumque de hoc feudo plus ad noticiam meam venerit, et illud totum tibi vel successoribus tuis dicam, notificabo, et recognoscam, et inde tibi et omnibus successoribus * tuis * Fol. 65 v°.
et monasterio Anianensi ero semper fidelis pro hoc feudo. Sic Deus me adjuvet et hec sancta IIII Dei euvangelia ; et ego Ber., jam dictus abbas, hoc totum feudum prescriptum dono et laudo, et inperpetuum habere concedo, magistro R. predicto, et tibi Ber. Berardo, ejus cognato, et vestris. Testes sunt Raimundus de Garriga, Ber. baiulus, miles albus, Ber. Cleophart, Riverius, P. de Bruccis, G. Arnaldi, P. Carbonelli, qui hec scripsit.

L.

[DONATIO ALODIS IN COMITATU SUSTANTIONENSE, IN TERMINIO DE VALLELEUCHENSE, IN COSTA MURREPORCINO A JONA, EA LEGE FACTA UT, VIVENTIBUS JONA ET UXORE EJUS PLEUCTUDRIS, ALODEM IPSI TENEANT].

(Fol. 65 v°. — 28 septembre avant 1100).

In nomine Domini, ego Jonam, dono aliquid de alodem meum sancto Salvatori et sancte Marie vel aliorum sanctorum quorum reliquie in monasterio Aniano continentur, que michi venit ex comparatione Riculfi de Leuco; et est ipse alodes in comitatu Sustantionense, et in terminium de Valleleuchense, in costa Murreporcino, totum et ab integrum, quantum ibidem ab eo, excepto uno campo que dedi filie mee Aldeiardii, in tali vero racione, dum ego vivo Jonas et uxor mea Pleuctudris, teneamus et possideamus, et post obitum nostrum a Sancto Salvatore Anianense revertat. Quod si quis contra hanc donationem venerit ad irrupendum, non liceat ei repeti, sed componat duplum etélioratum, et in antea donacio ista firma et stabilis permaneat omni tempore.

Facta donacione ista, quarto kalendas octobris, regnante Domino nostro Jesu Christo. Signum Jone, qui hanc donacionem fieri jussit et firmavit, et firmare rogavit. Signum Airadi presbiteri. Signum Guidoni. Poncius presbiter et monacus rogitus scripsit, sub die et anno quo supra.

LI.

[RAIMUNDUS DE DUABUS VIRGINIBUS ET GAUCELMUS, FRATER SUUS, DONANT ECCLESIAS SANCTI MARTINI DE VALLE RETENSE ET SANCTI SILVESTRI DE BRUCCIAS CUM OMNIBUS EIS PERTINENTIBUS].

(Fol. 65 v°. — 1108-1114 ou 1120-1140.)

In nomine Domini, ego Raimundus de Duabus Virginibus et ego Gaucelmus, frater ejus, nos simul in unum solvimus et reddimus et donamus Domino Deo, Sancto Salvatori Anianensi et abbati Petro, et monachis ejusdem loci presentibus et futuris, duas ecclesias in comitatu Sustantionense, scilicet Sanctum Martinum de Valle Retense et Sanctum Silvestrum de Bruccias cum hoc quod pertinet ad ipsas ecclesias, scilicet ecclesiasticum, presbiteratus, primicias, cimiteria et terciam partem de decimo, et totum quantum habemus in illis ecclesiis, preter illam partem decime quam modo fevales nostri habent de nos, ut abbas et monachi
* Fol. 66 r°. ipsas ecclesias habeant et teneant et ordinent eas cum * monachis vel clericis, sicut illis placuerit omni tempore. Signum Raimundi de Duabus Virginibus et Gaucelmi fratris ejus, qui hanc scripturam fieri jusserunt et manibus suis firmaverunt et testes firmare rogaverunt. Signum Petri Berengerii Montispetrosi. S. Raimundi Berengerii. S. Bernardi Margonchi monachi. Benedictus, monachus, scripsit, regnante Lodovico, rege Francorum.

LII.

[RAIMUNDA DE MONTE ABONO ET INFANTES SUI DONANT ALODEM IN PARROCHIA MONTIS ARNALDI SITUM].

(Fol. 66 r°. — 1150.)

In nomine Domini, ego, Raimunda de Monte Abono, pro salute anime mee et nos, infantes illius, ego Raimundus et Poncius, Bernardus Berengerius, donamus per alodium et laudamus Domino Deo et altari Sancti Salvatoris Anianensis et tibi, domino Guillermo abbati Anianensi, et monachis presentibus et futuris, illum ortum et viridarium, cum omnibus arboribus que ibi sunt et campum qui est justa ipsum ortum ; et extenditur usque ad viam que ducit ad mansos, et boscum cum terra inculta que est juxta boscum predictum, sicut terminatur ab arbore que vocatur caden usque ad rocan, et inde usque ad viam que ducit ad montem Arnaldi, et inde usque ad honorem Poncii Deodati, ut totum predictum honorem, qui est in parrochia Montis Arnaldi, vos et successores vestri habeatis et possideatis in eternum, et possitis dare, vendere, dimittere vel impignorare cui volueritis ; et similiter damus Deo et vobis novem bovarios, quos habemus in manso de la Guitbertia, quos ego, supradicta Raimunda, habui ex matris mee hereditate.

Factum anno dominice incarnationis M° C° L°. Hujus rei testes sunt Deodatus prior, Sicardus, Petrus de Abiliano, Petrus Raimundi de Monte Abono, Geraldus de Felgariis, Johannes Oldolricus, R. de Monte Abono, G. de Aspirano. Ego autem Raimundus et Poncius supradicti juramus super sacrosancta Dei euvangelia adversus hanc donationem nos nunquam venturos.

LIII.

[TRANSACTIO INTER PETRUM DE MONTE ABONO, PRIOREM VALLIS RETENSIS ET DURANDUM DE LA BOSSER, RECTOREM ECCLESIE SANCTI PAULI DE MONZ CAMELS, DE DECIMIS ET PRIMICIIS DE CAMPO DE COMBA LAURI].

(Fol. 66 r°. — Octobre 1206.)

Anno ab incarnacione Domini M° CC° VI°, mense octobri, inter priorem Vallis Retensis, scilicet Petrum de Monte Abono et rectorem ecclesie Sancti Pauli de Monz Camels, Durandum de la Bosser nomine, agitabatur controversia de decimis et primiciis de campo de Cumba Lauri, qui est in terminis Vallis Retensis. Dicebat capellanus Sancti Pauli quia in terminis Sancti Pauli erat predictus campus, * et e diverso prior Sancti Martini * Fol. 66 v°
asserebat quia in terminis erat Sancti Martini. Tandem talis difinitio et amicabilis compositio inter eos facta est, quod si aliquis instrumento vel

testibus decimas et primicias predicti campi probare posset, de terminis sue ecclesie esset perpetuo. Prior itaque Sancti Martini, ostenso instrumento, et ostensis ydoneis testibus qui hoc sciebant, voluntate et assensu capellani Sancti Petri et assertione predictorum testium decimas et primicias jam dicti campi in suo proprio reduxit, et capellanus Sancti Pauli promisit in manu prioris Vallis Rethensis, nunquam aliquid in decimis et primiciis deinceps aliquid se petiturum pro ecclesia Sancti Pauli; et mandavit Raimundum de Nebiano, ut de hac controversia cartam scriberet.

Hoc autem factum est in presentia horum testium, Bernardi de Saudeto, B. de Auriliaco, B. de Ferrerias, G. de Boisset, M. de Costa, J. de Ecclesia et R. de Nebiano, qui hec scripsit.

LIV.

[DONATIO ALODIS IN COMITATU SUSTANSIONENSE, IN PARROCHIA SANCTE MARIE DE SESTEIRANEGUES, IN LOCO QUI VOCATUR VEDAS, A PETRO RICULFI FACTA].

(Fol. 66 v°. — 25 ou 26 février 1061-1108.)

Ego in Dei nomine Petrus Riculfi, ut Salvator omnium Deus propicius sit michi, veniam donans scelerum meorum, trado et dono Domino Deo et altari Sancti Salvatoris Anianensis cenobii, et abbati quem Deus daturus est ipsi loco, et monachis ejusdem loci presentibus et futuris, aliquid de alode meo, scilicet unum mansum cum omnibus que ad ipsum mansum pertinent vel pertinere debent, terris cultis et incultis, vineis, ortis, aquis aquarumve decursibus, pascuis, oglatis, garrucis, arboribus pomiferis et inpomiferis, egressibus et regressibus, et in bosco qui est de Causalon usque ad Vedas, ubi Silbaldus visus est manere; et est iste mansus in comitatu Sustantionense, in parrochia Sancte Marie de Sesteiranegues, in loco qui vocatur Vedas, ubi Sibaldus visus est manere; et in poio Calriolerio partem suam et totum quantum habere debet et prenominatum alodem supradicto cenobio dono cum omnibus infantibus Sidbaldi et monachis ejusdem loci presentibus et futuris, ut ipsi exorent Dominum quatinus michi et genitori atque genitrici mee, seu omni parentele mee remissionem omnium peccatorum meorum vel nostrorum tribuat, et vitam eternam concedat. Si quis autem vel ego vel ullus de parentibus meis vel de propinquis meis, vel aliqua mundialis persona, vel aliquis homo vel femina hoc donum irrumpere voluerit aut aliquo malo ingenio auferre et de communia Sancti Salvatoris abstrahere, ex parte Dei et mea, contradico omnibus hominibus, et insuper excommunicatus sit a Domino Deo omnipotenti et omnibus sanctis ejus, et sit particeps in inferno cum Juda qui Dominum tradidit et cum Datan * et Abiron quos terra absorbuit fiat. f. f. Amen. A. A. * Fol. 67. r°.

Facta scriptura ista v kalendas marcii, regnante Philipo rege. Signum Petri Riculfi qui hoc donum fecit et firmavit, et testes firmare rogavit. S. Poncii Riculfi, fratris sui, et Rigsendis, uxoris sue, et infantium suorum. S. Guillermi Gaucelmi et Othonis, filii sui. S. Guillermi Raimundi, nepotis sui. S. Raimundi Airardi. Bernardus Levita scripsit. Deo gracias.

LV.

[NOTICIA DIVISIONALIS INTER HERMENALDUM, ABBATEM ET HEREDES DE VILLA BERTANACAM].

(Fol. 67 r°.)

Noticia divisionalis, qualiter placuit inter domno Hermenaldo, abbate de monasterio Aniano et ejus monachis, et heredes de villa Bertenacam, id est Sesegoto, Godomare, Godobrando, Salmamardo, ut inter utrasque partes de ipso monasterio seu de predicta villa divisio, ne contentio fieret, divisio scriberetur. Dividitur ergo ipse terminus sicut a terminio patet de ipso monasterio veniente per medio Monte Calvo, qui est inter Montilius et Monte Asenario, et tetendit in rivo Garciato, et atendit per vallem de ipso monte, sicut aqua vergit in valle Aquaviva, sicut olim sepe a multis testibus ostensum et designatum fuit ; et dividit per confinia de duos montes de Poio Alto per ipsam cumbam, que est inter ipso Poio Alto predicto et Monte Muricario, et venit per confinia duorum montium et per terminio de villa Valeriano, usque ad ipsos fraxenallos ; set propter amborum concordiam diviserunt inter se per ipsam semi-

tarias (?), que venit de Sancto Martino et pertransiit ab ipso aragio, qui discurrit per ipso terminio, inter ipso monasterio et villa Valeriano et pertransiit per ipsam ungulam caballinam, et discurrit sub Poio Alto, hac descendit usque ad aragaium qui discurrit per ipsa Boxaria usque viridum (?) Garciacum; et pergit ipsa divisio usque ad summitatem de ipsas degorias fixas, et usque ad viam que ascendit per ipso monte justa ipsos fraxenellos, et discurrit per terminum de villa Valeriano usque ad Sanctum Martinum, seu ad aliam partem. Ita vero inter se dividunt in pacis amodio, ut, a predicta semita usque ad ipsos fraxenellos, judicet pars de villa Bertenacas, aliam vero superiorem partem habitatoribus ipsius monasterii; ita ut nulla pars alia contrarietatem aut molestiam incurrere presumat. Quod si fecerit, solvat in vinculo ipsi parti aut in libram I; et hec divisio semper firma permaneat. His presentibus actum est, quorum nomina subter inserta sunt, id est Castellano mandatario de jam dicto abbate, Gaugino, Donnilo, Sesegoto, Godomare, Godobrando,
* Fol. 67 v°. Dadilane, Johanne Calmese, Dominicho, * Natale, Mauregato, Godaldo, Aunoberto, Bonissimo, Argerius, Gulfarico.

LVI.

[LAUTARDUS ET UXOR SUA HYLARIA TRADUNT FILIUM PETRUM MONASTERIO SERVIENDUM, ET DONANT IN COMITATU SUBSTANTIONENSE IN TERMINIUM VALLE RETENSIS TRES MANSOS, ET RES DIVERSAS IN TERMINIUM DE VILLA ANIANA, IN CAUDALONGA, IN CURTE MONASTERII ET SUPER FLUVIUM ERAURIS, EA RATIONE UT LAUTARDUS QUAS TERRAS PER VITAM SUAM HABEAT].

(Fol. 67 v°. — 28 mars 1036-1060).

In nomine Domini, ego Lautardus, recogitans fragilitatis mee casus humanum et facinora mea diluenda, trado filium meum, nomine Petrum, Domino Deo, Sancto Salvatori Anianensis monasterii, ad serviendum sub regulari habitu constitutum, et cum ipso filio meo dono aliquid de honorem meam ad jam dictum monasterium. Et est ipsa honor in comitatu Substantionense, in terminium valle Retensis. Et sunt tres mansi, unus de alode quod processit michi de uxore mea, unde filius meus suprascriptus fuit natus, et alii duo de fevo quem ego habui de Sancto Salvatore. Istos mansos suprascriptos dono ego, Lautardus, ad Sanctum Salvatorem cum filio meo suprascripto, cum quantum ad istos mansos suprascriptos, ubi Deusdet et Poncius manere videntur pertinet. Tercius vero mansus est de alode, in tali vero ratione, ut ego, Lautardus, habeam duos mansos in vita mea, unum de fevo ubi Poncius manet, alius autem est de alode, post mortem meam ad Sanctum Salvatorem revertat. Item dono in terminium de villa Aniana ipsos plantarios, quos edificavit Bernardus Durandus. Et vocant eos ad Sanctum Romanum cum consilio Bernardi. Item dono in Caudalonga ortum cum arbores, cum quantum ad ipsum ortum pertinet. Item dono in ipsa curte monasterii cellarium. Item dono super fluvium Erauris paxeriam que vocant Hugoni. Ista omnia supra nominata dono ego Lautardus et filia mea Hilaria, et Willermus, maritus suus, Domino Deo, Sancto Salvatori et abbati presenti Poncio, et monachis ejusdem loci tam presentibus quam futuris, ita ut ab hodierna die et deincebs habeant, teneant et possideant.

Facta donacione ista v kalendas aprilis, anno regnante Aianrico rege. Signum Lautardi, qui cartam istam fieri fecit et firmavit, et testes firmare rogavit. S. Ylarie filie sue. S. Willermi Gauzfredi. S. Geraldi monachi. S. Amelii monachi. S. R. monachi. S. R. Ber. monachi. S. R. Riculfi. S. P. Stephani. Signum Augerii Fredelonis. Hic est brevis de fevo quod tenet Willermus et uxor ejus Hylaria, de manu Poncii abbatis. In tali racione dedit eis abbas fevum, quod si mortua fuerit Hilaria et infantes sui sine laicali herede, ut teneat Willermus, maritus ejus, in vita sua ; post mortem vero ejus ad Sanctum Salvatorem revertat. Amen. Petrus scripsit.

LVII.

[CARTA DE USATICO QUOD DEBET EXIRE DE MANSO DE LA ROVEIRA].

(Fol. 67 v°.)

Hec est carta de usatico quod debet exire de manso de la Roveira, quod *dedit Berengarius de Valle Ancense Sancto Salvatori Anianensi. * Fol. 68 r°
De hoc manso exit unum modium inter panem et vinum et duo porci, unusquisque de duobus solidis, ad festivitatem sancti Johannis motonem

et tres agnos usque ad Pentecosten, quatuor solidos ad nativitatem Domini, de carnatico et unam spatulam censale, ad festivitatem sancti Michaelis unam cosxam de vaca et unum sextarium ordei, et alium de vino et tres panes et unum arbergum ad sex milites, totam unam septimanam unum bovarium et albergum ad duobus militibus, et quartum de mansum et albergum ad tribus militibus.

LVIII.

[BERENGERIUS DE VALLAUCHES ET UXOR SUA, NARAINGARZ, CUM CONSILIO FILIORUM SUORUM, DONAT PETRO, ABBATI, MANSUM DE ROVERIA, IN COMITATU SUSTANTIONENSE, IN PARROCHIA SANCTI SATURNINI DE VAILLAUCHES].

(Fol. 68 r°. — 1100.)

In nomine Domini, ego Berengerius de Vallauches et uxor mea, Naraingarz, cum consilio filiorum meorum, pro remedio anime mee vel uxoris mee, et pro anima filii mei, Berengerii, vel aliorum filiorum meorum, dono Domino Deo, Sancto Salvatori Anianensis et tibi, abbati Petro, et monachis ejusdem loci tam presentibus quam futuris, mansum de Roveria totum, ubi Poncius Deusde visus est manere cum fevalibus et cum hominibus et feminis de ipso manso, vel cum omni tenentia, que ipsi homines de me tenent in terris cultis et incultis, arboribus pomiferis et inpomiferis, pratis, pascuis, aquis aquarumve decursibus, et cum omnibus rebus que ad ipsum mansum pertinent vel pertinere debent. Est vero ipse mansus in comitatu Sustantionensis, in parrochia Sancti Saturnini de Vaillauches. Si quis vero istum honorem auferre voluerit de communia Sancti Salvatoris Anianensis, non valeat. Sed ira Dei sit super illum usque dum ad emendationem veniat.

Facta scriptura ista anno millesimo c ab incarnatione Domini, regnante Philipo, rege Francorum. Signum Berengerii et uxoris sue, qui istum honorem dederunt, et hanc scripturam fieri jusserunt. S. Willermi filii sui. S. Raimundi filii sui. S. B. filii sui. S. P. Guillermi de Maroiolo, S. R. Ademari de Monte Arnaldo. S. B. Maltus. Isti omnes cartam firmaverunt. Petrus levita scripsit.

LIX.

[ROFREDUS VINDIT ARNULFO, ABBATI, QUOD HABET IN TERRITORIO MAGDALONENSE, SUBURBIO SUSTANTIONENSIS, INFRA TERMINIO DE VILLA BERTANAGAS, PRO VII SOLIDIS JAM RECEPTIS].

(Fol. 68 r°. — 8 juin 873 ou 875.)

Nomine ego Rofredus vinditor, vobis, Arnulfo abbate, vel ejus congregatione, Sancto Salvatore, Aniano monasterio, emptorem constat me vobis aliquid vindere, sicut et facio, vindo vobis in territorio Magdalonense, suburbio Sustantionensis castri, infra terminio de villa Bertanagas, in jam dicta villa vindo vobis omnia, quantumcumque ego in ipsam villam habeo, qui michi obvenit de genitori meo vel de genitrice mea condam, in casis, casaliciis, curtis, ortis, oglatis, exea vel regressa earum, terras cultas et incultas, pratis, pascuis, silvis, garricis, arboribus pomiferis et inpomiferis, aquis aquarumve decursibus, earum totum et ab integrum vobis vindo, quantumcumque ego in ipsam villam habeo superius nominatam, quesitum vel adinquirendum est, in aderatum et difitum, in solidis VII tantum, quod vos emptores michi dedistis; et ego vinditor manibus meis hoc recepi, et nichil de ipso precio retro vos emptores non remansit de debito, set omnia michi hoc adimplestis, sicut superius dictum est, ut ab hodierno die et tempore ipsa omnia superius nominatas per mea venditione habeatis, adeatis et teneatis, et possideatis vos ad proprium jure habendi, dedendi, comutandi vestrisque posteris derelinquendi, in vestra permaneat firmitatem omni tempore. * Sane si quis, quod si ego venditor aut eredes mei vel quislibet homo ex avers[o] veniens suposita vel amissa persona quicumque contra hanc venditionem ad inrumpendum venerit, componat vobis ipsas res duplas vel melioratas, qualis eo tempore carius valere poterit, et in antea venditio ista firma et stabilis permaneat omnique tempore. * Fol. 68 v°.

Facta venditione ista VI idus junii, anno XXXV regnante Karulo rege. Signum Rodfredus, qui hanc venditione ista fieri voluit et firmare rogavit, manu mea signum feci. S. Leudemundus. S. Wadmiro. S. Gisaranno. S. Donaciano. S. Eldeberto. S. Bonesindo. S. Eliseo. Wuliricus, presbiter, qui hanc vindicione ista scripsi, anno quo supra.

LX.

[WILLELMUS PETRI DE ROCA FORCADA, PERGENS AD SANCTUM SEPULCRUM, MITTIT IN PIGNORA CARTUM QUOD HABET AD FEVUM HONORATUM AB ABBATE, IN MANSO ROVERIA, PROPTER XXX SOLIDOS DE DENARIIS DE MELGORIO].

(Fol. 68 v°.)

Ego Wilelmus Petri de Roca Forcada, pergens ad Sanctum Sepulcrum, mitto in pignora ad abbatem Petrum Sancti Salvatoris Anianensis, et ad monacos ejusdem loci presentibus et futuris, ipsum cartum totum, quod habeo vel habere debeo de supradicto abbate et monachis ad fevum honoratum, in manso que vocant Roveria, ubi Pontius Deusdedi et infantes sui, scilicet P. Poncii et Poncius visi sunt manere, et albergo ad duos caballarios et vi denarios de oblias, propter triginta solidos de denariis de Melgorio. Et habeant et teneant in pignora tres annos usque dum habeant tres blatos receptos; et si ego revertero de hac peregrinatione Sancti Sepulcri, si voluero redimere, debeo reddere xxx solidos de denariis de Melgorio, per fidem et sine inganno, ad octavo die pasche, et si ipso die non dedero denarios, debent tenere usque ad alium terminum pasche; et ita per unoquoque anno, usque dum habeant, et si ego Willermus Petri in hac itinere Sancti Sepulcri fuero mortuus, propter remedium anime mee dono et reddo et concedo hunc fevum a Domino Deo et ad altare Sancti Salvatoris et ad abbatem et ad monachos ejusdem loci presentibus et futuris imperpetuum. S. Petri Rainaldi de Brocias. S. Poncii Ranni de Aniano. S. Deusdedi de Capraretia. S. Poncii Willermi, monachi. S. Ademari de Salvi. S. Petri Vermeli, qui hanc cartam scripsit. S. Willermi Petri, qui hunc donum fecit, et istam cartam firmavit et testes firmare rogavit. Et si hunc donum supradictum ita advenerit sicut in hanc cartam scriptum est, debent monachi et abbas dare v solidos ad Petrum Rainaldi supra scripti.

LXI.

[SISEGOTUS DONAT ARNULFO, ABBATI, ET MONASTERIO PORCIONEM SUAM IN VILLA BERTENAGAS, IN PAGO SUSTANTIONENSE, IN TERRITORIO MAGDALONENSE, CUM COMPOSITIONE DUPLI].

(Fol. 68 v°. — 18 juin 873 ou 875.)

Venerabili in Christo patri Arnulfo, abbati de monasterio Aniano, quod situm est in territorio Magdalonense, super fluvium Aniano, in honore sancte Marie et sancti Salvatoris instructum. Ego enim Sisegotus, dono donatumque imperpetuum esse volo, pro anime mee remedio vel pro eterna retributione, in territorio Magdalonense, in pago Sustantionense, in villa que dicitur Bertenagas, dono in jam dicta villa omnem porcionem meam, quidquid ibi visus sum habere qui michi obvenit de alode parentum meorum, vel ex comparatione, sive ex commutatione que commutavi cum fratre meo Sisemundo; hoc est in causis, causalicis, curtis, ortis, oglatis, terris, cultis et incultis, vineis, pratis, pascuis, silvis, garricis, arboribus pomiferis et impomiferis, aquis aquarumve decursibus eorum, cum omni voce fundus possessionis sive repetitionis omnium et in omnibus trado * ad proprium, ut ab hodierno die quicquid exinde facere vel judicare voluerint judicatores monasterii, maneatis firma potestas. Sane si quis ego donator, aut ullus de heredibus meis, aut quislibet homo, ulla opposita vel amissa persona ex adverso veniens, qui contra hanc donationem a me factam venerit ad inrumpendum, vel qui inquietaverit, componat partibus ipsius monasterii ipsa omnia supranominata dupla, et hec donatio in sua maneat firmitate. * Fol. 69 r°.

Facta cartula donationis XIIII kalendas julii, anno XXXV regnante domino nostro Karolo rege. Signum Sisegoto, qui hanc donationem fieri rogavi, et manu mea firmavi, et testes firmare rogavi. S. Ainulfo Ranfredus presbiter. S. Gaugino. S. Raudaleo. S. Rarnasdo. S. Radulfo. S. Ysimberto. S. Ilaune. Et ego Gilmundus diaconus, hanc donationem scripsi et die et anno quo supra.

LXII.

[EMILDIS DONAT ALODIUM, IN PAGO MAGDALONENSE, INFRA TERMINIUM DE VILLIS TROLIAS ET MAURENCIANICUS, EX VILLARE FABRIANICAS, SUB CASTRO SUSTANTIONE ATENNORINELLICO SEU VALLE FILENENSE].

(Fol. 69 r°. — 27 décembre avant 923.)

Sancto ac venerabili loco Aniano monasterio, quod constructum est in territorio Magdalonense, in honore sancti Salvatoris nostri et sancte ac semper Virginis Marie et aliorum plurimorum sanctorum, ego, in Dei nomine Emildis, dono donatumque imperpetuum esse volo, pro remedio anime mee et quondam dilectissimi filii mei Arulfi, dono ad jam dictum monasterium, in pago Magdalonense, infra terminium de villis, scilicet Trolias nec non Maurencianicus que ex terrione vocatur seu ex villare qui dicitur Fabrianicas, que sunt sub castro Sustantione Atennorinellico seu valle Filenense, quidquid ego in ipsis locis visa sum vel fui habere, vel adquisivi ex comparatione seu donatione de viro meo quondam Ebrardo, quod ipse michi omnia donavit, que ibidem mecum adquisivit, vel quicquid predictus filius meus Arulfus ibi habuit ex alode vel ex comparatione, in domibus, casalicis, cultis, ortis, oglatis, vineis, terris cultis et incultis, pratis, pascuis, silvis, garricis, arboribus pomiferis et impomiferis, cum omnibus rebus mobilibus et supra positis, cum omnibus adjacentiis et rebus quesitis et inexquisitis, ea racione ut quicquid exinde habitatores ipsius monasterii, tam presentes quam futuri, ab hodierno die et tempore facere aut judicare voluerint, maneat eis firma potestas. Quod si ego aut aliquis de heredibus meis, vel quislibet homo contra hanc donationem meam ad inrumpendum venire temptaverit, quod non credo venturum, componat parti ipsius monasterii, una cum distringente fisco, ipsas res melioratas duplas, et sit culpabilis ante Deum ; et hec presens donatio mea numquam ullo tempore inrumpi valeat, sed semper in sua maneat firmitate.

Facta donatione vel traditione sub die VI kalendas januarii, anno XII regnante domino nostro Karolo rege. Signum Emilde, que hanc donationem fieri rogavi, et manu mea firmavi, et testes firmare rogavi.

S. Simbredus. S. Ebraino. S. Helberico. S. Adulfo. S. Leuduino. S. Dominicus, presbiter. S. Auxilio. S. Magnario. S. Ingila, licet indignus, presbiter, hanc donationem seu traditionem rogatus scripsi die et anno quo supra.

LXIII.

[BERTRANNUS DE MERGENS DONAT PARTEM HONORIS IN MANSO DE PLANIS ET DE NAUGAL, ET EN LA PARROCHIA DE SUMENA APUD MERGENS, EA LEGE UT FRATER SUUS, PETRUS, PER VITAM ALODEM HABEAT PRO QUODAM ANNUALI CENSU, ET UT ALODES MONASTERIO REVERTAT SI PETRUS SINE LEGITIMIS HEREDIBUS MORTUUS FUERIT].

(Fol. 69 r°. — Dimanche 13 novembre 1138.)

In nomine Domini, ego Bertrannus de Mergens, dono et laudo Domino Deo et Sancto Salvatori Anianensis monasterii, et Petro abbati et monachis ejusdem loci presentibus et futuris omnem meam partem honoris, qui michi ex patrimonio accidit, scilicet quandam appennariam quam tenet Bernardus Stephanus de Carbonils, et hoc quod habeo in manso de Planis et de Naugal, et en la parrochia de Sumena apud *Megens, * Fol. 69 v°.
domos, vineas, terras, arbores, omnemque honorem, cultum sive incultum, insuper dono partem illam honoris sororis mee, Azalais, que post mortem ejus michi debet evenire Hoc vero tali pacto facio, ut tu, frater meus Petre, hunc predictum honorem in vita tua possideas, et per unumquemque annum III sextarios de recentibus castaneis in festivitate Omnium Sanctorum ad quoquinam monasterii portare facias, et si ex legitima conjuge infantes habueris, ipsi predicto honore censum predictum similiter reddant. Si vero sine legitimis heredibus mortuus fueris, omnis honor predictus monasterio et monachis revertatur, sine aliquo impedimento.

Facta carta ista, die dominico idus novembris, luna VII, anno ab incarnatione Domini M C XXX VIII, indiccione prima, concurrente v°, in presentia Bertranni de Megens et P. fratris ejus, qui hanc cartam fieri jusserunt, et testes ut firmarentur rogaverunt. S. Raimundi de Monte Olivo. S. Hugonis de Monte Olivo. S. Bertranni de Salve. S. Guillermi Marini. S. Raimundi Gerardi. S. Guillermi Deusdat. Raimundus scripsit.

LXIV.

[GUITBERTUS INGELENUS ET UXOR SUA RICSENDIS, CUM FILIIS SUIS, DONANT ALODEM IN COMITATU AGATENSE, IN VILLA PAPIRANUM DICTA, ET ALIAS IN VILLA FRANGONEGAS, JUXTA STAGNUM PIPEREL].

(Fol. 69 v°. — 3 janvier 1027.)

Hec est carta donationis de honore quam donaverunt Guitbertus Ingelenus et uxor sua, Ricsendis, cum filio suo, Poncio, Domino Deo, Sancto Salvatori Anianensi et monachis ejusdem loci presentibus et futuris ; et est ipsa honor unus mansus totus de alode in comitatu Agatense, in villa que vocant Papiranum, ubi Petrus Agilberni visus est manere cum omnibus que ad ipsum mansum pertinent vel pertinere debent ; et in alio loco, in villa que vocant Frangonegas, juxta stagnum Piperel, terciam partem de uno medio manso ; et nos Willermus, et Augerius, et Bernardus, filii eorum, videlicet Guitberti et Ricsendis, donamus et laudamus totum istum honorem suprascriptum Domino Deo, Sancto Salvatori Anianensi, et abbati Petro, et monachis ejusdem loci presentibus et futuris, ut habeant, teneant et possideant omni tempore. S. Guillermi, et Augerii et Bernardi, qui hoc donum fecerunt, et hanc scripturam fieri jusserunt et manibus suis firmaverunt et testes firmare rogaverunt. S. Fredolonis Guillermi. S. P. Willermi, fratris sui.

Facta scriptura ista III nonas januarii, anno ab incarnatione Domini M° XX° VII°, regnante Phillipo rege. Guillermus, monacus, scripsit.

LXV.

[DONATIO MANSI DE ROVERIA A GUILLERMA DE CISIMAS, FILIO ET MARITO SUO, CUM JURAMENTO FACTA].

(Fol. 69 v°. — 1155.)

Anno dominice incarnationis M° C° L° V°, ego, Guillerma de Cisimas, et ego Bremundus, filius ejus, cum consilio et voluntate uxoris mee, Guillerme, solvimus et guirpimus quicquid petebamus vel petere poteramus aliquo modo, juste vel injuste, vel homo vel femina per nos vel per nostros, in manso de Roveria et in ejus terminio, quem hactenus juste et legitime possedisti, tibi Petro, abbati Anianensi, et tibi, Raimundo de Salviano, coquinario, et successoribus vestris, ut habeatis et possideatis ad omnes voluntates vestras faciendas jure perpetuo, sine inquietudine nostra et successorum nostrorum. Item promittimus vobis et successoribus vestris, per nos et per successores nostros, et per hec sancta IIIIor evangelia juramus, quod hanc solutionem et guirpicionem nostram ratam et inviolabilem faciemus, et adversus hanc, nulla deinceps occasione, nos vel successores nostri veniemus utpote jurisjurandi vinculo abstricti, et injustam causam foventes. Pro hac autem solutione et guirpitione dedisti nobis LX solidos melgorienses, ita quod penes nos nichil remansit in debito.

Hujus rei testes sunt : Guilermus de Irla judex, Petrus Desparro miles, B. Borzes, G. Catalas, Bernardus Tosorreirs. Poncius scripsit.

LXVI.

[GUILLERMUS DE CAROOL SOLVIT PETRO DE ROCA QUICQUID HABET IN LOCALIBUS CONTIGUIS HORTO MONACHALI, PRO QUARTA PARTE HORTI PONCII DE RIVARI, CUM JURAMENTO].

(Fol. 70 r°. — 1178.)

Anno dominice incarnationis M° C° LXX° VIII°, ego Guillermus de Carool, bona voluntate et sine aliqua retentione, consilio et voluntate uxoris mee, concedo et laudo et imperpetuum solvo tibi, Petro de Roca dispensatori, et successoribus tuis quicquid habebam vel habere debebam, in localibus illis que contigua erant orto monachili, et que tu predicto orto addidisti, ut habeas et quiete possideas, tu et successores tui, et promitto tibi quod contra hanc solutionem, per me neque per aliam personam, aliquando non veniam. Sic Deus me adjuvet et hec sancta IIIIor Dei euvangelia; et ego Ermensendis, uxor ejus, promitto quod contra hanc solutionem aliquando non veniam per me neque per aliam personam. Sic me Deus adjuvet et hec sancta IIIIor euvangelia. Et propter hanc solutionem, tu dedisti nobis quartam partem orti Poncii de Rivari, in qua nichil retinuisti

nisi unum denarium tantum et decimam. Testes sunt Guillermus de Podio, R. de Balmis, G. Bonefacius, P. Dalso, Ber. de Aureliaco, G. de Montepetroso, G. Bene Habeas. Raimundus scripsit.

LXVII.

[BERTRANNUS DE MONTE PETROSO OFFERT MONASTERIO FILIUM RAIMUNDUM IN MONACUM, ET DONAT RES DIVERSAS IN MANSO DE CRUCE, IN MANSO DE ASPERELLIS, IN MANSO APUD VALLEM RETENSEM, ET DIMITTIT FEUDUM UXORIS, IN PARROCHIA DE TORREVES, AB ABBATE CONCESSUM].

(Fol. 70 r°. — 1160.)

Anno Domini M° C° LX°, ego Bertrannus, offero filium meum Raimundum in monacum Domino Deo, Sancto Salvatori Anianensi, et per me ipsum, pro sepultura, Deo et ipsius monasterio Anianensi dono, et pro remedio anime mee atque pro predicto filio meo, hanc elemosinam monachis ipsius monasterii presentibus et futuris confero in terminio Aniane totam porcionem quam in manso de Cruce habeo; ipsi monasterio dono dimidium sextarium mellis, quem in manso de Asperellis similiter habeo, cum una libra piperis, quam annuatim Petrus Parrochia, propter honorem quem a me habet, reddere consuevit, coquine ipsius monasterii dono; et si quis abbas vel monacus de communia auferret, propinqui mei recuperarent, positis super altare Sancti Salvatoris VI solidis. Dimitto etiam eidem monasterio et domni de Carcaresio II sextarios ordei cum XII denariis: qui videlicet sextarii et XII denarii michi per singulos annos a supradicta domo Carcaresii reddebantur; dono quoque eidem loco medietatem mansi apud vallem Retensem. ubi Petrus Johannes visus est manere, cujus aliam medietatem soror mea, Bernardi Berengerii uxor, ipsi monasterio largita est; dederat michi ad fevum abbas Anianensis unum campum in parrochia de Torreves, quem Geraldus de Torreves, condam vir Guillerme uxoris, moriens, predicto monasterio donaverat; qui videlicet campus erat Guillerme, uxoris mee. Hunc, eadem conjuge mea spontanea voluntate consentiente et renunciante, cum omnibus supradictis donationibus imperpetuum habendum et in dominio possidendum, eidem monasterio, sine omni questione successorum meorum, eidem loco dimitto et dono. Testes sunt Petrus de Montepetroso, frater Bertranni supradicti, Petrus Raimundi de Monte Petroso, Bernardus de Monte Petroso, Guilabertus de Montepetroso, Petrus Darenis, Petrus Pelcervi, Petrus scripsit.

LXVIII.

[ADALARS DE MONTEPETROSO, CUM CONSILIO FRATRUM, DONAT QUARTAM PARTEM ECCLESIE SANCTI JOHANNIS IN VILLA DE SANCTA EULALIA ET IN IPSA VILLA DIMIDIAM PARTEM CUJUSDAM MANSI JUXTA ECCLESIAM].

(Fol. 70 r°. — Samedi, 1060-1108.)

Ego Adalars de Montepetroso, dono Domino Deo et Sancto Salvatori Anianensi et abbati Petro et monachis ejusdem loci presentibus et futuris, cum consilio fratrum * meorum Petri et Willermi, quartam partem de ecclesia parrochiali Sancti Johannis, que est in villa de Sancta Eulalia, et quartam partem decimi et presbiterii et de omnibus rebus ecclesiasticis. Dono etiam, in ipsa villa, dimidiam partem unius mansi, qui est justa ecclesiam, ubi Petrus Radulfus visus est manere, cum omnibus que ad medietatem ipsius mansi pertinent, et cum ipso pagense, videlicet Petro et uxore hac filiis ejus, ut ab hodierna die et deinceps suprascriptum honorem monachi Anianenses habeant et possideant omni tempore. Signum Petri Raimundi et Willermi, fratris ejus, qui istud donum laudaverunt et fecerunt, et hanc scripturam fieri jusserunt. S. G. Petri de Montepetroso. S. P. Malefacti. * Fol. 70 r°.

Facta carta ista, feria VII^a, regnante Philipo rege. Petrus, sacerdos, scripsit.

LXIX.

[PETRUS RAIMUNDUS DE MONTE PETROSO DONAT POST MORTEM MANSUM DE CUMBA IN COMITATU BITERRENSI, IN TERMINIO DE VILLA CABRILS].

(Fol. 70 v°. — 1094.)

Ego in Dei nomine, Petrus Raimundus, dono post mortem meam Domino Deo et altari Sancti Salvatoris Anianensis cenobii, et abbati Petro et monachis ejusdem loci presentibus et futuris, unum mansum de alode meo cum omnibus que ad ipsum mansum pertinent vel pertinere debent, cum hominibus et feminis, cum terris cultis et incultis, vineis, pascuis, oglatis, egressibus et regressibus ; et est ipse mansus in comitatu Biterrensi, in terminio de villa que vocatur Cabrils ; vocatur autem mansus de Cumba, ubi visus est manere Benedictus. Si quis autem ego, vel ullus de parentibus meis, vel aliquis homo aut femina hoc donum irrumpere voluerit, aut aliquo malo ingenio de communia Sancti Salvatoris abstraere, ex parte Dei et mea contradico omnibus hominibus, et insuper sit excommunicatus a Domino Deo omnipotenti et omnibus sanctis ejus.

Facta scriptura ista anno ab incarnatione Domini M° nonagesimo quarto, regnante Philipo rege. Signum Petri Raimundi, qui hoc donum fecit et firmavit et testes firmare rogavit. Signum Raimundi Willermi. Signum Ademari de Avanocs. Guillermus, indignus monachus, scripsit.

LXX.

[GUILLERMUS DE ROCA, FILIUS QUONDAM BERENGUARII DE MEZOL, VENDIT JURA IN MANEGUERIIS DE PERTUS ET LEOTARDI PRO IIII°r LIBRAS MELGORIENSES, CUM RENUNCIATIONE ET SACRAMENTO].

(Fol. 70 v°. — Novembre 1173.)

In nomine Domini, anno incarnationis ejusdem M° C° LXX° III°, mense novembris, ego Guillermus de Roca, filius quondam Berenguarii de Mezol, per me et per meos, bona fide et sine omni dolo cum hac carta, vendo, trado, solvo, et titulo perfecte venditionis imperpetuum trado et derelinquo Deo et monasterio Sancti Salvatoris Anianensis et tibi, Petro Guillermi, monaco Anianensi, conrerio Anianensi, scilicet III solidos melguriensium censuales de usatico, quos singulis annis habebam in maneguería de Pertus, quam tenet Petrus Imberti ; et similiter XII denarios de usatico censuales, quas singulis annis habebam in parte Petri Deodati, in hac eadem maneguería, et similiter VI denarios, quos singulis annis donat Petrus Imberti pro maneguería que fuit Leotardi ; quam maneguariam Leotardus habet simul cum Guillermo de Concom. Dominium totum et consilium et omne jus meum, accionem et petitionem, et totum hoc, quicquid sit, quod in istis manegueriis jam dictis habebam vel aliquo modo habere debebam, ego, vel aliquis homo aut femina pro me, vendo et salvo imperpetuum Deo et monasterio Anianensi. Propter hanc autem venditionem et solutionem tu, Petre Guillerme, conrerii, dedisti michi IIII libras melgorienses de quibus penes te nichil remansit in debito ; et si magis valet hoc precio illud residuum solvo Deo et dicto monasterio et omni juri meo penitus renuncio. Si vero aliquid ibi a vobis vel a vestris ablatum fuerit, vel per me, vel per meos, vel per ipsum honorem jure totum vobis et monasterio restituam, et dono inde vobis et monasterio Anianensi regressum * in omnibus rebus meis, et totum ita tenebo et observabo sic Deus me adjuvet et hec sancta Dei euvangelia. Item sciendum est quod ego dictus Guillermus de Roca tenebam hos dictos IIII^or solidos et dimidium de Deo et de monasterio Anianensi et quicquid ibi habebam. Hujus rei testes sunt Petrus de Montepetroso Anianensis monacus, Petrus Bisbe, Raimundus Princes, Raimundus Cadel, Petrus Gros, Bernardus Bruni, Poncius Rainaudi et Fulco, qui hec scripsit.

* Fol. 71 r°.

LXXI.

[FREDOLA MANSUM DONAT, IN VILLA QUÆ DICITUR PABEIRAM, CUM INDICATIONE REDDITUUM MANSI].

(Fol. 71 r°. — 1120.)

In nomine Domini, ego Fredola cognomento Bredola, pro remedio anime mee vel parentum meorum, dono Domino Deo, et altari Sancti Salvatoris Anianensi, et abbati Petro, et monachis ejusdem loci presentibus et futuris, unum mansum ad alodium, cum omnibus sibi pertinentibus et cum hominibus et feminabus, in quo visus est manere Petrus Ebrardus, culturam istius mansi quamdiu vixit facere. Et est mansus in villa que vocatur Pabeiram, annuatim reddens tasquam et unum agnum, aut XII denarios, et convivium quinque militum et suorum equorum et unius servientis, et tres bovarios vel VII denarios, et medacula et VI denarios de oblias.

Facta hec donatio in presentia domini Petri, episcopi Lutevensis sedis, anno ab incarnatione Domini M° C° XX°, regnante Loyco rege. S. Petrus, Fulco canonicus. S. Raimundus Geraldi. S. Guillermi Arberti. S. Willermi Aleman. S. Geraldi Felgueras. Bernardus, monacus, scripsit.

LXXII.

[TRANSACTIO INTER RAIMUNDUM DE NEBIANO, PROCURATOREM MENSE MONASTERII ET HUGONEM ET G. BENEDICTUM, FRATRES, DE MANSO QUEMFRATRES TENENT A MONASTERIO IN TERMINIO DE CORNONE TERRALLIO, IN PARROCHIA SANCTI JULIANI DE SCAFIACO].

(Fol. 71 r°. — 26 octobre 1211.)

Sit omnibus hec audientibus manifestum, quod super controversiis, quas Raimundus de Nebiano, procurator mense dominorum monacorum Aniane habebat cum Hugone, Benedicto, fratribus, pro manso quem ipsi fratres tenent ab Anianense monasterio, in terminio de Cornone Terralio, in parrochia Sancti Juliani de Scafiaco, qui etiam mansus fuit Luciane, avie dictorum fratrum, et pro quo etiam manso ipsi fratres sunt homines Anianensis monasterii : Raimundus, prior de Giniaco, in quem ambe partes compromiserant, voluntate et assensu utriusque partis, talem inter eos fecit transactionem, scilicet quod dictus coquinarius et successores sui habeant et percipiant de cetero imperpetuum omnia consilia et dominia et laudimia predicti mansi, et specialiter illa omnia que evenient de domibus que constructe sunt vel in futurum fuerint in pairane, que est in castro de Cornone, qui est de predicto manso ; ita quod dicti fratres nullam partem habeant de cetero in consiliis vel dominiis seu laudamiis dicti mansi, et quod dicti fratres tenent quartum fideliter annuatim de fructibus honorum dicti mansi supradicto coquinario et quinque solidos annuatim pro usatico, et quod dicti fratres habeant et percipiant imperpetuum omnia usatica domorum, que modo constructe sunt in dicto manso. Verum si forte de cetero dicti fratres vel successores sui aliquid dederint de cetero ad acaptum vel alienaverint, esse dicti coquinarii et consilia et laudimia, similiter sicut predictum est ; et ego predictus R. de Nebiano, procurator communis mense dominorum monacorum Aniane, per dominum abbatem et per totum conventum ejusdem monasterii et per me ipsum et per omnes successores meos omnia predicta et singula vera esse cognoscens, hanc totam prescriptam amicabilem compositionem vel predictis fratribus, Hugoni Benedicto et G. Benedicto, et vestris laudo et confirmo perpetuo valituram, et me vel alium nunquam contra venturum promitto. Similiter nos predicti fratres Hugo Benedictus et G. Benedictus omnia predicta et singula vera esse cognoscentes, hanc totam prescriptam amicabilem compositionem et omnia supradicta tibi, R. de Nebiano, et successoribus tuis, laudamus et confirmamus perpetuo valituram, per nos et per omnes successores nostros, et nos nunquam contra venturos promittimus. Testes sunt G. Bochonus, R. Gilius, Bartholomeus de Cornone, P. Hugo et Jacobus Laurentius, qui hec scripsit, rogatus a partibus, anno dominice incarnationis M° CC° XI°, septimo kalendas novembris.

LXXIII.

[DONATIO, LAUDATIO, TRADITIO RAIMUNDO SICAUDI, UXORI ET INFANTIBUS, MANSI QUI FUIT DE BREDOLA, PROPTER HOMINIUM ET QUODDAM LAUDEMIUM, AB ABBATE GUILLERMO CONCESSA].

(Fol. 71 v°. — 1151.)

Anno ab incarnatione Domini M° C° LI°. In nomine Domini, ego Guillermus, abbas Anianensis, cum consilio monacorum nostrorum, omni remota fraude, dono et laudo et trado tibi, Raimundo Sicaudi, et uxori tue Brune et infantibus tuis, quos ex ipsa vel ex alia legitima uxore habueris, illum mansum qui fuit de Bredola, in quo visus est manere Petrus Ebrardi, cum omnibus ad eumdem mansum pertinentibus, ut habeas et possideas in pace. Si vero absque legitimis liberis decesseris, predictus mansus ad monasterium revertatur. Et propter hanc donationem tu, Raimundus Sigaldi, fecisti michi hominium et dixisti te ab omni alterius dominatione esse liberum. Et si aliquis homo aut femina, dominii nomine, aliquid a te vel in te exigerit, promisististis, datis super hoc fidejussoribus, illius querimoniam tacitam facere, et dedisti michi de laudimi x solidos melgoriensium. Et ipse mansus donat tascam et qui tenet ipsum mansum debet dare annuatim I agnum aut XII denarios et alberc V militibus et I servienti et III bovarios vel VII denarios, et medacleram, et VI denarios de oblias. Testes hujus rei sunt Geraldus, capellanus, Berengerius de Montiniaco, Willermus de Pomairols, P. Sicaudi, Ber. de Paberran. Willermus, levita, scripsit.

LXXIV.

[PONCIUS DE SALVE, MONACUS, DAT, LAUDAT ET CONCEDIT, CUM CONSILIO ABBATIS, DURANDO AIRALDO DE CORNONE, UXORI ET INFANTIBUS EJUS, DOMUM IN TERMINIO DE CORNONE, IN FERRAGINE SANCTI SALVATORIS, PRO ANNUALI USATICO ET XIIII SOLIDIS MELGORIENSIUM PRO ACAPTE].

(Fol. 71 v°. — Janvier 1138.)

In nomine Domini, ego Poncius de Salve, monacus et quoquinarius conventi Aniane, cum consilio Petri Raimundi, abbati ipsius monasterii, dono, laudo et concedo imperpetuum, bona fide et sine omni enganno, cum hac carta, tibi Durando Airaldo de Cornone, et uxori tue et infantibus tuis et universe posteritati tue, et cuicumque dimiseritis, ad faciendas omnes voluntates vestras, ad dandum et vendendum et ad impignorandum, cum consilio abbatis Aniane et coquinarii, exceptis sanctis clericis et militibus, scilicet totam illam domum cum curia et cum ingressibus et exitibus et cum omnibus ad se pertinentibus et que pertinere debent, quam Poncius Niger, consanguineus tuus, tibi Durando Airaldo dimisit, totum, ut ipse Poncius Niger melius visus fuit habere et tenere de Sancto Salvatore, in terminio de Cornone, que domus predicta cum curia, in ferragine Sancti Salvatoris, inter cimiterium Sancti Petri et domum Petri Bernardi et viam publicam; per istam domum cum curia et cum omnibus ad se pertinentibus dabitis, per usaticum, in unoquoque anno, ad festum sancti Michaelis VI denarios melgoriensium ad manserium istius honoris. Propter hanc autem donationem totius domus prescripte cum curia et cum omnibus ad se pertinentibus, tu, Durande Airaldi, dedisti michi Poncio de Salve, coquinario, XIIII solidos melgoriensium pro acapte.

Actum est hoc anno dominice incarnationis M° C° XXX° VIII°, in mense januarii, in presentia et in testimonio Guillermi Garini, P. Benedicti de Buxeria, M. Gaucelmi de Buxeria, P. Bernardi de Tribus Lupis, B. de Federia et Raimundi, qui hec scripsit.

LXXV.

[GUILLERMUS, ABBAS, CUM CONSILIO CELLARARII, IN CAPITULO, CORAM CONVENTU, DONAT, LAUDAT STEPHANO DE GURGITE NIGRO HONOREM DE PONCIO DE RIBALTA, PRO X SOLIDIS PER ANNUM, ET PRO LXX SOLIDIS PER LA CAPTE, CUM HOMINIO A STEPHANO PRESTANDO ET LIBERATIONE QUISTÆ AB ABBATE CONCESSA].

(Fol. 71 v°. — 1150.)

Anno ab incarnatione Domini M° C° L°, ego Guillermus, abbas Anianensis, cum consilio Sicardi, cellararii mei, in capitulo coram monacorum conventu, dono et laudo tibi, Stephano de Gurgite Nigro, et uxori tue et infantibus tuis, illas domos cum orto et vinea, que fuerunt de Poncio de Ribalta, ut habeas et possideas in pace totum predictum honorem; et possis dare illum et vendere dimittere * et impignorare cui volueris, non * Fol. 72 r°. tamen extraneis, sed hominibus monasterii; et hoc cum consilio abbatis et cellararii. Tu vero dabis X solidos melgorienses per unumquemque annum quoquinario monasterii, de quibus emat piscem ad faciendam refectionem monachis, in die anniversarii donni Petri de Calz, abbatis Anianensis. Quecumque etiam persona alia, te vivente vel post tuam mortem, predictum honorem possederit, omni prorsus occasione abscisa, de anno in annum quoquinario monasterii X solidos melgoriensium, sicut predictum est, dabit. Tu quoque, per la capte predicti honoris, dedisti septuaginta solidos melgorienses. Cellararius etiam habebit semper quartum et decimam de vinea predicta et orto. Tu quoque fecisti hominium nobis pro adquisitione predicti honoris; similiter et tua conjuns atque tui infantes erunt semper homines nostri fideles, sicut sunt alii homines Anianenses; quia vero pro honore predicto dabuntur coquinario X solidos annuo censu, solvimus et dimittimus tibi quistam quam habemus in hominibus Anianensibus, atque tue uxori et infantibus tuis similiter quistam dimittimus. Testes hujus rei sunt Guillermus Lombardi, Poncius de Podio, P. filius ejus, P. Garnerii, B. Etiarus (?). Raimundus Guiramandi, monacus, qui hec scripsit.

LXXVI.

[DE EODEM HONORE PONCII DE RIBALTA, CONCESSIO ET LAUDATIO A RAIMUNDO ABBATE ET CELLARARIO FACTA, GENZANE ET FILIO EJUS PETRO, PRO VIII SOLIDIS PER ANNUM COQUINARIO SOLVENDIS, PRO XXX SOLIDIS UT LAUDAMENTUM, CUM LIBERATIONE QUISTE AB ABBATE CONCESSA].

(Fol. 72 r°. — 1169.)

Anno dominice incarnationis M° C° LX° VIIII°, ego Raimundus, abbas Anianensis et nunc cellararius, bona fide et absque dolo, concedo et laudo tibi Genzane et filio tuo, Petro, et vestris, presente monacorum conventu, illas domos cum orto et vinea, que fuerunt Poncii de Ribalta, ut habeatis et possideatis in pace totum predictum honorem, et possitis dare, dimittere, vendere et impignorare cui volueris, exceptis aliis clericis sanctis et militibus, consilio abbatis et cellararii ; et liceat vobis predictas domos ad vestrum usum et opus, absque damno alterius violare meliorare. Vos vero et quicumque predictum honorem habuerint, dabitis VIII solidos melgorienses per unumquemque annum coquinario monasterii, in octabis sancti Martini, ad emendum piscem ad reficiendos fratres in die anniversarii Petri de Cauz, abbatis. Et si vos vel illi qui hunc honorem possessuri sunt memoratum censum tempore constituto minime solverent, liceat nobis exigere in ipso honore, vobis minime reclamantibus ; et pro laudamento hujus honoris, XXX solidos habui. Celerarius etiam habebit semper quartum et decimum de vinea predicta et orto ; et propter annuos VIII solidos supradictos, quistam, quam habemus in hominibus Anianensibus vobis remittimus. Hujus rei testes sunt Petrus de Podio et Willermus frater ejus, Bertrannus de Curte, Stephanus Paxeria, Guillermus de Cellanova, Petrus de Monblos fecit.

LXXVII.

[PETRUS RICULFI TRADIT ET DONAT PRO VENIA SCELERUM, MANSUM IN COMITATU SUSTANTIONENSE, IN PARROCHIA SANCTE MARIE DE SESTAIRANEGUES, IN LOCO VEDAZ, CUM IMPRECATIONE].

(Fol. 72 r°. — 14 août 1061-1107.)

Ego in Dei nomine, Petrus Riculfi, ut Salvator omnium Deus propicius sit michi, veniam donans scelerum meorum, trado et dono Domino Deo et altari Sancti Salvatoris Anianensis quem Deus daturus est catholicum, ipsi loco et monachis ejusdem loci presentibus et futuris, aliquid de alode meo, scilicet unum mansum cum omnibus que ad ipsum mansum pertinent vel pertinere debent, terris cultis et incultis, vineis, ortis, aquis aquarumve discursibus, pascuis, oglatis, egressibus et regressibus, garrucis, arboribus pomiferis et impomiferis. Et est ipse mansus in comitatu Sustantionense, in parrochia Sancte Marie de Sestairanegues, in loco qui vocatur Vedaz, ubi visus est manere. Et prenominatum alodem prenominato cenobio dono et monachis ejusdem loci presentibus et futuris, ut ipsi exorent Dominum, quatinus michi et genitori atque genitrici mee seu omni parentele mee remissionem omnium peccatorum * nostrorum * Fol. 72 v°
tribuat et vitam eternam concedat. Si quis autem vel ego vel ullus de parentibus meis vel de propinquis meis, vel aliqua mundialis persona, vel aliquis homo aut femina, hoc donum inrumpere voluerit aut aliquo malo ingenio auferre et de communia Sancti Salvatoris abstraere, ex parte Dei contradico omnibus hominibus, et insuper excommunicatus sit a Domino Deo omnipotenti et omnibus sanctis ejus, et sit particeps in inferno cum Juda, qui Dominum tradidit, et cum Datan et Abiron quos terra absorbuit fiat fiat amen.

Facta scriptura ista XIX kalendas septembris, regnante Philipo rege. S. Petri Riculfi, qui hoc donum fecit et firmavit et testes firmare rogavit. S. Poncii Riculfi fratris sui. S. Willermi Gaucelmi et P. fratris sui. S. Raimundi Airadi. Bernardus scripsit.

LXXVIII.

[PETRUS, ABBAS, DONAT STEPHANO DE PABEIRANO MINISTRALIAM IN TOTO HONORE QUEM HABET IN VILLA DE PABEIRTINO ET IN VILLA DE LAVEINAG ET DE SANCTO PONCIO, PRO ANNUALI USATICO, RETENTIS TANTUM ALBERGIS, QUISTIS ET PLACITIS, ET DENUMERAT MANSOS ET CENSUS].

(Fol. 72 v°. — 1136)

Ego Petrus, abbas Anianensis, cum consilio monacorum nostrorum Petri Berenguarii et Bernardi de Margung et aliorum, dono tibi, Stephano de Pabeirano, ministraliam in toto honore que modo habemus in villa de Pabeirtino et in ejus terminio, et in villa de Laveinag et de Sancto Poncio et in eorum terminio, pro tali usatico ut dones nobis per unumquemque annum unum modium mercatalem de annona, cujus due partes sint de frumento et tercia de ordeo, et portes illum ad Anianam, ad festivitatem Sancte Marie que est in medio augusto. Retineo autem in isto honore albergos, quos ibi debeo habere et quistas et placita. Alia vero omnia que debent nobis exire de ipso honore, dimitto tibi pro supradicto usatico et cui tu laxare volueris, cum consilio nostro, quis sit homo dominius (*sic*) et fidelis Sancti Salvatoris. Mansus qui fuit de Bredola, ubi Petrus Ebrardi visus est manere, donat tascam et I agnellum vel XII denarios et alberc ad V caballarios et I servientem et tres boarios vel VI denarios et medacula et VI denarios de oblias ; et mansus quem tenet Stephanus de Pabeiran facit similiter ; apenariam Fredolonis de Capraria donat II solidos et tascam ; de honore de Laveinag donat Petrus Johannes VI denarios pro I prato et apud Caxaneges dantur III denarios de una ferragine.

Facta carta ista anno ab incarnatione Domini M° C° XXX° VI°, regnante Lodovico regе. S. Petri Andree. S. Petri Ebrardi. S. Durandi Picardi. Bertrannus scripsit.

LXXIX.

[ITEM DE MINISTRALIA IN HONORE EODEM DE PABIRANO EIDEM STEPHANO CONCESSA].

(Fol. 72 v°. — 1136.)

Ego Petrus, abbas Anianensis, cum consilio nostrorum monacorum Bernardi de Margong et Willermi de Podio Abone et aliorum, dono tibi, Stephano de Pabirano, ministraliam in toto honore quem modo habemus in villa de Pabirano et in ejus terminio, et in villa de Lovainag et de Mairanichis et de Sancto Poncio et in eorum terminiis, pro tali usatico ut dones nobis per unumquemque annum I modium mercatalem et IIII sextarios de annona, cujus due partes sunt de frumento et tercia de ordeo, et portes illum ad Anianam usque ad festivitatem beate Marie, que est in medio augusto. Retineo in isto honore albergos quos ibi debeo habere et quistam et placita vel laudimia : alia vero omnia que debent nobis exire de ipso honore, dimitto tibi supradicto usatico et cui tu laxare volueris cum consilio nostro, qui sit homo dominius *(sic)* et fidelis Sancti Salvatoris et noster.

Facta carta ista anno ab incarnacione Domini M° C° XXX° VI°, in presentia Willermi Aucgerii et Willermi de Pomerols, et Poncii Scatoris et Stephani Caravallar. Poncius scripsit.

LXXX.

[CONVENIENTIA INTER PONCIUM ABBATEM ET ENEAM DE FRONTINIANO DE PISCATORIIS SANCTI SALVATORIS ANIANENSIS, CUM INDICATIONE DEI JUDICII AD AQUAM FRIGIDAM].

(Fol. 72 v°. — 1036-1060.)

Breve de placito et convenientia que fecerunt inter se Poncius abbas de Aniana et monachi ejusdem loci, cum Enea de Frontiniaco, de piscatoriis Sancti Salvatoris Anianensis. Convenerant inter se, in presentia bonorum hominum, idest Arnaldi episcopi, Raimundi Bernardi, Poncii Nizozii, Rogerii monachi, Petri Geraldi, Farengii clerici, et aliorum bonorum hominum, ut de XV * diebus ante festivitatem sancti Johannis, que est de VIII kalendas julii, usque in festivitatem sancti Genesii, nullus * Fol. 73 r°.

piscator de Enea rezaliare non audeat in aqua Sancti Salvatoris, neque per consensum ejus, nec de muliere ejus, neque de hominibus eorum. Quod si piscare voluerint usque ad signa que miserit abbas et Eneas, donent terciam partem de pisces inter monacos et Eneam ; si dare non voluerint, non intrent in aqua ; quod si terminium passaverint homines de Enea aut alii homines, aut per consensum ejus, aut de muliere ejus, aut per consensum de hominibus ejus, ipse homo qui hoc fecerit per Dei judicium ad aquam frigidam emendet ad Poncium abbatem et monachis de Aniano ; et si Poncius abbas hoc fecerit aut monachi sui aut homines ejus, similiter emendet ad Eneam per Dei judicium, et, quando sepes fuerint, si homines de abbate de Aniano emenda invenerint, faciat eas Eneas emendare sine enganno. Si vero homines de Enea sepes exterminaverint aut aperuerint, aut per consensum ejus aut per mulierem ejus, aut per homines ejus, faciat eas Eneas emendare per Dei judicium ad abbatem. In ipsa vada nullus piscator non intret de Enea neque per sensum ejus, nec de muliere ejus, neque de hominibus, sine consilio abbatis aut voluntate ejus, aut de monachis illius. Et si intraverit in illa aqua per forcia, Eneas adjutor fiat ad abbatem et ad homines ejus, et castellum ipsius sine inganno ; et si pro hoc vuerra homo aut femina fecerit ad Eneam et ad homines ejus, Poncius abbas adjutor fiat ad Eneam sine inganno et Eneas similiter. De alio piscatore de ipsa aqua Sancti Salvatoris, qualicumque modo homo piscare potest aut potuerit, fidem portet Eneas et homines ipsius ad abbatem Pontium et monachis de Aniano, de parte illorum sine inganno ; et homines de abbate ad Eneam de parte sua que exire debet sine inganno. Isto placito et ista conveniencia suprascripta si Eneas tenere non voluerit, de se et de hominibus suis, et de aliis hominibus de quibus drictum facere potuerit, de illa hora qua reclamationem auditam habuerit usque ad octo dies, si emendare non fecerit ad abbatem et ad monachis de Aniano de parte illorum sine inganno, pro tale judicium sicut suprascriptum est ad aquam frigidam, de illo die usque ad unum mensem, quinquaquinta solidos aut quinquaginta solidatas, que homo apprehendere possit sine inganno, reddat ad abbatem Poncii et ad monacos de Aniano sine inganno, aut ipsos homines reddat ad abbatem sine inganno ; et si

Eneas sic non fecerit, obstatic[us] suus, Petrus Farengus, in curte monacorum ad Anianum revertat in prehensione similiter ad unum mensem, et hic dicat: omnibus in comprehensione sum reversus, et de hinc non vadat sine absolucione abbatis Poncii et de duobus monachis quos ipse mandaverit; et si ille mortuus fuerit, aut si non tenet, Eneas faciat et usque ad unum mensem alium mittat, valente eo sine inganno. Similiter et abbas Poncius et monachi de Aniano tenebunt, de se et de hominibus suis, adversus Eneam de parte ipsius ; et si illi non fecerint et de illo die ad unum mensem L solidos aut quinquaginta solidatas, que homo sine contrarietate apprehendere possit, sine inganno ad Eneam reddat ; et si non fecerint sic, revertat Petrus Geraldus in prehensione in Frontiniaco infra castellum, et de hinc non pergat si Eneas non absolverit cum duobus de hominibus suis : sicut hic scriptum est, sic tenebit Eneas et obstaticus ejus adversus abbatem et monachis de Aniano, si ais non habent sine inganno et ais, transacto infra quindecim diebus, ipsam convenientiam adtendent. Similiter pro tali convenientia tenebit abbas Poncius et monachi de Aniano contra Eneam, de parte ipsius que ei exire debet sine inganno ; et si homo de abbate aut de Enea celaverint reclamatio de pisces illos, si per Dei judicio se eripere non potuerint * de ipso die usque ad unum mensem decem solidos remendent * Fol. 73 v°.
ad abbatem aut ad monachos homines de Enea aut homines ipsos reddat, aut pisces pro Dei judicio emendent; et si homo de Enea eripere se potuerit, homo de abbate decem solidos emendet ad Eneam, aut hominem reddat, et si homo de abbate eripere se poterit de illo clamo, de ipso die usque ad unum mensem x solidos ad abbatem reddat aut ipsos homines reddat.

LXXXI.

[USATICA DE HONORE DE CATUNO].

(Fol. 73 v°.)

Hec sunt usatica de honore de Catuns, de blado qui debetur annuatim in tempore messium elemosine Anianensi. Petrus Guillermi I sestarium ordei de Podio Bernardi ; Raimundus I eminam de eodem podio ; Raimunda de Caunis I sestarium pro honore Lautardenca. P. Laurenti cum fratribus suis III eminas pro minus (?) de faiscas ; P. Laurenti III eminas pro podio de Caunis ; Rai. Po., gener ejus, I eminam ; J. de Caunis I eminam ; G. de Luco I sestarium pro campo qui est super faissas ; Ber. Raimundi I eminam de bono frumento pro terra de Fontanillas.

LXXXII

[ERMENSENDIS BOICHERA, UXOR QUONDAM GUILLERMI SIGARII, OFFERT, DONAT, TRADIT QUICQUID HABET IN TERMINIO ET DOMINICATURA CASTRI DE POPIANO].

(Fol. 73 r°. — 1183.)

Notum sit omnibus hominibus quod ego Ermensendis Boichera, uxor quondam Guillermi Sigarii, bona fide et sincero animo, et absque omni retentu, offero, dono et cum hac carta ad habendum et possidendum imperpetuum trado Domino Deo, Sancto Salvatori Anianensi, et tibi, domino Raimundo, abbati, et fratribus ibidem degentibus et presentibus et futuris, ut sit proprie et specialiter in elemosinam et in sumptus pauperum, pro remedio anime filii mei Berenguarii et anime mee et parentum meorum, quicquid habeo vel habere ulla racione seu jure debeo, infra municiones et extra, in omni terminio et dominicatura castri de Popiano, tam in hominibus, feminis, domibus, terris cultis vel incultis, pratis, vineis, aquis aquarumve decursibus, cum molendinis, pascuis, fiscis, sive in omnibus aliis que in predicto castro et in ejus confinibus habeo et habere debeo, totum confero et singulariter transfero predicte elemosine monasterii Anianensis, ita quod nullis aliis usibus umquam computetur, et neque abbati neque alicui persone liceat hec a corpore elemosine separare, seu ullo modo alienare.

Facta est hec datio et oblatio anno dominice incarnationis M° C° LXXX° III° in Anianensi capitulo, residente in eo Raimundo de Salviano priore, Bernardo de Sauzeto sacrista, Pon. de Cornone elemosinario atque toto conventu, in presentia subscriptorum tertium, videlicet Guillermus de Cella nova sacerdotis, R. de Duabus Virginibus, Bermundi de Mareiol, P. Guillermi de Mareiol, Guillermus de Vallauges militum ; P. de Liurano, R. Stephani, P. de Podio et G. fratris ejus, P. Johannis, G. de Fisco, J. Fangati, Po. Pellicerii, Guillermus Vidal, Aniani Garona, Guillermi Gasto, Bertranni de Portale. Raimundus de Nebiano hec scripsit cum superscriptione : et molendinis.

LXXXIII.

[REMEMORACIO DE USATICIS DE VICARIA SANCTI AMANCII].

(Fol. 73 v°.)

Hec est rememoracio de his usaticis de vicaria Sancti Amancii. Mansus quem tenet Raimundus de Camus de monasterio Sancti Salvatoris de Aniana dat quartum et albergum VI militibus inter natale Domini et caremantran, et VIIII boverios per mansum et IIII per apennariam, scilicet IIII ad sollenox. ad. IIII ad binar et V per semensas, et ad messes unum hominem cum asina ad portandum garbas unum diem, et saumeg per duos dies ad portandum bladum ad Anianam, et II agnos ad Pentecosten et X denarios per oblias, et unam spatulam de porc post natale et VI ova. Mansus de Camus, quem tenet Petrus de Saiverac, dat cartum et alberc VI militibus et VI denarios de oblias et VIIII boverios, III ad sollevar et III ad binar et III ad semenar, et ad messes I hominem cum asino ad portandas garbas unum diem et saumec duos dies, et II agnos ad Pentecosten et II collos austorerets en aoust et IIII gallinas ad festum sancti Micaelis, et I spatulam et VI ova et I agnum ad Pentecosten et I asener ad * garbas et duos al saumec et VI bovarios. Et ipse Poncius de Caunis * Fol. 74 r°. de dimidio manso, quem emit de Petro Laurentino, cartum et alberc III militibus et per omnes alios usaticos III melgorienses ad augustum. Medius mansus, quem acaptavit Guillermus de Caunis de Petro de Montepetroso, cartum et alberc III militibus et per alios usaticos III solidos. Poncia Lautarda per bordiam cartum et XV denarios inter oblias et usaticum et II ova. Bernardus Textor per mansum de Quier cartum et III bovarios et spatulam et VI denarios per oblias, et VI ova, et VI denarios per I agnum et I asinarium ad garbas ; Benedictus del Clergue et suus nepos de honore quem emerat Guillermi de Vallorseira quartum et unum agnum.

LXXXIV.

[DONATIO TOTIUS HONORIS A TERMINIO AQUE BESANGUE USQUE AD FLUMEN DE VIDORLE, VIDELICET MANSI IN PARROCHIA ET TERMINIO DE LUNELLO VETERE, MANSI IN PARROCHIA ET TERMINIO DE GENESTED, MANSI IN PARROCHIA ET TERMINIO DE ADAZNEGUES, MANSI IN PARROCHIA ET TERMINIO DE NOZET, ET MANSIONIS IN CASTRO DE LUNELLO ET HONORIS IN ECCLESIA SANCTI BAUDILII, A WILLERMO ARNALDI DE BITERRIS TRADITA].

(Fol. 74 r°. — 16 janvier 1096.)

In nomine Domini nostri Jhesu Christi, ego Willermus Arnaldi de Biterris, dono Domino Deo et Sancto Salvatori Anianensi et abbati Petro, et monachis ejusdem loci presentibus et futuris, pro remedio anime mee et patris mei et matris mee et omnium parentum meorum, ut perpetuis temporibus sine blandimento alicujus hominis omni tempore teneant, habeant, et possideant totum meum honorem, quem habeo ad alodem in dominio, vel aliquis per me, vel habere debeo, a terminio aque Besangue usque ad flumen de Vidorle, cum hominibus et feminis et cum omnibus fevalibus, qui ad ipsum alodium pertinent vel pertinere debent, videlicet in parrochia et in ejus terminio de Lunello Vetere unum mansum cum omnibus pertinenciis suis. Similiter in parrochia et in ejus terminio de Genested II mansos ; similiter in parrochia et in ejus terminio de Adaznegues I mansum ; similiter in parrochia et in ejus terminio de Nozet unam apennariam. Similiter in castro de Lunello infra muros, dono unam mansionem meam, quam pater meus habuit et quantum ad ipsam mansionem pertinet vel pertinere potest vel debet. Insuper dono Sancto Salvatori et abbati Petro et monachis ejusdem loci, omnes fevales et omnem honorem qui sunt ex ereditate matris mee et pertinent ad ecclesiam Sancti Baudilii.

Facta est hec carta hujus donationis XVII kalendas febroarii, anno ab incarnatione Domini millesimo nonagesimo VI, regnante Philippo rege. S. Guillermi Arnaldi, qui hanc cartam fieri jussit et manu sua firmavit et testes firmare rogavit. S. Willermi de Salviang, nepotis sui. S. Wuillermi de Salviang. S. R. Rufi de Salviang. S. Virgilii de Biterris. S. Villermi Ermengaudi de Biterris. Bernardus scripsit.

LXXXV.

[CONFIRMATIO DONATIONIS AB ELISIARIO ET ENGERALDA UXORE RECOGNITA, DE ECCLESIA SANCTI BAUDILII, QUE EST JUXTA VILLAM SANCTI BRICCII ET DE HONORE DE FLUVIO BEZANGUE USQUE AD FLUMEN VIDORLE, ET EJUSDEM HONORIS ET ECCLESIE DEFENSIONIS SUSCEPTIO].

(Fol. 74 r°. — Jeudi 1er novembre 1123.)

Anno ab incarnatione Domini M° C° XX° III°, feria V, kalendas novembris, luna VIa, Xa, regnante Lodovico, rege Francorum, Bernardo comite Melgoriensi, ego Elisiarius et ego Engeralda, uxor ejus, nos ambo recognoscimus donum et helemosinam quam fecit Gaucelmus Alnardi Biterrensis, avus mei Engeralde, et uxor ejus Engeralda, avia mea, et Guillermus Arnaldi, filius eorum et avunculus meus, et Agnes filia eorum et mater mea, Domino Deo et altari Sancti Salvatoris Anianensis et abbatibus et monachis ejusdem loci presentibus et futuris, videlicet ecclesiam Sancti Baudilii, que est juxta villam que vocatur Sancti Briccii, et totum honorem quem habebant de fluvio Besangue usque ad flumen Vidorle, seu ab ipsis alii. Nos quoque suprascripti, ego scilicet Elisiarius et ego Engeralda, uxor ejus, laudamus et confirmamus totum suprascriptum honorem predicto altari et tibi Petro, abbati Anianensi, et monachis ejusdem loci presentibus et futuris, bona fide et spontanea voluntate, absolute absque omni dolo et omni retemptatione et quicquid inde accipiebamus vel auferebamus, solvimus et dimittimus, preterea tam suprascriptum honorem quam omnem alium predicti altaris Anianensis, in fide et defensione nostra suscipimus, ut et prefati loci monachi nos atque parentes nostros in orationibus suis suscipiant. Hec recognicio atque laudatio et confirmatio atque defensionis susceptio fuit facta consilio et in presencia Aldeberti, Agathensis episcopi, et Petri abbatis, et P. Berengarii et Armandi et Bern. Margonensis et P. Boniparis monacorum, et Bremundi * de Tedan et A. de Salvian, et R. de Serinan, et R. filii ejus, B. de Serinam, G. Pon. de Salvian, G. Guers, G. Poncii. Bern., monacus, scripsit. * Fol. 74 v°.

LXXXVI.

[TESTAMENTUM SIVE GADIUM BERENGARII DE PODIO SURIGARIO DE CASTRO POPIANO ET TRANSLATIO TESTAMENTI A PUBLICO SCRIPTORE].

(Fol. 74 v°. — 1er novembre 1182 et mars 1212.)

In nomine Domini, anno ejusdem incarnationis M° C° LXXX° II°, Philippo rege regnante, kalendas novembris, ego Berengarius de Podio Surigario, detentus egritudine, cum mea recta et sana memoria, nomine testamenti sive gadii, talem disposicionem facio super universas res meas Sancto Salvatori de Aniano, videlicet elemosine divido totum quicquid habeo in castro de Popiano et suis terminiis. Testes et gadiatores meos instituo Petrum de Parietibus, abbatem Sancti Jacobi, Bernardum abbatem Fontis Caliti, Assalitum consobrinum meum, Bermundum de Tezano et Guillermum de Saviniaco macrum (?). Raimundus Liacani scripsit anno et mense quo supra. Hoc translatavit Arnaldus de Emilano, publicus scriptor Podii Sorigerii, ab attentico instrumento, in presentia horum testium, scilicet Poncii de Bello loco, elemosinarius de Aniano, et P. de Parazano, presbitero, et G. de Sarignano, clerico, et Razulfi, scriptore de Florentiaco. Anno Domini M° CC° XII°, regnante Philipo, mense marcii.

LXXXVII.

[REMEMORATIO TESTAMENTI BERENGERII DE PODIO SORIGERIO PATRIS, DE CASTRO DE POPIANO ET RECOGNITIO SEU LAUDATIO EJUSDEM TESTAMENTI, CUM SOLUTIONE, GUIRPITIONE ET STIPULATIONE SE NUNQUAM CONTRA VENTURUM, A BERENGERIO FILIO FACTA].

(Fol. 74 v°. — 1212.)

In Dei nomine, anno nativitatis ejusdem M° CC° XII°, regnante rege Philipo. Manifestum sit omnibus hec audientibus, quod ego Berenguarius de Podio Sorigerio confiteor et recognosco quod pater meus, Berengerius de Podio Sorigerio, et domina Ermessendis Boqueria, avia mea, quondam dederunt sive legaverunt pro redemptione animarum suarum et parentum suorum, et in suo testamento scribi fecerunt, omnia que habebant vel habere debebant, vel ad eos pertinebant vel pertinere debebant, corporalia et incorporalia, mobilia et immobilia in castro de Popiano et in ejus terminiis in parroquia Sancti Bauzilii, elemosine monasterii Anianensis. Et etiam dederunt omnia jura et omnes acciones et peticiones et exceptiones et defensiones, quas in predictis habebant eidem elemosine contra omnes homines sive contra omnes feminas. Iterum ego, supradictus Berenguarius de Podio Sorigerio confiteor et recognosco me in hoc anno condidisse testamentum, in quo confirmavi et laudavi omnia predicta dona sive legata, et modo in presenti cum hac publici scriptura laudo et confirmo, et iterum dono et solvo et guirpio omnia que ad me pertinebant vel pertinere debebant, in predictis parroquiis vel in ejus terminiis predicte elemosine, et promitto per validam et firmam stipulationem, quod nunquam contra omnia predicta dona sive legata vel eorum singula, veniam vel venire faciam aliquo modo qui dici possit vel excogitari, sicque plivio et confirmo per meam rectam fidem. Hoc fuit laudatum et concessum a domino Berengerio de Podio Sorigerio, in plano castri Podii Sorigerii, coram istis suprascriptis testibus : Guillermo de Serignano clerico, et Radulfo scriptore de Florentiacco et Petro de Muscio et P. Raimundi Thomas, et Bern. Vitali, P. Othone, Ber. Adalberti, G. Bozrelli, R. de Cozignano, P. de Poieto. Sciendum tamen est quod in presentia omnium istorum, Poncius de Bello loco, elemosinarius Anianensis, recepit hoc donum et hanc solutionem, et ut hec omnia firmius habeantur et teneantur, ego jam dictus Berenguarius sigilli mei inpressione jussi consignari. Arnaldus de Emiliano, publicus scriptor Podii Sorgerii mandatus, hec scripsit.

LXXXVIII.

[BERNARDUS, ABBAS, TRADIT MONASTERIO TRES MANSOS IN PARROCHIA SANCTI MARCELLI DE ADELLANO, MITTIT IN NATURALEM ET CIVILEM POSSESSIONEM, CUM RENUNCIATIONE ET STIPULATIONE. QUI MANSI ANTEA OBLIGATI ET SUB PIGNORE DETENTI LIBERATI SUNT A DOMINA ERMENSENDE DE VILLANOVA PRO MISSIS CELEBRANDIS. AD RESTITUTIONEM MANSORUM CONFIRMANDAM ABBAS DAT MOLENDINUM IN FLUMINE ERAURIS].

(Fol. 71 v°. — 1208.)

In nomine Domini, anno M° CC° VIII°, ego Bernardus, abbas Anianensis, consensu et voluntate totius generalis capituli, assignamus et laudamus

et donamus et imperpetuum tradimus et elemosine monasterii nostri tradimus, scilicet tres mansos qui sunt in parrochia Sancti Marcelli de Adellano, cum omnibus pertinenciis suis, cum hominibus et feminis, terris cultis et incultis, vineis, pratis, aquarumque decursibus, et cum omnibus juribus suis competentibus et competituris, et omnem accionem et persecutionem, tibi Poncio elemosinario et elemosine damus et imper-
* Fol. 75 r°. petuum concedimus. Et si aliquis * jure scripto vel non scripto vel aliqua lege vel consuetudine contra venire possemus, illi juri, illi legi, illi consuetudini penitus renunciamus, et te Poncium elemosinarium, et elemosine in naturalem et in civilem possessionem te mittimus, cum hac presenti carta, et per stipulationem promittimus quod contra non veniemus nec venire faciemus, nec aliquis arte vel ingenio nostro. Et sit notum omnibus hominibus, quod isti predicti tres mansi cum omnibus pertinenciis erant obligati creditoribus et sub pignoribus detenti, quos omnes predictos mansos redemimus et liberavimus ex M solidis, quos domine Ermensendis de Villanova, pro remedio anime sue et pro refectione dominorum in die obitus sui, helemosine reliquid. Et nos omnes in simul, sicut supradictum est, volentes satisfacere voluntati ejus et mandata ejus implere, predictum honorem damus et deputamus elemosine, quatinus in die obitus sui refectionem honorifice faciat de pane et vino et recenti pice, pro remedio anime sue missas celebrent cantent. Preterea si Ber. de Sancto Privato, qui in presenti honorem Sancti Amancii jure pignoris tenet et possidet, vel A. de Claromonte aliquid jure amparaverit vel aliquis in judicio evaderit, damus tibi helemosinario in retornum, molendinum medium in flumine Erauri situm, ut tamdiu teneas et percipias fructus illius molendini, donec compleantur tibi L solidi melgorienses ad voluntatem tuam faciendam, tam ex illis fructibus quam ex istis.

Acta fuerunt hec in pleno et generali capitulo, domino B. abbate assistense, Ber. de Saudeto, P. de Squalariis, B. de Acde, V. de Andusia, P. de Podio Abone, R. de Nebiano, B. de Tortosa, G. de Cerviano, P. de Montepetroso, P. de Bello loco, P. Eme, G. Poncii, R. de Monmirat, R. de Garriga, B. de Montepetroso, P. Garcini, G. de Abriniaco, G. prior de Villanova, R. Calveti, R. de Moreze, P. de Pradinis, B. de Podolas, Ber. de Montepetroso, R. de Figaret, Alafredo, R. de Rabatencs, Raimundo de Rocauta.

LXXXIX.

[GUILLABERTUS DE MONTE PETROSO RECOGNOSCIT DUOS QUARTELLOS DE OLEO. QUOD SI SUCCESSORES DARE RENUERINT, DONAT DUOS QUARTELLOS IN HONORE IN TERMINIO DE VOLPILAS; ET PROPTER HOC RECEPIT XV SOLIDOS].

(Fol. 75 r°. — 1158.)

Notum sit scire volentibus quod ego, Guillabertus de Montepetroso, recognosco Domino Deo Sancto Salvatori Anianensi duos quartellos de oleo, quorum unum pater meus, Bernardus Guillermi, in ultima voluntate sua, eidem monasterio, pro remedio anime sue, annuum reliquit, alterum vero avunculus meus Raimundus Daulaz, nichilominus in sua ultima voluntate predicto monasterio annuatim dari constituit, e quibus ego hactenus unum injuste subtraebam. Hos duos quartellos de oleo, ad mensuram de Montepetroso, ego, supradictus Guilabertus, per fidem et sine dolo recognosco, dono, laudo, et imperpetuum trado tibi, Petro abbati, et tibi, Bernardo Guirardi elemosinario, et ceteris monachis presentibus et futuris, ut habeatis et jure perpetuo possideatis. Et volo et mando ut omnes successores mei predictos duos quartallos vobis, sine impedimento, in festivitate sancti Andree persolvant. Quod si facere renuerint, dono vobis illos duos quartellos, in honore quem de vobis teneo, in terminio de Volpilas. Et propter hanc recognicionem sive donationem, ego, Guillabertus, habui a predicto abbate et elemosinario XV solidos, e quibus nichil remansit in debito.

Factum est hoc anno dominice incarnationis M° C° L° VIII°. Testes sunt Raimundus de Duabus Virginibus, Gaucelmus de Bailanegues, Berengerius de Laicac, monachi, Petrus Parrochia, Bertrannus de Curia laici. Geraldus scripsit.

XC.

[JUDICIUM GAUCELMI, LODOVENSIS EPISCOPI, DE EISDEM QUARTELLIS OLEI, INTER ELEMOSINARIUM ANIANENSEM ET GUILLERMUM DE MANDAGOT].

(Fol. 75 r°. — 1185.)

Notum sit omnibus hominibus quia anno dominice incarnationis M° C° LXXX° V°, controversia agitabatur inter Siccardum, elemosinarium Anianensem, et Guillergmum de Mandagot. Petebat enim jam dictus Siccardus a predicto Guillermo II quartellos olei annuos, quorum alterum legaverat Bernardus Guillermi elemosine Anianensi, alterum Raimundus de Aulaz : quorum duorum omnia bona possidebat supradictus Guillermus.
* Fol. 75 v°. Residente itaque * domino Gaucelmo, Lodovensi episcopo, judice ordinario apud Lodovam, ejus assessoribus existentibus Poncio de Montepetroso, sacrista, et Petro de Caunaz, capellano, et allegationibus utriusque partis auditis, difinitiva sentencia ab ipso pontifice prolata assignati sunt et adjudicati II quartelli olei annui a predicto Guillermo et ejus successoribus dandi elemosine Anianensi; et preter hoc quia per tres annos non fuerant soluti predicti quartelli, judicavit idem episcopus VI quartallos dari. Hanc autem difinitivam sentenciam, ne inposterum aliqua oriatur super predictis dubitationis scriptis, episcopus jam dictus redigi fecit, et sigilli proprii impressione scripturam munivit presentem.

XCI.

[CONTROVERSIA INTER P. ELEMOSINARIUM ANIANENSEM ET DOMINUM BER., ABBATEM MONASTERII, DE ELEMOSINA HONORUM ABBATIS ET MONASTERII, CUM TRANSACTIONE DE HIS OMNIBUS COMPOSITA].

(Fol. 75 v°. — Jeudi 25 septembre 1211.)

Anno dominice incarnationis M° CC° XI°, mense septembri, controversia erat inter P., elemosinarium Anianensem, ex una parte, et dominum Ber., abbatem, ejusdemque monasterii obedienciales ex alia. Dicebat namque P., elemosinarius Anianensis, quod dominus abbas de honoribus, quos ad propriam manum tenebat, antiquum seu consuetum canonem elemosine debitum non solvebat, de laxis a fidelibus monasterii pro redemptione animarum relictis ; de illis eciam qui ingrediebantur monasterium oblatis, nichil penitus elemosinam habere sinebat ; de obediencialibus similiter conquerebatur, quod de honoribus sibi commissis prorsus usatica elemosine debita vel pro majori parte aufferebant. Allegabant enim dominus abbas et ejus obedienciales paupertatem domorum sibi commissarum, et heris gravamen plurimum alieni, quare dicebant honores non posse facere elemosine que consueverunt facere ab antiquo. P. vero elemosinarius nominatus, quia penitus ablata erat elemosina in monasterio Anianensi, Deo et hominibus et etiam domini Pape legatis conquerebatur. De qua querimonia seu controversia in presencia domini P. de Agrifolio, archidiaconus Magalonensis, et magistri P. de Avarsonio ad hanc causam diffiniendam a dominis legatis constitutorum, dictus elemosinarius et dominus abbas prephatus et ejus obedienciales in dicto monasterio Anianensi venerunt. Qui, auditis hinc allegationibus et racionibus, hanc causam componendam et difiniendam in arbitrio et voluntate dicti domini abbatis, et Hu., prioris Sancti Amancii, et G...., prioris de Villanova, et R. prioris claustralis posuerunt, ut, Deum habentes pre occulis, in extremo examine reddituri rationem, hanc causam pro possibilitate monasterii diffinirent. Abbas vero sua et supradictorum autoritate, de legatorum assensu et voluntate dictorum trium monacorum et totius capituli sic constituit et diffinivit, ut cellararium Anianensem de omni laborantia sua bladi et vini, quam facit vel faciet in toto territorio Anianense, et de tota vindemia, que proprie pertinet ad cellarium, det plenarie decimam elemosine : excipiuntur enim decime, que parciuntur cum ecclesia Sancti Johannis Anianensis. Alii vero obedienciales, de omni blado quem perceperint ex messibus sive de laborancia, sive de quartis, sive de decimis, sive de usaticis, si antiquum vel consuetum canonem solvere nequiverint vel noluerint, plenarie decimam elemosine persolvant. De omnibus laxis que provenerint monasterio, vel de legatis, integre et sine diminutione, sicut consuetum est, suam decimam elemosina habeat.

Facta sunt hec omnia predicta, VII kalendas octobris, feria V, in capitulo Anianensi, in presentia totius conventus. Et ut prescripta omnia firmius habeantur, ego Ber. sepedictus abbas, sigilli mei impressione signari facio et precipio.

XCII.

[CARTA MEMORIALIS DE ALODE ET HONORE QUEM BERENGARIUS DE POG SORIGER HABET INFRA TERMINOS CASTRI DE POPIANO IN PARROCHIIS SANCTI BAUDILII ET SANCTI AMANCII].

(Fol. 75 v°.)

In nomine Domini, hec est carta memorialis de alode et de honore, de hominibus et feminis, de redditibus et usaticis annuis que Berenguarius de Pog. Soriger habebat vel habere debebat infra municiones et el baiu[lia] et extra, infra terminos castri de Popiano et in confiniis et vicina ejus, videlicet in parrochia Sancti Baudilii et Sancti Amancii. In primis
* Fol. 76 r°. infra municiones * habet domum cum suis pertinenciis, que confronta cum estare Vierne et Petri Raimundi Montispetrosi; l'estar quod fuit Bernardi Aiza est alodis ejus et dat XII denarios pro censu; l'estar de Mauricio alode donat VI denarios. L'astar Raimunde Pastorese alode donat VI denarios. L'astar Johannis Rainaldi VI denarios. L'estar que fuit Guillermi Pellegri alode donat VI denarios. L'estar Guillermi Bromest, que confrontat se cum estare Raimundi Geraldi et cum trella Sancti Guillermi, est alode et donat VI denarios, et parranis que fuit Poncii de Cogulanegues alode et donat decimam; et campus qui fuit Raimundi Pellicerii et confrotat cum via que ducit Giniacum et via tendente ad Costam bellam est alode, dat quartam et decimam, et clausum quod fuit Bernade Galterie et conjungitur cum vinea Raimundi Pellicerii et cum campo Martini Benedicti cum omnibus suis pertinenciis, est alode, et reddit quartam et decimam; et in cultoribus predicti clausi habet dominium et sennoriam vinea predicti Raimundi Pellicerii, vinea Raimundi Geraldi, vinea Guillermi Rivel, que confrontant cum via que discurrit ad Sanctum Baudilium et cum campo Marie de Castronovo. Iste vinee sunt alode et donant decimam; campus segalar, et ortus ei adherens, quem tenet Guillermus Berenguarii est alode et donant decimam; et campus et

ortus de Sarainam est alode, et donant decimam. Orti quos colunt Raimundus Porcel et Raimundus Blanc et Petrus de Also et Bern. Arza ultra aquam de Alaudella, sunt alode et donant decimam, et in alio loco ortus, quem jam dictus Raimundus Blanc tenet, dat decimam ; de his v ortis est feudalis Guillermus Berengerii, et ortus Guillermi Guarnerii dat decimam. Ortus Raimundi Geraldi quartam decime. Ortus Truggardis de la Barreria et ortus Bernarde Gualterie, qui sunt inter ortum Raimundi Rostagni et aquam que venit de fonte dominicali sunt alode, et reddunt quartam et decimam. Molendinum Petri Creisel est alode et, quando ecrescit aqua, donat I eminam de blat et I fogaza et decimam totius molture. Molendinum Stephani de Andusa medietatem I emine de blat et medietatem fogacie. Campus Johannis Rivel, qui terminat se cum via puplica descendente Giniacum, donat decimam. In terminio de Plamajor planterium Guillermi Rivel est alode et donat quartam et decimam. Tres quarterie vinearum sunt alode, quas tenet Raimundus Porcel, et donant quartam et decimam et IIII denarios pro censu, et modiata vinee de Na Bromesta donat decimam. Mansus Martini de Malancel donat quartam decime, et ipse jam dictus Martinus habet ibi honorem de alode Berengarii supradicti, unde donat quartam et decimam. Et mansus de Ferreceng est alode, et homines et femine ipsius mansi tenentur hominio et fidelitate, et donant decimam de manso et alberc IIII militibus et I porcum et I agnum ; et vinea Petri Bertrandi de Marcellan, que est in terminio de Costa bella, est alode, et dat decimam ; et ibidem vinea Guillermi Gili est alode, et dat quartam et decimam ; campus Martini Benedicti est alode et dat decimam ; campus Guillermi Berenguarii, qui est in terminio de Costa bella, est alode, et dat decimam ; campus den Saramam, qui confrontat cum campo Marie de Castronovo et viam Sancti Baudilii, est alode, et dat decimam. Ortus Geraldi de Sedaz est alode, et dat decimam ; et ortus Stephani de Andusa est alode, et dat decimam ; et ortus Guillermi Guarnerii est alode, et dat decimam ; boscus qui apellatur Malboschet, et est inter boscos Guillermi quondam de Omellalis et Rostanni de Popiano, cum suis pertinenciis est alode et dominium.

XCIII.

[GUILLERMUS GIDO ET PONCIUS GUILLERMUS VENDUNT PONCIO DE LUNELLO QUOD HABENT IN DECIMARIA DE LUNELLO VETERI ET IN MANSO QUODAM SANCTI SALVATORIS ANIANENSIS, PRO XX SOLIDIS MELGORIENSIBUS, CUM RENUNCIATIONIBUS, JURAMENTO, ET STIPULATIONE DE EVICTIONE, ET OBLIGATIONE OMNIUM BONORUM].

(Fol. 76 r°. — 1198.)

Anno dominice incarnationis M° C° XC° VIII°, ego, Guillermus Gido, et ego, Poncius Guillermus, pro me et pro meo filio Bernardo Guillermo vendimus et tradimus, donamus, solvimus et imperpetuum desomperamus tibi, Poncio de Lunello, et cui volueris * totum hoc quod habemus vel habere debemus in decimaria de Lunello Veteri et in manso quem tenemus a monasterio Sancti Salvatoris de Aniana ; et a vobis totum hoc vendimus, et tradimus, et donamus et solvimus vobis, et propter totum hoc dedisti et solvisti nobis XX solidos melgorienses, nomine quorum non opponemus exceptione non numerate pecunie nec aliquam aliam ; et promittimus per stipulationem, quod totum hoc in pace vobis tenere faciemus, et si aliquod vobis ibi fuerit evictum, illum restituemus et regressum propter hoc in bonis nostris vobis damus, et nulla racione contra veniemus, racione minoris precii, vel alio modo, et omni juri et consuetudini renunciamus et juramus supra IIII^or^ Dei euvangelia, quod totum hoc vobis semper complebimus. Et ego Poncius Guillermus, faciam totum hoc jurare et solvere predicto filio meo Bernardo ; et propter hoc obligo me et mea vobis ; et ego Poncius de Lunello predictus pro me et pro monasterio Anianensi, solvo te Guillermum Gidonem, et Guillermum Poncium, et Bernardum Guillermum et successores vestros ab hominisco et ab omni petitione quam vobis faciebam vel facere poteram. Testes sunt : P. de Castrias, Giraldus Montis Luzoni, D. de Manso, P. Jordanus, G. Cordurerius et Ber. Calcadellus qui hec scripsit.

* Fol. 76 v°.

XCIV.

[GAUCELMUS DE MONTE PETROSO, MONACUS, PROCURATOR BONORUM ECCLESIE SANCTI SALVATORIS DE SELLA NOVA, LAUDAT ET CONCEDIT MIRACLE, FILIÆ ARNALDI CATI, ET HUGONI VIRO EJUS DUAS PECIAS VINEE IN DECIMARIA SANCTI VINCENCII, PRO USATICO XVIII DENARIORUM MELGORIENSIUM, CUM FACULTATE ALIENANDI CUILIBET, EXCEPTIS SANCTIS ET MILITIBUS].

(Fol. 76 v°. — Mars 1157.)

In nomine Domini fiat hec omnibus audientibus notum, quod anno incarnationis ejusdem M° C° L° VII°, in mense marcii, ego Gaucelmus de Monte Petroso, Anianensis ecclesie monacus, dominus ac procurator bonorum ecclesie Sancti Salvatoris de Sella Nova, scio atque in rei veritate cognosco, quod antecessores domine Miracle, que filia fuit Arnaldi Cati, quondam a monasterio Sancti Salvatoris de Aniana lucrati sunt duas pecias vinee et quinque pecias laborive terre ; que vinee predicte sunt in decimaria Sancti Vincencii, quarum altera confrontatur ab oriente cum vinea monachi de Florentiaco, ab occidente cum honore Sancti Salvatoris, alia autem confrontatur ab occidente cum vinea Petri Clerici, ab oriente cum vinea Raimundi Gaucelmi. Quinque pecie terre predicte sunt in predicta decimaria Sancti Vincencii, quarum una est in loco qui vulgo a Camp Cornut, et confrontatur ab oriente cum terra Adalaicis, uxoris Guitberti, ab occidente cum via qua itur versus Momoiranicas. Alia vero est ad puteum, et confrontatur ab occidente cum terra que fuit Bermundi de Lunello Veteri, ab oriente cum terra Bernardi Stephani. Alia vero est ad pontum, et confrontatur ab oriente cum ripa rivi Dardalionis, a circio cum camino publico. Alia quoque est in loco qui dicitur Alsclauses, et confrontatur a circio et a vento cum terra Bertrandi de Lunello Veteri. Alia autem est ad ortos, et confrontatur ab occidente cum via qua intus versus Sanctum Justum, ab oriente cum vinea Sancti Salvatoris ; et unam peciam vinee que est in eodem terminio predicto, et confrontatur ab oriente cum vinea Raimundi Gaucelmi, ab occidente cum vinea Guillermi Arnaldi. Hunc autem honorem supra nominatum, ego Gaucelmus de Montepetroso predictus Anianensis ecclesie monacus, dominus ac procurator bonorum ecclesie Sancti Salvatoris de Sella Nova

ut predixi, per fidem et sine inganno, cum hac cartula laudo et concedo tibi, Miracle predicte, et tibi, Hugoni viro ejus, et omni posteritati vestre ad omnes voluntates vestras faciendas imperpetuum, vel cuicumque dare vendere vel pignori tradere volueritis, exceptis sanctis et militibus, meo meorumque tamen successorum consilio qui nomine Anianensis ecclesie honori huic prestiterint, ita tamen laudo et concedo vobis predictis, cum consilio et voluntate domini abbatis nostri et totius monacorum meorum conventus, sicut predictum est, unde monasterio Sancti Salvatoris de Aniana et abbati predicti monasterii et monachis ejusdem loci facietis hominium, et in ipso honore stare semper habebitis, et annuatim vos vel vestri dabitis Sancto Salvatori de Aniana XVIII denarios melgorienses
* Fol. 77 r°. ad festum Sancti Michaelis pro usatico *. Hujus rei testes sunt Petrus Arnaldi, canonicus Magalonensis, Bermundus de Lunello Veteri, Raimundus Asmondi, Guillermus lo bon faber, Beraldus sacerdos, Johannes Donadeu, Poncius Marini, Vincencius Bertrandi, Guillermus Sigini scripsit.

XCV.

[TRANSACTIO INTER GAUCELMUM, PRIOREM SANCTI BAUDILII ET GUILLERMUM ET PONCIUM ARNALDI FRATRES, DE MANSO APUD LUNELLUM VETEREM].

(Fol. 77 r°. — Juillet 1152.)

Anno ab incarnatione Domini M° C° LII°, mense julio. Facta est talis transactio seu amicabilis compositio inter Gaucelmum, priorem Sancti Baudilii, et Guillermum Arnaldi et Poncium Arnaldi fratres ejus, super querimoniis quas faciebat idem Gaucelmus de prefatis fratribus, interveniente Benedicto, priore de Ballanicis, et Bertrando de Burgueriis et Petro Nigro de Lunello, que transactio talis est. Ego Guillermus Arnaldi et Poncius Arnaldi, scimus et recognoscimus et auctorisamus tibi, Gaucelmo, et successoribus tuis, nos esse et esse debere homines mansuales et pagisios Guillermi, abbatis Anianensis, et tuos et successorum tuorum, pro manso quod habemus et possidemus a vobis apud Lunellum Veterem. Et debemus facere domum et estaga in eodem manso, quod et promittimus tibi, Gaucelmo, nos facturos, usque in secundam festivitatem sancti Michaelis. Preterea solvimus et guirpimus et donamus tibi, Gaucelmo, et successoribus tuis, illud quod habebamus vel habere debebamus pro brazarge vel alio quoquo modo in manso de Nozet et in manso de Genestet, vel si quid aliud in illis habebamus et quicquid eciam petere poteramus in manso da Dazanegues et in manso de Capreria, scilicet in unoquoque manso unum sextarium frumenti et VI denarios et albergum duobus hominibus annuatim. Concedimus et tibi, Gaucelmo, et successoribus tuis, unam aminam frumenti de orto quod acaptavit a te et a nobis Michael, et unum sextarium frumenti de illis duobus estars, quos acaptavit a te et a nobis idem Michael et Petrus Bedocii, alia parte census ipsarum domorum et orti nobis servata. Et ego Gaucelmus, prior Sancti Baudilii, concedo et laudo tibi, Guillermo Arnaldi, et tibi, Poncio Arnaldi, et heredibus vestris, mansum de Lunello, cum suis pertinenciis, ut possitis dare vel vendere vel impignorare, exceptis sanctis, clericis et militibus, cum consilio tamen nostro et successorum nostrorum; et dabitis singulis annis duos solidos et dimidium et quartum fideliter Sancti Baudilii priori, excepte eo quod in singulis annis debeo vobis dare I sextarium frumenti, ad mensuram illius sextarii quod accipiebatis de Nozet, vel de Genestet. Et dedisti michi per acapte X solidos. Hujus placiti testes sunt Benedictus de Verona, Bertrannus de Brugueriis, Petrus Niger, P. Clericus Micahel, G. de Montepetroso, Johannes Donadeus, G. Lauterii. Silvester scripsit hec.

XCVI.

[DE QUODAM MANSO IN COMITATU NEMAUSENSE, IN VICARIA ANDUSIENSE, IN VILLA AMOLUM, QUEM DONAT PETRUS FERRANDUS, EA RATIONE UT PER VITAM USUMFRUCTUM HABEAT PRO ANNUALI INVESTITURA, ADDITIS IMPRECATIONIBUS].

(Fol. 77 r°. — 13 juillet 1061.)

Ego in Dei nomine, Petrus Ferrandus, dono Domino nostro Jhesu Christo, Sancto Salvatori Anianensis cenobii et Sancte Marie semper Virginis necnon et aliorum quorum reliquie in supradicto loco venerantur, et Poncio, abbati, monachisque suberius dicione degentibus vel successoribus illorum, unum mansum. Et est ipse mansus in comitatu

Nemausense, in vicaria Andusiense, in villa que vocant Amolum, cum omnibus adjacentiis suis et apicenciis suis, id est cum terris cultis et incultis, cum vineis, cum pascuis, cum ortis, cum arboribus pomiferis et impomiferis, cum silvis, garricis, cum aquis aquarumque decursibus, et cum omnibus que ad ipsum pertinent. Ista omnia superius nominata sic dono ego, jam supradictus Petrus Ferrandus, Sancto Salvatori Anianensi et Sancte Marie Virgini aliisque sanctis ibi consepultis et abbati presenti et successoribus ejus, ut supradictum est ; in tali vero racione, ut dum ego vivo usum et fructum habeam, excepto quod investitura omni anno in assumpsione sancte Marie unum sextarium de ciceros debent recipere monachi monasterii. Post obitum vero meum habeant teneant et possideant. Quod si ego P. Ferrandus aut ullus de heredibus meis vel de propinquis meis, aut abbas ejusdem monasterii vel potestas, aut ullus homo aut femina vel quelibet persona contra hanc cartam donationis venerit ad irrumpendum vel de communia monacorum tollere vel abstraere voluerit, sint excommunicati et anatema[ti]zati atque alienati a Patre et Filio et Spiritu Sancto et a gremio
* Fol. 77 v°. sancte Dei ecclesie sint segregati* et cum Juda Scariot, qui Dominum tradidit, in penis infernalibus sint conjuncti, et cum Datan et Abiron, quos vivos terra obsorbuit, sint participes vel socii et a corpore et sanguine Domini nostri Jhesu Christi sint separati, omnibusque maledictionibus sint donati ; et de excommunicatione Focterii episcopi sint excommunicati, qui baiuliam vel aliquem usum in manso suprascripto quesierint, aut aliquam contrarietatem operati fuerint. Quod si unum ex his que superius scripta sunt ab aliqua persona evenerit, veniant propinquiores parentes mei et ponant tres numas super altare sancti Salvatoris Anianensis et recipiant mansum suprascriptum.

Facta donatione ista III° idus julii, feria VII° regnante Philippo rege. S. Petri Ferrandi qui donationem istam scribere jussit et manu propria firmavit et testes ut firmarent rogavit. S. Baldoini. S. Petri Bremundi. S. Bernardi Baldoini. S. Petri Almeradi. S. Fulconi de Cambras. S. Rostanni, fratre ipsius. S. Petri Geraldi. S. Petri Maiafredi. Bertrannus, indignus monacus scripsit.

XCVII.

[BERENGUARIUS DE RAVATH DONAT ALODEM IN TERMINIO PARROCHIE DE SESTAIRANEGUES APUD FONTEM BREMUNDUM, ET TERRAM CAMPUM RICARDI DICTAM, ET PONCIUM DEODATI CUM UXORE EJUS].

(Fol. 77 v°. — 27 mars 1133.)

In nomine Domini, ego Berenguarius de Ravath, dono Domino Deo et ecclesie Sancti Salvatoris monasterii Anianensis et Petro, abbati, et monachis ejusdem loci presentibus et futuris, aliquid de alode meo quod habeo in terminio parrochie de Sestairanegues : hoc est totum honorem quem habeo apud fontem Bremundum, sicut dividit via que ducit ad mansos versus superiorem partem, quidquid supra ipsam viam habeo campos, vineas, ortos, boscum, arbores fructiferas et non fructiferas, et totum quicquid ibi habeo cultum vel incultum, dono supradicto monasterio ejusque habitatoribus ; et in alio loco terram que appellatur Campus Ricardi. Dono etiam supradicto monasterio Poncium Deodati cum uxore sua. Hoc donum facio pro remedio anime mee vel parentum meorum.

Facta est hec donatio seu scriptura anno ab incarnatione Domini M° C° XXX° III°, V° kalendas aprilis, in presentia monacorum Ugonis et Matfredi, et laicorum Willermi Ugonis, Poncii Aimancii, Bern. Martini et Aviti, Ber. Aviti, P. Deodati, Willermus, scripsit.

XCVIII.

[RAIMUNDUS ABBAS CONCEDIT ORTUM AD FEUDUM HONORATUM GIRBALDO ET UXORI ET HEREDIBUS, RESERVATO JURE REVERSIONIS].

(Fol. 77 r°. — 1181.)

In nomine Domini, anno incarnationis ejusdem M° C° LXXX° I°. Notum sit omnibus hec audientibus, quod ego Raimundus abbas Anianensis, qui et cellararius, consilio et voluntate Aimerici, prioris, ac totius nostri capituli, bona fide et sine omni dolo dono et laudo tibi, Girbaldo, et uxori tue et heredibus tuis ad feudum honoratum, videlicet quartum et dominium illius orti qui condam fuit Petri Poncii ; qui etiam concluditur a duobus alveis corbarie et extenditur ab orto Petri de Luirano usque ad ortum Guillermi de Leude. Tali vero pacto facio tibi predictum donum, quod si tu sine legitimo herede obieris, libere et absque omni dolo et impedimento ad monasterium revertatur. Si vero legitimus heres tuus sine legitimo herede recesserit, similiter ad monasterium revertatur. Si vero uxor tua tui superstes fuerit, habeat in vita sua, et post ejus obitum, si heredem a te progenitum non habuerit, predictum orti donum, et etiam quicquid in orto jam dicto adquisitus fueris sine omni inquietudine ad monasterium revertatur. Unde fratres ibi degentes, in anniversario obitus tui die, pro anima tua commemorationem faciant. Testes hujus rei sunt Guillermus de Cella Nova, Petrus Rainaldi, Stephanus Guillermi, Raimundus de Boiseto, Bernardus Arnaldi, Johannes Martini et Raimundus Poncius monacus, qui hanc cartam scripsit.

XCIX.

[QUIBUS ET QUOMODO PISCARE LICET].

(Fol. 77 v°.)

In stanno de Frontiniaco habet dispensator talem usaticum. Vetum debemus mittere in aquam XV dies ante festivitatem sancti Johannis usque in festivitatem sancti Genesii ; Petrus Lautardi et Poncius Bartholomeus et Adalaiz Micahela debent laxare recia sua infra vetum et nemo alius ; et ideo debent dare de captura piscium duas partes et pulmentum ; et unusquisque horum debet dare alberg duobus sociis ; Martinus latgers habet unum ietum et debet dare pulmentum et unum alberg ad duos socios per singulos annos, et quando dominus mutatur unos sotulares bonos de corves. Geraldus de Coco unum alberg ad unum hominem per
Fol. 78 r°. unum gurgitem ; de omnibus gurgitibus debemus habere *medietatem
[1] v picem et pulmentum. De que inter sepibus facte fuerint, medietatem et pulmentum ; de piscibus gurgitum nemini debemus partem dare. Nulla debent infra vetum animalia transire usque

[1] L'espace précédent est en blanc dans le texte.

gaza. Baiulus Sancti Salvatoris debet claudere aquam et bruginam facere, et sine ejus mandato nemo debet facere ullo tempore. Si piscatores aliquam injuriam nobis fecerint, debent baiulo firmanciam et pro justicia v solidos. Petrus Sancti Stephani habet mangeriam, Guillermus Sanz aliam, Petrus Calmes aliam, que donant partem Sancto Salvatori et non castello. Ex omnibus aliis et congregatas dividimus inter nos et castrum. In castro habent duas in dominio, nos autem I in dominio, sed nostra tenet per spacium duarum. Adalaiz Michaela habet I. dat partem Sancti Salvatori. Poncius Bartholomeus habet aliam. Inter nos et castrum apud Gazam, nemo debet piscare post meridiem. Baiulus Sancti Salvatoris debet videre gurgites antequam piscatores . Piscatores qui stant in piscatoriis non debent transsire piscatoria sua neque picem insequere in profundum. Si in omnibus predictis alique persone resistere nobis domini distringere distringere et cogere ut justiciam abbati et dispensatori faciant.

C

[DENUMERATIO USATICARUM DE COQUINA].

(Fol. 78 r°.)

Hec sunt usatica de coquina apud Salvianum. Stephanus Boverius II sextarios bladi. Apud Irianum Johannes V sextarios. Apud Rozanum I terrans. Apud Montanacum I modium frumenti. Apud Afrianum I terram. Ad Sesclairas cartum et usaticum. Ad Sanctam Eulaliam terras. Ad Vedas Durandus de Vedas et ad Nuadas I coxam vacce et I libram piperis. Mansum de Roveria Guitbertia cap[r]il[em], in mansos de Asperellis et de terris medietatem de fructibus terras, medietatem de olivis et de fructibus et barreriis, medietatem de olivis de carto et de frugis; et de parranea de Reganas Petri Regan medietatem in arboribus. In parran Guillermi de Vallam, medietatem in arboribus. In orta del portal Sancti Guillermi Espleicha, in cerariis, in figeriis et in ceteris arboribus quartum, et honorem de Frontinam et de Seta ; in orta del Portal de Montepessulano espleira in cerariis, in figeriis, et in ceteris arboribus quartum,

excepto eo de infirmaria et de sacristia ; et in totas veteres arbores de villa, medietatem in amigdalis et in nugeriis medietatem, cartam partem de omnibus laxis monasterii usque ad c solidos et honorem de Cornon ; apud Pogel cartos et I gallinam et III denarios. De sacristia debentur coquine c solidos, L a pentecosten et xxv solidos ad festivitatem sancti Micaelis et xxv in consecratione sancti Salvatoris et in omnibus sabatis XIIII luns. Prior de Cella Nova c solidos ad pentecosten. Prior de Voil L solidos ad festum sancti Michaelis. Prior de Chanca xx solidos. Prior de Ballanicis xxx solidos. Prior de Liviniaco xx solidos. Prior de Giniaco x solidos a kalendas. Prior de Aspiriano c ova ad caremantran et c a pascha. Prior de Cinciano similiter. Prior Sancti Amancii similiter. Prior de Carcares similiter. Prior de Cellanova c ova in pascha. Prior de Fontanes similiter et ipsi qui ministrant mensibus in uno quoque die VIII libras, una de senioribus et VII michas et IIII mensuras civate, et si non habet bestiam III et in dominicis diebus et festis beate Marie et festis apostolorum et festis de tribus capis *(sic)*, una comola mensura et una rasa de ciceris, quas faciunt las IIII et una rasa, unum sextarium ; et in aliis diebus II ipsas mensuras cotidie de fabis, et in festis annalibus et in refectionibus cessales ipsas jam dictas, VIII libras de senioribus, et unicuique III nebulas. Cellararius dat carnem in predictis festis annalibus, VI hominibus, et dat de vino de senioribus ad ipsos VI homines, et in aliis diebus unum scilicet ad coquum, II justiciales de vino de senioribus et unicuique de aliis II justiciales de vino de la mainade ad olivadors et amanliiadors, et als plantadors et als sacladors et boverios et als fosors
* Fol. 78 v°. satis vinum sicut ad * suam mainadam ; et si facit opera in coquina de vino de senioribus ad II magistros et ad illum qui facit olivas in unoquoque die II justiciales de vino puro et palla ad II bestias cotidie, et mesarii ad predictos magistros de coquina panem, et ad illum qui facit olivas in unoquoque die, II libras seignorils, et unam paucam cotidie. Similiter cellararius ad omnes festos annales ad pigmentum II sextarios de puro vino et sacrista I candelam de uno denario. Prior de Salviano debet dare coquine III sextarios de fabis et I sextarium de ciceris. Prior de Villanova, tantumdem. Prior de Talpuciaco tantumdem. Prior de Cincianno,

XVIII sextarios et VI de ciceris. Prior de Aspiriano tantumdem. Prior Sancti Amancii X sextarios de fabis et IIII sextarios de ciceris. Prior de Corsenaz I sextarium de fabis et I de ciceris. Prior de Carcares facit V menses. Prior de Giniaco facit VII dies. Poncius de Asperellis in natali Domini medium cartal et III partes de melle et R. Gamus tantumdem pro manso de Asperellis. R. Sochier VIII denarios pro orto qui est juxta ortum nostrum. R. Esclau pro orto, quod est infra nostrum, VII denarios R. Teisere pro quodam locale ubi ponuntur stercora I denarium.

CI.

[JOHANNES DE MUDAZONUS, FRATER ET INFANTES SUI DONANT PETRO BOMPAR, UXORI ET INFANTIBUS EORUM TERRAM, UT EAM AD VINEAM PLANTENT, IN PARROCHIA SANCTI BRICCII, IN LOCO AL CANET PRO QUODAM DESCRIPTO CENSU].

(Fol. 78 v°. — 1134.)

Anno ab incarnatione Domini M° C° XXXIIII°, ego Johannes de Mudazonus et frater meus Petrus Bernardi et infantes nostri Marca et Bernardus et Galiciana et Bonafos, donamus tibi, Petrus Bompar, et uxori tue Adalais, et infantibus vestris, scilicet Guillermus et Petrus, vel cui tu laxare volueris istum, militibus et clericis et sanctis, si tu volueritis, deexieris, nostro consilio facietis unam terram laborativam, ut eam plantes ad vineam. Et est alodis de Sancti Salvatoris, et est in ejus terminio vel in ejusdem parrochiam, in Sancti Briccii, in loco qui dicitur al Canet; de oriente alaterat in vinea de Ademar; de occidente en la vinea de Petrus Augin; et en latera de Bernardus Sancti Briccii, et de Raimundus de Sancti Briccii, et de Guillermus, fratris sui; daucers (*sic*) en la via que vadit Alalona, et vadit a Sancti Briccii. Et in tali convenientia, ut de ea detis per unumquemque annum de eo quod inde exierit quartum Johanni et frater sui Petri Bernardi [ill]o vel suos mandatarios; et est semodiata de terra illa, dabitis pro ea de censu per unumquemque annum a Johanne et a frater sui suprascripti VI denarios milgorienses; et ideo dedisti nobis videlicet Johanni et a Petrus suprascripti et a mulier Stevena XVI solidos denariorum milgoriensium, non de habuerimus usaticum infra IIII^{or} anni, et quartum a domo Mudazonis portabatur.

Facta est hec donatio in presentia istorum de Petrus Olivarii et de Johannis Lautardi. Julianus frater, Petrus Johanni, per fidem et sine inganno, Petrus Bartardus VII denarios, Marca III denarios, Bernardus IIII denarios, Galicia III denarios, Bonafos III denarios, Guillermus I denarium, Bernardus Guirardus, Rostagnus, Stephanus, Indolonus, Bonetus. Guillermus scipsit.

CII.

[ARNALDUS, PRESBITER, CUM CONSILIO ABBATIS DONAT, TRADIT, PETRO LAMBERTI ET PONCIO REBULLI TERRAM IN LOCO CONDAMINA BELLONIA DICTO, EA RATIONE UT QUANDO TERRA ERIT LABORATA, DET QUEMDAM CENSUM PETRUS. PROPTER HOC DONUM DAT PETRUS ACAPTUM].

(Fol. 78 v°. — 1124.)

Ego Arnaldus presbiter, cum consilio dompni abbatis Anianensis Petri, dono et imperpetuum ad habendum trado tibi, Petro Lamberti, et uxori tue et tibi, Poncio Rebulli, uxorique tue, et vestre posteritati imperpetuum, pecia de terra in loco quem vocant condamina Bellonia. Et affrontat ab oriente in vinea quem tenuit Martinus de Carruguerio ; ab occidente terminatur in honorem quem tenuit Guerardus Gaviosi ; a circio in Petro Geraldi Gregori ; a meridie in via puplica, que discurrit de Sancto Briccio ad Varanicas. Quicquid igitur infra istas conterminationes includitur aut habetur, totum ego, Arnaldus, cum consilio domini abbatis jam dicti, dono tibi, Petro Lamberte, et uxori tue, Ermengaudis, tibique Poncio Ribulli et uxori tue Raimunda, omnique vestre posteritati imperpetuum, per talem convenientiam, ut quando erit laborata, dabitis quartam et decimam et de servicium per unumquemque annum unum caponum Sancti Baudilii. Propter hoc donum dedit michi Arnaldo Petrus et Poncius jam dicti de acaptum solidos II et Petro Lamberti denarios III.

* Fol. 79 r°. Facta carta istius donationis *anno dominice incarnationis M° C° XXIIII°, regnante Francia Lodovico rege. Testes Poncius filius Poncio, Poncius filius Petri Durandi, Petrus Arcimfredi, Petrus Bonipari. Willermus scripsit.

CIII.

[BERNARDUS DE SANCTO BRICCIO ET PETRUS NIGRI, FRATER, TRADUNT AD FEUDUM PETRO BOMPAR ET P. GALTERI ET INFANTIBUS, DUAS PARTES MANSI IN DECIMARIA SANCTI BRICCII ET SANCTI ASCISCLI DE MUDAZUNO, PRO CCCLXX SOLIDIS MELGORIENSIUM ET QUODAM USATICO. PROMITTUNT BERNARDUS ET PETRUS RESTITUERE FEUDUM, SI QUIS EUM AUFERAT, ET DANT FIDEJUSSORES. CARTA CONTINETUR IN FORO LUNELLI].

(Fol. 79 r°. — Décembre 1151.)

In nomine Domini, anno ab incarnatione ejus M° C° L° IIII°, mense decembri. Notum sit omnibus hominibus qui hanc cartam legerint vel audierint, quod ego, Bernardus de Sancto Briccio, et ego, Petrus Nigri ejus frater, nos duo, bona fide, bono animo, remoto omni dolo, donamus, laudamus et imperpetuum cum hac presenti carta ad feudum tradimus tibi, Petro Bompar, et tibi, P. Galteri, et infantibus vestris omnique posteritati eorum, ad faciendas omnes voluntates vestras, in tantum ut possitis vendere, donare, vel impignorare, seu quolibet modo alienare volueritis, tam vos quam successores vestri, cum consilio tamen nostro vel successorum nostrorum, exceptis sanctis et militibus, videlicet duas partes mansi ubicumque sit, quem habemus Sancti Salvatoris, ubicumque sit Anianensis ecclesie, in decimaria Sancti Briccii et Sancti Ascisch de Mudazuns, scilicet XIII pecias terre. Quarum vero una confrontat ab oriente cum via qua itur versus molinas, altera quarum confrontat a meridie cum terra Raimundi de Olivario et fratrum ejus ; altera pecia confrontat ab oriente cum terra filii Poncii de Londras ; alia pecia confrontat ab occidente in via crosa ; altera vero pecia confrontat a meridie similiter cum terra Poncii Centelaic. Altera vero pecia confrontat a meridie cum terra Michaelis. Alia autem pecia confrontat ab occidente cum terra Poncii Centelaic ; alia autem pecia confrontat ab occidente cum terra Petri Galteri ; altera vero pecia confrontat a meridie cum terra Poncii Othonis ; altera pecia confrontat ab oriente cum terra Poncii Raimundi ; alia vero pecia confrontat a vento cum terra Poncii Raimundi predicti ; altera pecia confrontat a circio cum parrane Raimundi de Sancto Briccio ; altera vero pecia habet confrontationem cum terra Poncii predicti Hotonis. Totum istum predictum honorem, et eciam si plus scire vobis advenerit, ad mansum pertinentem predictum totum illud donamus vobis predictis jure perpetuo. Unde tu, Petre Bompar, et tu, Petre Galteri, et infantes vestri dedisti michi, Bernardo predicto de Sancto Briccio, et michi Petro Nigri ejus fratri, CCC. LXX solidos melgoriensium, ad IIII denarios argenti fini, quorum apud vos nichil remansit in debito. Et sciendum est ut in unoquoque anno ad festum sancti Michaelis dabitis nobis et nostris successoribus V solidos melgoriensium et IIII denarios pro usatico predicti feudi. Sciendum vero est quod si in feudo dicto vobis vel vestris aliquid fuerit ablatum vel amparatum per nos sine omni dolo et sine vestro dampno ablatum cabalment, restituemus et amparatum tenendum faciemus. Quod nisi fecerimus, Raimundus de Sancto Briccio et Guillermus de Montellis sunt vobis et vestris fidejussores de hoc predicto feudo, ut ablatum infra XX dies vobis restituant et amparatum tenendum faciant; et si deficit de uno, compleat et alius totum. Iste feudus fuit laudatus et affirmatus cum hac presenti carta, ut in ipsa continetur in foro Lunelli, in presentia et testimonio Raimundi Emenonis et Guillermi mercatoris et Petri de Agulla et Raimundi Lupi et Guillermus ejus filii et Guillelmi Calsa vetera, Stephani Arnaldi, et etiam Petri Maleti, qui scripsit hec mandato Bernardi predicti de Sancto Briccio et fratris ejus.

CIV.

[BERNARDUS RAIMUNDI DE SANCTO BRICCIO, CONSILIO MATRIS ET UXORIS ET PETRI DE VABRE, PRIORIS, VENDIT, TRADIT, LAUDAT PETRO BOMPAR STARE SUUM IN VILLA SANCTI BRICCII PRO CC SOLIDIS MELGORIENSIUM, CUM XXX SOLIDIS ANNUATIM PRO USATICO PRIORI PROMISSIS ET ALBERGO II MILITIBUS, HOC TOTUM CUM JURAMENTO].

(Fol. 79 r°. — 1165.)

Anno dominice incarnationis M° C° LX° V°, omnibus hominibus tam presentibus quam futuris notum fiat quod ego, Bernardus Raimundi de Sancto Briccio, consilio et voluntate matris mee et uxoris mee Ermeniar-
* Fol. 79 v°. dis, vendo et vendendo trado et imperpetuum disemparo, et * cum hac presenti carta, titulo perfecte venditionis, cum consilio Petri de Vabre

prioris nostri, cujus tenetur, sine omni retinimento, laudo tibi, Petro Bompar et infantibus tuis et omni tue eorumque posteritati, et quibus tu vel tui dimittere, vendere, vel impignorare volueris, cum consilio domini Petri de Vabre, prioris, vel successorum ejus, exceptis sanctis clericis et militibus, unum videlicet stare meum, in villa Sancti Briccii, in camino. Et confrontat a circio cum ipso camino, et conlaterat ab oriente cum terra Petri Augenii et filiastri sui, a vento confrontat apud calcheriam Baldoini, ab occidente vero jungit se cum Besangue. Hoc stare predictum ita determinatum ego Bernardus Raimundi vendo tibi, Petro Bonpar et tuis, per fidem et sine omni enganno et sine aliquo retinimento, sicut superius scriptum est. Et dedisti michi Bernardo Raimundi, tu Petre Bompar, et tui CC solidos melgorienses ad IIII denarios argenti fini, precio hujus staris, ex quibus apud te nichil in debito remansit. Et si plus valet isto precio ne in antea possit inquietari neque removeri, illud totum tibi et tuis dono et dominium vestrum transfero. Inde habuit dominus Petrus de Vabre predictus prior, XXX solidos et annuatim pro usatico hujus staris ipso priori vel successoribus ejus tu, Petre vel tui, facies albergum duobus militibus.

Hoc totum factum sub jurejurando. Hujus rei testes sunt Dalmacius, prior, Guillermus Nicador, Bertrandus de Sancto Briccio, Guillermus Roselli, Poncius de Aguila, Petrus Baldoyni, Poncius Tolsan. Guillelmus scripsit.

CV.

[DONATIO MULTARUM PECIARUM TERRÆ PONCIO CENTELAIG AB ABBATE GAUCELMO CONCESSA, CONFRONTATIONIBUS ET CENSIBUS INDICATIS].

(Fol. 79 v°. — 1161.)

Anno ab incarnatione Domini M° C° LX° I°, ego Gaucelmus, abbas Anianensis et procurator Sancti Baudilii, dono et laudo et concedo tibi, Poncio Centelaig et uxori tue Galborcs, et infantibus vestris et quibuscumque dare, vendere, laxare, impignorare volueritis, exceptis sanctis clericis et militibus, cum consilio tamen meo vel successorum meorum, scilicet vineam de Beiravida, quam terram tibi Poncius Aira

dedit. Et confrotatur ab oriente cum honore Petri de Nozeto, et ab occidente cum terra Petri Ricardi, a circio cum terra Raimundi Aurosa, a vento cum vinea Guillermi Bremundi. Et debes dare annuatim quartum et tres capones. Et aliam peciam terre que est in podio Sancti Baudilii; et confrotatur a solis ortu in terram Poncii Rainaldi, ab occidente in terram Petri Martini, quam tenet a nobis, a circio in camino qui vadit ad Someire, et a vento in terram Guillermi de Lebredinas. Et aliam peciam que est ad devesam Bernardi de Sancto Briccio, ab occidente in terram Petri Galterii, a circio in honore Raimundi de Monteferrario. Et dabitis singulis annis unum caponem et unum denarium de istis terris priori Sancti Baudilii et quartum de duabus terris, et de tercia que est in podio Sancti Baudilii infantibus Bernardi Sancti Briccii. Et aliam peciam que confrotatur in flumine Besangue et a circio in ortum Petri Constantini, de qua dabitis VIII denarios quando erit abladata; et campum qui confrontatur ab oriente cum manso Petri Martini, ab occidente in via que discurrit de Ro ad Sanctum Briccium, a circio in campum Bertranni Sancti Briccii, a vento in via que vadit de Sancto Briccio ad Someire. Et aliam peciam que est ad vineas veteres, et confrontatur a vento in terram Petri Constantini, a circio in terram Poncii Andree. Et aliam ad lonam que confrontatur a vento cum terra Sancti Briccii, a circio in via que movetur de camino ad Lanzaneges, a solis ortu in terra Petri Bernardi. Et aliam a Firigoler, et confrotatur a solis ortu in Ferigoler, ab occidente in Besange. Et unam peciam vinee ad Benavida, que confrotatur a solis ortu in vineam Bertranni de Sancto Briccio, ab occidente in vineam Sancti Baudilii. Et dabitis de istis V terris quartum et XVIII denarios annuatim priori Sancti Baudilii. Et tres pecias terre que fuerunt Petri Lamberti, unaquaque est in faxas supra caminum et due
* Fol. 80 r°. inter vineas veteres *; et dabitis de istis tribus quartum et unum caponem singulis annis. Et unam portionem terre que est communis uxori tue et infantibus Poncii Rebul, que terra est in condamina Bellonia; et ista dat quartum et unum caponem singulis annis et tres pecias terre ad Benavida, et unam vinulam; et dabitis quartum et II denarios singulis annis. Et illam porcionem campi qui est communis uxori tue et infantibus

Poncii Rebulli et confrontatur ab oriente cum terra Petri Duranti, et ab occidente in terram Poncii de Lebredinas ; et iste campus redditur quartum et duos campones annuatim. Propter hanc autem laudationem et donationem dedisti michi Gaucelmo, abbati et procuratori Sancti Baudilii, ex quibus nichil remansit in debito, xxv solidos. Testes sunt hujus rei Willermus Centelaig, canonicus, Bernardus Wirardi monacus, Raimundus Julianus, Willermus de Rubo, Willermus de Bosco, P. Raimundi de Montepetroso. Petrus Rostanni scripsit.

CVI.

[GAUCELMUS, PRIOR SANCTI BAUDILII, DONAT, LAUDAT ET CONCEDIT PONCIO CENTELAIG, UXORI ET INFANTIBUS MULTAS TERRAS, CONFRONTATIONIBUS ET CENSIBUS INDICATIS]:

(Fol. 80 r°. — 1153.)

Anno ab incarnatione Domini M° C° L° III°. Ego Gaucelmus, prior Sancti Baudilii, dono et laudo et concedo tibi, Poncio Centelaig, et uxori tue Galborcs et infantibus vestris, et quibus donare, vendere, laxare, impignorare vel alienare volueritis, exceptis sanctis clericis et militibus, cum consilio tamen meo vel successorum meorum, scilicet vineam de Benavida, quam terram dedit tibi Poncius Acra ; et confrontatur ab oriente cum honore Petri de Nozeto, et ab occidente cum terra Petri Ricardi, a circio cum terra Raimundi Aurosa, a vento cum vinea Guillermi Bremundi ; et debes dare annuatim quartum et tres capones. Et unam terram que est supra devesam Bernardi de Sancto Briccio, et confrontatur in via publica que vadit de Rubo ad Lunellum, et ex alia parte in via publica que discurrit de Ro ad Lanzanegues. Et aliam peciam terre que est in podio Sancti Baudilii, et confrontatur a solis ortu in terram Poncii Rainaldi, ab occidente in terram Petri Martini, quam tenet a nobis, a circio in camino quod vadit a Someire, et a vento in terram Guillermi Lebredinas. Et aliam peciam que est ad devesam Bernardi de sancto Briccio, et confrontatur a vento in via publica que discurrit ad Someire, ab oriente in terram Bernardi de Sancto Briccio, ab occidente in terram Petri Galterii, a circio in honore Raimundi de Monteferrario. Et dabitis

singulis annis I caponem et unum denarium de istis terris priori Sancti Baudilii et quartum de duabus terris, et de tercia que est in podio Sancti Baudilii infantibus Bernardi Sancti Bricii. Et aliam peciam que confrontatur in flumine Besangue, et a circio in ortum Petri Constantini, de qua dabitis VIII denarios, quando erit abladata, et campum qui confrontatur ab oriente cum manso Petri Martini, ab occidente in via que discurrit de Ro ad Sanctum Briccium, a circio in campo Bertranni Sancti Briccii, a vento in via que vadit de Sancto Briccio ad Someire. Et aliam peciam que est ad vineas veteres et confrontatur a vento in terra Petri Constantini, a circio in terram Poncii Andree. Et aliam ad Lonam que confrontatur a vento cum terra Sancti Briccii, a circio in via que movet de camino ad Lanzanegues, a solis ortum in terram Petri Bernardi. Et aliam a Firigoler, et confrontatur a solis ortu in Ferigoler, ab occidente in Besangue. Et unam peciam vinee ad Benavida, que confrontatur a solis ortu in vineam Bertrandi de Sancto Briccio, ab occidente in vineam Sancti Baudilii. Et dabitis de istis quinque terris quartum et XVIII denarios annuatim priori Sancti Baudilii. Et tres pecias terre que fuerunt Petri Lamberti, unaquaque est in faxas supra caminum, et due inter vineas veteres ; et dabitis de istis tribus quartum et unum caponem singulis annis et unam porcionem terre que est communis uxoris tue et infantibus Poncii Rebul, que terra est in condamina Bellonia, et ista dat quartum et unum caponem singulis annis. Et tres pecias terre ad Benavida et unam vinulam, et dabitis quartum et II denarios singulis annis
* Fol. 80 v°. et illam portionem * campi, qui est communis uxori tue et infantibus Poncii Rebulli ; et confrontatur ab oriente in terram Petri Durandi et ab occidente in terram Poncii de Lebredinas ; et iste campus redditur quartum et duos capones annuatim. Propter hanc autem laudationem et donationem, dedisti michi Gaucelmo, priori, XXV solidos. Testes sunt Petrus de Agulla, Guillelmus Archifre, Petrus Carbonelli, Petrus Vitalis, Bertrandus de Donarella, et fratris ejus, et Petrus de Jocone.

CVII

[RAIMUNDUS DE TURRE ET GALBORGS, UXOR, VENDUNT, DONANT, TRADUNT BERNARDO, ABBATI, MEDIETATEM MOLENDINI IN FLUMINE ERAURI, PRO CCCL SOLIDIS MELGORIENSIUM, CUM RENUNCIATIONIBUS, PROMISSIONE PRO EVICTIONE, ET JURAMENTO SUPER EVANGELIIS CORPORALITER TACTIS].

(Fol. 80 v°. — Décembre 1213.)

Notum sit omnibus hec audientibus, quod anno dominice incarnationis M° CC° XIII° mense decembri, ego Raimundus de Turre, et ego Galborgs ejus uxor, nos ambo pari consilio hac spontanea voluntate, bona fide et sine omni dolo, per nos et per omnes nostros, sine omni retentione, vendimus, donamus, tradimus, atque imperpetuum jure ac titulo venditionis habere concedimus tibi, domino Bernardo abbati, et cellarario Anianensi, et per te ipsi monasterio Anianensi et omnibus successoribus tuis, scilicet totam medietatem quam habemus et habere debemus in quarto molendino quod est in flumine Erauri, in molnare quod dicitur Ripaalta. Et hoc molendinum est quartum, intellecto primo illud quod est ex parte de Balma. Et totam molnariam quam in illo quarto molendino habemus, et generaliter totum hoc quicquid sit quod habemus, vel aliquo modo seu intellectu habere possumus, vel debemus, vel visi sumus habere vel tenere, nos vel aliquis nomine nostro in toto predicto, molnare de Ripa alta, et omne jus et omnem accionem quam habemus vel aliquo modo habere debemus, racione vel occasione hujus prædicti molendini, contra aliquam personam et specialiter contra Stephanum Guillermum, et contra fratres suos. Et scimus, et cum hac præsenti carta in veritate recognoscimus, quod propter hanc vendicionem et tradicionem prescriptam, dedisti nobis CCC. L. solidos melgorienses bonos, et bene et plenarie, et omnes illos habuimus et recepimus, ita quod ex omnibus penes te vel monasterium predictum nichil remansit in debito, et in his omnibus ex certa sciencia renunciamus exceptioni non numerate pecunie, et promittimus et convenimus tibi stipulanti firmiter quod numquam contra dictam venditionem vel aliquid predictorum aliquo modo qui dici vel excogitari possit veniemus. Et si contra aliquo jure scripto vel non scripto, vel qualibet occasione seu consuetudine venire possemus, illi juri et occasioni et consuetudini et omni alio auxilio nobis competenti vel competituro, penitus renunciamus. Et totam hanc prescriptam vendicionem faciemus te et successores tuos et dictum monasterium semper habere, et tenere quiete, et ab omni persona contradicente jure defendemus, et pro eviccione si ibi fieret donamus tibi et monasterio prefato regressum super omnes res nostras, ubicumque et quecumque sint. Et ita hec prescripta omnia semper tenebimus et observabimus, et contra non veniemus, sic Deus nos adjuvet, et sancta IIII^{or} Dei euvangelia a nobis corporaliter tacta et secundum posse nostrum ad commonitionem tuam infantibus nostris hec omnia faciemus laudare.

Testes sunt : Bernardus de Saudeto, B. de Agde, P. de Monteabono, P. de Belloloco, Eusiarius, B. de Montepetroso, P. Guarcini, R. de Mozano, B. de Montepetroso, R. de Figareto, P. de Bariaco, Bertrandus de Marcellano monachi. Durandus de Oleriis sacerdos, Bertrandus de Maroiol, P. Guillermus de Maroiol, G. de Liurano, Ber. Cleofardi, R. Buamundi, P. Fornerii, Ademarus Fornerii, G. de Nave, Stephanus de Aureliaco, G. de Montepetroso, R. Rotgerii, R. de Boiset, R. de Podio Irani, G. de Nave junior, Ber. de Interaquis, R. Caprarii, P. Germani, G. Aialmus, P. Caza, Raimundus de Garriga, notarius Anianensis, qui hec scripsit.

CVIII.

[ERMENGAUDUS DE DUABUS VIRGINIBUS DONAT, REDDIT, SOLVIT, GUIRPISCIT ABBATI PETRO STARE IN VILLA ANIANA, IN IPSO PLANO JUXTA ECCLESIAM BEATE MARIE PRO CCC SOLIDIS DE DENARIIS MELGORIENSIBUS].

(Fol. 80 v°. — 2 août 1108-1114 ou 1137-1140.)

In nomine Domini, ego Ermengaudus de Duabus Virginibus, dono, reddo, solvo et wirpisco Domino Deo et altari Sancti Salvatoris Ania-
* 81 r°. nensis et abbati Petro et monachis ejusdem loci presentibus* et futuris per fidem et sine enganno totum ipsum stare, quod ego habebam vel interpellabam in villa de Aniana, quod est in ipso plano qui est juxta ecclesiam beate Marie, cum toto edificio ibi facto et cum toto plano qui est in

circuitu, excepto illo cellario quod se tenet ad ecclesiam beate Marie, cum exitu et introitu usque ad viam publicam, sicut huc usque habui. Similiter solvo et wirpio totum illud estare quod fuit de Agno, cum tota ipsa riparia quod est usque ad pontem. Et propter istud placitum dederunt michi abbas et monachi ccc solidos de denariis melgoriensibus. S. Ermengaudus de Duabus Virginibus, qui hanc guirpitionem fecit et istam cartam manu sua firmavit et testes firmare rogavit. S. Raimundus, filius suus. S. Petrus Matfredi. S. Poncius Raini. S. Petrus Rainaldus. S. Raimundus Stephanus. S. Willermus de la Cabrareca. S. Benedictus prior. S. Petrus Berengarius, monachus. S. Bernardus de Margon, monachus. S. Bernardus de Villanova, monachus.

Facta carta ista IIII° nonas augusti, regnante Lodovico rege. Deodatus monachus scripsit.

CIX.

[PETRUS ET UXOR ALATTRUDIS SIMUL DONANT MONASTERIO DIVERSAS TERRAS IN COMITATU SUSTANCIONENSE, IN VALLE FENARIA, IN CAPDE MANSO, PROPE FLUMEN AMANCIO ET ANTE CASTRUM LAVICHENSE, CUM IMPRECATIONIBUS].

(Fol. 81 r°. — 15 juin avant 1100.)

In nomine Domini, ego, Petrus, et uxor mea Alattrudis, donatores sumus simul nos in unum Domino Deo Sancti Salvatoris Anianensis aliquid de alodem nostrum pro remedium animas nostras et pro filio nostro, nomine Artemagno, donamus in comitatu Sustancionense, in valle que vocant Fenaria, decem modiatas de vineas cum ipso capde manso ubi Venrandus visus est manere. Et cum ipsas terras que ad ipsum capde mansum pertinent, sicut discurrit via que descendit de monte que vocatur Molobrio usque ad semitam que discurrit a vineis de meipso Petro et que pergit ad molendinum, et sicut flumen Amancio dividit. Et in ipso bosco que est super ipsum capde mansum suprascriptum XII porcos in omni anno ad pascherum, sine ullo blandimento de fratribus suis, exceptos ipsos de illo homine quem in ipso manso stabit. Et in alio loco que vocant Fonti Amantione, unum mansum ubi Ingilfredus visus est manere, cum omnias adjacencias suas, quantum ad ipsum mansum aspicit, et cum una modiata de vinea que vocant Brugarias, que est ante castrum Lavichense : ita ut ab hodierno die et tempore teneant monachi in communia ipsum alodem suprascriptum. Et si fuerit comes, aut episcopus, aut abbas, aut ullus homo qui istum alodem suprascriptum de communia monacorum abstrahere voluerit, vel a filio meo suprascripto monacho, non habeat licenciam faciendi, et fiat extraneus a lege Dei et a corpus et sanguine Christi et cum Juda qui Dominum tradidit particeps sit in infernum, et absorbeatur a terra sicut absorbuit Dathan et Abiran, et fiant parati fratres arte magni si quis de communia voluerit apprehendere.

Facta scriptura ista XVII kalendas julii, anno regnante Domino nostro Jhesu Christo. Signum Petri et uxoris sue nomine Alaitrudis, qui scriptura donatione ista fieri voluerunt, et manu sua firmaverunt, et testes firmare rogaverunt. S. Raimuldi. S. Petri. S. Poncii. S. Bernardi. S. Willelmi. S. Fulchon.

CX.

[RAIMUNDUS SEIORETUS DE BRUSCA DONAT PETRO, ABBATI, MANSUM IN VILLA SOBRATIS, IN PAGO ROTENICO, IN PARROCHIA SANCTI MARTINI DE BRUSCA, ET TRADIT COGNATO ET SORORI HONOREM IN CASTRO BOIXEZONIS, EA RATIONE UT CENSUM ANNUATIM ABBATI SOLVANT].

(Fol. 81 r°.)

In nomine Domini, ego Raimundus Seioretus de Brusca, dono Domino Deo et Sancto Salvatori Anianensi et abbati, Petro, et monachis ejusdem loci presentibus atque futuris, pro remedio anime mee atque parentum meorum, aliquid de alode meo, id est unum mansum in villa Sobratis, in quo Petrus Faber visus est manere, cum hominibus et feminis et totum hoc quod ad ipsum mansum pertinet, et cum feualibus et totum hoc quod in ipsum mansum habeo. Et est ipse mansus in pago Rotenico, in parrochia Sancti Martini de Brusca. Et ego Raimundus suprascriptus in tali conveniencia honorem, quem habeo in castro Boixezonis, dimitto cognato meo et sorori mee nepotibusque meis, ut ipsi donent per unumquemque annum Domino Deo et Sancto Salvatori Anianensi XXIIII aixatas,
* Fol. 81 v°. sicut ego solebam facere. Et hoc, * etiam ego facio ut semper ardeat lumen meum ante altare Sancti Salvatoris per me et per istum qui istum cen-

sum dederit, et quisquis istum honorem habuerit faciat. S. Raimundi qui istum donum fecit et cartam firmavit et testes firmare rogavit. S. Ermengaudi de Sancto Amancio. S. Willermi Ernaudi. Willermus, levita, scripsit.

CXI.

[GIFREDUS DONAT ALODEM IN COMITATU SUSTANTIONENSE, IN TERMINIUM DE VILLA MONTE ASINARIO DICTA, ET VINEAS IN COMITATU BITERRENSE, IN VICARIA LIBENSE, IN TERMINIUM DE COMBA, QUE VOCANT ALAMENDESCHA, CUM IMPRECATIONE, ET EA RATIONE UT PROPINQUIS VIVENTIBUS MANEAT MANSUS, DUM COMMEMORATIONEM DONATORIS ANNUATIM FACIANT].

(Fol. 81 v°. — Mercredi 3 décembre 996-1030.)

In nomine Domini, ego Gifredus, donator sum Domino Deo Sancto Salvatori vel Sancte Marie vel aliorum Sanctorum, quorum in Aniano monasterio continentur reliquie, aliquid de alodem meum. Et est ipse alodis in comitatu Sustantionense, in terminium de villa que vocant Monte Asinario, in ejus terminio dono a Domino Deo semodiatas tres de vineas ; et advenit michi ipsa alodis de comparatione ; et in terminium de granarios semodiatas tres de vineas. Et in comitatu Biterrense, in vicaria Libense, in terminium de Comba, que vocant Alamendescha, in hoc loco dono Domino Deo v quartariatas de vineas ; et in alio loco, in villa que vocant Campruniano unam semodiatam de trilia, in tali vero ratione ut dum Bernardus nepus meus vivit aut unus de propinquis meis, omni anno faciant commemorationem ad obitum meum. Et si illa facere noluerint, ad Sanctum Salvatorem vertat. Quod si ego venero aut ullus homo aut ullus de propinquis meis, qui istum alodem inquietare voluerit, inprimis iram Dei omnipotentis incurrat et cum Juda Scariot qui Dominum tradit consortes fiant in pena.

Facta carta ista III idus decembris sub die mercoris, regnante Rotberto rege. Signum Gifredi qui hanc scriptionem istam fieri voluit et manibus suis firmavit et testes firmare rogavit. S. Salomonis. S. Lautardi. S. Bertranni. Manfredus, diaconus, scripsit.

CXII.

[HEMENO ET MATER GUISLENDIS DONANT MANSUM, IN COMITATU NEMAUSENSI, IN VICARIA ANDUSENSI, IN TERMINIO DE VILLA IN CIROGILO, EA RATIONE UT NUNQUAM MANSUS DE COMMUNITATE MONACORUM SUBTRAHATUR].

(Fol. 81 v°. — 15 ou 16 fevrier 1036-1060.)

In Dei nomine, ego Hemeno et mater mea Guislendis et fratres mei Artemannus et Hugo, et Girardus, et Poncius, et Petrus, et Bremundus, donatores sumus Domino Deo Sancto Salvatori Anianensis monasterii et abbati Poncio, et monachis ejusdem loci mansum de alodo nostro. Et est ipse mansus in comitatu Nemausensi, in vicaria Andusensi, in terminio de Villa in Cirogilo, ubi Ebrardus visus est manere, cum omnibus adjacenciis suis id est terris cultis et incultis, vineis, ortis casualibus, aquis aquarumve decursibus. In tali vero racione predictum mansum condonamus Sancto Salvatori, ut si abba aut aliquis monacus, aut aliqua qualiscumque persona de communitate fratrum Anianensis monasterii qualicumque occasione vel ingenio vel arte voluerit vel temptaverit abrumpere vel alienare, cum Dathan et Abiron et Juda traditore perpetua dampnatione condempnetur in inferno. Si vero, quod futurum non credimus, suadente diabolo aliquis predictum mansum a domino Sancti Salvatoris alienaverit, propinquior ex nobis vel ex posteris nostris super altare Sancti Salvatoris quinque solidos ponat et recuperet predictum mansum, et alienator perpetue maledictioni subjaceat.

Facta est hec donationis carta xv kalendas marcii, regnante Heinrico, Francorum rege. Signum Hememonis, qui hanc donationis cartam scribi rogavit, et manu sua firmavit manibusque matris et fratrum firmari rogavit. S. Petri Vinani. S Odilonis. S. Rostanni. S. Bernardi Abonis. S. Petri Fredelonis. S. Hermenaldi indigni, qui hanc cartam rogatus scripsit.

CXIII.

[SIGOALDUS DONAT RUSTANNO, ARCHIEPISCOPO ARELATENSI, ET ABBATI VINEAM ET CAMPUM IN PAGO BITERRENSE IN VILLA LIURATES, CUM STIPULATIONE DUPLÆ].

(Fol. 81 v°. — 28 août 886-900.)

Magnus est titulus censionis, in quo nemo potest actum largitatis inrumpere, sed quiquid de grato animo et propria voluntate donatur, libenter debet ei cui conlata fuerit cessio, irrevocabili modo perhenniter stabilitum. Ego in Dei nomen Sigoaldus, dono vobis dompno Rustanno, archiepiscopo sedis Areliatansis, sive abbati de Aniano monasterio, vel comite congregationi Sancti Salvatoris et sancte Dei genitricis Marie, presentibus * et futuris, per hanc cartulam dono donatumque imperpetuum esse * Fol. 82 r°.
volo pro anime mee remedium, vel pro eterna retributione de meo jure in jure vestra vel ipsius sanctuarii in honore sancte Dei genetricis Marie et sancti Salvatoris, qui constructus est in territorio Magdalonense, sub castro Monte Calmense, infra terminium de villa Monte Asinario ; dono vineam unam, habentem plus minus modiatam unam, qui michi ex plantatione obvenit de homine nomine Arpulfo. Et habet ipsa vinea de parte altano dextras in latum II et pede ; et infrontat in vinea de Arpulfo, et in longitudine habet dextros XXXII et pede, et infrontat in vinea de Arpulfo et de parte cerci, habet dextros in latum III, et pede, et infrontat in terra de Sancto Salvatoris ; similiter de parte cercii in longitudine habet dextros XXXI et pede. Et in pago Biterrense, in villa Liurates, dono campum unum habentem semodiatam unam ; et inlaterat ex utraque parte de ipsos exales Fredulfo scilicet et filiis suis ; et de alio latus infrontat in terra Sancti Salvatoris ; et de alio latus infrontat in terra de Almerado. Dono similiter in ipsa villa casale cum curte et orto, cum exeo suo et regresso quartam partem ; et habet infrontationes et inlaterationes similiter de ipsos heredes. Hec omnia trado ad proprium, ut ab hodierno die facere aut judicare volueritis maneat vobis firma potestas. Sane si quis ego aut ullus de eredibus meis aut quislibet homo ulla opposita vel amissa persona, ex adverso veniens, qui hanc donationem venerit ad inrumpendum

aut inquietare voluerit, componat partibus ipsius monasterii ipsi omnia dupla superius nominata, quales in eadem re vise res carius vendere potuerit, et hec donatio in sua perveniat firmitate.

Facta cartula donationis mee sub die v kalendas septembris, anno II regnante domino Karolo rege. Signum Sigoaldo, qui hanc donationem fieri volui et manu propria firmavi, et testes firmare rogavi. S. Aimerado. S. Teatimeo. S. Agironno. S. Gondofredo. S. Aimenrado. S. Placidino. S. Domenico, Ansebertus, licet indignus diaconus, qui hanc donationem scripsi, sub die et anno quo supra.

CXIV.

[PETRUS, UXOR ET FILII DONANT CUM FILIO RAIMUNDO MANSUM IN COMITATU BITERRENSE, IN TERMINIUM DE VILLA MONS LACTEUS, EA RATIONE UT ABBAS VEL MONACHI MANSUM TOLLI DE COMMUNIA MONACHORUM NON PERMITTANT, CUM IMPRECATIONIBUS].

(Fol. 82 r°. — 17 mai 1066-1076.)

In nomine Domini, ego Petrus et uxor mea Aurosa et filii nostri, id est Willermus et Bertrannus et Bremundus, et Poncius, et Artemandus, nos simul in unum donatores sumus Domino Deo Sancto Salvatori Anianensi et abbati presenti Emenoni et monachis ejusdem loci tam presentibus quam et futuris, unum mansum cum filio nostro, Raimundo. Et est ipse mansus in comitatu Biterrense, in terminium de villa que vocatur Mons Lacteus, ubi Matfredus visus est manere, cum cellario, et curtis, et ortis, cum pratis, cum pascuis, campis, vineis, oglatis, silvis, garricis, arboribus pomiferis et impomiferis, cum terris cultis vel incultis, cum colonis et colonabis, cum aquis aquarumve decursibus, et cum omnibus adjacenciis suis, vel cum cunctis que ad eumdem mansum pertinent vel pertinere debent, cum egressis et regressibus. Hec omnia supra nominata sic donamus nos suprascripti, sine ullius contrarietate, Domino Deo Sancto Salvatore et monachis ejusdem loci tam presentibus quam et futuris, ut ab hodierno die et deinceps teneant, habeant et possideant, et in tali ratione donamus, quod si abbas vel monachi de communia loci nullo ingenio tollere vel separare voluerint, veniat unus propinquior ex meis, et ponat super altare Sancti Salvatoris XII denarios de puges et habet mansum. Si quis autem, aut ego aut ulla persona vivens in mundo, ad inrumpendum istam donationem venerint, sine ullo terminio maledictionem eternam recipiat, et cum Judas Scariot particebs sit in pena, et cum Dathan et Abiran descendat vivens in baratro. Et antea donatio ista fiat firma et stabilis permaneat omni tempore.

Facta donatione ista VI° X° kalendas junii, regnante Philipo rege. S. Petri Willermi et uxori sue Aurose, qui hanc cartam firmavit et testes firmare rogavit. S. Willermi, filii sui *. S. Bertranni. S. Bremundi. S. Dalmacii. S. Poncii. S. Artemandi. S. Bernardi. S. Bertranni Ermengaudi. S. Willermi de Baneiras. S. Udalgarii. In Dei nomine Poncius presbiter scripsit.

* Fol. 82 v°.

CXV.

[BALDOINUS, COGNOMENTO GAUZFREDI, IN BAPTISTERIO, DONAT PONCIO, ABBATI, MANSUM IN COMITATU NEMAUSENSE, IN VICARIA ANDUSIENSE, IN VILLA AMOLUM, EA RATIONE UT PER VITAM USUMFRUCTUM HABEAT, PRO IIII SEXTARIIS DE VINO ALBO ANNUATIM ABBATI SOLUTIS, CUM IMPRECATIONIBUS].

(Fol. 82 v°. — Samedi 26 avril 1032-1060.)

Ego in Dei nomen Baldoinus, cognomento Gauzfredi, in babtisterio, dono Domino Deo nostro Jhesu Christo, Sancto Salvatori Anianensis cenobii et sancte Marie semper virginis, nec non et aliorum quorum reliquie in supradicto loco venerantur, et Poncio, abbati, monachisque sub ejus dicione degentibus vel successoribus eorum, unum mansum. Et est ipse mansus in comitatu Nemausense, in vicaria Andusiense, in villa que vocant Amolum, cum omnibus adjacenciis suis et apicenciis suis, id est cum terris cultis et incultis, cum vineis, cum decimis, cum pascuis, cum ortis, cum arboribus pomiferis et impomiferis, cum silvis garrigas, cum aquis aquarumve decursibus, et cum omnibus que ad ipsum mansum pertinent. Ista omnia superius nominata sic dono ego jam supradictus Baldoynus Sancto Salvatori Anianensis et sancte Marie semper virginis aliis que sanctis ibi consepultis et abbati presenti Poncii et successoribus ejus, ut supra dictum est, in tali vero ratione ut dum ego vivo usum et fructum habeam, excepto quod in veteri tura (*sic*), omni anno in assumsione sancte Marie IIII sextarios de vinum album debent recipere monachi ejusdem monasterii. Post obitum vero meum habeant, teneant et possideant. Quod si ego Balduinus, cognomento Gazfredus, aut ullus de heredibus meis vel de propinquis meis, aut abbas ejusdem monasterii vel potestas, aut ullus homo aut femina, vel quelibet persona contra hanc cartam donationis venerit ad inrumpendum, vel de communia monacorum Anianensis tollere vel abstraere voluerit, sit excommunicati et anatematizati, atque alienati a Patre et Filio et Spiritu Sancto, et a gremio sancte Dei Ecclesie sint segregati, et cum Juda Scarioth qui Dominum tradidit, in penis infernalibus sint conjuncti, et cum Datan et Abiron sint participes vel socii, et a corpore et sanguine Domini nostri Jhesu Christi sint separati, omnibusque maledictionibus sint donati, qui bailiam vel aliquem usum in manso suprascripto quesierint, aut aliquam contrarietatem operati fuerint. Quod si unus ex his que superius scripta sunt aut ab aliqua persona evenerit, veniant propinquiores parentes mei et ponant III numas super altare Sancti Salvatoris Anianensis, et recipiant mansum suprascriptum.

Facta donatione ista VI kalendas mai, feria VII, regnante Ainrico rege. S. Baldoini, cognomento Gazfredi. S. Bernardi Baldoyni. S. Petri Ferrandi. S. Bremundi de Alevensi. S. Almeradi, fratris sui. S. Folconi de Sancte ✝. S. Petri Maifredi. S. Damalcii. S. Folconi Cambras. S. Rostanni, fratris sui. S. Petri Geraldi. Bernardus indignus, monacus, scripsit.

CXVI.

[REDDITIO A FULCRANNO DE NEBIANO PETRO, ABBATI, TOTIUS DECIMI DE FISCO DE SANCTO BAUDILIO QUI VOCATUR ROCA CERVERIA, ET TOTIUS QUOD REQUIREBAT IN CAMPO DE PETRA FICATAM].

(Fol. 82 v°. — 1109.)

Ego Fulcrannus de Nebiano reddo et dimitto Domino Deo et Sancto Salvatori Anianensi et tibi, Petro abbati, et monachis ejusdem loci presentibus et futuris, totum decimum de fisco de Sancto Baudilio qui vocatur Roca Cerveria, hoc quod ego habeo aut aliquis homo vel femina per me, quem decimum recognosco fuisse alodium Sancti Salvatoris. Similiter solvo et relinquo eidem loco et monachis suprascriptis totum hoc quod apellabam vel requirebam in campo de Petra Ficatam.

Hec redditio vel solutio facta est in presentia Gaucelmi de Poiet et Raimundi Guifredi, et Bernardi Willelmi de Nibiano, regnante Lodoico, rege Francorum, anno ab incarnatione Domini Mº Cº VIIIIº. Petrus scripsit.

CXVII.

[TRUDOINUS ET SALOMON, ADVOCATI, AD VICEM ET NOMEN AUTSINDANE, ABBATISSE, DONANT VILLAM BERTHOMATES, IN TERRITORIO NEUMASENSE, SUBURBIO CASTRO ANDUSIACENSE, CUM ECCLESIA SANCTI HYLARII].

(Fol. 82 vº. — Avant 821.)

Magnus est titulus cessionis, in quo nemo potest actum largitatis inrumpere, sed quicquid grato animo et promta voluntate donatur, libenter debet ei cui conlata fuerit cessio *, inrevocabili modo perhenniter stabilitum esse. Nos quidem, propter Dei nomen, Trudoinus et Salomon, advocati, aut Sindane abbatisse, necnon et seniorisse nostre, sicut nobis precepit simulque injunxit, ut ad illius vicem vel nomen donare vel tradere deberemus, pro remedio anime illius, vel propter eternam retributionem, ut dignam ante Deum valeat invenire gratiam, iccirco nos jam dicti donamus, donatumque imperpetuum esse volumus ad monasterium Anianense, quod est constructum in territorio Magdalonensi, super fluvium Anianum, in honore sancte Dei genetricis Marie et sancti Salvatoris, necnon et rectoribus ipsius monasterii presentibus et futuris, ubi Benedictus, vir venerabilis, abba, una cum congregatione monacorum degere videtur, ideoque donamus atque de presente tradimus res que sunt in territorio Neumasense, suburbio castro Andusiacense, sive infra ipsum pagum, villam cui vocabulum est Berthomates, ab omni integritate, sicut ab Adebraldo sive ab ipsa Autsindana abita vel possessa est; ita et nos ipsam villam donamus atque tradimus ad partem prefati monasterii, hoc est cum mansis, campis, in curtis et ortis, cum

* Fol. 83 rº.

exeis et regressis, cum ecclesia Sancti Hylarii constructa, necnon et aliis ecclesiis que infra terminium de ipsa villa fundate fuerint, cum oglatis et mansionibus ad Bertomates aspicientibus, cum terris cultis et incultis, cum vineis et arboribus superpositis, cum pratis, pascuis, silvis, garriciis, cum molinis et molendinis, aquis aquarumque decursibus, cum omnibus appendiciis et adjacenciis suis, vel superposito cum rebus inexquisitis, omnia et ex omnibus sicut supra scriptum est, et ab ipsa abbatissa ipse response fuerint, ita nos predicti Trudoinus et Salomon advocati, ad vicem ipsius ad monasterium prenominatum donamus, et de presente tradimus, in ea vero racione ut quicquid post hunc diem exinde rectores ipsius monasterii facere aut judicare voluerint in Dei nomen maneat eis plenissima potestas.

CXVIII.

[DE CONTROVERSIA INTER PETRUM, ABBATEM ANIANENSEM, ET PETRUM RAIMUNDI SUPER ECCLESIAM SANCTE MARIE QUAM EDIFICAVERAT PETRUS RAIMUNDI IN VALLECROSA, TRANSACTIO A RAIMUNDO, MAGALONENSE EPISCOPO, PREFIXA].

(Fol. 83 r°. — 1138.)

R[aimundus] Magalonensis ecclesie servus, universis sancte ecclesie filiis, ad quos hec nostra scripta pervenerint, eternam in Domino salutem. Pastoralis officii cura nos admonet, et discordes ad unitatis concordiam sollicite revocare, et que pacis atque quietis sunt, in pigro caritatis affectu confovendo servare. Eapropter, karissimi, per hujus nostre diffinitionis paginam posterorum memorie tradere satagentes, universitati vestre insinuando, duximus quod inter Petrum, Anianensem abbatem, et Petrum Raimundi, super ecclesia Sancte Marie, quam idem Petrus Raimundi in valle que dicitur Crosa edificaverat, controversia gravis dudum emersit, que et per omnipotentis Dei gratiam nostra prout decuit instancia, fine tandem debito conquievit; competenti etenim die constituto et loco nobiscum una consedentibus ecclesie nostre Arnaldo atque Poncio, archidiacono, necnon et aliis quibusdam religiosis ac sapientibus viris, ad litis decisionem pariter consistentibus, cui ecclesia illa cum ad se pertinentibus pocius de jure competeret, utrisque coram positis partibus, rem investigare diligentius cepimus. Tunc Anianenses litis hujuscemodi exordium proponentes, dicebant infra antiquos monasterii sui terminos ecclesiam jàm dictam consistere, et quoniam in alieno solo preter Domini voluntatem non licuit aliquatenus edificare, suo ecclesiam juri asseverabant per omnia debere competere. Ad hec Petrus Raimundi, ex adverso contendens, aiebat solum unum tunc agebatur antiqui condam juris Bernardi Raimundi fuisse, et perfecte donationis titulo, ut per quedam instrumenti comprobabat judicia, asserebat se ab eo adquisisse. Ubi vero, post diuturnas verborum conflictationes, pars queque multimodis testium assercionibus condicionem suam pociorem facere conaretur, et casso demum labore, lis in longum protenderetur, nos denique utilitati partium consulentes, ac continue eorum quieti, prout largiente Domino *potuimus providentes, Willermo de Montepessulano, qui tunc Petri Raimundi tuebatur, partem assumto, aliisque sapientibus viris qui ad causam utrique consulendam forte convenerant, nobiscum simul ascitis, hunc pacis concordieque tenorem prout sentencia scripta declarant prefiximus, quatenus et monasterium Anianense a fratribus in ecclesia Sancte Marie de Valle Crosa cohabitantibus, nullam, quod absit inquietudinis, aliquando molestiam, sentiant; fratres vero qui in ecclesia illa, in quolibet religionis habitu sub nostra et ecclesie Magalonensis obediencia, quam nobis jam utique promiserunt, Deo militante, decreverint in hac nostre constitucionis serie et vivendi modum habeant, et quibus contenti famulatus sui Deo obsequium reddant, in ea plenius legendo cognoscant; auctoritate itaque qua Deo presidemus auctore, precipimus et precipientes in commune mandamus, quatenus collegium vestrum, fili in Christo carissime Petre Raimundi, ad hinc et deinceps septenarium aliquando numerum non excedant possessionem ecclesiasticam seu secularem extra predicte vallis terminos nullatenus habeat. Pecus vero aut pecudem preter centum, seu oves sive capras, et unum asinum sive mulum, et murilegos et canes vobis alicubi habere non liceat; personam laicam sive ecclesiasticam, conversionis obtentu absque nostra successorumve nostrorum licencia, nulla umquam suscipere racione quisquam ibi presumat, bapti-

* Fol. 83 v°.

zandi quoque vel visitandi, sive eciam sepulture obsequium aut penitencie munus, nisi forte in invicem inibi exibere illicita ductus temeritate nullus attentet. Oblaciones preterea, decimas et primicias, seu quicquam juris ecclesiastici, que justa canonum statuta nec in baptismalibus absque ecclesiastica permissione debentur ecclesiis, temerario quolibet ausu num[quam] ex collegio vestro contingere quisquam presumat. Ut autem hec, opitulante Deo, a nobis statuta perpetuo inconvulsa serventur, mandamus et ne cuiquam cujuslibet ordinis vel dignitatis persone ea in posterum temeraria transgredi presumptione liceat, pro loco officii a Deo nobis commissi, sub ecclesiastice severitatis comminatione omni modo intercedimus.

Actum est hoc anno M° C° XXX° VIII°. Ego Arnaldus, archidiaconus, laudo et confirmo et ego Poncius, archidiaconus, laudo et confirmo, et ego Johannes, archipresbiter, laudo et confirmo, et ego R. sacrista, laudo et confirmo, et ego Deodatus canonicus.

CXIX.

[BERTRANNUS DE MONTEPETROSO, CUM CONSILIO ET VOLUNTATE MATRIS, VENDIT, TRADIT MONASTERIO UNUM LOCALE IN VILLA ANIANE PRO QUADRAGINTIS SOLIDIS MELGORIENSIUM].

(Fol. 83 v°. — 1138.)

In nomine Domini, ego Bertrannus de Montepetroso, cum consilio et voluntate matris mee Aldiardis, vendo et trado Domino Deo, Sancto Salvatori monasterii Anianensis et tibi Petro, abbati, et monachis ejusdem monasterii, unum locale cum omni edificio ibi superposito, et quicquid ibi juris habeo quod locale est in villa Aniane, infra domum Ermengaudi de Duabus Virginibus. Et propter hanc vendictionem predictam, ego supra dictus Bertrannus de Montepetroso, habui a vobis predictis Petro abbate et monachis Anianensibus quadringentos solidos melgorienses.

Facta est hec vendictio anno ab incarnacione Domini M° C° XXX° VIII°, in presentia Raimundi Stephani, Bernardi de Virsec, Rainaldi Novelli, Petri Piperelli, Stephani Romen, Rai. Pelcerii, Johannis Flavardi, S. Bertranni Montispetrosi, qui predictam venditionem fecit. Bertrannus scripsit.

CXX.

[WILLERMUS GERALDI DE MONTE ABONE ET UXOR SUA ET INFANTES DONANT ALIQUID DE ALODE SUO, CUM FILIO GERALDO, EA RACIONE UT NUNQUAM MONACHI ALIENARE VALEANT].

(Fol. 83 v°. — 6 février 1100.)

In nomine Domini, ego Willermus Geraldi de Monte Abone et uxor mea Garsindis, et infantes nostri Willermus et Arnaldus et Bertrannus, nos simul in unum donamus Domino Deo et altari Sancti Salvatoris Anianensis, et abbati Petro et monachis ejusdem loci presentibus et futuris, aliquid de alode nostro cum filio nostro Geraldo in hereditatem. Hoc est vinea que terminat subtus viam que *discurrit a la Mata, et est * Fol. 84 r°.
supra viam que discurrit ad pontem, et ex alia parte terminat cum honore Poncii Raimundi, in parrochia Sancti Silvestri. Istam vineam suprascriptam donamus ab integro ad altare Sancti Salvatoris, in servicio ipsius ecclesie, excepto decimo et gardia. Insuper facio vuirpicionem de hoc quod interpellabam ad vallem, et in terras de Geraldo Aucasola, de Podio Electo, et in vineis de Raimundo Aialrico. Istam vineam suprascriptam, sic donamus Domino Deo et altari Sancti Salvatoris, ut nullus homo possit eam dare aut vendere, vel aliquo modo alienare, ad nullum hominem vel feminam, sed omni tempore sit in dominio ipsius altaris et opere ecclesie.

Facta scriptura ista VIII idus februarii, anno incarnationis dominice M° C°, regnante Philippo rege. Signum Willermi Geraldi et uxoris sue, et infantum suorum, qui hanc scripturam fieri jusserunt, et manibus suis firmaverunt, et testes firmare jusserunt. S. Poncii Raimundi Montis Aboni. S. Poncii filii sui. S. Bernardi Willermi de las Figueiras. Poncius monacus scripsit.

CXXI.

[FULCRAMNUS DE NIBIANO, IN INFIRMITATE MORTIS, DAT ET REDDIT ABATTI DECIMUM DE FISCO DE SANCTO BAUDILIO, QUI VOCATUR ROCA CERVEIRA, CUM CONSILIO UXORIS ET FILIE, PRO CL SOLIDIS].

(Fol. 84 r°. — 22 avril 1110.)

Fulcramnus de Nibiano, dum detineretur in infirmitate mortis sue, dedit et reddidit Domino Deo, Sancto Salvatori Anianensi, cujus monacus

ipse fuit, et abbati Petro et monachis ejusdem loci presentibus et futuris, totum decimum de fisco de Sancto Baudilio, qui vocatur Roca Cerveira, hoc quod ipse habebat, aut aliquis homo vel femina per eum; qui eciam alodis fuerat Sancti Salvatoris. Similiter reliquit illum apel quem faciebat in campum de Petra Ficata. Et hoc donum fecit cum consilio et voluntate Trugardis, uxoris sue, et Guillelme filie sue, et Artmandi de Piniano, generis sui, et in presentia Gaucelmi de Poiet, et Raimundi Guifredi, et Bernardi Guillermi de Nibiano. Et ego in Dei nomine Fredolus de Moreze, dono et reddo Domino Deo, Sancti Salvatori Anianensi, et abbati Petro, et monachis ejusdem loci presentibus et futuris, totum quod habeo in ipsum decimum suprascriptum, hoc est medietas ipsius decimi. Et propter hoc donaverunt michi abbas et Hugo, prior, CL solidos de denariis melgoriensibus.

Et hoc placitum fuit factum in presencia Deodati de Moreze, et Stephani Rainaldi, et Poncii Loboni, et Geraldi Rostanni, anno ab incarnatione Domini M° C° X°, epacta VIIII^{a}, concurrente V°, X° kalendas madii, regnante Lodovico, rege Francorum.

CXXII.

[BERTRANNUS LAUTARDI ET UXOR ET INFANTES DONANT DECIMAM QUAM HABENT IN PARROCHIA SANCTI JOHANNIS BAPTISTE DE ANIANA, ET, SI DECIMA AUFERATUR, CAMPUM DE ROVERIA JUXTA GINIACUM. IIDEM ACCIPIUNT ABBATEM ET MONACOS IN FIDE SUA].

(Fol. 84 r°. — 1114.)

In nomine Domini, ego Bertrannus Lautardi et uxor mea Senegundis, et filii sive filie nostre Lautardus, Engelbertus, Ademarus, Garsindis, Ivella, donamus pro redemptione animarum nostrarum et parentum nostrorum et pro hereditate filii sive fratris nostri Ademari, et pro susceptione nostra, mei videlicet Bertrandi et uxoris mee Senegundis, ut abbas et monachi faciant nos monacos quando quesierimus, Domino Deo et altari Sancti Salvatoris Anianensis, et abbati Petro, et monachis ejusdem loci presentibus et futuris, omnem decimam quam habebamus in parrochia Sancti Johannis Baptiste de Aniana, et in ejus terminio, in vineis, in ortis, in ovilibus, in nutrimentis et in omnibus rebus. Nos autem suprascripti, omnem istam decimam suprascriptam integriter et sine inganno laudamus, reddimus, guirpimus, altario supradicto et monachis. Et si Guillermus filius, sive frater noster, qui est Jherosolimis, vel aliquis homo vel femina per nos, istam decimam Sancto Salvatori amparaverit, donamus nos omnes suprascripti monachis campum de Roveria, qui est justa Giniacum, cum omnibus afrontationibus suis, et omnem honorem, qui nobis advenit de Petro Rostanni, consobrino nostro, per alodium, ut habeant eum monachi et teneant ubicumque sit, donec amperamentum illud sit eis emendatum, et decimam in quiete possideant. Et ego, Bertrannus Lautardi, et uxor mea et filii et filie nostre * accipimus Sanctum Salvatorem et monacos in fide Dei et nostra, et plivimus per fidem nostram, quod de isto non engannemus modo neque in antea Sanctum Salvatorem vel monacos, nostro sciente, et tametsi in diebus nostris vel post mortem nostram monachi in hoc placito aliquam fraudem vel aliquod ingannum quod eis noceat invenerint, filii nostri sive heredes qui nostrum honorem habebunt Sancto Salvatori et monachis fraudem illam vel ingannum de honore suo bene emendent.

* Fol. 84 v

Facta carta ista anno ab incarnatione Domini M° C° X° IIII°, regnante Lodovico, rege Francorum. S. Bertranni Lautardi et uxori sue, et filiorum sive filiarum suarum, qui istam cartam firmaverunt et testes firmare rogaverunt. S. Raimundi de Giniaco et Ugonis fratris sui. S. Gervasii de Giniaco et Petri fratris sui. S. Guillermi de Giniaco. S. Berengerius de Maroiolo. S. Petri Berengerii monachi. S. Artmandi cellararii. S. Poncii Rame. S. Raimundus Deodatus de Montispetrosi. Bernardus, monacus, scripsit.

CXXIII.

[COGNERICUS DAT MONASTERIO DOMUM ET TERRAM IN PAGO MAGDALONENSE, IN VILLA GRANARIO ET TERRAS PROPE HANC VILLAM, ET ALIAS INFRA TERMINIUM VILLÆ QUARCIACO, RESERVATO USUFRUCTU PER VITAM UXORI SUÆ, CUM COMPOSITIONE DUPLI].

(Fol. 84 v°. — 13 février 829-840.)

Venerabili in Christo patri Hermenaldo, abbati de monasterio Aniano. Ego in Dei nomine Cognericus dono donatumque imperpetuum esse volo, pro remedio anime mee seu pro eterna retributione, dono ad jam dictum monasterium seu ad rectores ipsius presentibus et futuris, hoc est in pago Magdalonense, in villa Granario, domum et terram terminiatam ad curtem et ortum, una cum exea vel regressa eorum, cum pascuis, aquis aquarumve eductibus, silvis, garricis, terris cultis et incultis, in omnia et in omnibus, quamtum ad ipsam domum pertinet, quod michi ex comparatione advenit de feminis Astrilde atque Ranesinda ; hoc est denominatum hoc quod supra scriptum est ; et de terris cultis campos III ; et habet unus campus plus minus modiatas IIII subtus ipsam domum, et subjungit de parte cerci in campo Ansoaldi, de parte aquilonis in campo de filia mea Genesia, de parte meridie in strata publica discurrente ad ecclesiam Sancti Sebastiani. Alter vero campus habet plus minus quartariatas V et inlaterat : de parte cerci in campum de predicta filia mea Genesia, de meridie in strata que ducit ad montem Asinarium, de aquilone infrontat in samico (*sic*) Ansaledi. Tercius vero campus habet plus minus quartariatas III, et infrontat de parte occidentis in strata que discurrit ad Quarciacum, de oriente in terra de filiis meis, de meridie in campo Ansoaldi, de parte cerci in campo de filia mea Genesia. Dono etiam infra terminium ipsius ville campellum et habentem quartariatam I, et subjungit de parte cerci in campum de Genesia filia mea. De aliis vero partibus de heredibus meis, dono etiam alium campum infra ipsius ville terminium, habentem plus minus quartariatas III, et subjungit de parte cerci in vinea Godiadi, per alios vero latus in terra de heredibus meis. Dono etiam infra terminium ipsius ville vineolas duas ; et habet una plus minus quartariatas VII et inlaterat de meridie in vinea de predicta filia mea, de alios vero latus de heredibus meis. Alius vero plus minus habet semodiata X, et subjungit per omnes litus de heredibus meis. Dono etiam infra terminium de villa Quarciaco vineolam unam, habentem plus minus semodiatam I, quam olim uxori mee Dominice, usufructuario, dedi dum vixit ; post obitum vero suum, sine ullo judicio, ipsi monachi predicti monasterii accipiant, ea racione ut per singulos annos ad missam sancti Martini reddat inde ipsis monachis de vino sextarios II. Que vero omnia superius nominata dono a die presente ad jam dictum monasterium rectores ipsius, presentibus et futuris, ea racione ut, quicquid ex ea facere aut judicare voluerint, liberam in omnibus habeant potestatem faciendi. Si quis sane, quod fieri non credo, si ego aut aliquis de heredibus meis qui contra hanc donationem *venire temptaverit aut eam infrangere conaverit, componat una cum distringente fisco ipsas melioratas duplas ; et hec presens donacio mea in sua maneat firmitate. * Fol. 85 r°.

Facta donatione idus febroarii, anno feliciter imperante domino nostro Lodovico imperatore. S. Cognerici, qui hanc donationem fieri rogavit et firmavit et testes firmare rogavit. Bertefredus concessi. S. Genesia consensit. S. Dupepilco consensit. S. Godomare. S. Natale. S. Nantimiro. S. Mauro. S. Muperdo. S. Rodegilio. S. Teodino. Ingilaus, indignus presbiter, hanc donationem jussus et rogatus scripsi, die et anno quo supra.

CXXIV.

[WILLERMUS UGO, SIGUINUS ET PONTIUS DE FESCQUO, FRATRES, DANT MANSUM DE MONTE ASINARIO, PRO XLVI SOLIDIS AB ABBATE PETRO SOLUTIS].

(Fol. 85 r°. — XII° siècle.)

In nomine Domini nostri Jhesu Christi. Ego Willermus Ugo, et Siguinus, et Poncius de Fescquo[1] simul fratres, in unum donamus, pro remedio animarum nostrarum et parentum nostrorum, Domino Deo, Sancto Salvatori Anianensi, et abbati Petro et monachis ejusdem loci presentibus et futuris, mansum et appennariam de Monte Asinario, ubi visi sunt manere Poncius Willermus et Durantus, cum omnibus adjacenciis suis, cultum et incultum, exitum et regressum, arbores pomiferas et inpomiferas, boscos, aquas aquarumve discursus, ortos, molendinos, et totum illum honorem qui fuit patris nostri Ugonis Poncii Fescq[2] et matris nostre, quem habemus in parroquia Sancti Sebastiani de Maroiolo. Et propter istum honorem suprascriptum dedit abbas et Geraldus Audbertus XL VI solidos nobis et quibus nos mandavimus. S. Willermi Hugonis et Siguinus et Poncii Hugonis, qui hanc cartam scribere fecerunt, et manu sua firmaverunt, et testes firmare rogaverunt. S. Frotardi Secaloni. S. Damalcii. S. Gaucelmi. S. Petri Geraldi. Petrus monacus scripsit.

[1] Les mots *de Fescquo simul* sont une surcharge après grattage.
[2] Les mots *Poncii Fescq* sont aussi une surcharge après grattage.

CXXV.

[RAIMUNDUS DE LUNERIIS ET RAINES, FRATER SUUS, DANT MANSUM DE CAPRARICIA PRO MILLE SOLIDIS MELGORIENSIUM AB ABBATE SOLUTIS, CUM PLIVIONE DE DECEPTIONE].

(Fol. 85 r°. — Mercredi 5 novembre 1158.)

In nomine Domini anno incarnationis ejusdem M° C° L° VIII°, regnante rege Lodovico. Ego Raimundus de Luneriis, et ego Raines, frater ejus, consilio et voluntate aliorum fratrum nostrorum, Bertrani scilicet et Guillermi, vendimus per nos et per omnes nostros et cum hac scriptura, titulo venditionis tradimus tibi, Petro Anianensi abbati, et per te monasterio Anianensi tuisque imperpetuum successoribus, totius mansi de Capraricia medietatem liberam, et absque omni impedimento, et quicquid in villa Anianensi vel in ejus terminio, per nos vel per alios possidemus, et omnibus peticionibus quas intra villam vel extra in ejus terminio faciebamus, omnino renunciamus. Universum etiam jus quodcumque in rem vel in personam, vel alio modo in medietate prefati mansi habuimus, sive in hominibus vel feminis, in terris, in vineis, in ortis, in arboribus fructiferis, in ripariis, in aquis jamque ductibus, in molendinis, molnaribus, in locis cultis et incultis, et postremo quicquid in medietate vel per medietatem pretaxati mansi, et in villa vel in ejus terminio habere debemus et possumus, totum in dominium Anianensis monasterii, sine omni dolo et absque retemptatione aliqua, transferimus ad agendum, absque reclamatione nostra quicquid inde abbas et monachi ejusdem monasterii agere voluerint. Et propter hanc venditionem tu, Petrus Anianensis abbas, dedisti nobis mille centum solidos melgorienses, bonos et percurribiles, et plenarie persolvisti, ita quod nichil apud te penitus remansit in debito. Et ego Raimundus de Liveriis et ego Raines, frater ejus, plivimus per nostram fidem quod de hac vendicione te, abbatem Anianensem Petrum, vel monacos tuos non decepimus, neque in posterum decipiemus ulla inquietudine nobis scientibus, et de cetero neque per nos neque per subpositam personam, aliquid faciemus quominus hec vendicio rata permaneat, neque aliquis consilio vel voluntate nostra. Item plivimus per fidem nostram quod adversus omnem petitorem semper Anianensi monasterio juste et legitime defensores * erimus pro medietate sepe dicti mansi et pro reliquo prefato honore. * Fol. 85 v°.

Facta fuit hec carta nonas novembris, feria IIII, luna XI^a. Hanc cartam Raimundus de Liveriis, et Raines, et Bertrannus, et Guillermus fratres firmaverunt, et testes firmare rogaverunt. Manifestum vero sit hunc totum prenominatum honorem nobis solis, michi scilicet Raimundo de Liveriis et Raines, fratri meo, in divisione obvenisse, reliquis fratribus aliarum rerum compensatione contemptis. Hujus rei testes sunt monachi Berengerius de Villanova, Poncius de Casulis, Petrus de Montepetroso, Bernardus Guirardi. Laici vero Petrus Raimundi de Monte Abono, Rostagnus de Popiano, Petrus Póncii, Petrus Rainaldi, Petrus Regann. Petrus scripsit a supradictis fratribus Raimundo et Raine rogatus.

CXXVI.

[BERNARDUS PILETI, COMES MELGORIENSIS ET UXOR, BEATRIX, DANT MANSUM DE CAPRARECIA, IN TERMINIO ANIANE PRO CCCC SOLIDIS].

(Fol. 85 v°. — 1158.)

Anno incarnationis dominice M° C° L° VIII°, ego Bernardus Pileti, comes Melgoriensis, consilio et voluntate comitisse uxoris mee, Beatricis, bona fide et absque dolo mali suspicione, pro remedio anime mee ac parentum meorum, concedo et laudo et jure vendicionis trado tibi Petro, abbati Anianensi, tuisque successoribus et fratribus ibidem commorantibus, tam futuris quam presentibus, quicquid juris habeo vel habere debeo in manso de Caprarecia et in omnibus suis pertinenciis. Qui est in terminio Aniane, quem Raimundus de Laveiras et fratres ejus et filii Abcfredi habebant a me in feudum ac plenum dominium cum hac scriptura in vos transfero, ut sicut habebant a me in feudum, ita a vobis habeant, et sive ipsi sive quicumque alii hunc honorem sive ex eo nomine feudi aliquid habuerint, vobis sicut michi erant, ita obnoxii sint, nec possint vendere aut quoquomodo absque nostro consensu alienare. Et ego Bernardus, comes, et ego comitissa Beatrix dicimus in fide nostra quod hanc vendictionem servabimus, et adversus eam nullo modo veniemus, nomine cujus accepi ego jam dictus comes, a te Petro, abbate, cccc solidos quos bene et plene michi persolvisti. Et promittimus per nos et per nostros successores non fieri quominus imperpetuum vobis habere liceat.

Testes hujus rei sunt monachi Benedictus de Veiruna, Petrus de Montepetroso, Bernardus Calvet, Bertrandus de Veironia, Sicardus ; laici Bernardus Airradii, Petrus Emeno, Petrus de Brugeiras, Raimundus de Monpavon, Bertrandus de Castriis. Petrus rogatus scripsit.

CXXVII.

[ADALAIZ, QUONDAM UXOR BERNARDI DE SORIGERIIS, CONSILIO FILIORUM, SOLVIT, GUIRPIT, DIMITTIT VINEAM IN PARROCHIA SANCTI STEPHANI DE VOLIO, PRO XXX SOLIDIS MELGORIENSIUM, TRANSACTIONIS CAUSA, ACCEPTA SATISDATIONE IN JUDICIO SISTENDI].

(Fol. 85 v°. — 1157.)

Anno ab incarnatione Domini M° C° L° VII°. Ego Adalaiz que fui quondam uxor Bernardi de Sorigeriis, consilio et voluntate filiorum meorum Raimundi et Guillermi, et nos filii predicte Adalaiz, Guillermus et Raimundus, consilio et voluntate ipsius matris nostre, omnes simul bona fide et sine omni dolo, solvimus, guirpimus et dimittimus Domino Deo, Sancto Salvatori Anianensi et monachis ejusdem loci tam presentibus quam futuris, et tibi, Poncio de Casulis, infirmario, vineam illam quam a te injuste petebamus, que scilicet vinea est in parrochia Sancti Stephani de Volio et in terminio ville que vocari solet Reculaz. Et est sciendum quod propter hanc solucionem tu, predicte Poncii, dedisti nobis XXX solidos melgorienses, quorum nullus apud te penitus remansit in debito, et dimisisti nobis sedecim, quorum tibi debitores eramus. Notum etiam esse volumus hanc solucionem factam fuisse consilio et voluntate Bernardi Erradi, domini nostri, qui audiens querimoniam quam adversus te de vinea movebamus, accepta ab utraque parte satisdacione sistendi in judicio et faciendi quicquid juris vel amici pacti faciendi ipse cognosceret, die statuto vocatis ad judicium utrisque et presentibus te et nobis, auditis hinc et inde racionibus, hunc prescriptum querimonie amicabilem finem posuit, mediantibus assessoribus suis, quos ad causam audiendam
* Fol. 86 r° adduxerat, Berardo scilicet de Dundris *, et Guillermo de Dundris.

Testes hujus rei sunt : Petrus de Montepetroso, Poncius de Cornone, Poncius de Villa seca, Bernardus de Piscanas, Guillermus de Dundris, Raimundus de Pompavono, Bernardus de Clausellis, Berengerius levita scripsit.

CXXVIII.

[BERTRANNUS DE POPIANO ET RAIMUNDUS AFREDI, FRATRES, ET ADALAIZ, SOROR, ET SAURINA, MATER, DANT ET TRADUNT MEDIETATEM MANSI DE CABRARESZA, QUAM OBLIGAVERANT PIGNORI].

(Fol. 86 r°. — 1165.)

Notum sit omnibus hec audientibus, quod ego Bertrannus de Popiano et ego Raimundus Atfredi, fratres, et ego Adalaiz, soror eorum, filii condam Afredi et ego Saurina, mater eorum, nos omnes, per nos et per nostros, bona fide et sine dolo et sine aliqua retemptione, cum hac presenti carta donamus et titulo perfecte donationis solvimus et imperpetuum tradimus tibi, Raimundo Guillermi, abbati Anianensi, et monasterio et fratribus ibidem degentibus presentibus et futuris, ad faciendas omnes voluntates vestras, scilicet totam medietatem pro indiviso totius unius mansi qui vocatur Cabraresza, cum omnibus cultis et incultis, albergis, cartis, usaticis, molendinis, aquis, ripariis et cum omnibus ad medietatem mansi pertinentibus, et que pertinere debent ; quam medietatem predicti mansi habebamus ad feudum et tenebamus ab ecclesia Sancti Salvatoris Anianensis ; et est in ejus terminio. Totam hanc medietatem jam dicti mansi obligaveramus vobis pignori, pro quingentis solidis melgoriensis monete, quos bene a vobis habuimus et recepimus, ita quod nichil ex his apud vos remansit in debito, de quibus nos hunc ipsum honorem redemimus de Raimundo de Liveriis : totum hunc prenominatum honorem damus et imperpetuum vobis tradimus cum Guillermo de Popiano, fratre nostro, qui spontanea voluntate ductus, offert se in monacum Domino Deo et altario Anianensi et tibi Raimundo abbati. Item promittimus et convenimus vobis, quod hanc donationem predictam semper firmam habebimus, et contra hanc donationem per nos vel per nostros aliquando non veniemus.

Facta est hec carta anno dominice incarnacionis M° C° LX° V°, regnante Lodoyco rege. Testes hujus rei sunt Rostannus de Popiano et Raimundus frater ejus, Bernardus de Montepetroso. S. Aramandus, Guillermus Berenguarii, Stephanus Parseira, Raimundus Bernardi, Gerardus Astruc, Guillermus Dalmacii presbiter, Bernardus Galterii, Petrus Stephani scripsit, Poncius de Casulis, Bernardus de Monte Abono, Guillermus Martini.

CXXIX.

[RAIMUNDUS GUILLERMUS DE MONTEPETROSO, UXOR ET FILII ET FILIÆ SOLVUNT, DIMITTUNT ALODIUM IN PAGO LUTEVENSI, IN PARROCHIA SANCTI MARTINI DE MONTEPETROSO, VEL IN TERMINIIS SANCTI SATURNINI SIVE SANCTE BRIGIDE — ET MANSUM UNUM IN PARROCHIA SANCTI MARTINI, IN VILLA ADICIANUM ET ALODIUM DE VIA DE VULPILIACO, EA RATIONE UT NON LICEAT ABBATI SEU MONASTERIO ALIENARE SEU IMPIGNORARE ET DEBEANT MONACHI DONATOREM ET UNUM EX INFANTIBUS UT MONACUM SUSCIPERE].

(Fol. 86 r°. — 17 avril 1129.)

Ego Raimundus Guillermus de Montepetroso, et ego Agnes, uxor illius, et ego Willermus, et ego Raimundus, et ego Berengarius, filii eorum, et ego Ermesendis, et ego Richardis, et ego Saurina, filie eorum, solvimus ac dimittimus Domino Deo et altario Sancti Salvatoris Anianensis monasterii et tibi, Petro abbati, et monachis ejusdem loci presentibus et futuris, totum alodium Berengarii Rauci, quod habuit in pago Lutevensi, in terminio parrochie Sancti Martini de Montepetroso vel in terminio ipsius castelli, vel ultra aquam Marciam in terminiis parrochiarum Sancti Saturnini sive Sancte Brigide. Totum quicquid Berengarius suprascriptus infra terminos predictarum parrochiarum per alodium visus est habere vel possidere, cultum vel incultum, in agris, vineis, ortis, pascuis, garricis, nemoribus, arboribus fructiferis et infructiferis, aquis aquarumve decursibus, edificiis, egressibus et regressibus, hominibus et feminis, reddimus, solvimus, et dimittimus quod totum ipse Berenguarius suprascriptus inantea donaverat Sancto Salvatori et altario suprascripto. Similiter etiam reddimus, solvimus, hac dimittimus mansum unum, ubi visus est manere Amancius, qui est in terminio predicte parrochie Sancti Martini, in villa que vocatur Adicianum, cum hominibus et feminis, et omnibus que ad ipsum mansum pertinent vel pertinere debent. Insuper etiam donamus altario suprascripto et abbati et monachis suprascriptis totum alodium nostrum, quem habemus vel nos *, vel aliquis homo aut femina per nos, de via que discurrit de Vulpiliaco usque ad Sanctum Martinum, et de Sancto Martino usque ad fontem Dalsbragals, et de ista via usque ad flumen quod vocatur Lerga. Hanc igitur reddicionem vel guirpicionem seu etiam donationem, tali facimus modo, ut ipsum alodium suprascriptum B. Rauci habeant et possideant abbas et monachi suprascripti in suo dominio. Totum autem reliquum honorem suprascriptum habeamus et teneamus ad fevum nos vel heredes nostri, ita scilicet, ut quicumque ex nobis vel ex heredibus aut successoribus nostris ipsum fevum habuerit, fiat homo abbatis Anianensis, et de manu ejus accipiat et teneat, et per annos singulos ei albergum ad VI milites faciat, neque liceat ei ipsum fevum vel de ipso dare, vendere, vel impignorare, vel ullo modo alienare ulli alii ecclesie, nisi ecclesie Sancti Salvatoris Anianensis. Et propter hoc ipse abbas et monachi suprascripti debent me in monasterium suscipere, cum monacus fieri voluero, et unum ex infantibus meis.

* Fol. 86 v°

Hec reddicio et dimissio vel donacio facta est anno ab incarnatione Domini M° C° XX° VIII°, XV° kalendas maii, in presentia monacorum videlicet Petri Berenguarii et Bernardi de Sancto Egidio, et Guillelmi de Podio Abone. In presentia laicorum Petri de Giniaco, Willermi de Giniaco, Ugonis de Flexu, Poncii Raini, Poncii Dalmacii, Durantis Gauzberti, regnante Lodoyco, rege Francorum. Deodatus scripsit.

CXXX.

[RAIMUNDUS VUILLERMI DE MONTEPETROSO REDDIT ALODIUM IN PAGO LUTEVENSI, QUEM INJUSTE TENEBAT. ITEM REDDIT MANSUM IN VILLA ADICIANO, ET ACCIPIT AD FEVUM AB ABBATE, EA RATIONE UT NON LICEAT EI ALIENARE SEU IMPIGNORARE FEUDUM, ET ABBAS ET MONACHI EUM ET UNUM FILIORUM UT MONACHOS SUSCIPERE DEBEANT].

(Fol. 86 v°. — 1129.)

Ego Raimundus Vuillermi de Montepetroso reddo, dimitto et solvo Domino Deo et altario Sancti Salvatoris Anianensis monasterii et tibi,

Petro abbati Anianensi, et monachis ejusdem loci presentibus et futuris, totum illum honorem quem Berenguarius Raucus dedit suprascripto monasterio, videlicet alodium suum, quod habebat vel possidebat in pago Lutevensi infra terminos parrochie Sancti Martini de Montepetroso, vel ipsius castelli, vel infra terminos parrochie Sancti Saturnini sive Sancte Brigide, cum hominibus et feminis et omnibus ad ipsum honorem pertinentibus; quem scilicet honorem ego, Raimundus suprascriptus, vobis abstulisse et injuste me tenuisse cognosco. Similiter etiam reddo, dimitto et solvo altario et abbati et monachis suprascriptis, in villa Adiciano, mansum unum in quo Amancius visus est manere, cum hominibus et feminis et omnibus ad ipsum mansum pertinentibus. Insuper etiam dono ego Raimundus suprascriptus altario et abbati et monachis suprascriptis totum alodium meum, quod habeo vel possideo in eodem pago suprascripto, vel aliquis homo aut femina per me, de via que discurrit de Vulpiliacho usque ad Sanctum Martinum, et de Sancto Martino usque ad fontem Dalsbragals, et de ista via usque ad flumen quod vocatur Lerga. Hoc autem ita facio, ut abbas et monachi supradicti monasterii teneant et possideant suprascriptum honorem Berenguarii Rauci in suo dominio, totum autem reliquum honorem ego vel infantes mei de manu abbatis Anianensis ad fevum accipiamus et teneamus. Et pro ipso fevo debet quicumque illud habuerit fieri homo abbatis suprascripti, et facere ei per singulos annos albergum ad VI milites, et non liceat ei ipsum fevum vel de ipso dare, vendere, vel impignorare ulli alii ecclesie nisi ecclesie Sancti Salvatoris Anianensis. Et propter hoc debet supradictus abbas et monachi me in monasterium suscipere, cum monacum me fieri voluero et unum filiorum meorum.

Hanc reddicionem et dimissionem vel donationem feci ego Raimundus Guillermi suprascriptus, anno ab incarnatione Domini M° C° XX° VIII°.

CXXXI.

[BERNARDUS DE MONTE ABONO, INFIRMARIUS, DAT JURE EMPHYTEUTICO ET TRADIT MOLINARE IN FLUMINE CORBERIE, IN TERMINIO DE CAPRARICIA, PRO QUODAM CENSU ET ACAPTA].

(Fol. 86 r°. — 1123.)

Anno dominice incarnationis M° C° XX° III°. Ego Bernardus de Monte Abono, infirmarius, bona fide et sine dolo, consilio et voluntate domni Ademari abbatis, dono jure em*phiteutico et cum hac carta trado tibi * Fol. 87 v°.
Durando Guirardi molinare quoddam in flumine Corberie, in terminio de Capraricia, pro quo dabis annuatim infirmarie IX sestarios annone, quanticumque molendini annonarii ibi fuerit; et si molendinus paratorius ibi fuerit, dabis pro eo sextarium unum, et si non fuerit ibi annonarius tres sextarios pro paratorio dabis, in natale Domini, qualis bonitatis molendini lucrati fuerint. Predictum molinare est illud quod fuit Raimundi Pargamenerii et sociorum ejus; d'acapte habui ego predictus Bernardus a te supradicto Duranto V solidos.

Testes hujus rei sunt Guillermus Franches, Raimundus de Turi, G. de Luirano, P. de Luirano, B. Regan, Ugo Berengarii; G. Parrochia, R. de Granariis. Raimundus de Salve scripsit.

CXXXII.

[ALMERADUS ET FRATER AMALRICUS, DANT MANSUM IN VILLA ROVETO, IN COMITATU SUSTANCIONENSE, COMMINATA COMPOSITIONE].

(Fol. 87 r°. — 26 juillet vers 1000.)

In nomine Domini ego, Almeradus, et frater meus, Amalricus, nos simul in unum donamus Sancto Salvatori Anianensi mansum unum, pro remedio animarum nostrarum. Et est ipse mansus in villa que vocant Roveto; in ejus terminium damus ipsum mansum cum omni adjacencias suas, quamtum ad ipsum mansum pertinent, et ab integrum, cultum et incultum, et cum ipsos boscos quod ad ipsum pertinent, in tali vero racione, ut si ullus abbas aut ulla potestas aut ulla persona tollere voluerit de communia monacorum, donet Amalricus aut propinqui sui quinque solidos super altare Sancti Salvatoris, et accipiant mansum. Et est ipse mansus in Roveto, qui vocant Subterrano, ubi Petrus Tortorellus visus est manere, in comitatu Sustancionense. Quod si ullus homo, aut ulla femina, aut ulla persona ad inrumpendum venerit, componat ipsum mansum duplum et melioratum, et in antea donatio ista firma et stabilis permaneat omnique tempore.

Facta donacio ista VI kalendas augusti, regnante Domino nostro Jhesu Christo. S. Almaricus, qui ista donacione scribere fecit et manus suas firmavit, et testes firmare rogavit. S. Geraldo Bonafofo. S. Ponci Senioreto. S. Jeraldo Artmanno. S. Drado, presbitero. In Dei nomen Bernardus scripsit.

CXXXIII.

[ALMARICUS CONVENIT, UT MANSUM QUEM DONAVIT FRATER MONASTERIO, PER VITAM TENEAT ET POST MORTEM EUM RESTITUAT CUM ALIO MANSO DE ROVETO QUEM HABET, IMPRECATIONIBUS DICATIS].

(Fol. 87 r°. — 10 mai 1036-1061.)

In nomine sancte et individue Trinitatis, ego Almaricus, propria et spontanea voluntate, convenienciam facio Domino Deo et Sancto Salvatori Anianensis monasterii, et Poncio, abbati, et monachis ejusdem loci presentibus et futuris, propter ipsum mansum quem donavit Almeradus, frater meus, Sancto Salvatori. Et relinquit michi Poncius, abbas, et monachi ejusdem loci tantum in vita mea, in tali vero racione, ut post mortem meam ipse mansus meus de Roveto, ubi Airadus visus est manere, cum ipso de Almerado, fratre meo, ad Sancto Salvatore remaneant, sine blandimento de ullo homine masculo vel femina. Et dono ego, Amalricus, de ipsum mansum meum unam libram de cera per unumquemque annum de censo ad Sancto Salvatore. Istos mansos suprascriptos sic dono ego, Amalricus, atque concedo, pro remedio anime mee et patris vel matris mee et parentum meorum, quantum ad ipsos mansos pertinent, cultum et incultum, cum arboribus pomiferis et inpomiferis, cum ortalibus, aquis aquarumve decursibus, cum exitibus et regressibus, cum solo et superpositis, et cum ipsos boscos que ad ipsos mansos

pertinent vel in ipso terminio sunt. Quod si ego donator, aut abbas, aut monachi, aut ullus homo masculus vel femina donationem temptaverit pro qualicumque occasione, vel inquietare voluerit, vel infringere, aut de communia monacorum tollere voluerit, maledictus et excommunicatus permaneat cum Juda traditore in infernum, penam sentiat qui hoc fecerit, et si ullus abba aut ulla potestas aut ulla persona tollere voluerit de communia monacorum, ponat unus de propinquis meis solidos v super * altare Sancti Salvatoris, et ipsos mansos sibi retineat ; et in * Fol. 87 v°.
antea donatio ista firma et stabilis permaneat, omnique tempore.

Facta scriptura VI idus maii, anno regnante Domino nostro Jhesu Christo. S. Amalrici, qui donationem istam scribere mandavit, et manu sua firmavit, et testes firmare rogavit. S. Bernardi de Claret. S. Geraldo Bonafos. S. Geraldo Artman. S. Poncii Warnerii. S. Gazberto, presbiteri. In Dei nomen Petrus monacus scripsit.

CXXXIV.

[BERNARDUS DE CLARET DAT PETRO GUILLERMI MOLENDINUM AD FACIENDUM AD CAPREREClAM, PRO QUODAM USATICO].

(Fol. 87 v°. — 1120.)

Ego in Dei nomine Bernardus de Claret, consilio et voluntate uxoris mee nomine Trigardis, dono tibi, Petro Guillermi, et vestris, et cui vos vendere vel in pignus mittere volueritis nostro consilio, quemdam molendinum ad faciendum apud Caprereciam. Si molendinum feceritis paratorem, ab hac venienti festivitate sancti Michaelis usque ad unum annum detis de usatico II solidos, annonarium mutaveritis, dabitis michi quartum. Sed si hunc molendinum incultum laxaveritis, usaticum volo michi semper detis. Et ego Stephanus damus tibi Bernardo supra scripto II solidos.

Facta est carta ista anno ab incarnatione Domini M° C°XX°, in presentia Petri Geraldi de Mesoa, et Guillermi de Media villa, et Poncii Rami et Guillermi Rami et Petri.

CXXXV.

[BERTRANNUS DE ORTOLIS, INFIRMARIUS, LAUDAT VINCENTIO MANSUM PRO CENSU].

(Fol. 87 v°. — 1173.)

Anno dominice incarnationis M° C° LXX° III°, ego Bertrannus de Ortolis, infirmarius, consilio et voluntate domini Raimundi Guillermi abbatis, bona fide et absque aliqua fraude, dono et laudo tibi, Vincentio, et omni tue posteritati totum mansum de Valle, cum omnibus suis pertinenciis, quem tenes nunc et possides, et, sicut Martinus de Valle pater tuus, olim a monasterio Anianensi et a predecessoribus meis habuit et tenuit, sic relinquo tibi et tuis totum predictum mansum. Et cum hac carta per me et successores meos imperpetuum concedo et confirmo, scilicet cum eodem censu et redditu quem pater tuus infirmarie de predicto manso facere solebat, videlicet quartam panis et vini de toto prefato manso, et dimidium omnium arborum de fructiferis et non fructiferis, et VIIII boverios et unum agnum et unum moltonem. Pro laudamento vero hujus confirmationis IIII solidos a te Vincencii habui.

Testes sunt Guillermus Regan. P. d'Alsone, B. Paxeria, P. Olmaires et Petrus qui hanc cartam scripsit.

CXXXVI.

[WILLERMUS UGO ET FILIUS ET UXOR DANT ABBATI HONOREM IN MONTE ASINARIO, IN TERMINIO DE MAROIOL].

(Fol. 87 v°. — XII° siècle.)

In nomine Domini, ego, Willermus Ugo, et filius meus, Roztannus, et uxor mea, Maiansens, donamus Domino Deo, et Sancto Salvatori Anianensi, et abbati Petro, et monachis ejusdem loci presentibus et futuris totum honorem quem habemus in Monte Asinario, in terminio de Maroiolo: hoc est campos et vineas, terras cultas et incultas, cum arboribus pomiferis et inpomiferis, aquis aquarumve decursibus, molinis, molinaribus, et cum hominibus et feminis, et totum hoc quod ad illum honorem de Monte Asinario pertinet vel pertinere debet. Et donamus similiter retourn et convenienciam, quam habemus in ipsum honorem, ad Sanctum Salvatorem et monachis ejusdem loci, ut habeant et teneant in eternum.

Hanc cartam firmaverunt et laudaverunt Siginus, frater meus, et Poncius Gaucelmi, nepos meus, et Durannus de Cantagril.

CXXXVII.

[GARSINDIS, UXOR GUITTARDI, MANCIPI DE BITERRIS, DAT POST MORTEM PIGNORAM QUAM HABET IN CAMPO DE MONTILIIS, IN TERMINIO DE TROCIANO, ET TOTAM HEREDITATEM IN TERMINIO DE CAUCIO, IN PARROCHIA DE SOLEISSANO].

(Fol. 87 r°. — 12 juin 1124.)

In nomine Domini, ego Garsindis, uxor que fui Guittardi, mancippi de Biterris, et filii mei Petrus Luponis et Guillermus, pro remedio anime Guittardi mancipi, mariti mei, et pro remedio animarum nostrarum et remissione peccatorum nostrorum et omnium parentum et amicorum nostrorum, bonis animis et leta voluntate, donamus, post mortem de me, predicta * Guarsindi, Domino Deo et Sancto Salvatori Anianensi et ipsius loci monachis presentibus atque futuris, totam ipsam pignoram, quam Guitardus mancipus et nos habemus in campo de Montiliis, qui est in terminio de Trociano, et qui est alodes Sancti Salvatoris. Hoc sunt solidi CCC[ti] L[ta] mulgorienses, et si ullus de infantibus meis de me predicta Guarsindi, aut ullus de propinquis meis, post mortem meam, ullam rem amparaverint, aut tollerint de ipso prefato campo et de prefata pignora Sancto Salvatori et monachis ipsius loci, dono ego, predicta Guarsindis, et laudo Domino Deo et Sancto Salvatori Anianensi, et monachis ipsius loci presentibus atque futuris, totam ipsam meam hereditatem, quam pater meus dedit michi per alodem in terminio de Caucio et in parrochia de Soleissano, quod habeant illam et teneant ipsi monachi tamdiu donec sit illis emendatum. Et in antea predictum campum et pignora habeant et teneant in pace et sine ulla inquietudine omni tempore.

* Fol. 88 r°.

Scripta fuit hec carta II idus junii, dominice incarnationis, anno M° C° XXIIII°, regnante rege Lodoyco. S. Petri Rainardi de Biterris et

Raimundi de Maureliano et Bernardi Mantellini. S. Poncii de Caucio et fratris sui Bernardi. S. Artmandi monachi et Guillermi Poncii de Salviano et Raimundi Rufi. A Guarsindi rogatus, Stephanus Sicfredi scripsit.

CXXXVIII.

[TESTAMENTUM GUILLERMI STEPHANI, DUM VULT IRE IN HISPANIAM].

(Fol. 88 r°.)

Ego in Dei nomine Guillermus Stephani, volens ire in Hispaniam, facio meum testamentum disponendo res meas sic. Si ego moriar in ipso itinere, totum hoc quod habeo vel habere debeo in molendino medio sito in flumine Erauris dimitto Johanni, avunculo meo, ut ipse, ex reditibus predicti molendini exeuntibus, monachis Anianensis monasterii missas semel in anno celebrare faciat, pro remedio anime mee et animarum patris mei et matris mee fratrisque mei Petri, et unam plenariam refectionem piscium, et totum aliud molendinum jure consequi poterit, jam dictis monachis quamdiu vixerit compleat, et post mortem ejus dimitto monasterio Anianensi, et, ut superius dictum est, refectio nominata eodem pacto pro me et pro aliis predictis similiter agatur. Dimitto ecclesie, cujus parrochianus sum, v solidos opere ejusdem ecclesie, quinque solidos Petro capellano, tres solidos Ricardo, duos solidos hospitali Anianensi, unum feltre et unam flezatam et unum pulumar (?), militibus templi quinque solidos, hospitali Jherusalem tres solidos. Ceteras vero res meas sic distribuo, ut soror mea Ermensendis et Petrus Bertramdus, vir suus, habeant totam meam partem de omnibus que habeo in manso de Capraricia vel habiturus sum; ita tamen ut sororem meam, Indianam, inducant et nutriant, et lampadem unam ardere faciant ad honorem sancte Marie, Dei genitricis, in ecclesia sua, et ad remedium anime mee per totam XL• diebus ac noctibus, et etiam in adventu Domini diebus ac noctibus, et per omnia sabata totius anni, et vinum ad sacrificium celebrandum monasterio Anianensi ipsi, quamdiu vixerint, dent, et post mortem eorum heres illorum pacto predicto semper observet. Reliquas quippe res meas mobiles sive immobiles dividant inter se fratres mei seu sorores, Raimundus, Stephanus, Adalais atque Beatricis, ut boni fratres preter partem meam domuum, que sunt subter macellum quam relinquo Raimundo et Stephano. Hujus rei testes sunt Johannes Raini, Petrus Raini, Ugo Raini, Poncius Raini, Poncius de Podio laterio, Deodatus de Caprarecia, Willelmus Bedos. Johannes scripsit.

CXXXIX.

[ILARIA, UXOR RAIMUNDI DE MAREGULO ET INFANTES DANT TOTUM QUOD HABENT IN MANSO MONS ASINARIUS DICTO].

(Fol. 88 r°. — 1131.)

In nomine Domini, ego Ilaria, uxor Bernardi Raimundi de Maregulo et Raimundus * et Arnaldus de Maregulo, infantes mei, et Ermengardis, * Fol. 88 v°.
donamus Sancto Salvatori Anianensi et tibi, Petro abbati, et monachis ejusdem loci presentibus atque futuris, totum quod habemus in manso qui dicitur Mons Asinarius, scilicet albergum IIII^or militibus cum duobus sextariis civate, et in crastino tamtum refectionem, et asinum cum suo aparatu semel in messe, et semel in vindemiis, et semel ad ligna deferenda, et unum hominem semel in area, et III bovarios.

Facta carta ista anno ab incarnatione Domini M° C° XXX° I°. S. Rostanni de Maregulo. S. Geraldi de Costa Solana. S. Petri Poncii. S. Raimundi Pelcerii. S. Guillermi Montis Aboni, monachi. S. Guillermi de Arciatis, cellararii, cui hec donatio facta est.

CXL.

[GUILLERMUS DE MILLANEGUES, FRATRES, SORORES ET MATER SOLVUNT MONASTERIO OMNE QUOD INJUSTE APELLABANT IN BOSCO DE ROVETO, PRO XXV SOLIDIS].

(Fol. 88 v°. — 1140.)

In nomine Domini, ego Guillermus de Millanegues, et ego Viduanus, et ego Poncius, et ego Geraldus, et sorores nostre Guillerma et Aigula, et mater nostra Benaiam, solvimus Sancto Salvatori Anianensis monasterii et abbati, Petro, et monachis ejusdem loci presentibus et futuris, totum quod injuste apellabamus in bosco de Roveto, qui est in alode Sancti Salvatoris, ita ut nos neque aliquis homo vel femina de nostro

36

genere in predicto bosco imperpetuum aliquid habeat vel requirat, set totum et integrum abbas et monachi prescripti monasterii in pace possideant. Quapropter hanc solutionem Poncius de Comperio, infirmarius, dedit nobis x solidos melgorienses et Guillermo Arnaldi xv solidos.

Hec solutio facta est anno ab incarnatione Domini M° C° XL, in presentia Guillermi Arnaldi.

CXLI.

[RAIMUNDUS DE RUPE ET GUILLERMA, UXOR, DANT MC SOLIDOS MELGORIENSES MONASTERIO AD EMENDUM MANSUM DE CAPRARICIA, QUEM ABBAS ET MONACHI RAIMUNDO ET GUILLERME PER VITAM CONCEDUNT].

(Fol. 88 v°. — 5 novembre 1158.)

Anno dominice incarnationis M° C° L° VIII°, ego Raimundus de Rupe, et ego Guillerma, uxor ejus, nos simul eodem consensu et pari voluntate, bona fide et sine aliquo dolo, donamus Sancto Salvatori Anianensi et tibi, Petro abbati, et omnibus monachis ejusdem loci presentibus et futuris, sine aliqua repetitione mei vel successorum meorum, M C solidos melgorienses ad emendum dimidium mansum de Caprarecia in proprietatem et dominium predicti Anianensis monasterii. De qua predicta pecunia, in presenti videlicet nonas novembris, quingentos solidos donamus et tradimus ; residuos sexcentos proximo pascha donabimus atque trademus. Et ego Petrus, abbas Anianensis, tocius conventus consensu et voluntate, predicti honoris, scilicet dimidii mansi redditus atque census, qui inde nobis provenire deberent, vobis predictis, Raimundo et Guillerme, in tota vita vestra concedimus, ita quod vos nulli alienare aliquo modo possitis, et nullus ex vestris heredibus vel successoribus sive propinquis, ex supradictis rebus, post mortem vestram quicquam vendicare vel petere possit, sed ex integro absque omni questione et impedimento vestri vel vestrorum, ad monasterium revertatur.

Testes sunt Petrus prior, Petrus de Montepetroso, Berengarius de Villanova, Poncius de Casulis, Bernardus Guirardi, laici, Guillelmus Rostagni de Monte Olivo, Berengerius de Sedaz, Bernardus Deodati. Petrus scripsit.

CXLII.

[BENAIA, QUONDAM UXOR BERNARDI PONCII DE MILLANEGUES, FILII ET FILIÆ SOLVUNT, GUIRPISCUNT ROVERIAM MANSI PETRI BERNARDI DE ROVETO, PRO X SOLIDIS MELGORIENSIBUS].

(Fol. 88 v°. — 1140.)

In nomine Domini, ego Benaiam, que fui uxor Bernardi Poncii de Millanegues, et filii mei Poncius, et Geraldus, et Viduanus, et Bernardus, et filie mee Aiguala, et Stephana, et Guillerma, nos simul in unum solvimus et guirpimus Domino Deo et Sancto Salvatori Anianensi, et abbati Petro, et monachis ejusdem loci presentibus et futuris totam illam roveriam que pertinet ad mansum Petri Bernardi de Roveto, quam injuste apellabamus ; et propter hanc solutionem vel guirpitionem prescripti habuimus a Petro Bernardo et filio suo Poncio et sorore sua nomine Anastasia x solidos.

Facta est hec carta anno ab incarnatione Domini M° C° XL°. S. Guillermi Arnaldi qui hoc placitavit. *S. Raimundi de Armazanegues. S. Almeradi de Claret. S. Ricardi de Roca. S. Petri Fredoloni de Veronia. S. Bernardi de Ulms. Raimundus scripsit. * Fol. 89 r°.

CXLIII.

[GIRALDUS RICHELM, UXOR ET INFANTES DANT PETRO ARCDAD DOMUM IN VILLA DE ROVETO, PRO IIII DENARIIS MELGORIENSIBUS, EA CONVENIENTIA RETENTA UT ALIENARE NON LICEAT].

(Fol. 89 r°. — 1133.)

Ego Giraldus Richelm, et uxor mea, et infantes nostri, cum consilio et voluntate Bertranni, monachi Anianensis, damus tibi, Petro Arcdad, et infanti tuo, quem ex legitima uxore habueris, unam domum in villa de Roveto, et in manso quem tenemus de Sancto Salvatore Anianensi, cum exitu et in regressu et cum curia. Et propter hanc domum dabis nobis annuo censu IIII denarios probate monete melgoriensium. Verumtamen hac convenientia retenta, ut nec tu, nec alius quisquam per te aut cum tuo consilio, ipsam mansionem dare, vendere aut impignorare possit, nec aliquis nutriatim jumentorum videlicet aut bestiarum, quarumque vel avium que nobis nocere aut damnum inferre possint. Quod si forte sine nostro consilio aliter factum fuerit et dampnum vobis evenerit, emendetis per nostrum et domini nostri Anianensis mandatum et consilium, et nullam vim per alios dominos domino nostro Anianensi aut nobis faciatis. S. Gerardus et uxor ejus qui hanc cartam scribi jusserunt, et manibus suis firmaverunt et testes firmare rognaverunt. S. Petri de Ferruceriis. S. Poncii Stephani. S. Petri Poncii de Lambruscalas.

Facta est hec carta anno ab incarnatione Domini M° C° XXX° III°.

CXLIV.

[WIRPICIO VEL DIFINITIO DE QUIBUSDAM MANSIONIBUS, INTERPELLATA INTER PONCIUM ABBATEM ANIANENSEM ET BREMUNDUM].

(Fol. 89 r°. — 1036-1061 vel 1115-1119.)

Noticia wirpicionis vel difinicionis, que diffinita est inter Poncium, abbatem Sancti Salvatoris Anianensis, et monachos ipsius, et Bremundum, de illa interpellatione quam interpellabat Bremundus, id est de mansionibus Aialrici, et de mansionibus Poncii Folchrii, et de mansionibus Petri Rigasii, in presentia horum hominum, id est Amalrici, et Becconis, et Petri Rostagni, et Rostanni fratris ejus. In istorum presentia sic wirpivit Bremundus et filius suus, Petrus, omnem interpellationem, quam faciebant Poncio abbati et monachis ipsius, id est mansiones superius scriptas et plantatas, et ortos, et bastidas de Poio alto, ita ut ab hodierno die abbas suprascriptus et successores ejus habeant, teneant et possideant, et faciant quodcumque voluerint tantum in Dei nomine S. Airadi de Dundras. S. Erachleus de Sancto Petro. S. Raimundi de Murlis. S. Bremundi Poncii. S. Artemandi Gauzfredi.

CXLV.

[WIDO DONATOR EST FILIO SUO PETRO, MONACHO ANIANENSI, ALODIS IN COMITATU LUTOVENSE, IN TERMINIUM DE VILLA ADICIANO, EA RATIONE UT FILIUS PER VITAM HABEAT, ET POST OBITUM ALODES MONASTERIO REMANEAT, NEC QUISQUAM ALODEM A FEVO DONARE AUDEAT. — ITEM UNIUS SEMODIATÆ, IN TERMINIUM DE SANGOMAS, EA RATIONE UT NULLUS DE COMMUNIA MONACORUM ABSTRAHERE PRÆSUMAT].

(Fol. 89 r°. — 996-1031.)

In nomine Domini nostri Jeshu Christi, ego, Wido, donator sum tibi filio meo, Petro monacho, aliquid de alode meo, quod ita et facio. Dono tibi, in comitatu Lutovense, omnem medietatem de ipso alode, quod est in terminium de villa que vocant Adiciano, qui michi advenit de muliere mea, nomine Amelea, tam cultis quam incultis, in tali vero racione, dum tu vivis abeas, adeas, teneas, et possideas, et post obitum tuum ad Sancto Salvatore remaneat. Et si homo aut femina, aut ulla amissa persona ipsum alodem a fevo donare voluerit, ad alios meos infantes revertat. Et propter remedium anime mee dono Domino Deo, Sancto Salvatore Anianense, ubi ego Guido requiesco, ipsas vineas tres quartariatas, que Lunesus tenet, et in alio loco, in terminium de Sangomas una semodiata, que vocant Planterio Lautervico, in tali vero racione, ut nullus homo non habeat licentiam de communia monacorum abstraere, et si hoc fecerit ad infantes meos revertat.

Facta scriptura ista mense junio, anno regnante Roberto rege. S. Widoni qui donationem istam scribere fecit et manu sua firmavit et testes firmare rogavit. S. Willermi. S. Bernardi. S. Poncii. S. Folconi. S. Geraldi. Bernardus scripsit.

CXLVI.

[NOTICIA WIRPICIONIS FACTE INTER ABBATEM PONCIUM ET WILLERMUM, FILIUM ERMENGAU DE DUAS VIRGINES, DE BASTIDIS DE POIO DE ALTO ET HOMINIBUS IBI STANTIBUS, EA RACIONE UT PER VITAM WILLERMI QUEMDAM CENSUM ABBAS SOLVAT. ET PROPTER GUIRPICIONEM DEDIT ABBAS XX SOLIDOS].

(Fol. 89 v°. — 12 janvier 1031-1060.)

Noticia wirpitionis que facta est inter Sanctum Salvatorem Anianensis monasterii, et abbati Poncii, et monachis ejusdem loci, et Willermum, filium Ermengau de Duas Virgines, de bastidas de Poio Alto, et de ipsos homines et de ipsas feminas que ibi stant, id est Walterii et uxori ejus et infantes illorum, et Richaredi et uxori ejus, et Arnaldi et uxori ejus, et filios et filias earum. Istos homines et istas feminas suprascriptas, et ipsam bastidam suprascriptam et quantum ad eam pertinet, sic guirpivit et laxavit Guillermus ad Sanctum Salvatorem et abbatem Poncium et monachis ejusdem loci, in presencia bonorum hominum, id est Raimundi, filii Bernardi de Adiciano, et Petri Geraldi, et Raimundi, et Lautardi, et Constancii Decani, et Aranfredi monachi, et Petri Clavigerii, et Rogerii, et Augerii, et Poncii et alii Poncii Solgradi. In istorum presencia virpivit Willermus ista omnia suprascripta altario Sancti Salvatoris, in tali vero racione, quam longe Walterius et uxor ejus Poncia, et Ricaredus et uxor ejus, et Arnaldus et uxor ejus vivent, faciat abba receptum Willermo cum decem caballarios, una vice in anno, et illud receptum non fiat ad majores festivitates, et donet ipse abba tres moltones primos. Et si quis de istis hominibus aut feminis mortui fuerint, pars descendens de mortuis remaneat. Et quando homines aut femine suprascripte mortui fuerint, omnis census suprascriptus remaneat, et si Guillermus, filius Ermengau, mortuus fuerit, omnia ista suprascripta a Sancto Salvatore remaneat. Et propter istam guirpicionem dedit abba et monachi xx solidos. Quod si quis homo aut femina, aut ullus de parentibus meis ad inrumpendum venerint in pronis in iram Dei incurrat, et fiat excommunicatus a Patre et Filio et Spiritu Sancto, et cum Datan et Abiran absorbeat eos terra, et cum Juda Scariothen, qui Dominum tradidit, participes sint in infernum.

Facta wirpicione ista pridie idus januarii, anno isto regnante Aianricho rege. S. Willermi qui guirpitionem istam scribere fecit et testes firmare rogavit. S. Raimundi. S. Bernardi. S. Petri. Bernardus monacus scripsit, sub die et anno quo supra.

CXLVII.

[FREDOLUS, EPISCOPUS, DAT MONASTERIO ALIQUID DE ALODE, IN COMITATU SUSTANCIONENSE, IN TERMINIIS DE VILLIS COMAIACAS ET ARGELARIOS, LOCUM HEREMUM DE PODIO ALTO, UT MONACHI FACIANT IBI MANSIONES, EA RATIONE UT NULLUS ABBAS HABEAT LICENCIAM HOC DARE].

(Fol. 89 v°. — 4 mai 996-1031.)

Ego in Dei nomen Fredolus, episcopus, dono et reddo ad altare Sancti Salvatoris Anianensis, vel abbatis Sancti Salvatoris Anianensis, vel cuncte congregationi in ipso loco degenti, aliquid de alode ipsius sancti altaris in comitatu Sustancionense, in terminiis de villis que vocant Comaiachas et Argelarios, locum heremum qui vocatur Podio alto, et omnia que sunt de Buxaria et de Campo longo, usque ad viam presbiteronicam, et sicut vadit via presbiteronica usque ad comballa que est super fabrica, et vadit subtus Pomoarol et usque ad via publica de Argelarios ; et ista via vadit subtus Toronarios, et usque ad tribis de Cortinas, et revolvit per lugarnos usque ad merchadellum de Buxaria. Et quantum habet infra istos terminos, totum heremum et condrictum sic donavit et reddidit episcopus suprascriptus, propter amorem Dei et pro anima patri sui, ut ipse abbas et monachi de Aniano faciant ibi mansiones et curtes ad jumenta sua et ad peccora alenda, et illi homines qui ibi habitaverint omnia quicquid edificaverint vel quisquis laboraverint, omnia in communia monacorum fiat sine blandimento de nullo homini. Ista omnia suprascripta dedit episcopus a Sancto Salvatore Anianensi, in presencia de istis hominibus, id est Girberti et Mironi, fratri suo, et Fulconi Sancti Petri, et Aldegarii de Sucantum, et Andream de Senas vineas, et Girardi, et Ebrardi, et Galterii, et Giraii, et Stephani de Cros, et Suquerii. Sic reddidit et dedit in communia monacorum, et scommunicavit ipse episcopus et abbas et monachi, * ut nullus abbas aut ulla potestas non habeat licenciam dare nec de communia abstrahere ullo unquam tempore. * Fol. 90 r°.

Facta scriptura ista IIII nonas maii, anno regnante Roberto rege. S. Fredoloni, episcopi, qui donationem istam fieri voluit, et manu sua firmavit, et testes firmare rogavit. S. Galterii. S. Girberti. S. Mironi. S. Girardi. S. Wiravi.

CXLVIII.

[ITEM EUMDEM LOCUM DAT IDEM FREDOLUS, EPISCOPUS, EADEM RATIONE].

(Fol. 90 r°. — 4 mai 996-1031.)

Ego in Dei nomen Fredolus, episcopus, dono et reddo ad altare Sancti Salvatoris Anianensis, vel abbati Sancti Salvatoris, vel cuncte congregationi in ipso loco degenti, aliquid de alode ipsius Sancti Salvatoris in comitatu Sustancione, in terminium de villas que vocant Comaigas et Argelarios, locum heremum qui vocatur Podio Alto, et omnia que sunt de Boxaria et de Campo longo, usque ad via presbiteronica, et sicut vadit via presbiteronica usque ad combellam que est super fabrica, et vadit subtus Pomairol, et vadit usque ad via de Argelarios. Publica et ista via vadit subtus Toionarios, et usque ad tribis de Cortinas, et vadit per lugarnos usque ad mercadel, et quantum habetur infra istos terminos totum heremum et condrictum, sic donavit et reddit episcopus suprascriptus, propter amorem Dei et pro anima patris sui, ut ipse abbas et monachi de Aniano faciant ibi mansiones et curtes ad jumenta sua alenda et peccora, et illi homines qui ibi habitaverint, omnia quidquid edificaverint vel quisquis laboraverit, omnia in communia monacorum fiat sine blandimento de ullo homine. Ista omnia suprascripta dedit episcopus Sancto Salvatori in presencia de istis hominibus, id est Girberti et Mironi, fratri suo, et Girardi, et Stephani, et Ebrardi, et Gualterii, et Giravi, et Folcarii. Sic dedit et reddit in communia monacorum et excommunicavit ipse episcopus et abbas et monachi, ut nullus abbas aut ulla potestas non habeat licenciam dare, nec de communia abstraere, ullo umquam tempore.

Facta scriptura ista IIII nonas mai, anno regnante Roberto rege. S. Fredoloni episcopi, qui donationem istam fieri voluit et manu sua firmavit et testes firmare rogavit. S. Galterii. S. Girberti. S. Mironi S. Gerardi. S. Wiravi.

CXLIX.

[ITEM DONUM FREDOLI EPISCOPI, IN EADEM VILLA].

(Fol. 90 r°. — 4 mai 996-1031.)

Ego in Dei nomen Fredolus, episcopus, dono et reddo ad altare Sancti Salvatoris Anianensis, vel abbati Sancti Salvatoris, vel cuncte congregationi in ipso loco degenti, aliquid de alode ipsius sancti altaris, in comitatu Sustancionense, in terminium de villa que vocant Comaiacas, locum heremum qui vocatur Poio alto, et omnia que sunt de Campo longo, et heremum et condrictum, usque ad terminium de alode comunale, et ex alia parte usque ad terminium de villa que vocant Arzilarios, usque ad terminium de bastida de laco Balandone, sicut discurrit via presbiteronica usque ad Campum longum : sic donavit et reddidit episcopus suprascriptus, propter amorem Dei et pro anima patris sui, ut ipse abbas et monachi de Aniano faciant ibi mansiones et curtes ad jumenta sua alenda et peccora, et ille homo qui ibi habitaverit omnia quicquid edificaverit et laboraverit, omnia in communia monacorum fiat, sine blandimento de ullo homine. Ista omnia suprascripta dedit episcopus Sancto Salvatori, in presencia de istis hominibus, id est Girberti et Mironi, fratri suo, et Girardi, et Ebrardi, et Walterii, et Giravi, et Folcani. Sic dedit et reddidit in communia monacorum et excommunicavit ipse episcopus, ut nullus abba aut ulla potestas non habeat licenciam dare, nec de communia abstraere ullo * umquam tempore. * Fol. 90 v°.

Facta scriptura ista IIII nonas maii, anno regnante Rodberto rege. S. Fredoli, episcopi, qui donatione ista fieri voluit, et manu sua firmavit, et testes firmare rogavit. S Walterii. S. Girberti. S. Muroni. S. Gerardi. S. Giravi.

CL.

[WISTRIMIRUS DAT MONASTERIO, IN PAGO MAGDALONENSI, IN TERMINIO DE VILLA GRANARIO, PORCIONEM SIBI DEBITAM, CUM IMPRECATIONIBUS].

(Fol. 90 v°. — 24 juin 853.)

Sancto ac venerabili loco Aniano cenobio, quod situm est in territorio Magdalonensi, in honore Domini Sancti Salvatoris nostri, sive Christi et sancte hac semper Virginis Marie genitricis ejus, et aliorum plurimorum sanctorum, ubi venerabilis Arnulfus, abbas, preesse videtur, una cum congregatione monacorum, ego in Dei nomine Wistrimirus, dono donatumque esse volo pro anima remedii mei, seu et per eternam retributionem et vitam, dono jam dicto monasterio seu rectoribus illius presentibus ac futuris, in pago scilicet Magdalonensi, infra terminium de villa Granario, id est casis, casaliciis, ortis, oglatis, exea, exregressaque sua, et vineas, et terras cultas et incultas, pratis, pascuis, arboribus pomiferis et inpomiferis, seu et cum omnibus agacenciis ibidemque pertinentes, videlicet et fundus possessionis mee, dono ad diem presentem omnem porcio michi debitam, quod michi advenit de condam genitore meo vel genitrice mea vel illius, et quicquid ab hodierno die et tempore ex ipsis rebus facere aut judicare volueritis, id est tam videndi, donandi, cedendi, commutandi maneat eis firmissima potestas, ex presenti die et tempore. Quod si ego aut aliquis de heredibus meis vel quislivet persona, quod minime credo, esse venturam contra hanc cartulam anime gratanter animo facta, ad inrumpendum venire temptaverit, aud eam infringere conaverit, componat parti ipsius monasterii ipsas suprascriptas res, una cum distringente fisco, melioratas duplas valet perpetim habituras. Et insuper hec presens donatio nullo umquam tempore inrumpi non permitatur, set semper in sua maneat firmitate, omnique tempore cum stipulatione et gesta alligatione interposita quoque pro omni firmitati subnixa.

Facta donatione sub die VIIII kalendas julii, anno XIIII regnante Karolo rege. S. Wistremirus, qui hanc donationem fieri volui, et idoneos testes manu mea firmare rogavi. S. Calpimiro. S. Adalberto. S. Agrecio. S. Acinberio. S. Aigoberto. S. Adayndo. S. Unado. S. Dominico. S. Salomone. S. Dagoberto. In Christi nomine Celsius, licet indignus presbiter, hanc donacionem rogatus scripsit die et anno quo supra.

CLI.

[PETRUS GALLARANDUS DAT PONCIO, ABBATI, ET MONASTERIO DUOS MANSOS ; ET RUIRAVUS, CUM UXORE ET INFANTIBUS, MEDIETATEM IPSIUS MANSI DONAT, DERELICTA FACULTATE ALIENANDI MANSUM].

(Fol. 90 v°. — 1036-1061.)

In nomine Domini, ego Gallarandus, donator sum Domino Deo et Sancto Salvatori Anianensis cenobii, et abbati Poncio, et monachis ejusdem loci, duos mansus de alode : unum o Adubertas Widberga visa est manere ; et donat de censum unum porcum de IIII numos ; et alium mansum in Renaco, ubi Alefredus visus est manere ; et donat unum caseum de censum. Insuper ego Ruiravus et uxor mea et infantes nostri, de ipsum mansum supra scriptum sic donamus, de omni re que habemus et habere potuimus, medietatem Sancti Salvatoris exterius unum porcum. Quod si abba aut monacus, aut serviens, aut ulla potestas, aut ullus homo separare voluerit de communia monasterii, fiat separatus a corpus et sanguine Christi, et veniat unus de propinquis meis, et ponat super altare Sancti Salvatoris Anianensis VI denarios. Quod si ego, Petrus, aut mulier mea, aut infantes mei, aut Ruiravus, aut uxor mea, aut infantes nostri, aut vendere aut donare aut impignorare seu alienare, non habeatis potestatem facere, nisi Sancti Salvatoris Anianensis. Et ego Petrus Gallarandus, donator sum Domino Deo et Sancto Salvatori Anianensi * cenobii decimum de solarium Gallaran, de hoc quod monacus aut serviens in Domino fecerit infra vallatos, fiat proprium Sancti Salvatoris et de alia omnia medietatem et de Petro Gallaran alia medietas. * Fol. 91 r°.

CLII.

[CONVENIENTIA INTER AMALRICUM DE CLARETO ET ABBATEM PONCIUM, DE DUOBUS MANSIS IN COMITATU SUSTANCIONENSE, IN VILLA ROVETO SUPERIORE].

(Fol. 91 r°. — 13 avril 1036-1060.)

Conveniencia quam habuerunt Almaricus de Clareto et abbas Poncius Anianensis et monachi ejusdem loci. Almeradus de Clareto dedit unum mansum ad Sancto Salvatori Anianensis monasterii, ad obitum suum. Et post obitum ejus venit Amalricus de Clareto, frater predicti Almeradi, ad abbatem Poncium et ad monacos, et rogavit ut daret ei abbas Poncius et monachi supradictum mansum in fevo, in vita sua, per talem racionem, ut ipsum mansum cum alio manso dimitteret post mortem suam Sancto Salvatori Anianensis monasterii. Est autem ipse predictus mansus de Almerado in comitatu Sustancionense, in villa que dicitur Roveto subterior, ubi Petrus Tortorellus visus est manere. Alius vero mansus de Amalrico de Clareto est in Roveto superiore, ubi visus est manere Airadus. Istos autem duos predictos mansos donaverunt isti duo fratres, hoc est Almeradus et Amalricus Sancto Salvatori Anianensis monasterii, pro remedio animarum suarum, cum omnibus adjacenciis, terris cultis et incultis, vineis, ortis, arboribus pomiferis, aquis aquarumve decursibus, ut si fuerit aliqua persona que istam convenientiam temptaverit infringere, vel ipsos predictos mansos de communia Anianensis monasterii per qualecumque ingenium temptaverit alienare, cum Juda traditore Anna et Cayfa perpetuam dampnationem accipiat, cum diabolo cremandus.

Facta scriptura conveniencie hujus, die idus aprilis, regnante Aianrico rege. S. Amalrici qui scripturam istius conveniencie scribere fecit, et firmavit, et testes firmare rogavit. S. Petri. S. Bernardi. S. Ugonis. Abo presbiter scripsit sub die et anno quo supra.

CLIII.

[PLACITUM ET CONVENIENCIA INTER PETRUM, ABBATEM, ET PETRUM RAIMUNDUM DE MONTE ABONE, DE HONORE DE PODIO ALTO QUEM ABBAS DAT PETRO, EA LEGE UT PETRUS PER VITAM CENSUM SOLVAT ET MORIENS DONET OMNEM AVERUM SUUM MONASTERIO].

(Fol. 91 r°. — XII° siècle.)

Placitum et convenienciam quam fecit Petrus, abbas Anianensis, et monachi ejusdem loci Petro Raimundo de Monte Abone, de onore de Podio Alto. Donat Petrus abbas et monachi Petro Raimundo honorem de Podio Alto, cum suis terminiis, in vita sua, in tali conveniencia ut Petrus Raimundi donet abbati v solidos omni anno, in festivitate sancti Michaelis, et post mortem suam revertatur ipse honor ad Sanctum Salvatorem et ad abbatem et monacos, cum omni melioratione que facta erit in ipso honore. Et donat Petrus omnem averum suum, que ibi fuerit ad diem quo infirmare ceperit de morte, ad Sanctum Salvatorem, pro remedio anime sue et absolutione omnium peccatorum suorum. Quod si Petrus, uxorem vel infantes habuerit, nullam convenienciam inquirere possint in istum honorem post mortem Petri. Abbas vero retinet in omnibus quistam et servicium.

Facta scriptura ista in presencia et cum consilio monacorum, videlicet Guillermi prioris et Willermi Siguini et Guillermi Montispetrosi, qui hoc scriptum fecit cum [h]orumque monacorum et laicorum Bernardi Willermi et Raimundi fratris sui.

CLIV.

[QUERIMONIÆ QUAS INFIRMARIUS FACIT DE HOMINIBUS DE CAPRARICIA].

(Fol. 91 r°.)

Ee sunt querimonie quas infirmarius facit de hominibus de Capraricia. De Stephano Guillermo conqueritur quod vineas quas habebat in plano quod dicitur Aguast, per decennium dimisit incultas. Similiter conqueritur de Poncio de Capraricia, et de Guillermo fratre ejus, et de Petro Pargamenario, et de Raimundo fratre ejus, et de Petro de Alumno, et de Guillermo de la Cella, quod vineas quas in terminio de Caprarecia habent incultas dimittunt. Conqueritur eciam de Poncio Pellifario et de Raimundo Stephano * qui quandam vineam et quoddam olivetum que habebant in terminio de Laguast, inculta dimiserunt. Conqueritur etiam de Poncio Caravaler, quod quandam terram quam habet in eodem terminio incultam dimittit. Conqueritur eciam de omnibus predictis, quod de vineis cultis quas habent in terminio de Capraricia, quartum ei dare nolunt. Conqueritur etiam quod de vineis, quas Stephanus Paxeria ibi habet, censum annuum accipiunt et ei reddere nolunt. Conqueritur etiam quod de vitibus, quas in arboribus fructiferis vel non fructiferis levant, quartum ei reddere nolunt. Conqueritur eciam quod de quodam olivario, qui est in vineam Lauterie, in quo nichil habent, dimidiam sibi usurpant.

* Fol. 91 v°.

Conqueritur etiam de predictis quod de vineis de predicto manso indebitas gardias accipiunt. Conqueritur etiam quod de arboribus fructiferis, exceptis amigdalariis et olivariis, ei quartum dare nolunt. In omnibus arboribus non fructiferis, que sunt in riparia predicti mansi, medietatem ei auferunt. Conqueritur etiam quod in predicta riparia vivarium de cuniculis de predicti mansi habere solebat, quod ipsi destruxerunt. Conqueritur etiam quod quistas et exacciones, quas dominus predicti mansi in hominibus ejusdem mansi in tercio anno habere solebat, ei prestare refutant. Conqueritur eciam de ipsis quod filias suas, quando ipsas matrimonio tradunt, ut a condam dominis redimere solebant, ab ipso redimere nolunt. Conqueritur eciam de Duranto de Capraricia, quod de quadam vinea, quam in terminio predicti mansi habet et de arboribus quartum ei aufert. Conqueritur etiam de Poncio de Capraricia, quod olivarios et estaquas de quodam oliveto quod habebat in terminio predicti mansi evulsit, et in alio honore plantavit, et ipsum olivetum desertum reliquit. Conqueritur eciam quod in honore Focazarii, unum amicdalarium et unum oliverium ei auferunt, et censuales denarios, qui de ipso honore debentur, sibi usurpant. Conqueritur eciam de Stephano Guillermo et Poncio Pellipario, quod honorem qui fuit de Cugullata incultum dimittunt. Conqueritur de Guillermo de Ceda et de Petro de Alumno et de Rotana, quod vinetum de Pedoleto, ex maxima parte, incultum relinquunt. Conqueritur de Stephano Guillermo et de Petro de Alumno, quod eo reclamante, obtimam molam a molendino de rupe amoverunt, et de eodem molendino et de alio de Buxeto ei injuriam faciunt. Conqueritur eciam de predictis, quod in ortis et in ripariis Fogazarii et Guillermi Groairon, et Alamanne, et Bernardi de Podancres et Bernardi Benedicti, et Lauterie, et Hugoni et Stephani Paxerie, et Saturnini, et Aimerici merciarii, et Petri Bladi, et Durati Furnerii, et Deodati Regaino, dimidium arborum et fructuum accipiunt, exceptis olivariis et amigdalariis, cum nos in ipsa terra quartum habeamus. Conqueritur eciam quod de olivariis et amicdalariis, de quibus nobis quartam donant sub arboribus et in arboribus maximam partem retinent, de qua ei quartum dare nolunt. Conqueritur etiam de ipsis quia volentibus colere terras in terminiis de Capraricia desertas contradicunt. Conqueritur de Stephano Guillermo, quod Guillermum Pellifarium procuratorem ejus invasit et ei mortem minitavit.

CLV.

[PETRUS, ABBAS, CONCEDIT UNUM LOCALE AD EDIFICANDUM MOLENDINUM, RAIMUNDO GASCO ET GUILLERMO CRASSO, EA LEGE UT DARE SEU ALIENARE CUIVIS VALEANT, EXCEPTIS SANCTIS, CLERICIS ET MILITIBUS, ET SOLVANT X SOLIDOS UT LAUDEMIUM ET ANNUATIM X SOLIDOS PRO CENSU].

(Fol. 91 v°. — 1158.)

Anno ab incarnacione Domini M° C° L° VIII°, ego Petrus, abbas Anianensis, consilio et voluntate Ademari, cellarii, et Poncii de Casulis, infirmarii, dono, concedo et laudo tibi, Raimundo Gasco, et tibi, Guillermo Crasso, unum locale ad edificandum molendinum paratorium, quod locale est juxta molendinum quod apellatur Rafanel, inter ripariam Petri Reganni et paxeriam molendinorum, quod molendinum sine dampno ceterorum * molendinorum construere debetis, ut habeatis et possideatis, * Fol. 92 r°.
vos et posteritas vestra, et possitis dare, vendere, dimittere et impignorare cui volueritis, exceptis sanctis, clericis et militibus, consilio tamen abbatis et cellararii et infirmarii. Vos vero dedistis de laudimi michi x solidos, ex quibus nichil remansit in debito, et debetis dare annuatim pro censu x solidos, inter cellararium et infirmarium, in festivitate sancti Andree, et in tercio anno inter fleciatas et cotos VIII reparare monasterio.

Testes hujus rei sunt Guillermus Bedoz, Guillermus Pelliparius, Petrus de Leurano, Poncius Caravelerius, Guillermus Sadreia. Berengerius monacus scripsit.

CLVI.

[PONCIUS STEPHANI DAT MONASTERIO TERCIAM PARTEM HONORIS QUOD EMIT PATER JUXTA CASTRUM MONTIS PETROSI, EA RACIONE UT ABBAS NON VALEAT HONOREM ALIENARE].

(Fol. 92 r°. — 1er novembre 1060-1108 ou 1180-1223.)

Ego in Dei nomen, Poncius Stephani, dono ad altare Sancti Salvatoris Anianensis cenobii, terciam partem de ipso honore quod emit pater meus,

Stephanus. Et est ipse honor juxta castrum Montispetrosi, ubi Willermus visus est manere, cum filio meo Petro, monaco. In tali vero racione, quod si abbas aut monachi voluerint tollere de communia, veniat unus de propinquis et ponat XII denarios super altare Sancti Salvatoris.

Facta carta ista, kalendas novembris, regnante Philippo rege. S. Guillermi Petri. S. Guillermi Stephani. S. Raimundi Poncii. S. Poncii Stephani, qui hanc cartam fieri jussit et testes firmare rogavit. Bernardus monachus scripsit, die et anno quo supra.

CLVII.

[GUILLERMUS DE AQUAVIVA VENDIT, TRADIT BERTRANDO DE MONTEPETROSO, MONACHO, PLANTERIUM IN TERMINIO ANIANENSI PRO II SOLIDIS MELGORIENSIBUS, CUM JURAMENTO VENDICIONEM FIRMAM MANERE].

(Fol. 92 r°. — 1202.)

Anno dominice incarnationis M° CC° II°, ego Guillermus de Aqua Viva, per me et per omnes meos, bona fide et sine dolo, et absque omni retentu, consilio et voluntate domini Petri de Scalariis, infirmarii Anianensis, vendo et jure vendicionis trado tibi domino Bertrando de Montepetroso, monacho Anianensi, et cui vel quibus volueris dare, laxare, vel cum consilio predicti infirmarii vel successorum suorum vendere, vel impignorare, exceptis aliis sanctis et militibus, unum videlicet planterium in terminio Anianensi. Et affrontat ex una parte in vinea Geraldi de Averno et ex alia in oliveta Stephani Martini, et ex alia in vinea Maurini, et ex alia in via que discurrit ad Sanctum Guillermum. Et hoc facio pro II solidis melgoriensibus, quos omnes a te habui et accepi, ita quod penes te nichil remansit in debito; et si plus valet aut valebit jam dicto precio, totum tibi dono et tuis, et juro, tactis sanctis euvangeliis, quod nunquam veniam contra hanc vendicionem. Et dabitis fideliter infirmario nonam partem omnium fructuum. Et sciendum quod hanc cartam laudavit predictus infirmarius.

Testes sunt Poncius prior, Raimundus de Modano, Raimundus de Moreden, Guillelmus Parroquia, Petrus Parroquia, Guillelmus de Infirmaria. Raimundus de Garriga scripsit.

CLVIII.

[GALBORX, CONSILIO MARITI ET MATRIS, VENDIT ET TRADIT BERTRANNO DE MONTEPETROSO, MONACO ANIANENSI, AD VOLUNTATEM FACIENDAM, DOMUM IN VILLA ANIANE PRO CXX SOLIDIS MELGORIENSIBUS. DABIT CELLARIO VII DENARIOS ANNUATIM EMPTOR ET HABUIT LAUDAMENTUM ABBAS GAUCELMUS].

(Fol. 92 r°. — 1203.)

Anno dominice incarnationis M° CC° III°. Ego Galborx, uxor Petri Guilaberti, consilio et voluntate ejusdem Petri Guilaberti, mariti mei, et domine matris mee, Guillerme Guirarde, et domini Gaucelmi, abbatis et cellararii Anianensis, per me et per omnes heredes meos, bona fide et sine dolo, vendo et titulo vendicionis trado tibi, domino Bertranno de Montepetroso, monaco Anianensi, ad omnes voluntates tuas faciendas, scilicet ut possis vendere vel alienare, consilio tamen abbatis et cellararii Anianensis, unam videlicet domum, in villa Aniane, cum curte et cum omnibus suis pertinenciis, et introitu et exitu ; et affrontat ex una parte in quadam domo cellarii, ex alia in estare Ermengavenc, et ex alia in ortulo cellararii, et ex alia parte in via publica. * Et hoc facio pro centum viginti solidis melgoriensibus, quos omnes a te habui et accepi, ita quod penes te nichil remansit in debito. Et si plus valet aut valebit jam dicti precii, totum tibi dono, et dabitis cellario annuatim pro usatico VII denarios, in festo sancti Andree. Predictus abbas habuit inde suum laudamentum, quando predicta Galburx et Petrus Guilaberti, et Guillerma predicta, laudaverunt hanc cartam. Interfuerunt testes Petrus de Giniaco, Aldebertus de Giniaco, Brunenc sacerdos, Berengerius Regan, Guillermus Zabaterii, Guillermus de Infirmaria. Quando predictus abbas laudavit, interfuerunt testes : Ugo de Giniaco, Petrus de Scalariis, Raimundus de Modano. Raimundus de Garriga qui hanc cartam scripsit.

* Fol. 92 v°.

CLIX.

[FADIONS ET PONCIUS, FILIUS, SOLVUNT, GUIRPIUNT, DIMITTUNT MONACHIS ET PONCIO DE CASULIS, INFIRMARIO, VINEAM IN PARROCHIA SANCTI STEPHANI DE VOLIO ET IN TERMINIO VILLÆ RECULAZ, PRO XV SOLIDIS MELGORIENSIBUS].

(Fol. 92 v°. — 1161.)

Anno ab incartione Domini M° C° LX° I°, ego Fadions, mater Poncii de Mata Rasa, cum consilio et voluntate ejusdem Poncii, filii mei, et ego, predictus Poncius, cum consilio et voluntate predicte Fadions, matris mee, bona fide et sine dolo solvimus, guirpimus, et dimittimus Domino Deo, Sancto Salvatori Anianensi, et monachis ejusdem loci tam presentibus quam futuris, et tibi, Poncio de Casulis, infirmario, vineam illam quam a te injuste petebamus. Que scilicet vinea est in parrochia Sancti Stephani de Volio, et in terminio ville que solet vocari Reculaz. Et est sciendum quod propter hanc solucionem, tu, predicte Ponci de Casulis, dedisti nobis XV solidos melgoriensium, quorum nullus apud te remansit in debito.

CLX.

[RAIMUNDUS, ABBAS MONASTERII, RECOGNOSCIT PIGNUS CONSTITUTUM BERENGARIO DE VILLA NOVA IN INSULA QUAM RAIMUNDUS DE CELLA VINARIA TENET UT FEUDUM A MONASTERIO, ET PROMITTIT ABBAS BERENGARIUM INSULAM TENERE, DONEC PIGNUS LIBERATUM FUERIT].

(Fol. 92 v°. — 1162-1187.)

In nomine Domini, ego Raimundus, Dei gratia Anianensis abbas, et totus ejusdem monasterii conventus, recognoscimus in veritate quod Raimundus de Cella Vinaria obligavit tibi, Berengario de Villa Nova, pro octingentis solidis melgoriensibus, quos ei tradidisti, medietatem totius cujusdam insule sue, quam idem Petrus Raimundus recognovit se tenere per feudum de prefato monasterio. Propterea ego jam dictus abbas, voluntate et consilio tocius nostri capituli, promitto tibi, Berengario de Villa nova, habere totum predictum pignus in omni vita tua, et consilio et assensu totius nostri capituli statuo, et pro communi utilitate in perpetuum ratum esse jubeo, ut quicumque post mortem tuam ecclesiam de Villanova tenuerit, habeat hoc totum predictum pignus, unde faciat in die obitus matris tue, qui est pridie nonas martis, singulis annis, refectionem de pane et pisce recenti cum competenti condimento, omnibus fratribus prefati monasterii, et eodem die fratres ejusdem monasterii cantent missas et psalmos, sicut moris est, pro anima tua et matris et patris tui et parentum tuorum. Et quocumque tempore predictum pignus liberatum fuerit, totam pretaxatam pecuniam, id est octingentos solidos melgoriensium, prior de Villanova collocet in honore, unde omni tempore omnia predicta faciat, sicut superius statutum est. Et quicumque hoc nostrum saluberrimum statutum in posterum mutare aud in aliquo infirmare voluerit, ex parte omnipotentis Dei et omnium sanctorum et totius nostri capituli anathema sit.

CLXI.

[GUILLELMUS DE CELLA NOVA, PRIOR ECCLESIE SANCTI SATURNINI, CONCEDIT JOHANNI GODEFRE ET UXORI TERRAM IN TERMINIO SANCTI ROMANI, PRO DUOBUS SOLIDIS UT LAUDAMENTUM].

(Fol. 92 r°. — 1187.)

Anno dominice incarnationis M° C° LXXX° VII°, ego Guillelmus de Cella nova et prior ecclesie Sancti Saturnini, bona fide et absque dolo, consilio Raimundi Guillermi, abbatis, concedo, laudo, et ad acapte dono et confirmo tibi, Johanni Godefre et Vierne, uxori tue, et vestris, illam tui ipsius terram, in terminio Sancti Romani, cum arboribus omnibus que modo ibi sunt vel in antea fuerint, et cum omnibus ad se pertinentibus : que * terra est inter vineam Poncianam et olivetas Ermeniardis et Petri * Fol. 93 r°.
de Luirano et Petri Godafre ; ut habeatis, teneatis, et possitis dare, dimittere, vendere, et impignorare cui volueritis, exceptis aliis sanctis clericis et militibus, consilio prioris Sancti Saturnini. De qua terra ad consecrationem ecclesie Sancti Salvatoris reddetis II olei mensuras annuatim, pro censu, nulla adhibita questione et decimam fideliter, exceptis de arboribus priori Sancti Saturnini. Et ego jam dictus Guillermus pro laudamento II solidos habui.

Testes sunt Guillermus de Castillon, Bertrandus de Capraricia, Guillermus Garnerii, Guillermus de Albi, Raimundus de Infirmaria. Raimundus de Nebiano scripsit.

CLXII.

[AIRADUS, UXOR ET FILII WIRPIUNT ALODEM QUEM CONTRAPELLABANT IN TERMINIO VILLÆ ROCOLLATIS, IN COMITATU SUSTANCIONENSE, CUM IMPRECATIONIBUS ET COMPOSITIONE DUPLI, IN PRESENCIA BONORUM HOMINUM].

(Fol. 93 r°. — 19 septembre 1031-1060.)

In nomine Domini, ego, Airadus, et uxor mea, nomine Adalaic, et filii nostri his nominibus Willelmo et Bertrando, werpitores sumus Domino Deo et Sancti Salvatoris Anianensis ipsum alodem, quem contrepellabamus in terminium de villa que vocatur Rocollatis ; et est in comitatu Sustancionense. Relinquimus Domino Deo, in presencia de bonis hominibus, id est Raimundo Bernardo, et Giraldo Ricardo, et Petro Lupo et Illdinono clerico, et Bernardo Golphaldo, et Leutardo Autranno, tam istum alodem suprascriptum quam et alium, quem advenerit in presencia abbati Poncii vel successores ejus, ita ut ab hodierno die et tempore habeant, adeant, et possideant, et teneant rectores Sancti Salvatoris, omnique tempore. Si quis istum alodem suprascriptum Sancto Salvatori vel congregationi tollere voluerit, in primis in ira Dei incurrat, et fiant excommunicati et anatematizati. Et in antea componant ipsum alodem duplum et melioratum, et fiat firma et stabilis.

Facta wirpicio ista XIII kalendas octobris, anno regnante Aianrico rege. S. Airadi et uxori sue et filiis suis suprascriptis. S. Rainaldi Airadi. S. Poncii. S. Stephani. S. Bernardi, monachi. Bertrannus, indignus, scripsit.

CLXIII.

[PONCIANA, CONSILIO ET VOLUNTATE PRIORIS SANCTI SATURNINI, LAUDAT, VENDIT, TRADIT RAIMUNDO DE MOZANO, MONACO, ET PER EUM MONASTERIO PECIAM TERRÆ, PRO III SOLIDIS MELGORIENSIBUS, JAM ACCEPTIS, CUM DONATIONE SUPPLEMENTI JUSTI PRECII ET CUM FIDEJUSSORE].

(Fol. 93 r°. — 1203.)

Anno dominice incarnationis M° CC° III°, ego Ponciana, consilio et voluntate Guillelmi de Cellanova, prioris ecclesie Sancti Saturnini, per me et per omnes meos, bona fide et sine omni dolo, et absque omni retentu, laudo, vendo, et jure vendicionis trado tibi, Raimundo de Mozano, monaco Anianensi, et per te ipsi monasterio, videlicet unam peciam terre cum arboribus que ibi sunt. Et affrontat ex una parte cum oliveta Guilermi de Luirano, et ex alia in vinea Bernardi Cleofas, et in circuitu in terra que fuit Johanni Godafredi. Et hoc facio pro III solidis melgoriensibus, quos omnes a te habui et accepi, ita quod penes te nichil remansit in debito. Et si plus valet aut valebit jam dicti precii, totum tibi et monasterio dono. Et si aliquis tibi aliquid amparaverit, dono tibi fidejussorem Guillermum de Cella nova, qui habuit inde pro laudamento VI denarios.

CLXIV.

[RAIMUNDUS DE MOZANO VENDIT ET TRADIT BERTRANNO DE MONTE PETROSO, MONACHO, UNAM PECIAM TERRÆ IN TERMINIO SANCTI ROMANI PRO L SOLIDIS MELGORIENSIUM ACCEPTIS, CUM DONATIONE SUPPLEMENTI JUSTI PRECII ET PROMISSIONE DEFENDENDI EMPTORIS].

(Fol. 93 r°. — 1203.)

Anno dominice incarnationis M° CC° III°, ego Raimundus de Mozano, bona fide et sine omni dolo, consilio et voluntate domini Gaucelmi, abbatis, et Guillermi de Cella nova, prioris Sancti Saturnini, vendo et jure vendicionis cum hac carta imperpetuum trado tibi, domino Bertrando de Montepetroso, monacho Anianensi, ad omnes voluntates tuas faciendas, et possitis dare, laxare, alienare, cum consilio tamen predictorum dominorum, videlicet unam peciam terre quam habeo in terminio Sancti

Romani. Et confrontat se ex una parte cum oliveta Guillermi de Liurano, et ex alia cum terra Ponciane, et ex alia * in terra que fuit Petri Godafredi, et ex alia in cimiterio Sancti Romani. Et hoc facio pro L solidis melgoriensium, quos omnes a te habui, et accepi, ita quod penes te nichil remansit in debito. Et si plus valet aut valebit jam dicti precii, totum tibi dono et de mea potestate atque meo jure in tua, ad omnes voluntates tuas plenarie faciendas, nunc et imperpetuum transfero, ita quod contra hanc vendicionem nunquam veniam, nec aliquid contrariabo. Et si aliquid amparaverit tibi, jure deffendam pro posse meo; et dabitis priori Sancti Saturnini II mensuras olei in consecratione pro usatico.

* Fol. 93 v°.

Factum est hoc consilio et voluntate Guillermi de Cella nova, qui habuit inde pro laudamento II solidos. Testes sunt Petrus de Scalariis, Petrus de Monte Abono, Guillermus de Cerinano, Guillelmus de Infirmaria, Bernardus Cocus. Raimundus scripsit.

CXLV.

[ENUMERATIO CUJUSDAM OLIVETÆ].

(Fol. 93 v°.)

Ec est una pars oliveta, que est justa planterium Petri Rainaldi, et riparia de orto Bernardi de Podangris, insuper et gardia de Corbaria in ultra elaribages de molendino de Rocha usque in orto Duranti Fornerii et Alamanne. Altera pars est la mezana pars de oliveta, cum megana de riparia, cum oliveta de Salve, et cum pignore Agrinelli, et cum tribus quartariatis vinearum, que sunt in manso, et cum cambone qui est ante molendinum, et cum usaticis Cogulate et Groaironis et sororis ejus. Tercia pars est oliveta que est justa olivetam Petri Willermi et gardia de Pedolet, cum molendino de Fonte et cum riparia usque in molendinum de Rocha.

CLXVI.

[BERTRANDUS DE MONTE LAURO PER STIPULATIONEM PROMITTIT, QUOD NIHIL CAPIAT IN TERRIS MONASTERII OCCASIONE DEBITI ABBATIS, ET ACCIPIT CUSTODIAM PARROCHIARUM SANCTI STEPHANI DE FONTENES ET SANCTE CRUCIS DE QUINTILLANICIS, UT SIT AMICUS ET DEFENSOR INFIRMARIE, ET RECIPIT C SOLIDOS].

(Fol. 93 v°. — Octobre 1175.)

Anno Dominice incarnationis M° C° LXX° V°, mense octobris, ego, Bertrandus de Monte Lauro, promitto et convenio tibi, Poncio de Cornone, procuratori infirmarie Anianensis, per stipulationem, et successoribus tuis, quod ego vel aliquis per me, occasione debiti quod abbas Anianensis, nomine Raimundus Guillermi, michi debet, nichil capiam vel capi faciam in usatis et in redditibus pertinentibus ad predictam infirmariam, ubicumque sint, nec in omni honore qui pertinet eidem infirmarie. Et accipio in custodia et in mea salvataria usatica et redditus que infirmaria habet et habere debet in omni parrochia et in terminio Sancti Stephani de Fontenes et Sancte Crucis de Quintillanicis. Et inde fidelis amicus et auxiliator in omni vita mea, et defensor infirmarie Anianensi ero per fidem meam plevitam. Qua de causa ego, Bertrandus de Montelauro, habui et recepi a te, Poncio de Cornone, C solidos melgoriensium, quorum nichil remansit penes te in debito.

Testes sunt Aimericus prior, Ademarus de Villanova, monachi, Deodatus, presbiter de Sallenz, Petrus de Savariis presbiter, Stephanus Austorc, Vitalis clericus et Silvester qui hec scripsit.

CLXVII.

[PETRUS, ABBAS, CONCEDIT ARBERTO, MONACHO, PER VITAM EJUS, HONOREM IN TERMINIO CASTELLI MONTISPETROSI, SIVE VILLÆ ADICIANI].

(Fol. 93 v°. — XII° siècle.)

Ego Petrus, abbas Anianensis, cum consilio totius conventus, concedo et reliquo tibi, Arberto, monacho fratri nostro, totum illum honorem quem Berengarius Raucus dedit Sancto Salvatori Anianensi, in terminio castelli Montispetrosi, sive ville Adiciani, videlicet campos, vineas, ortos, arbores, mansiones cum hominibus vel feminis ibi habitantibus,

et omnia que per donationem Berengarii suprascripti ibi habemus vel habere debemus; insuper eciam honorem illum, quem Raimundus Deodati
Fol. 94 r°. de Montepetroso dedit Sancto Salvatori. Totum hunc honorem * suprascriptum concedo et relinquo tibi, ut habeas et teneas in vita tua, et post obitum tuum ad domum infirmantium fratrum nostri monasterii revertatur et remaneat omni tempore.

CLXVIII.

[PONCIUS BERNARDUS DE DUNDRAS RECOGNOSCIT DONUM QUOD FECIT MATER DE MANSO DE BANCELLIS, IN COMITATU SUSTANCIONENSI, IN PARROCHIA SANCTI SATURNINI DE VALLAUCHES, ET CONFIRMAT, EA RATIONE UT PER VITAM IPSE MANSUM HABEAT].

(Fol. 94 r°. — 1091-1108.)

Ego in Dei nomine, Poncius Bernardus de Dundras, dum jacerem in infirmitate, recognovi donum, quod fecit mater mea Domino Deo, Sancto Salvatori Anianensi et monachis ejusdem loci, de manso de Bancellis, qui est in comitatu Sustancionensi, in parrochia Sancti Saturnini de Vallauches, ubi Poncius Lauterius visus est manere, in tali conveniencia, ut haberem eum in vita mea, et post mortem meam recuperarent eum monachi Anianenses. Igitur ego, Poncius Bernardus, reddo et dono Domino Deo, Sancto Salvatori Anianensi, et abbati Petro, et monachis ejusdem loci presentibus et futuris, ipsum mansum de Bancellis cum terris cultis et incultis, et cum oliveta que in ipso manso est, et cum arboribus pomiferis et impomiferis, et cum omnibus que ad ipsum mansum pertinent.

Facta carta ista, regnante Philippo rege. S. Poncii Bernardi, qui hoc donum fecit, et hanc cartam fieri jussit et manu sua firmavit. S. Berengerii Petri, fratris sui Guillermus, levita scripsit.

CLXIX.

[TESTAMENTUM RAIMUNDI LEOTARDI DE QUODAM PLACITO ET JUDICIO DE HONORE DE LA CAPRARECIA].

(Fol. 94 r°.)

Ego, Raimundus Leotardi, vidi et audivi placitum inter Rostagnum Guirau et Petrum Geraldi, in quo fuit probatum, judicio Petri Gadanola, quod honor de la Caprarecia non erat fevus, sed pignora pro uno equo de sexaginta solidis. Et hoc testificatus sum in vita et salute mea in placitis, et adhuc jam factus in hoc id ipsum testificor, et testes precipio huic testimonio veritatis adstipulari Poncium Fulconis et Berengerium, fratrem ejus.

CLXX.

[CARTA MEMORIALIS TOTIUS HONORIS SANCTI SALVATORIS, IN CASTRO DE CAUCIO].

(Fol. 94 r°. — 31 mars 1175.)

Anno incarnationis Domini M° C° LXX° V°, II kalendas aprilis, Lodovico rege regnante. Hec carta memorialis totius honoris Sancti Salvatoris Anianensis, quem habet et habere debet apud castrum de Caucio et in ejus terminiis, facta est. In primis ego Raimundus Fulcrani, homo Sancti Salvatoris, profiteor me habere et tenere de Sancto Salvatore unum campum, qui a circio in via que itur de Caucio versus Nizatium affrontat ; ab altano in camino de Biter ; et ibimet unum pratum juxta jam dictum et alterum campum ibidem teneo [et unum campum qui ab altano in vineam Guillermi Ferrandi affrontatur ab aquilone in honore Raimundi Duranti[1]] qui a circio in honore Poncii Sigerii affrontatur, ab altano qua itur Nizatium, in via ; et in via que vocatur Manigosta unum malolium, quod ab altano in honore Guillermi Deodati affrontat, ab aura Narbonensi, in recum de stagno ; et in alio loco unum heremum, qui ab altano in via qua itur apud stagnum affrontat, ab aquilone in Ausedatis ; et in alio loco unum albornenccum, qui a circio in via qua itur de Ambairano versus Mesellarias de Caucio affrontatur, ab ora Narbonensi in via qua itur de Caucio versus Clotos ; et unum campum in Segalario, qui a circio in camino affrontat, ab aquilone in malolio Bernardi Fabri ; et in vineale unam peciolam que ab aquilone in campo Beringerii de Caucio affrontat ; et subtus castellum de Caucio, unum campum et unum pratum quod se tenent, et ab altano campus in malolio Petri Ainelli affrontat ; et pratum ab ora Narbonensi, in honore Petri de Masoa, et unum pradellum alibi, quod ab altano in prato Petri de Masoa afrontat, ab aura Narbonensi, in

[1] Cette phrase a été insérée en interligne de la même main et sans point d'attache.

honore Guillermi Ainelli; et parranem que se tenet cum manso, que ab
* Fol. 94 v°. aura Narbonensi * in via qua itur apud cimiterium: affrontat ibidem aliam parranem, que ab altano in alodio Beringerii de Cauz affrontat; et in alio loco aliam parranem, que a circio in honore Petri de Masoa affrontat; et unum ortum qui a circio in honorem Poncii Sigerii affrontat. Ego, Raimundus Fulcranni, profiteor pro Petro Bruni eum tenere hunc honorem a Sancto Salvatore. In primis I campum in Alariceo, qui ab altano in camino de Biter affrontat, et in vinealibus unam peciam que ab aquilone in campo Beringerii de Caucio affrontat; et ibidem alia pecia que ab altano in honore Guillermi Deodati affrontat; et una costa de terra que, ab aquilone, in via qua itur versus Nizacium affrontat, ab aura Narbonensi in rivo; et unum pratum quod ab altano in vinea Petri de Masoa affrontat; et unam parranem que se tenet cum manso, que ab aura Narbonensi in via qua itur cimiterio affrontat; et unam parranem rivo que ab altano in honore Beringerii de Caucio affrontat; et unum ortum qui a circio in orto Poncii Sigerii affrontat. Ego Ermensendis, uxor que fui Raimundi de Caunis, profiteor me tenere de Sancto Salvatore unum campum in Segalario, qui ab altano in camino de Biter affrontat ab aquilone in honore de Augelsias; et unum albornenccum qui a circio in via qua itur versus Messalaria affrontat, ab aquilone in via qua itur Cammillerium; et unam parranam que se tenet cum manso, que ab altano in alodio Beringarii de Caucio affrontat; et unum pratum quod a circio in honore ipsius Sancti Salvatoris affrontat; et unum ortum qui ab altano in ortum Raimundi Gaschi affrontat. Et inter me et Petrum Brunum tenemus unum paxellum et, in anno quo blatum ibi habetur, damus quisque VI denarios Biterrenses de usatico pro paxello. Et ego, Ermensendis, teneo unam peciam de terra que, ab ora Narbonensi, in honore Guillermi Armandi affrontat. Ego Bernardus Rainaudi profiteor me tenere cum meis cognatis, et habere de Sancto Salvatore, vinalle de Caucio casalibus, unam faisciam de terra, que ab altano in via qua itur versus Nizacium affrontat, a circio in honore Guillerme de Sala; et unum medium pratum, quod ab altano in camino Biterris affrontat; et una costa que a circio in via qua itur versus Nizacium affrontat; et alia costa ibi-

dem, que ab altano in eadem via affrontat; et unum heremum in Magonista, quod ab aquilone in reccum de stagno affrontat; et una costella que ab aura Narbonensi in honore Petri de Mesoa affrontat; et unum ortale rivo qui ab aquilone in rivo affrontat; et unum ortum qui ab altano in palerio Beringerii de Caucio affrontat; et unam aream que ab aura Narbonensi, in via qua itur cimiterio affrontat; et mansum totum quantum per partem nobis advenit. De toto hoc honore damus quartum Sancto Salvatori, et de usatico in unoquoque anno XIIII solidos Biterrenses communiter preter illos de paxello predicto. Parranis que est justa mansum non donat quartum.

Hoc fuit recognitum in presencia Guillermi Sigerii de Fontesio, Arnaudi Burgesi, Vitalis et Bertrandi Troterii, coram Poncio de Cornone, monaco, et infirmario Sancti Salvatoris. Geraldus scripsit. In parrochia Sancti Adriani de Adiciano, in manso de Peret unum porcum et unum agnum. Bernardus de Caciano debet reddere de plantario suo annuatim II sextarios ordei.

CLXXI.

[SURIANA, UXOR QUONDAM BERNARDI DE CASTRIS, QUÆ BAILIAM INFANTIUM SUORUM HABET, SOLVIT, GUIRPISCIT, DESAMPARAT PONCIO DE CORNONE, INFIRMARIO, MANSUM DE LENTESCLEIRAS ET QUIDQUID MARITUS SUUS INJUSTE RAPIEBAT IN IPSO MANSO].

(Fol. 95 r°. — 1182.)

In nomine Domini, anno ejusdem incarnationis M° C° LXXX° II°, ego Suriana, uxor quondam Bernardi de Castris, in cujus bailiam predictus maritus meus Bernardus reliquit infantes nostros, per me et per omnes infantes meos, mandato ipsius mariti mei, solvo, guirpisco, et omnino desamparo mansum de Lentescleiras, cum omnibus suis pertinenciis, qui pertinet ad infirmariam Anianensium, et quicquid predictus maritus meus in ipso manso accipiebat vel rapiebat, Domino Deo, Salvatori Anianensi et tibi, Poncio de Cornone infirmario, et per te successoribus tuis et omnibus monachis Anianensibus presentibus et futuris. Preterea ego, Suriana jam dicta, recognosco et fateor in veritate, quod in ultima voluntate sua maritus meus recognovit se injuste abstulisse quicquid acceperet in jam dicto vel de jam dicto manso, et mandavit ut de cetero per me, vel per infantes meos, vel per alios, nostro consilio vel voluntate nichil rapiatur vel accipiatur in predicto vel de predicto manso.

Factum est hoc in presentia Poncii de Solcinis, Poncii de Canneto, Guillermi de Monte Mirato, Raimundi de Sancto Desiderio, Guillermi de Miszanegues, Bertranni Pellicerii et Ugonis de Subers. Raimundus scripsit.

CLXXII.

[CARTA MEMORIALIS DE HONORE INFIRMARIE IN TERMINIO MONTISPETROSI].

(Fol. 95 r°.)

Ec est carta memorialis de honore infirmarie quem habet in terminio Montispetrosi. Petrus Vedel tenet de infirmario totum mansum suum cum costa que sub ipso est, sicut terminatur a via de Panperdut usque ad viam que venit de Vulpillag et tendit ad ecclesiam Sancti Martini, et ex uno latere includitur honore Bernardi de Montepetroso, et ex alia parte honore quem Guillermus de Montepetroso habet ad feudum de Sancto Salvatore; et unam faisam in alio loco que conjungitur cum cumba Guillermi de Mandagod; et in terminio de Puteo, duas pecias de vinea; et in ipso terminio, unam parranem; et a la ribeira justa vineam de Mandagod, unum campum; et justa ipsum campum, unam vineam nepos ipsius Petri, et pro hoc honore predictus Petrus et frater ejus sunt homines Sancti Salvatoris, et debent reddere quartum de omnibus supradictis et II solidos et IIII denarios pro annuo censu. Poncius Sutor in terminio de Fonte, unam peciam de vinea, et in ipso terminio Aimeutz Pelochina unam peciam de terra cum olivariis, de qua terra dat quartum et medietatem de arboribus. Hec sunt in terminio castri Montispetrosi.

Apud Adicianum, Martina de Reganaz et soror ejus et heredes earum sunt femine Sancti Salvatoris; et habent mansum cum campo, et unam peciam de terra a la Boicheira, et aliam ad Casam Novam, et unam vineam al Pog. Totus hic honor est quartalis, et dat XIII denarios de censu. Li Malrosseng unam peciam terre, de qua reddunt XII denarios de censu; et in terminio de la Leca ipsimet unam faisam, de qua reddunt

dimidium quarti. Et in ipso terminio, Maria de Baiot II faisas, de quibus reddit dimidium quarti; et ipsa Maria et filia ejus tenent vallem Launadam, et reddunt de terra dimidium quarti et quartam partem arborum. Raimundus Rex unam terram de qua reddit quartum : in qua terra est olivetum infirmarii in dominio. Guillerma de la Fon habet mansum et ortos et arranem, et ipsa et heredes ejus sunt homines Sancti Salvatoris, et dant quartum de terris et medietatem de arboribus, et de censu XXIII denarios. Raimundus de Arenis, in terminio del Teron, habet pratum et campum ad feudum, de quibus reddit pro censu IIII denarios. Adizas habet mansum et ortalem et pratum del Brusc * et clausum del Pog, et * Fol. 95 v°
ipse et heredes ejus sunt homines Sancti Salvatoris pro isto honore, et reddunt II solidos et dimidium de censu. Maria Adizana et heredes ejus sunt homines Sancti Salvatoris, et habent mansum cum orto et unam vineam al Brusc, cum orto, et alteram vineam super Fontem. De hoc honore reddunt V denarios de censu. Habent eciam duas faisas, unam supra Adiza, alteram trans Monredon, et a la Petra unam peciam; et de his reddunt quartum. Infantes Petri Gili ad Casam Novam unam peciam quartalem, et in terminio de las Fonz de terra duas pecias, de quibus reddunt IIII denarios pro censu. Poncius Zabaterius in terminio de Pradel II faisas quartales. Ad Avidaz, in terminio de Burg, infantes Bertrani Guirat duas pecias terre, de quibus reddunt pro censu unam eminam de blat et VI denarios. Ha Luncz unam parranem, de qua reddit duas ponaderias de blat, in terminio de Labaia. Raimundus Gautaz unam faisam quartalem. Damalcius de Burg aliam faisam quartalem.

CLXXIII.

[BREVIS TERRARUM QUÆ PERTINENT AD INFIRMARIAM IN DIVERSIS VILLIS].

(Fol. 95 v°.)

Hic est brevis qui pertinet ad infirmariam : in villa de Medio Campo unum mansum; et donat unum porcum de XV denariis et unum agnum, et VI denarios de oblias, et spatulam, et unum alberg a civade, et alium ad erba, et quartum. In villa de Venranegues, unum mansum; et donat XII denarios et unum alberg et quartum. In villa de Foversag, unum man-

sum; et donat unum porcum, unum multonem, et spatulam, et oblias, et unum alberg, et ad kalendas donat . In eodem Sovercag, habet unam appennariam; et donat unum porcum de IX denariis, et unum agnum, et III denarios, et II capones, et unam fogaciam, et unum albergum de II caballarios et de uno sirvent, et quartum. In villa de Lentescleiras, habet unum mansum, et donat unum porcum et unum multonem et unum agnum, et oblias et spatulam, et alberg et quartum. Obediencialis de Fontanes donat XXX solidos, V porcos et decimum de karnatico suo et de pane et de vino. In villa de Reculaz, lo paies qui ibi stat donat medietatem de vino, de vineis quas tenet de Sancto Salvatore, et respondit de duos solidos de vineis que fuerunt de Raimundo Aianrico. In Aniana habet quartum et decimum de vineis que fuerunt de Grimaldo, quas tenet Petrus Arnaldus. In manso de Greniers, habet unum porcum et unum moltonem et oblias et spatulam et VIIII boarios et alberg. In eodem Graniers, habet quatuor apennarias: unam tenet Petrus batliam et donat denarios VI, aliam quam tenet Poncius donat XII denarios; aliam appennariam Martesam donat denarios III; aliam appennariam Xaudonencam donat denarios III, Guillerma de Mareiol; Martina de honore Petri Engebaldi I mensuram olei et XII denarios. In ipsa Aniana, habet unam vineam, quam tenet Geraldus Capellus; et donat unum caponem. In villa Adicano, Adicanus donat XII denarios. In ipso Adicano habet totum honorem qui fuit de Petro Malefacto et de Berengerio filio suo. In ipso Adicano habet unam vineam que fuit hereditas de Geraldo, filio de Petro Vaca. Ad manso Barcino, habet unam appennariam que fuit de Ilaria; et donat unum porcum et unum agnum et oblias et spatulam si habet, et alberg cum tribus militibus et quartum. In Cauz, unum mansum et donat unum porcum de IIII solidis, et agnum, et moltonem, et spatulam, et VI denarios de oblias, et IIII bovarios, et medietatem de omnes
* Fol. 96 r°. arbores fructiferos que sunt * in manso, et alberg et quartum. In villa de Moteiras, unum mansum, et donat unum agnum et alberg et IX denarios de oblias et quartum. In villa de Roveto habet unum mansum; et donat I porcum, et I moltonem, et II agnos, et II gallos, et II caseos, et alberg. In ipso Roveto, in manso de Bernardo Petro unum porcum, unum multonem

et duos agnos, II gallos, II caseos et unum costil et alberg et quartum. In terminio de Rocoseverulo, dedit Deodatus Galarans unum mansum; et donat alberc duos panes, II gallos, et medium boscum et quartum; et in alias terras que ibi sunt, quartum; et ante Rocosellum habet unam appennariam que fuit de las Lengetas, et donat quartum. In obediencias vero minnas, in vico Mortuls, decimum de carnatico suo. In Sella nova, in Sancto Jacobo, in Salviano, in Villa nova, in Abiliano, in Cassiliaco, in Salientis, in Cinciano, in Aspirano, in Corcenaz, decimum de carnatico suo. In Sancto Amancio, in Giniaco, in Carcares, in Talpuciaco, decimum de carnatico suo, circa II denarios de terrula que est justa podiolum; Durandus Gallina XVI denarios de terra que fuit Marie de ecclesia et decimum fideliter. In parrochia Sancte Marie de Afriano, in manso Petri Tascam, et alberg V militibus cum II sextariis ordei et VI denarios de oblias, Petrus Florencia, de vinea que fuit Johannis Arnaldi, II mensuras boni olei ad consecrationem. Guillermus Gras de molendino de Fonte II solidos; R. Boiset de orto suo I quartal de mel; Johannes Fangat de orto de Riparia I gallinam et quartum de arboribus; et G. Gras I gallinam de molendino de Maduron. Uxor Ar. de Aureliaco III solidos et emina frumenti et III solidos et eminam de mescle. De vinea de Costa, G. Naveta III eminas ordei. Ugo Sutor I sextarium ordei. R. de Solario II mensuras olei, pro vinea et heremo. Petrus de la Medalada I mensuram boni olei. Pro terra de Capraricia, Vincencius de Valle mensuram olei boni et XII denarios pro planterio, Petrus Fangat debet de vinea sua annuatim mensuram olei. In parrochia Sancti Juliani d'Avizarz, in manso de Burgo eminam ordei et VI denarios et I gallinam.

CLXXIV.

[BERNARDUS MONTIS ABONI, ANIANENSIS INFIRMARIUS, TRADIT CASALEM ERMENGAVENG, MARIE, MONACHE ET PROCURATRICI ECCLESIE SANCTI MARIE DE AULAZ, AD CONSTRUENDAM DOMUM ET HABITANDAM].

(Fol. 96 r°. — 1187.)

Notum sit omnibus hec audientibus, quod anno dominice incarnationis M° C° LXXX° VII°, ego in Dei nomine Bernardus Montis Aboni, Anianensis infirmarius, bona fide et absque dolo, concedo, laudo et cum presenti carta imperpetuum trado, et dono totum illum casalem Ermengaveng cum curte et omnibus sibi pertinentibus, cum introitu et suo exitu, tibi Marie, monache, et procuratrici ecclesie Sancte Marie de Aulaz, tali pacto ut ibi domum juxta ecclesiam facias, et quantas constructiones facere volueris ad habitandum et servicium Dei et ipsius ecclesie, et nullo modo alienare possis. Similiter, post mortem tuam concedo hoc omnibus illis quicumque pro remedio anime sue ibi ad serviendum Deo et predicte ecclesie habitare voluerint; et hoc consilio et voluntate infirmarii faciant. De prefata domo et de omnibus hedificationibus a te, Maria, ibi constructis ad festum sancti Hilarii VI denarios aut I gallinam bonam pro annuo censu infirmario reddetis, tu et tui successores. Et predictus infirmarius et successores ejus, in domo jam dicta, vasa omnia sua ad vinum servandum debet tenere, si voluerit. Pro laudamento et pro acapte X solidos dedisti.

Testes sunt Petrus de Monblos, Petrus Olmairers, Petrus de Aulaz, et Guillermus, frater ejus, Raimundus Folcranni et Raimundus qui de Moreden, qui hec scripsit.

CLXXV.

[ERMENIARZ ET ERMENSENZ DE AULAZ RECOGNOSCUNT TENERE AD FEUDUM A MONASTERIO DOMOS IN VILLA DE AULAZ].

(Fol. 96 r°. — 1178.)

Anno dominice incarnacionis M° C° LXX° VIII°. Notum sit omnibus hominibus quod ego Ermeniarz, et ego Ermensenz de Aulaz, nos * ambe, prestito sacramento, commonite, recognoscimus et confitemur, nos et omnes liberos nostros tam masculos quam feminas, servos et homines esse in dominio Sancti Salvatoris Anianensis, et infirmarii et nomine Salvatoris et infirmarii possidere et tenere ad feudum omnes domos, quas habemus in villa de Aulaz, et causales cum suis pertinenciis, et ortum Ermengaveng et unam parranem que est ad ficulneam, et vinum quod institutum est dari pro gardiis, scilicet eminam vini puri et I denarium de unaquaque quartariata et IIII^or quartariatas vinee, de quibus IIII dena-

* Fol. 96 v°.

riis pro censu dare debemus annue, et omnes terras que sunt a vallato de las Burgosas usque ad vineam Poncii de manso Rossenc, et usque ad faisam Poncii de Sancto Geraldo ; salam vero cum domuncula que ecclesie adheret, recognoscimus et testificamur in dominio esse infirmarii.

Facta est hec recognicio in presencia Ugonis, prioris de Giniaco, G. de Cella Nova, Pe. de Volio, Pe. Vituli, Po de Sancto Geraldo, R. de Pistrino, Bertranni de Arboraz, R. Jordani et suprascripti Poncii infirmarii. Raimundus de Nibiano, monacus Anianensis, scripsit.

CLXXVI.

[FROTARDUS AIMORATIS ET UXOR RICARDIS ET FILII SUI DANT FILIUM SUUM RAIMUNDUM MONACHIS, CUM IPSA HEREDITATE IN COMITATU BITERRENSI, IN CASTRO NIZACIO ; ET IN TERRITORIO LUTEVENSI, IN TERMINIO DE VILLA CAIMED].

(Fol. 96 v°. — Vendredi 1er novembre 1091-1114.)

In nomine Domini, ego Frotardus Aimoiratis et uxor mea, Ricardis, damus Domino Deo Sancto Salvatori Anianensi, et abbati Petro, et monachis ejusdem loci presentibus et futuris, filium nostrum, Raimundum, cum honore qui michi, Richardi suprascripte, evenit de patre meo in hereditate, et cum ipsa hereditas in comitatu Biterrensi, in castro Nizacio : hoc est unum campum ad Poig Eldenonis, quem visi sumus habere et possidere. Et propter medietatem quarti, quam habebat feuodalis in campo suprascripto, emendamus ei in campo Euvoliz, ut ibi habeat quod habebat in alio. Quod si ipse feuodalis voluisset accipere ipsos escambios, habeant eos monachi Sancti Salvatoris, in ipso campo Euvoliz, sine ullo enganno ; et in eodem terminio, in vineario quod dicitur de Malols, una semodiata de vinea ; et in territorio Lutevensi, in terminio de villa Caimed, unum medium mansum, de quo manso est alia medietas Sancti Salvatoris Anianensis Hec omnia suprascripta nos simul suprascripti, Frotardus et uxor mea et filii nostri Ademarus et Petrus, laudamus et donamus sine omni enganno Sancto Salvatori Anianensi et monachis presentibus et futuris, ut habeant et possideant imperpetuum.

Facta scriptura ista kalendas novembris, in feria VI, regnante Domino nostro Jhesu Christo. S. Frotardi et filiorum suorum A. et P. S. Ademarus de Nizacio. S. Bern. fratris sui. Petrus monacus scripsit.

CLXXVII.

[WILLERMUS DE VALLAN ET PONCIA, UXOR, CONSILIO ET VOLUNTATE ABBATIS ET ALIORUM, VENDUNT PETRO CAZA TERRAM IN TERMINIO DE POIOL PRO XX SOLIDIS, CUM III SOLIDIS PRO LAUDAMENTO AIMERICO SOLVENDIS].

(Fol. 96 v°. — Mars 1187.)

Anno Dominice incarnacionis M° C° LXXX° VII°, mense marcio, ego Wilermus de Vallan et ego Poncia, uxor ejus, bona fide et absque dolo consilio et voluntate Ademari abbatis et Aimerici, abbatis Lodovensis et procuratoris honoris de Poiol, concedimus, laudamus, et cum hac carta imperpetuum vendimus tibi, Petro Caza, et tuis, pro XX solidis bonis et percurribilibus, ex quibus nichil in debito remansit, unam terram nostram, in terminio de Poiol, cum suis pertinenciis, que est inter vineas tuimet Caza et Petri Gras et vallatum. De qua terra et de omnibus que ibi habueris, quartum jam dicto Aimerico fideliter reddes ; et possitis dare, vendere, dimittere, et inpignorare cui volueris, exceptis aliis sanctis clericis et militibus, consilio dominorum. Pro laudamento hujus vendicionis, jam dictus Aimericus et procurator III solidos habuit. Hujus rei sunt testes Radulphus, Durandus Gallina, Bernardus Ricardi, Pe. Cavaler, P. de Monblos. Raimundus de Nebiano scripsit.

CLXXVIII.

[PONCIUS DE CORNONE, ANIANENSIS INFIRMARIUS, CONCEDIT PETRO MICHAELI ET CONJUGI ET LIBERIS TERRAM IN PARROCHIA DE VOLIO, PRO III SOLIDIS PRO CENSU ET II SOLIDIS PRO ACAPTE ET VI DENARIIS PRO LAUDAMENTO PROCURATORI ECCLESIE DE VOLIO SOLUTIS].

(Fol. 96 v°. — 1181.)

Anno Dominice incarnacionis M° C° LXXX° I°, ego Poncius de Cornone, Anianensis infirmarius, bona fide et absque dolo et consilio donni Rai-
* Fol. 97 r°. mundi Guillermi, abbatis *, concedo, laudo, et cum hac carta ad usaticum

trado vobis conjugibus Petro Michaeli et....., et liberis vestris illam terram cum arboribus qui in ea sunt et omnibus suis pertinenciis. Que est alodium Sancti Salvatoris, in parrochia de Volio, quod conjungitur ex una parte vinee prioris de Volio, et ex aliis partibus cum manso de Retornaz ; ut habeatis, teneatis, et nomine Sancti Salvatoris Anianensis et infirmarii possideatis, et possitis vendere et impignorare cui volueritis, exceptis personis religiosis et militibus, consilio abbatis et infirmarii. De qua terra, ad festum omnium sanctorum, III solidos infirmario pro annuo censu in pace persolvetis, et de acapte michi II solidos dedistis. Et ego, Petrus Michael, et ego....., uxor ejus, accipimus hanc terram ad fidelitatem Sancti Salvatoris et infirmarii, et promittimus et convenimus tibi, Poncio de Cornone, infirmario, et successoribus tuis, quod hunc censum ad statutum tempus annuatim in pace dabimus. Quod si transgressi fuerimus, donamus et laudamus vobis retorn in domibus quas tenemus a priore de Volio. Et hoc facimus consilio Bernardi del Terral, procuratoris ecclesie de Volio, qui VI denarios pro laudamento habuit, et salvo jure ecclesie de Volio laudavit, hoc in presentia Geraldi Capellani, Bernardi Rufi, Guillermi del Terral, Petri Boni Solacii et Bernardi filii ejus.

CLXXIX.

[RAIMUNDUS DE CALMIS TRADIT RAIMUNDO DE NEBIANO, MONACHO ANIANENSI, ET MONASTERIO, QUIDQUID HABET IN VILLA ANIANENSI ET IN TERMINIO DE DEVES, IN PARROCHIA SANCTI SILVESTRI DE BRUCIO, PRO L SOLIDIS MELGORIENSIBUS, CUM RENUNCIATIONIBUS ET JURAMENTO].

(Fol. 97 r°. — Octobre 1125.)

In nomine Domini, anno ejusdem incarnationis M° C° XX° V°, mense octobri, regnante rege Philippo, ego, Raimundus de Calmis, per me et per omnes meos presentes et futuros, bona et sine omni dolo, vendo, et titulo vere et perfecte vendicionis, cum hac presenti carta trado tibi, Raimundo de Nebiano, monacho Anianensi, et per te monasterio Anianensi, quicquid habeo vel habere debeo in villa Anianensi, in domibus Guillermi de Conchis, vel in aliis locis, et quicquid habeo vel habere debeo, vel visus sum habuisse vel tenuisse, vel aliquis per me, usque in hodiernum diem, in terminio qui apellatur del Deves, quod est in parrochia Sancti Silvestri de Brucis, in heremis, et in condrictis, denique et in omnibus rebus. Et affrontat jam dictus honor ex una parte cum honore domine Ermensendis de Podio Abone, mediante via qua itur ab Aniana usque ad Sanctum Silvestrum, et ex alia parte cum honore mansi de Campo, et ex alia parte cum Rivo Calmense, sicut inter jamdictas affrontaciones includitur, sic totum tibi jam dicto Raimundo et per te monasterio Anianensi vendo, et de mea potestate in tuam trado, et hoc facio pro L solidis melgoriensibus, quos omnes me habuisse et a te recepisse confiteor et recognosco ; ita quod penes te nichil remansit in debito, ex quibus ego et infantes mei habuimus XX solidos melgoriensium et de reliquis XXX solidis, tu redimere debuisti. Quod si magis valet vel valebit jam dicto precio, bona voluntate et ex mera liberalitate, totum Domino Deo et altari Sancti Salvatoris Anianensis et tibi, prefato Raimundo de Nebiano, pro remedio anime mee et parentum meorum, dono, laudo, et concedo, ac imperpetuum trado, et super his omnibus totius juris renuncio remedio, ita quidem quod si jure vel racione seu eciam aliqua consuetudine contra venire possem, contra non veniam, per me vel per aliquam aliam suppositam personam, sed sicut in hoc instrumento continetur, sic omnia observabo et tenebo. Sic Deus me adjuvet et hec sancta IIIIor Dei euvangelia. Et sciendum quod omnes jamdictos honores, ego jamdictus Raimundus de Calms, tenebam ad feudum a domino abbate Anianense. Hec omnia laudaverunt infantes jam dicti Raimundi de Calms, scilicet Guillermus, Bernardus, Poncius et Petrus.

Hujus rei sunt testes : Durandus Guirardi, Petrus de Podio, Bernardus
* Fol. 97 v°. de Aurlaco *, Berengerius Regan, Pe. Deodati, Po. Pellicerii, Guillermus Blandi, Po. Gaucelmi, R. Turbati, P. de Conchis, laici. Donnus Ademarus, abbas Anianensis, et donnus Aimericus, abbas Lodovensis, G. de Buizeto prior, Matfredus, Po. de Bello Loco, R. de Garriga, Bern. de Saudeto, R. de Costa, Pe. prior de Talpuciac, Geraldus de Pudolis, Bert. Regan, Pe. de Rupe, et alii quamplures monachi et laici. Bernardus de Agde monacus scripsit.

CLXXX.

[BREVE DIVISIONALE QUOD FECIT EBRARDUS, DE COMPLANTATIONE IN VILLA RECOLATIS, TALI RACIONE UT EBRARDUS ET FILIUS, ARIBERTUS, PER VITAM USUM ET FRUCTUM HABEANT].

(Fol. 97 v°. — 25 mars 996-1031.)

Breve divisionale que fecit Ebrardus in sua recta memoria. Divisit Domino Deo, Sancto Salvatori, et Sancte Marie, et aliorum sanctorum qui sunt in monasterio Aniano, omnem complantationem meam que est in villa Recolatis sive in ejus terminium, que in meam partem venerit. Sic dono Domino Deo, Sancto Salvatori, pro remedio anime mee, omnem suprascriptam complantationem, in presentia filii mei Ariberti et Richeldis, uxori mee, et Lautardi, et Giravi, et abbatis Salvatoris, et omni congregationi suprascripti loci. In tali vero racione dum ego, Ebrardus, et filius meus, Aribertus, vivimus, usum et fructum exinde habeamus, donare, nec vendere, nec commutare, nec alienare potestatem non habeamus, neque ad nullum hominem neque ad nullam feminam nisi ad altare Sancti Salvatoris Anianensis. Et si Aribertus, filius meus, mortuus fuerit sine infante legitimo, omnis ista suprascripta complantacio, que ad nostram partem venerit Sancto Salvatori remaneat sine blandimento de nullo homine.

Factum divisionale istud VIII kalendas aprilis, in die ramis palmarum, regnante Rodberto rege. S. abbatis Sancti Salvatoris. S. Poncii Geraldi. S. Poncii Maganfredi. S. Lautardi. S. Giravi. Manfredus levita scripsit.

CLXXXI.

[BREVE POSSESSIONUM DE MANSO DE CAPRARICIA].

(Fol. 97 v°.)

Poncius de Capraricia XII denarios; Petrus Pargamenarius et frater ejus, Raimundus, XII denarios; Guillerma de Capraricia V denarios; propter albergos ad II milites Petrus Guillermi XV denarios, et Petrus Deodati VII denarios, et medaclea, et Petrus de Alumno tantumdem. Similiter propter alios albergos ad II milites, in eodem anno, Raimundus Stephani X denarios, Guillermus de Cella X denarios. Isti sex supradicti unum vacivum reddunt, cujus quartam partem Petrus Guillermi, aliam quartam partem Pe. Deodati, et Pe. de Alumno aliam medietatem, et Guillermus de Cella, et Raimundus Stephani multonem, aut pro multone Guillermus Botanus xv denarios, Guillermus Alamandus et fratres ejus alios xv denarios; de molendino paratorio II solidos redduntur. Durandus Fornerius, de plantario vinee quod est extra portale x denarios, et de olivariis et amicdalariis vetulis ibi plantatis, medietatem, de novelle quartum; Petrus Bertrandus de plantario quod est justa olivetum Guillermi Alamandi I denarium, et de oliveriis et emicdalariis quartum. Aimericus Mercerius similiter, de planterio quod justa est I denarium, et de oliveriis et emicdalariis quartum; supradictus vacivus ad Pentecosten, multonus ad sanctum Johannem, albergi circa natale Domini; duo solidi Poncii de Capraricia, et Petri Pargamenerii, et fratris ejus, et Guillerme de Capraricia sunt ad vindemias; similiter x denarios Duranti Fornerii, et Petri Bertlandi, et Aimerice Mercerii ad vindemias. De molendino de Roca et de molendino de Via, et toella quartum. Iste sunt possessiones de manso de Capraricia.

CLXXXII.

[GAUCELMUS, ABBAS ANIANENSIS GUILLELMO DOMINO MONTISPESSULI AD ACAPTUM CONCEDIT PRO IIII MILLIA SOLIDIS MELGORIENSIUM MEDIETATEM OMNIUM JURIUM ET POSSESSIONUM QUÆ PREFATI CONVENTUS SUNT IN PAROCHIA S. PAULI DE FRONTINIANO, EA LEGE UT EA MEDIETAS SEMPER REMANEAT INDIVISA CUM PARTE MONASTERII; ET EUM DE HIS IN HOMINIUM ACCIPIT].

(Fol. 97 v°. — 12 juin 1202.)

In nomine Domini, anno incarnationis ejusdem M° CC° II°, XIIII kalendas julii, ego Gaucelmus, Dei gratia abbas Anianensis, voluntate et consilio et assensu totius capituli Anianensis, quoniam, urgentibus guerris et
* Fol. 98 r°. intervenientibus multis aliis impedimentis *, in ingressu nostre abacie, in veritate comperimus monasterium nostrum feneraticiorum debitorum mole pregravatum, nostrorum fratrum collecto consilio, quia usura vorax et amissio fructuum ex maxima parte diminuebat nostrum monasterium, et multis incommoditatibus affligebat, ideo, suadente necessitate et utilitate maxima interveniente, jure perpetuo semper duraturi acapti, dono,

trado, cedo tibi Guillermo, domino Montispessulani, filio quondam Mathildis ducisse, et tuis successoribus dominis tantummodo ville Montispessulani: videlicet totam pro indiviso medietatem tocius pulmenti et usatici maris et stagni, et terre et conssoe et insule Vacherie, et nemoris et venationis, vel alterius cujuslibet obventionis, et consiliorum, dominiorum, laudimiorum, et albergorum omnium, et districtionis, satisdationis, firmanciarum, justiciarum, explectarum, et totius alterius juris ordinarii vel extraordinarii, quod unquam monasterium Anianense vel aliquis nomine ipsius monasterii habuit, tenuit vel percepit in stagno maris et manegueriis, vel in usaticis, vel in serviciis eorum, vel in militibus, vel in hominibus et feminis, et in omnibus illis qui a monasterio Anianensi aliquid habent et tenent in tota parrochia et decimaria Sancti Pauli de Frontiniaco, in mari scilicet et in stagno, et conssoa et terra, et in insula Vacheria, et nemore, et venatione, et in omnibus locis et adjacentibus supradicte parrochie Sancti Pauli de Frontiniaco, et specialiter pro indiviso medietates totius tercie partis omnium obventionum et reddituum quatuor maneguerlarum, quarum fuit et vocatur una retromaneguerla Guillermi Duga, et altera vocatur Crosa Baronis, et tercia vocatur maneguerla Calmensium, et quarta vocatur maneguerla Rixendis, filie quondam Petri de Sancto Stephano, uxoris Raimundi de Ceterrainicis, et medietatem maneguerie que dicitur Sancti Salvatoris, et medietatem similiter duarum partium maneguerie petite, et quartam partem Geti Chatgerii, et medietatem pro indiviso totius juris et usatici, et perceptionis omnium aliarum maneguerlarum, que prime apellantur, que sunt hominum de Frontiniaco, sicut ad nos et ad dictum monasterium pertinet vel unquam pertinuit, seu pertinere potuit vel debuit, et medietatem pro indiviso totius dominationis et juris quod monasterium Anianense habet, vel unquam habuit, in toto stagno et redditibus stagni, quod extenditur a Retromanegueriis usque ad fontem de Seta, et medietatem pro indiviso totius maris, et reddituum seu obventionum maris, quod extenditur a mari Petri Raimundi usque ad rotas de Seta; et generaliter donamus et concedimus predicto modo et jure, vobis et predictis successoribus vestris, tantummodo dominis Montispessulani medietatem totius

juris, si quod habemus vel unquam habuimus, nos vel dictum monasterium, in omnibus aliis maribus et stagnis et locis ad dictam parrochiam Sancti Pauli de Frontiniaco pertinentibus, et que pertinere possunt vel debent, ea tamen lege et pacto, ut pars quam tibi Guillermo, domino Montispessulani, et successoribus tuis dominis ville Montispessulani, jure acapti concedimus, semper remaneat indivisa cum parte nostra, et nemo nostrum possit alium provocare ad judicium communi dividendo, sed semper partes indivise permaneant; obventiones vero percepte equa lance bona fide inter nos et vos dividi debent. Propter hanc autem donationem et tradicionem firmam et imperpetuum stabilem, adistis nobis IIIIor milia solidorum melgoriensium pro acapte, quos omnes a vobis bene habuimus et recepimus, ita quod nichil remansit in debitum vel ad solvendum, et in quibus omnibus per nos et per dictum monasterium imperpetuum renunciamus ex certa scientia exeptioni non numerate pecunie. Et singulis annis, ad natale Domini, dabitis nobis et dicto monasterio,
* Fol. 98 v°. pro supradicti acapti concessione, * in villa de Aniana, xxxa muiols, quorum quislibet sit de legalibus IIIIor tors; aut si muiols non invenirentur venales in villa Montispessuli vel in castro de Frontiniaco, debetis nobis dare xxxa pisces, scilicet lupos, quorum quislibet sit de legalibus IIIIor tors. Quos pisces nobis et monasterio dabitis annuatim pro usatico, die prefixa, et vestris sumptibus et periculo apud Anianam nobis afferetis et solvetis. Et preterea, vos et successores vestri domini Montispessulani, michi et successoribus meis facietis inde hominium, et fidelitatem promittetis et manutenenciam; et nos et dictum monasterium Anianense faciemus vos et successores vestros hunc honorem totum, et hec omnia supradicta semper habere et tenere quiete, et ab omni contradicente jure defendemus. Et ego Guillermus, Dei gratia Montispessulani dominus, filius quondam Mathildis ducisse, omnia supradicta et singula vera esse profiteor, et ea inperpetuum laudo et confirmo per me et per successores meos dominos ville Montispessulani, et nomine istius acapti, in presenti tibi, Gaucelmo abbati Anianensi, facio hominium et per stipulationem promitto quod ego et successores mei predicti successoribus tuis similiter inde faciemus hominium. Ad hoc, per me et successores meos,

per stipulacionem firmiter expromitto tibi, domino abbati et successoribus tuis, quod fidelitatem, defensionem, manutenenciam, ego et successores mei, exibebimus et plenarie faciemus in honore de Frontiniaco vobis et dicto monasterio.

Hec omnia laudaverunt, in communi capitulo apud Anianam, dictus Gaucelmus, abbas Anianensis, et Poncius de Pabirano prior, Bernardus de Salzeto, P. de Scaleriis, Ugo de Andusia, G. de Montearnaldo, P. de Podio Abono, B. de Agatha, P. Raimundi, Ber. de Tortosa, G. de Cerviano, R. de Nebiano, Po. de Bello loco, G. Poncius, Ber. de Guardia, P. de Giniaco, R. de Garrigas, Guirardus de Villa nova, Bertrandus Regan, Ugo de Turre, P. de Pradinas, R. de Morezen, G. de Brignaco, R. de Mozano, B. de Montepetroso, P. filius Artaldi, P. de Bariaco, R. Calvetus, P. Boverius, Radulphus, R. de Figareto monachi Anianenses. Isti omnes et singuli in capitulo hoc laudaverunt domino G. Montispessulani, et ipse dominus Guillermus Montispessulani hoc totum similiter laudavit ibidem domino abbati et universo conventui. Horum omnium testes fuerunt Bertrannus de Montedisderio, Berardus de Montedisderio, Artaldus de Giniaco, Raimundus Aimericus, G. de Paollano, Bertrandus de Maroiol, P. Guillermi de Maroiol, B. de Maroiol, Ber Raimundus de Maroiol, Armannus Fornerius, Artaldus Fornerius, G. de Giniaco, Berengerius Paliotus, P. de Montaniaco, Poncius de Mesoa, Bertrandus Paliotus, P. de Claromonte, P. Raimundus de Nibiano milites, Bernardus Lamberti, G. de Mesoa, Bertrandus de Sancto Firmino, R. Atbrandus, R. Lamberti nepos ejus, Berengarius de Concas, P. de Porta, magister Guido, Bruno de Tholoza, Berengarius Lamberti, Lumbardus clericus, R. de Mairosio, P. de Limotgis, R. de Boisseto, G. de Albio, Durandus Gerardus, R. Textor, R. Bertrandus, P. de Alson, R. Ademarus, Ugo Berengarius, R. de Turre, Bertrandus de Sancto Privato, Stephanus Guillelmi, Guillermus Longus, G. de Puteo, Durantus Caucala, P. Calvetus, Bertrandus de Bello loco, R. de Bahut, G. Petri de Sancto Christoforo, P. Parrochia, R. de Gabiano, P. de Celada, P. Grimaldus, P. Bernardus, G. de Cellanova, P. de Tholoza, Bernardus Cuderricus, Guillermus Raimundi notarius publicus Montispessulani qui hec scripsit.

CLXXXIII.

[STEPHANUS, MONACHUS, DAT MONASTERIO TERRAM LENTICULAM DICTAM ET ALIAS DIVERSAS TERRAS, QUAS A DIVERSIS ACQUISIVIT, CUM IMPRECATIONIBUS].

(Fol. 98 v°. — 1066-1076.)

Postquam primus homo Adam, inimico suadente impissimo, imperium quod divinitus audierat cibo trangressus est mortifero, placuit Deo omnipotenti eum expelli de Paradisi gaudio, ut ad hereditandos filios
* Fol. 99 r°. terram coleret labore fatigando * quod et nos ejus omnes successores pari compatimur judicio. Ego igitur Stephanus, monacus, non merito cupiens post finem vite animam meam hereditare, adquisi et comparavi ipsam terram que vocatur Lenticula: hoc est una modiata vetula de Bernardo Petri; et aliam peciam subtus rocam; et habuit sex solidos et dimidium, et wirpivit ipse et uxor sua et filii ejus; similiter et de Hilaria comparavi hoc quod illa interpellabat, quod fuit de Bernardo Duranti; et dedi illi v solidos et Bernardo Petri XII denarios; et ipsa wirpivit et vir ejus et filii sui hec omnia, et aliam terram que est in circuitu, ego plantavi, cum consilio abbatis Emenoni et omnium monacorum, ut omni tempore maneat in dominio altaris et sacriste, ad conficiendum sacrificium pro remedio anime mee et omnium fidelium defunctorum; in tali vero racione, ut, omni anno anniversarii mei, ipse sacrista qui tenuerit faciat caritatem omnibus fratribus in refectorio, ut et ipsi anime mee caritatem faciant. Quod si abbas aut nullus de monachis, aut homo, aut femina hanc hedificationem vel comparacionem abstraere vel alienare voluerit de sacrificio missarum, veniant illi aut propinqui sui qui hanc venditionem fecerunt, et ponat unusquisque XII denarios super altare, et recuperent quod illorum erat. Si quis vero hanc edificacionem suprascriptam tollere voluerit de sacrificio suprascripto, cum Juda qui Dominum tradidit sit particeps in inferno, et cum Datan et Abiron sit dampnatus, et a Patre et Filio et Spiritu Sancto sit excommunicatus, et a corpore et sanguine Christi, cui hec edificacio donata est, sit imperpetuum separatus. Omnes maledictiones vetere ac nove veniant super eum. S. Stephani monachi, qui hanc scripturam fieri jussit, et manu sua firmavit, et

testes firmare rogavit. S. domni abbatis Emenonis. S. Geraldi prioris. S. Willermi monachi. S. Berengerii monachi. S. Petri, monachi. S. Bertranni, monachi. S. Lautardi, monachi. S. Fredoloni, monachi et aliorum monacorum : Poncii, Poncii, Bernardi, Raimundi, prioris, Bernardi, Ademari, monachi, Salomonis, monachi, Raimundi, monachi, Bernardi, monachi. S. Poncii Ermengau, qui interpellabat in hanc suprascriptionem aliquid pro infirmaria, in hoc totum wirpivit et solvit et accepit in precio v solidos, in manu mea, in presentia abbatis et istorum monachorum. In Dei nomen Bernardus levita scripsit.

CLXXXIV.

[ARBERTUS DE SALVE, CONSILIO ET VOLUNTATE UXORIS, LAUDAT, CONCEDIT, ET VENDIT PRO CCX SOLIDIS AB AIMERICO SACRISTA SOLUTIS, TOTUM QUOD HABET IN MANSO DE POIOL ET ACCIPIT MONACHOS IN FIDEM CUM RENUNCIATIONE MAJORIS PRECII].

(Fol. 99 r°. — 1174.)

Anno dominice incarnacionis M° C° LXX° IIII°, ego, Arbertus de Salve, bona fide et sine aliqua retencione, consilio et voluntate Arsendis, uxoris mee, laudo, concedo, et titulo perfecte vendicionis imperpetuum trado, tibi Raimundo, abbati Anianensi, et tibi, Aimerico priori et sacriste, et omnibus monachis predicti monasterii presentibus et futuris, et per vos monasterio Anianensi et proprie altari et sacriste Sancti Salvatoris, totum quod habeo, vel habere videor, seu habere debeo, in manso de Poiol et in ejus terminio, vel quicquid ad ipsum mansum pertinet vel pertinere videtur, sicut superius scriptum est, vobis in integrum cedo et in vestrum dominium transfero ut habeatis et teneatis, et quiete imperpetuum possideatis, ad faciendas omnes voluntates vestras ; et propter hanc vendicionem ego, predictus Arbertus, habui a predicto Aimerico, sacrista, CC. X. solidos, ex quibus nichil remansit in debito, et promitto vobis quod contra hanc vendicionem per me vel per aliquam personam aliam aliquando non veniam ; et de his omnibus vos accipio in fidem meam ; et si predictus honor dati et accepti precii plus valet aliquid, ego totum de mera liberalitate, pro remedio anime mee, vobis et Domino Salvatori

* Fol. 99 v°. cedo. Testes sunt Petrus * de Montepetroso, Ademarus Guilaberti, Bernardus Guirardi, Petrus de Montebloso, Raimundus de Duabus Virginibus, Bernardus de Clareto, monachi, Guillermus Rame de Marcheliano, canonicus, Berengerius de Salve, Emeno de Mejenz, Raimundus de Scalariis, Petrus de Luirano et Poncius, filius ejus, Johannes Martini, Raimundus de Boiseto, junior, Poncius de Caprarecia. Et ego Arsens, uxor Alberti de Salve, laudo et confirmo totum quod continetur in hac carta, et promitto per fidem meam, quod contra hanc solucionem et vendicionem, per me vel per aliquam aliam personam, aliquando non veniam. Testes sunt Sicardus et Bernardus de Sermac monachi, Petrus Rostagnus de Salve, Guillermus de Montuzanegues, Guillermus de Seguret. Et hoc fuit factum apud castrum de Salve, in domo Arberti supradicti. Raimundus scripsit.

CLXXXV.

[BABILONIA, QUONDAM FILIA MARIE GALLINE, CONCEDIT ET RELINQUIT ABBATI MEDIETATEM OLIVETI GAUDISCA DICTI, QUEM TENEBAT A SACRISTIA, PRO X SOLIDIS MELGORIENSIBUS, CUM JURAMENTO TACTIS SACROSANCTIS EUVANGELIIS].

(Fol. 99 v°. — Décembre 1183.)

Anno dominice incarnationis M° C° LXXX° III°, mense decembrio, ego in Dei nomine Babilonia, quondam filia Marie Galline, bona fide et sine malo ingenio, et cum hac presenti carta solvo, et penitus concedo, et relinquo tibi, domino Raimundo abbati Anianensi, et sacriste, et per te sacristie, et Bernardo de Saudeto ejusdem procuratori, scilicet medietatem de oliveto quod nuncupatur Gaudisca, quod a sacristia tenebam, et quicquid ibi habere videbar in terra et in arboribus, ut modo et deinceps, absque mei meorumque contradictione et inquietudine, ut perpetuam possessionem habeatis et teneatis, ad omnes voluntates vestras faciendas. Pro hac autem solutione et perpetua vendicione habui a Bernardo, predicto procuratore sacristie, X solidos melgoriensium ; et si plus precio isto valet, totum in hac vendicione vobis concedo, et etiam quicquid in casale ubi olim fuit domus matris mee prefate possum exigere, in hac eadem vendicione vobis dono et juro, tactis sacrosanctis euvangeliis, quod contra hoc per me vel per aliquam personam non veniam nec venire faciam. Hujus rei testes sunt Raimundus de Salviano, prior, Guillermus de Cispiano, monacus, Petrus de Podio, Bernardus Uxens, Petrus Casza lebres, Raimundus Poncius monacus scripsit.

CLXXXVI.

[PONCIUS RAME RELINQUIT MONASTERIO MANSUM DEL POIOL PRO LX SOLIDIS MELGORIENSIBUS ET RENUNCIAT SUPPLEMENTO JUSTI PRECII, ET ERMESENS, UXOR, DONATIONEM RATAM HABET, TACTIS SACROSANCTIS EUVANGELIIS].

(Fol. 99 v°. — 1175.)

In nomine Domini, anno ejusdem incarnacionis M° C° LXX° V°, ego Poncius Rame, voluntate et assensu Ermesendis, uxoris mee, per me et per omnes meos, bona fide et absque omni dolo, dono, solvo et omnino imperpetuum relinquo Domino Sancto Salvatori et proprietati sacristie Anianensis monasterii, et tibi, Raimundo, abbati prefati monasterii, et tibi Aimerico, presenti sacriste, quicquid juris vel quamcumque peticionem habeo vel quoquomodo habere possum in toto manso del Poiol vel per ipsum habere debeo. Et propter hoc tu, predictus Aimericus, dedisti michi LX melgorienses, quos me habuisse a te in veritate recognosco; et si quid amplius ultra pretaxatam pecuniam in predicto manso quoquomodo petere vel habere poteram, totum penitus remitto, et imperpetuum dono predicto monasterio et proprietati prefate sacristie, pro remedio anime mee et omnium parentum meorum. Et ego Ermesens, uxor predicti Poncii Rame, juro, tactis sacrosanctis euvangeliis, quod omnia superius scripta rata semper habebo, et nichil adversus ea per me vel per subpositam personam imposterum faciam.

Testes sunt Petrus de Favars, Stephanus, procurator Anianensis ospitalis, Pe. Rainaldi, Guillermus de Ilice, Raimundus de Boiseto, Guillermus Gallina, Guillermus Garnerius, Petrus Gotardus et Petrus Olmaires. Petrus monacus scripsit hanc cartam.

CLXXXVII.

[GUILLERMUS GALLINA ET ERMESENZ, UXOR, ET INFANTES ....]

(Fol. 99 v°. — 1186.)

Anno dominice incarnacionis M° C° LXXX° VI°, ego Guillermus Gallina et Ermesenz, uxor illius, voluntate infantum nostrorum, bona fide et absque dolo concedimus[1]......

CLXXXVIII.

[TRANSACTIO INTER PONCIUM, PRIOREM SANCTI SALVATORIS DE ANTRAIGUAS ET BERNARDUM WILLERMUM ET SOROREM SUAM, HELENAM, PRO LXX SOLIDIS A PRIORE SOLUTIS, CUM JURAMENTO].

(Fol. 100 r°.)

Talis questio ventilata fuit inter Poncium, priorem Sancti Salvatoris d'Antraiguas, et inter Bernardum Willermum, et inter sororem suam Helenam. Asserebat Bernardus Willermi, quod prior dederat ei et concesserat sibi victum et vestitum in domo d'Antraiguas, quod ei omnino prior negabat. Prior agebat adversus Bernardum et sororem suam, Helenam; petebat ab eis sextarium annone et unum segulaz et duos nummos per offerenz, que Bernardus predictus et soror sua injuste accipiebant in manso Esparvairenc d'Alairac. Item petebat prior omnem decimam quam illi supradicti capiebant in cumbas, et totam decimam quam accipiebant in castello de Peuralev. Item petebat prior ab eis lo logal de Baffia. Auditis hic inde allegationibus transactio talis facta fuit, ante Petrum de la Capella et Ugonem Bertrandi d'Amellau et Guidonem de Peiralev. Peticionem quam faciebat Bernardus Willermi in domo d'Antraigas, sextarium annone et illos duos nummos, et segualaz, et decimam de cumbas, et decimam de castro, priori remisit; et si aliquid juste Bernardus et soror sua habebant, ecclesie dederunt, et juraverunt priori se non moturos de cetero controversiam. Hoc facto, prior dedit eis LXX solidos.

[1] Le feuillet qui renferme la suite de l'acte a disparu.

Hujus rei testes sunt Willermi de Peiralev, Guiral del Ranc, Bernardus del Ranc, et Petrus Aldebertus Airalis, Guirbertus Pelicers et Ugo frater ejus. Willermi Maurels, Bernardus de Lassales, Adalrans, frater ejus, Willermi Faber, Willermi Ponters, Petrus Zabaters.

CLXXXIX.

[GAZFREDUS DE CANNETO DONAT MONASTERIO ECCLESIAM SANCTI MARTINI, IN PAGO RUTENICO, SUPER FLUVIUM TARN, CUM IMPRECATIONIBUS.]

(Fol. 100 r°. — Mercredi, janvier 1036-1060).

Omnis semper suis, Poncio abbati Anianensis cenobii, que est constructum in pago Magdalonense, subtus Monte Calmense, in honore Domini nostri Jhesu Christi et sancte Marie matrem Domini, sanctique Michahelis et sancti Petri apostolorum principis, necnon et sancti Stephani, prothomartiris, aliorumque sanctorum et monachis ejusdem loci tam presentis quam futuris. Ego enim in Dei nomen, Gazfredus de Canneto, cum consilio domino episcopo Petro Berengerio, dono imperpetuum ad jam supradicto monasterio de juriis propriis meis, pro redempcione anime mee vel parentum meorum, ecclesiam Sancti Martini que est fundata in pago Rotenico, super fluvium Tarnis, cum omnibus adjacenciis suis, ut habeatis et possideatis Et si quislibet ut a persona hanc donationem infrangere aut tollere voluerit domino Poncio, abbati, vel monachis ejusdem loci tam presentibus quam futuris, incurrat ira Dei super eum, et habeat partem cum Dathan et Abiron, et cum Juda traditore que Dominum tradidit, et cum Pharaone quem Dominus demersit in mare, et sicut obsorbuit Datan, Sodomam et Gomorram ita obsorbeatur anima ejus in infernum. Sed ista donacio a me Gaufredo jam supradicto facta, in presencia domini episcopi jam supradicto, firma et stabilis permaneat.

Facta carta ista mense januario, feria quarta, regnante Aianrico rege. S. Gauzfredi qui hanc donacionem fecit, et manu sua firmavit, et testes firmare rogavit. S. Folcois de Bramatorta. S. Deusde de Cavillac S. Bernardo de Plannas. S. Lori Daurella. S. Petri Senorel de Mandallas. S. Raimundo filii sui. Guido monacus decanus scripsit.

CXC.

[RAIMUNDUS UGO DE MONTE MEDIANO DONAT AD ALODEM HONOREM IN PETRAFIXA, ET IN VIZACO UNUM MEDIUM MANSUM, CUM IMPRECATIONIBUS.]

(Fol. 100 r°. — Vers 1070.)

In nomine Domini, ego, Raimundus Ugo de Monte Mediano, dono Domino Deo, Sancto Salvatori Anianensi et Sancte Trinitatis, et Sancto
* Fol. 100 v°. Saturnino * Interaquis honorem quam habebam in Petrafixa, a die quam monacavit me, totum et ab integrum, cum ermis et cum drictis, cum exevis et regressibus, cum arboribus et cum omnibus que habeo vel inantea michi evenire debet, cum homines et feminas que ibi sunt vel inantea fuerunt, sine enganno, dono ad alodem Sancto Salvatori, et abbati Petro, et monachis ejusdem loci presentibus et futuris, pro remedio anime mee et parentum meorum. Similiter dono in Vizaco unum medium mansum et de istam honorem suprascriptam debet tenere Bernardus Airaldus et uxor sua in vita sua medietatem, et post mortem amborum ad Sancto Salvatore revertatur. Quod si ullus homo aut ulla femina istam honorem tollere vel alienare vel predare voluerit, iram Dei omnipotentis incurrat, et sit separatus a corpore et sanguine Christi et excommunicatus cum Juda in infernum.

Facta scriptura ista anno decimo regnante Philippo rege. S. Bernardi Airaldi et uxoris sue Ava, et infantes ejus qui hanc scripturam facere jusserunt et manu sua firmaverunt. S. Ricardi. S. Petri Guidoni. S. Rigaldi de Cassanias. S. Raimundi Petri. Virgilius scripsit.

CXCI.

[UGO DE MONTE USERIO DAT ECCLESIE SANCTI SALVATORIS DE INTERAQUIS FEVUM IN ECCLESIA SANCTI MARTINI DEL PI, PRO PRECIBUS PROMISSIS].

(Fol. 100 v°. — 1170.)

Anno ab incarnatione Domini M° C° LXX°, ego, Ugo de Monte Userio, dono Domino Deo et ecclesie Sancti Salvatoris de Interaquis et tibi, Poncio, priori de la Rocha, bona fide et sine inganno, fevum quem habeo in ecclesia Sancti Martini del Pi, pro Dei amore et pro anima patris mei et parentum meorum; tali vero pacto, quod prior et alii monachi in supradicto loco permanentes pro animabus eorum supradictorum Deum deprecentur. S. Willermi Ricardi et Petrus Jordas et Guiraldus del Roseir, et Ugo Airaldi, et Bertrandus Fabri, et Deodatus Nautri, et Willermus Andree monacus.

CXCII.

[AVA VENDIT ECCLESIE D'ANTRAIGAS DIRECTAM QUAM HABET A LA BALDUSIA PRO XX SOLIDIS MELGORIENSIBUS].

(Fol. 100 v°. — 1170.)

Anno ab incarnatione Domini M° C° LXX°, eu Ava, per bona fe et sas engan, et ab voluntat de Raimunt Pere mo fil, nos essems vendem a la gleisa d'Antraiguas tota aquella dreitura que aviam a la Baldusia, sas tot retenemen que no i fau, per XX sol. melgoires, zo tain a saber III cartals de civada et IIII diners melgoires, et totas las dreituras que els homes aviam ni elas femenas. S. Uc del Roseir et Willermi Zabatier. et eu Raimunz Benedeg, ab cosseil de ma moillier Austorma, per eusa covenenza faz atretal. S. Willermi Fabre et Willermi del Roseir, et Guirals del Roseir, et Peiro Maurel, et Peiro lo capella. Et si om ne femena d'aquestz sobredigz vendedors, ni hom ni femena per elz, a la sobredita gleisa re i anparava, es ne fermance Deusde Benedegz et a o donat a son aver et a s'onor.

CXCIII.

[GILLUS SEVERIACO ET FRATER RICARDUS DANT QUOD HABENT IN TERMINIO LOCI INTERAQUAS, IN COMAIRAS ET IN ESPINACA].

(Fol. 100 v°.)

In nomine Domini, ego Gillus Severiaco et frater meus, Ricardus, nos insimul donamus Domino Deo et Sancti Salvatoris, pro remedium anime notre et parentum nostrorum, loci Interaquas et monachis ejusdem loci presentibus et futuris, aliquid de alode nostro totum quantum habemus vel habere debemus, aut homo aut femina per nos, sine ullo retenimento, in laucos et in terminio ejus. Similiter et in Comairaz, et in Espinaca, et totam meam partem quam habeo ego, Guillermus suprascriptus, in Marroisies. S. Guillermi. S. Ricardi. S. Aimoi. S. Willermus presbiteri. S. Geraldi presbiteri. S. Ricardi de Petraleu. Petrus scripsit.

CXCIV.

[BERNARDUS DE PETRALEU DAT ECCLESIE DE INTERAQUIS QUOD HABET IN MANSO RUBERTENC].

(Fol. 100 v°. — 1173.)

Ego, Bernardus de Petraleu, cum consilio et voluntate uxoris mei
* Fol. 101 r°. Agnetis, * dono ecclesie de Interaquis et tibi, Poncio, priori, totum hoc quod habeo in manso Rubertenc, pro anima matris mee Paiesie, ut ecclesia et successores nostri imperpetuum possideatis. Hec donatio fuit facta in predicta ecclesia, in presencia Bernardi de la Forest et de Raimundo, fratre ejus, et de Guido del Roseir, et de Willermi, fratre ejus, et de Stephano, presbitero de Laucos, et de Arberto, et de Petro Maurelli.

Factum est hoc anno ab incarnatione Domini M° C° LXX° III°.

CXCV.

[G. DE MAIROIS DIMITTIT PONTIO, PRIORI ECCLESIE DE INTERAQUIS, TOTUM QUOD IN DECIMO DE LUC QUEREBAT, PRO XXIIII SOLIDIS MELGORIENSIBUS, FIDEJUSSORE DATO].

(Fol. 101 r°. — 1159.)

Anno ab incarnatione Domini M° C° L° VIIII°, ego G. de Mairois, dimitto Domino Deo et ecclesie de Interaquis et virtutibus ejusdem loci et tibi, Poncio priori, totum quod juste vel injuste in decimo de Luc querebam, ut nunquam aliquis in supradicto decimo aliquid per me habeat vel accipiat; et ob hanc causam habui a te priore predicto XXIIII solidos melgoriensis monete. Et si aliquis homo hanc conventionem fregerit per me, fidejussorem P. de Rocavaira tibi dedi.

Hujus rei testes sunt R. de Capluc et P. de Rocavaira, et G. de Capluc, et S. de Murat, et V. Maurels.

CXCVI.

[IDEM AB AUSTORC DE SEVEIRAC IN EODEM DECIMO DE LUC, PRO LX SOLIDIS MELGORIENSIBUS, CUM FIDEJUSSORE].

(Fol. 101 r°. — 1159.)

Anno ab incarnatione Domini M° C° L° VIIII°, ego, B. Austorcs de Seveirac, dimitto Domino Deo et ecclesie de Interaquis et virtutibus ejusdem loci et tibi, P. priori totum quod juste vel injuste in decimo de Luc querebam, ut numquam aliquis in supradicto decimo aliquid per me habeat vel accipiat Et ob hanc causam habui a te, priore predicto, LX solidos melgoriensis monete. Et si aliquis homo vel femina hanc conventionem per me fregerit, fidejussorem Bernardum de Prunet tibi dedi, ut ipse totum perdideris inde emendet.

Hujus rei testes sunt : P. de Mustoiol et B. de Prunet et Raimun Esteve.

CXCVII.

[BERNARDUS DAT CENOBIO INTERAQUAS MANSUM BRACOS, IN TERRITORIO BUTENICO, SI FILIUM NON HABET, POST OBITUM SUUM, ET SI FILIUM HABET, POST OBITUM EJUS].

(Fol. 101 r°. — Vers 1170.)

Sacrosancto ac venerabili loco Interaquas cenobio, quod constructum est in territorio Gabalitano, inter fluvios Tarni et Joritani, in honore sancte Trinitatis et sancti Saturnini et sancti Johannis Baptiste, ubi vir venerabilis Deusde priori preesse videtur, una cum congregatione monacorum ibidem Deo famulantium. Ego in Dei nomen, Bernardo, dono, donatumque imperpetuum esse volumus, pro animarum nostrarum remedio vel pro eterna retributione, ad jamdictum monasterium seu rectores ipsius tam presentes quam futuros, hoc est in territorio Butenico uno manso que vocant Bracos, ubi Bernardus Gagius visus est manere, cum totas vineas, et campos, et boscos, et ribeiras de flumen Tarnis usque in cacumen montis. Ista fecit donationem post obitum suum Bernardus de Petralevo, ab infantem et sine infantem, sine nullum convinentum et sine nulla occasione ; et alia donatione fecit Bernardus : si habet infantem de muliere, in villa que vocant Alariago duos mansos, ubi Bernardus et Radulphus visi sunt manere, post obitum filii sui; et si non habet filios, post obitum suum ad ipsum monasterium remaneat.

CXCVIII.

[BERTRANDUS DE LAUCOS, UXOR ET INFANTES DANT ABBATI PETRO ECCLESIAM SANCTI SALVATORIS DALZ PORCILS, IN PAGO NEMAUSENSE, ET MANSOS IN IPSA VILLA].

(Fol. 101 r°. — 1155-1161.)

In nomine Domini nostri Jhesu Christi, ego in Dei nomen Bertrandus de Laucos, et uxor mea, Aizelena, et infantes nostri Girberz et Ugo et Petrus, nos simul donatores sumus Domino Deo et Sancto Salvatore Aniamenses, et domno Petro, abbate, et monachis ejusdem loci presentibus et futuris aliquid de alode nostro, id est ecclesiam Sancti Salvatoris dalz Porcils, que est in pago Nimausense, cum omnes fevales que rem habent cum sua manu ; et in ipsa villa .I. mas quem tenebat Petrus Radolfus ; et
* Fol. 101 v°. exiit de * illo manso de ces I pors de III solz melgoires, et II st. d'annona et duas pezas de carn et I monton, et I fromaige, qui cabannai fa, e alberg ab III cavaliers, in ipsa villa I apendaria XII deners melgoire de ces, ella espleita de tota la vila en calm debert la medietat del cart, ella est manza tota. El mei pascheir del boscagge et de la caza la medietate, ellas pelz orsinas. In ipsa villa lo mas d'Alterum ; et dat iste mansus talem censum sicut alius desuper. Istam honorem suprascriptam dono Bertrandus et uxor sua Aizalena, et infantes sui Girbertz et Ug, et Petrus cum filio suo, Gillelmo, a Sancti Salvatoris Anianensis.

CXCIX.

[TRANSACTIO SECUNDA INTER WILLELMUM RAIMUNDI ET PONCIUM, PRIOREM D'ANTRAIGUAS, DE ECCLESIA SANCTE MARIE DE PERRALEU ET ECCLESIA SANCTI MARTINI DEL PI ET DECIMIS IN QUIBUSDAM MANSIS].

(Fol. 101 v°. — 1178.)

Anno ab incarnatione Domini M° C° LXXVIII, ego, Willemus Raimundi, transactionem quam cum Poncio, priore d'Antraiguas, fecerenc, talem cognovi, me scilicet non moturum controversiam super ecclesia Sancte Marie de Perraleu, et super ecclesia Sancti Martini del Pi, et super rebus utrique ecclesie pertinentibus, scilicet sub decimis quas habebam in castro de Perraleu, et super decimis de cumbas et de alta rovoira quam possidebam, vel aliquis pro me, nec super uno sextario de blat quod habebam in manso Esparverenc d'Alairac, nec super duobus denariis, nec super unum segalaz, nec super decimis quas habebam in parrochia Sancti Martini, nec super lo logal de Bassia, nec super conductum quem querebam in domo d'Antraiguas. Transactione super hiis supradictis facta, jurejurando firmavi me de cetero non moturum controversiam. Postea ego veniens contra pacta jurejurando confirmata, a domino papa restitutionem ecclesiarum supradictarum impetravi, quam dominus papa ab episcopo Rutenensi michi restitui mandavit. Facta restitucione michi sicut dominus papa preceperat, ecclesias supradictas Poncio, priori, et domui Sancti Salvatoris d'Antraiguas, si aliquid in eis vel in ceteris supradictis, juste vel injuste, possidebam, solvi et imperpetuum reliqui, et de cetero me non moturum controversiam super hiis supradictis jurejurando firmavi, et soluciones fuerunt facte in castro de Petralevi, sub presencia Willermi Ricardi, Guidonis de Petralevi, Poncii Paganelli, Willermi Petralevi, Galaup de Capluc, Gervasii de Capluc, Ricaldi. Hii omnes sunt fidejussores harum solutionum. Testes hujus rei sunt Petrus Jordani, Gaucelmus de Capluc, Guiraldus del Ranc solacius, Willermus de Petrafiza, Stephanus de la Perra, Stephanus Gaufres, Stephanus Bonetz, Deodatus Rigaldi, Aldebertus Airaldi, Willermus del Ranc, Bernardus del Ranc, Petrus Maurelli et Petrus qui hanc cartam scripsit.

CC.

[UGO DE CASTLUZ, UXOR ET INFANTES DANT A LA GLEIZA D'ANTRAIGUAS DIVERSOS CENSUS].

(Fol. 101 v°.)

Eu, Pere Ug de Castluz, ab conseil de Guiralde, ma moller, et de mons effanz, de Willermi Peiro, e de Bernart, e de Arnal, et de Peiro Ugo, do ad Dominum Deum e a la gleiza d'Antraiguas, I sester d'anona a mesura d'Amelau, et la mia part del cart da sairella, et II deners que deu Garners Despinars de sos melgoires, d'onor que ten de me. Aques dos fu faigs en presenza de Poiro (sic) de la Roca, prior d'Antraiguas, e de nassal de Peirabrune, e de Bernart Senoret de la Roca, et de Amelin de Seveirac, e de Esteve de ...anano, e de Guiral Roseir[1] .....

CCI.

[PRÆCEPTUM LUDOVICI PII DE QUADAM DONATIONE].

(Fol. 102 r°. — Août 817.)

[Do]namus ad jam nominato monasterio sive ad rectores illius, ut libeat eis liberius pro nobis et pro stabilitate regni nostri Domini misericordiam exorare. Ideoque precipientes precipimus, ut nullus ex fidelibus sancte Dei ecclesie et nostris audeat de predictis rebus auferre aut distraere aut monachis ibi consistentibus molestiam generare, quod qui fecerit omunitatem genitoris nostri quam inrumpit componat. Et ut hec auctoritas firma habeatur et per tempora melius conservetur, de anulo nostro subter jussimus sigillare. Abbo ad vicem Helysacar recognovi. Data in mense augusto, anno IIII regni nostri. Actum in Dei nomen. Amen.

CCII.

[BERNARDUS BERTRANZ, CUM MARATRA ET SORORE, DAT TERCIAM PARTEM DECIMARUM DE PRADALS ET IN VALLE AURIA, PRO XXVIII SOLIDIS MELGORIENSIBUS].

(Fol. 102 r°. — 1173.)

Anno[2] ab incarnatione Domini M° C° LXX III, eu Bernarz Bertranz, e Claria, ma mairastra, e Dias, ma sorre, donam et autorgam a Deu e San Salvador d'Antraigas e a te, Ponz de la Roca, prior d'Antraiguas, la terza part des demes que aviam en Pradals et e val Auria, per menestralia, per XX et VIII sol. de melgoires. S. P. lo capela d'Antraiguas, et Ugo dels Mases, et Guiraz de la Volpileira, et Willermi Ricartz, et Willermi Zabaters, et Ugoles del Mamil, et P. Maurels, et Tordorels, et Ugo de Campmeia.

[1] Le feuillet suivant a été déchiré.

[2] Le parchemin a été gratté et l'acte écrit ensuite.

CCIII.

[ERMESSENDIS, UXOR PETRI UGONIS DE SIZEC, DAT HONOREM IN EPISCOPATU RUTHENICO, ECCLESIAM SANCTI JOHANNIS DE BALMTIS, EA RATIONE UT MONASTERIUM SUSCIPIAT FILIUM BOSONEM SEU, SI MORIATUR, ALTERUM EX FILIIS IN LOCO ANIANENSI].

(Fol. 102 r°. — 1094-1108.)

Ego Ermessendis, uxor Petri Ugonis de Sizec (?), dono Sancti Salvatoris cenobio vel sanctorum loci illius, aliquid de alode honore meo, cum filio meo Bosone, et abbati Petro ejusdem loci et monachis presentibus et futuris. Et est ipse honor in episcopatu Ruthenico, videlicet ecclesiam Sancti Johannis de Balmtis, et quicquid ad ipsam ecclesiam pertinet. In tali vero racione, ut si etiam filius meus Boso interdum, quod absit, obierit, alter ex filiis meis loco illius suscipiatur in loco Anianensi cum honore, si tamen hoc voluntas mea fuerit. Quod si ego jam dicta Ermensendis, aut ullus de heredibus vel de propinquis meis alienare vel tollere voluerit de dominio Sancti Salvatoris aut de illius rectoribus vel habitatoribus, non valeat vindicare quod repetit, sed componat ipsum honorem in quadruplum; et semper hec donacio firma permaneat omni tempore. Si quis vero hoc irrumpere voluerit, cum Datan et Abiron sint excommunicati a Patre et Filio et Spiritu Sancto, et a trecentis LX VI episcopis qui locum Anianensem consecraverunt. S. Ermensendis que hanc cartam scribere rogavit et manu firmavit et testes rogavit firmare. S. Poncii Theuberti, qui hoc donum laudavit. S. Willermi Hugonis. S. Petri Arberti.

Facta carta ista in presencia dompni abbatis Petri et Willermi Riculfi et Poncii Hugonis et Poncii Guillermi qui scripsit, regnante Philippo rege Francorum.

CCIV.

[BERNARDUS DE MAIROIS CUM MATRE ET FRATRIBUS SOLVUNT, DESAMPARANT, VENDUNT DIRECTAM IN CAPITE MANSO DE ROCAS ALTAS PRO L SOLIDIS MELGORIENSIBUS, ET BERTRANDUS SUAM PARTEM VENDIT PRO XII SOLIDIS]

(Fol. 102 r°. — Milieu du XIIe siècle.)

Eu Bernarz de Mairois, ab voluntat de Fidas ma maire et de mos fraires, de Arnal et de Raimun e de Berenguer, per bona fe et sas engan, nos ensems solvem et desamparam et vendem[1] tote (*sic*) aquela dreitura que aviam el capmas de Rocas altas,... .[2] ni om ni femena per nos a domrideu et a la gleisa d'Antraiguas, et a te Ponz de la Roca prior; et (a) per aquesta supradicta onor dist nos L sol. melgoires. Et eu, Bertrans de Mairois, per eisa covenenza solvo et guerpisc tota aquela dreitura que eu i avia; e per aizo donest m'en XII sol. melgoires, tu supradig prior. Autor. Peire de Mosteiol, et Gaucelms de Mairos, et Ademars del Mamil, et Raimunz del Col, et Ugo abat, et Ricart de las Balmas et Bernuz

CCV.

[BERTRANDUS DE ANDUSIA SOLVIT ET GUIRPISCIT PONCIO, PRIORI DE INTERAQUIS, MEDIETATEM VILLE DE LUC, CUM PROMISSIONE DEFENSIONIS ET ADJUTORII ET CUM FIDEJUSSORE, PRO IIII LIBRIS MELGORIENSIBUS].

(Fol. 102 v°. — 1158.)

Anno ab incarnatione Domini M° C° L° VIII°, ego Bertrandus de Andusia, solvo et guirpisco Domino Deo et Sancto Salvatori de Interaquis et tibi, Poncio, ejusdem loci prioris, medietatem decime de villa de Luc, quam emisti de Nicecio de Maurioso et fratre ejus Eblone. Preterea promitto quod hanc decimam vobis deffendam, et ero amicus et coadjutor adversus eos qui aliquid inde amparaverint vel abstulerint vobis, et do vobis fidejussorem super hoc Hugonem de Monferran. Et propter hanc solutionem et promissionem a te jam dicto priore, IIII libras melgorienses habui, ita quod penes te nichil remansit in debito. Testes istius rei sunt Ugo de Monferran, et Petrus de Mostoiol et Willermus de Rocaveira, et Petrus de Mairois et Petrus Maurelz. Poncius, monachus, scripsit.

CCVI.

[WILLERMUS DE GLADINAS, CONSILIO ET VOLUNTATE FRATRIS, VENDIT ECCLESIE DE INTERAQUIS ALBERC IN DECIMO DE ALAIRAC].

(Fol. 102 v°. — 1164.)

Anno ab incarnatione Domini M° C° LX° IIII°, ego Willermus de Gladinas, cum consilio et voluntate Raimundi fratris mei, nos ambo insimul ven-

[1] Ms. *vendam*.

[2] La formule a été tronquée.

dimus ad Dominum Deum et ad ecclesiam Sancti Salvatoris de Interaquis et tibi Poncio, priori, alberc cum duobus militibus et uno vernula, quod habemus in decimo de Alairac, per L solidos melgoriensium ; tali vero conventione, ut predicta ecclesia et rectores illius habeant et possideant in pace. Testes istius vendicionis sunt Guiraldus de Roserio, Ugo Airaldi, Guillelmus Zabaterii, Bernardus de las Sales, Bertrandus Faber, Petrus Faber, Ugo Aldeberti. Petrus scripsit.

CCVII.

[UC DELPI, CUM CONSILIO FRATRIS, DAT ECCLESIE DE INTERAQUIS CORPUS SUUM ET DIRECTAM IN LA BALDUSIA].

(Fol. 102 v°. — 1167.)

Anno ab incarnatione Domini M° C° LX° VII°, eu Uc Delpi do mon corps a Domino Deo et ecclesie Sancti Salvatoris de Interaquis et tibi, Poncio, priori, pro monacho, et dono per elemosinam, per bonam fidem et sine inganno, tota la dreitura quam habeo a la Baldusia, totam a saber in hominibus et in mulieribus et in vineis et in riperiis, et II solidos melgoriensium in manso de Freginar, quos in unoquoque anno Willermus Petri de Vebro dare debet, vel illi qui mansum predictum tenuerint. Hoc autem facio cum consilio Guillermi, fratris mei, et ego, Willermus predictus, concedo istam elemosinam supradicte ecclesie omni tempore. Hujus rei testes sunt Guiraldus del Roseir, et Ugo Airal, et Willermus Zabater, et Bertrandus Fabre et Ricaldus de las Balmas, et Petrus Maurels, et Petrus de Capluc, et Raimundus de Rocaplana et Petrus qui hanc cartam scripsit.

CCVIII.

[PETRUS DE GLADINAS VENDIT ECCLESIE DE INTERAQUIS PRO XV SOLIDIS OMNE JUS IN DECIMO DE ALAIRAC].

(Fol. 102 v°. — 1167.)

Ego Petrus de Gladinas, vendo et trado ecclesie de Interaquis, totum illud jus quod habebam in decimo de Alairac ; nec homo nec femina propter me, cum XV solidis melgoriensium, quos Poncius de la Roca, prior de supradicta ecclesia, michi donat.

Facta est carta ista anno ab incarnatione domini M° C° LX° VII°. Hujus vendicionis tes'es sunt Raimundus de Pardinas et Poncius de Peraleu et Raimundus Pestel et Ricarcz Aucela.

CCIX.

[WILLERMUS CABRIOLS DE LAS TRALAS VENDIT ET SOLVIT PRIORI D'ANTRAIGUAS DIRECTAM IN DECIMO DE CADENAZ, PRO XII SOLIDIS].

(Fol. 102 v°. — 1167.)

Ego Willermi Cabriols de las Tralas, vendo et solvo Domino Deo et ecclesie Sancti Johannis de las Balmas, et a te Ponz de la Roca, prior d'Antraiguas, et tibi, Bernardo de Guernones, totam illam dreituram quam ecclesia de las Trellas nec ego habebamus in decimo de Cadenaz, per XII solidos melgoriensium.

* Fol. 103 r°. Facta carta ista * est anno ab incarnatione Domini M° C° LX° VII. Hujus rei testes sunt P. Raimunz de Ovedmas, et Bernardus de Serrala, et Guarnerius de Monmeia, et Willermi de las Balmas, et Willermi de Pinet et Ricard de las Balmas, et Petro de las Balmas.

CCX.

[WILLERMUS ET RAIMUNDUS RAIMUNDI SOLVUNT, DERELINQUUNT ECCLESIE DE INTER-AQUIS PETICIONES QUAS FACIEBANT IN DOMO D'ANTRAIGUES, CUM JURAMENTO ET FIDEJUSSORIBUS].

(Fol. 103 r°. — 1178.)

Anno ab incarnatione Domini M° C° LXX° VIII°, ego Willermus Raimundi et ego Raimundus, frater ejus, nos ambo insimul, bona fide et sine inganno, solvimus et derelinquimus Domino Deo et ecclesie Sancti Salvatoris de Interaquis et tibi Poncio, priori, omnes peticiones quas faciebamus domui d'Antraigues, videlicet ecclesiam beate Marie de Peiraleu, et ecclesiam Sancti Martini cum suis pertinentibus, et totam decimam quam habebamus in castello predicto, et decimam de Cumbas et de Alta Roveira, quam nos ibi tenebamus vel homo propter nos, et unum sextarium de annone d'offerez, quod habebamus in manso Esparruerenc d'Alairac, et II denarios, et I segalaz, et omnes decimas quas accipiebamus in parrochia Sancti Martini, et lo gal de baffia, et conductum quem querebamus in supradicta domo ; et jurando juravimus quod nichil de predictis rebus auferamus. Et ego predictus prior, pro supradictis decimis, et offerrenz, et conducto, et lo gal de baffia, dedi vobis I solidum melgoriensis monete. Hee soluciones fuerunt facte in platea de Mostoiol, in presencia Petri de la Capella, et Raimundi de Mostoiol, et Willermi fratris sui, qui sunt fidejussores ut tenere faciant in pace. Hujus rei testes sunt Ricardus de Mostoiol, Guido del Roseir, Willermus, frater ejus, Guiraldus, pater eorum, Raimundus de Peiramoza, Petrus Paies, Ugo Stephani, Bernardus Esquios, Petrus Fulcranni.

CCXI.

[PONS DE LA ROCA, PRIOR DE ANTRAIGUES ACQUISIVIT MEDIETATEM DECIMARUM DE LUC ET SOLVIT DIVERSIS HOMINIBUS M DCCC XX SOLIDOS PRO EMPTIONE ET PLACITO ET LIBERATIONE PIGNORUM].

(Fol. 103 r°. — Vers 1160.)

Eu, Ponz de la Roca, pos vi[n]g a la maiso d'Antraigues ab P. de Compeire, mon auncle, avem conquist la meitat del deme da Luc, el qual donem D sol. melgoires: Raimunz Rigalz de Rocalonga n'ac CCC sol., e sab o Guirals del Roser, e Uc Airals, e R. de Peiramoza, e Uc Peire, e P. de Beisas ; e Nizez de Mairois ac ne CC, e sabon o aquist sobre dig ; e Bes, sos fraire, ac ne XXX sol., e Bertrans d'Andusa LXXX, e sab o[1] Gaucelms l'avesques de Lodeva, e Sicarz, e P. de Mostoiol, e XVII sesters antre froment et anona, e XII fromatgues, et sab o G. de Luc, e Peire Joanz de Mairois, e Peire Maures, et Bernarz Morruz ; e Gaucelms de Mairois XX, e sab o P. de Rocavaira, e R. de Capluc, et U. Maurels Arreler ; e pel plag que agro del sobredig deme ab Berenguers Austorc, ac R. de Mostoiol LX sol., e sab o G. de Roser, e P. Esteves de Mostoiol et Uc Esteves ; e per plaigement del sobredig deme que agguem a Berenguer

[1] Ms. *sabos.*

Austorc, dem li LX sol., e sab o P. Maires, e R. de Peiramoza, P. de Mustoiol, et B. de Prunet, e R. Esteves quez li paguet; et Uc Peire de Pereleu ac ne X sol., e sab o P. Maurels, et R. de Peiramoza; e P. Joanz de Mairois ag ne pleigement de XX sol., e sab o G. de Luc, e Joanz de Peirafícha; e R. Rigals de Rocalonga III sol., e sab o Bertranz Roberz, e G. del Roser. Tot aquest aver avem donat el deme da Luc,
* Fol. 101 v°. ultras logres els gadans e las altres perdoas quel maisos * n'a fachas, et e la octena part del deme da Bre do[ne]m XL sol. a Bernart de Guernones, e sab o G. sos nebs, et P. Maurels, e R. de las Balmas; e Bernarz de Mairois, per la dreitura que avia, ac ne X sol., e sab o Bernarz de Guernones, e Desde de Vairan; et per aquel de Vairan, ac ne eis Bernarz de Mairois altres X sols; et per I alberc que comprem de R. Abel et de Ugo, son coniat dem XXI sol.; e en la meitat de la ribeira de l'ort dal forn dem XII sol.; e en la honor del vilaret, que fo de Chabert de Peiraleu, dem LX sol. De tota aquesta honor es creguda li gleis[1] d'Antraiguas pos nos vienguem[1] per priorat, estres[1] las peinoras que fachas i avem e de la gleisa dad Esterpia, laquals costet C. I sol., e la meia leda dad Antraiguas; e el alo que ens Bermunz i avia avem prestat, ab conseil Oberi Guilabert, CC. XXX. sol. et en aquo que B. de Gladinas et R. sos fraire aviou a Combaria XL. sol., et el[s] molis Garnareses et la part que Esteves Garners i avia XII sol., et e la part de Peiro de Vedelac XV sol. Aquestas pigras[2] vendem ab conseil de Peiro de Mostoiol, et en audenza dels pros homes daz Antraiguas; et avem i redemut de la honor qu'era em pignora C sodadals de U. Airal, e C de P. de Beisas, e C. XXX de U. San Roma, e L. de del Serre, e XXXV. de G. del Roser, ab soi seu qu'en avem[3] fait, e L sol. a Folquer, e sab o U. de San Roma, e Ber., sos fraire e a M. de la Volpileira XXX. sol., e sab o D. d'Estirpia. M et DCCC et XXII sol.

[1] *Sic.*
[2] Corr. : *pignoras*.
[3] Ms. *aven*.

CCXII.

[PETRUS RAIMUNDI, GUIFREDUS, BERNARDUS ET OMNES SUI FRATRES TRADUNT ECCLESIAM DE INTERAQUIS, IN PAGO GABALITANO, ET ALDELBERTUS, EPISCOPUS MIMATENSIS, HANC ECCLESIAM DAT SINE RETENTU. DEUSDE, CUM CONSILIO FRATRUM, DAT MANSUM VERCÉLLIS ET MEDIETATEM VILLE LAVANAS ET VILLE LAULANICUS ET VILLE MELLETIS. RICARDUS, FRATER, DAT VILLAM MONS ACUTUS, RADULFUS UNUM MANSUM ET VINEAS, ET ARBERTUS UNUM MANSUM IN VILLA BALMAS, ET PETRUS PAGANELLUS IN VILLA FRAXIMUM, ET PETRUS BOCHETUS IN VILLA ROVORIA, ET MULTI DIVERSI VARIOS MANSOS, CUM JURAMENTO ET IMPRECATIONIBUS].

(Fol. 103 v°. — Dimanche 12 juillet 1075.)

Debitum humane fragilitatis unusquisque homo debet premeditari, ne subito mors veniens, que non tardat, tollat omnem sustanciam que in concupiscibili seculo adquiritur. Debitor unusquisque fidelis de sua substancia debet esse creatori, quia absque retractione illi bona multa tribuit ad distribuendum, Paulo adtestante qui ait : Hic jam queritur inter dispensatores, ut fidelis quis inveniatur. Etenim, ante oculos habentes et considerantes diem diffinicionis nostre et diem extremi judicii, memores eciam ponderum peccatorum nostrorum, recordantes eciam bonitatem Dei ac illius misericordiam, in evangelio dicentis : facite vobis amicos de mammona iniquitatis, ut cum defeceritis recipiant vos in eterna tabernacula.

Idcirco notum sit omnibus fidelibus nostris, presentibus scilicet et futuris, quia placuit nobis, Petro Raimundi, Guifredo, Bernardo, et omnibus fratribus meis, pro mercedis nostre augmento, ad monasterium quod dicitur Aniana, situm in pago Magdalonense, constructum in honore Domini nostri, et sancti Salvatoris nostri Jhesu Christi, et sancte ac semper Virginis Marie, seu aliorum sanctorum, venerabilis abba Poncius preesse videtur, aliquid ex rebus tradere nostris, id est quandam ecclesiam que est constructa in honore Sancte Trinitatis et sancti Saturnini necnon et sancti Baptiste Johannis ; et est sita in pago Gabalitano, in loco que vocatur Interaquas. Tradimus eciam atque donamus ipsam ecclesiam suprascriptam, cum decimis et primiciis et cimiteriis, et cum omnibus adjacenciis suis, quidquid modo rectores illius possident vel in * antea * Fol. 104 r°.

ipsi aut successores eorum adquisierunt, cum domini consilio Deusdet, qui ecclesiam ipsam regere videtur, et fratribus suis Rainaldi et Radulfi et Petri, necnon et filiis eorum. Ego etiam Aldebertus, episcopus Mimatensis, et canonici, donamus hanc ecclesiam suprascriptam cum sinodo et cum omni integritate Domino Deo Sancto Salvatori, et abbati predicto, et monachis, sine aliquo detentu, ut maneat imperpetuo in servicio ipsorum, in jure hereditario. Hec omnia superius nominata, nos predicti donatores simul in unum pari consensu benignoque animo, sine aliquo interdicto vel retentu sine inganno, sic tradimus Domino Deo Sancto Salvatori Anianensi et abbati presenti, Emenoni, ac monachis ejusdem loci presentibus et futuris, ita ut ab hodierno die et deinceps habeant, teneant et possideant, sine alicujus inquietudine vel contrarietate, et faciant exinde quicquid facere voluerint. Precamur nempe ut dominus abbas misericorditer regat hunc locum, ut sit cella monacorum Anianensium, fratresque qui ibi habitum religionis susceperint ante altare Salvatoris ab abbate ejusdem loci benedicantur, nisi infirmitas astiterit, sintque sub manu ejus imperpetuum. Insuper ego Deusdet, dono ad jam dictum altare aliquid de hereditate mea, cum consilio fratrum meorum Radulfi et Ricardi et Petri et aliorum, hoc est mansus unus, qui vocatur Vercellis, et medietas mansi erat in pignora, et ipsam partem redemi ego Deusdet triginta et sex solidos ; et ipsi solidi fuerunt de Ugone monaco de Serviaco ; et in alio loco, in villa que vocant Lavanas, dono medietatem de ipsa villa et simili modo redemi ipsam partem duodecim solidis de denariis suprascripti conversi Hugoni. Dono etiam ad sacrum altare suprascriptum medietatem decimi de villa que vocant Laulanicus, et in ipsa villa unum mansum ad quartum, et villa Melletis unum clausum de vineis dono. Et ego Ricardus, frater Deusdet, dono ad jam dictum altare villam que vocatur Mons Acutus, totum et ab integrum, quantum ad ipsam villam pertinet, medietatem habeo in pignus de fratribus meis per quinquaginta solidos, et ipsam pignoram dono Domino Deo et altari jam dicto. Et ego, Radulfus, dono in hereditate de Sancto Salvatori supra scripto, cum filio meo Petro, unum mansum ad Sanctum Martinum, et vineas dono quas vocant subtus Balmam Rufam, et ego Arbertus, et mater mea Deda, dono unum mansum in villa que vocant Balmas. Et ego, Petrus Paganellus, dono unam appennariam, in villa que vocant Fraxinum Et ego, Petrus Bochetus, dono unam appennariam in villa que vocant Rovoria. Et ego Bernois, uxor Rivualdi, dono unum mansum in Monticulo, et dono decimum quem habeo in Bastida et precipio Bernardo, filio meo, ut redimat eum in dominium Sancto Salvatori. Et ego Ugo, filius Guidonis, dono unum mansum in villa que vocant Beixas ad alode quantum ibi habeo. Et ego Ricardus, dono in ipso manso medietatem fevi et totum decimum, et uxor mea; et propter hoc dedit michi Deusdet quadraginta solidos. Similiter ego Ugo Comtor, dono post mortem meam ecclesiam Sancti Johannis, cum villa que vocant Balmas, cum * mansibus quatuor et cum appennariis quatuor, in vitaque mea dono appennariam et porcum de sex denariis in memoratione. Et ego, Berenguarius, dono similiter in manso de Sancto Martino medietatem de campo ad fevum, cum consilio eorum de quibus habeo, et post mortem meam totum. Et ego, Almeradus, dono ad alodem medietatem de uno manso, in villa que vocant Randaz. Similiter ego, Stephanus, et uxor mea, Argentela, donatores sumus de uno manso in villa que vocant Rosson. Et ego Fulco et Raimundus, frater meus, donatores sumus alium mansum in ipsa villa, cum totum censum post obitum nostrorum. Et ego Bernardus Rivualdus et fratres mei donatores sumus, in villa que vocant Pradals, duos mansos ad alode cum unum porcum et unum multonem et duos sextarios de annona. Et ego, Raimundus de Mustoiol, et filii mei donatores sumus unum mansum de alode in villa que vocant Vordz, ubi Wilandus visus est manere, post mortem filiorum meorum, et interdum vixerimus, duos solidos de censum. Et ego, Bernardus de Petramlevem, dono unum mansum que vocant Bracos, quantum ad ipsum mansum pertinet, de flumine Tarno usque in cacumine montis, sive cum filiis, sive sine filiis. Et ego, Berengarius suprascriptus, dono unam vineam que vocant Laumarenca, post obitum meum.

* Fol. 104 v°.

Facta scriptura ista IIII° idus julii, anno ab incarnatione Domini M° LXX° V°, feria I^a, c. III, indictione VIII, epacta XI, concurrente V. S. Petri Raimundi [juravit iste]. S. Deusdet monachi. S. Rivaldi. S. Radulfi [juravit]. S. Petri [juravit]. S. Teudberti [juravit]. S. Widoni [juravit]. S. Ricardi. S Poncii. S. Petri. S. Wirardi. S. Berengarii. S. Raimundi de Doalon. S. Bernardi de Petraleve. S. Ugo de Monte Orserio. S. Raimundi. S. Willermi. S. Ugo Comdor. S. Petri Paganel. S. Fulco. S. Ademar. S. Bernardi. S. Petri Bochet. S. Arberti. In Dei nomen Sieennus monacus scripsit. [Isti omnes firmaverunt et juraverunt]. Si quis autem, quod non credimus, tam impius fuerit qui has donationes, quas nos plenissimo animo et propria voluntate fecimus, irrumpere quocumque modo voluerit, a Deo Patre et Filio et Spiritu Sancto sine remissione maledicatur, et obsorbeat eum ut Dathan et Abiron terra, et portet omnium parentum nostrorum et nostra peccata, et sit dampnatus, ut traditor Juda, et ut Poncius Pilatus stet semper in pena, nec ei prosit sacrificium vel ulla elemosina ; sed sit sub anathema maranatha ; nec tamen ei liceat post hec facere quod repetit, sed componat in emendatione auri libras centum, et hec donatio inviolabilis in antea permaneat sub dominio Sancti Salvatoris Anianensis.

CCXIII.

[RAIMUNDUS ABELZ, GUIRALDUS FRATER, ET UGO DEODATI COGNATUS, DANT USUM IN TERRA CAMBOS PRO XXI SOLIDIS MELGORIENSIBUS, CUM FIDEJUSSORE].

(Fol. 104 v°. — Vers 1160.)

Ego Raimundus Abelz et ego Guiraldus, frater ejus, et Ugo Deodati, cognatus noster, cum voluntate uxorum nostrarum Domino et ecclesie Sancti Salvatoris Inter Aquis et priori, P. de Rupe, predicti loci, vendimus illum usum quem habebamus in terra que vocatur Cambos, videlicet unum alberc de duobus hominibus, precio XX et I solidis melgoriensis monete ; tali vero conventione, ut predicta ecclesia et rectores prefati loci semper habeant et possideant in pace. Testes istius vendicionis ac
* Fol. 105 r°. solutionis sunt G. del Malml et G. del Roseir et U. * Airaldi et P. del Ranc et P. Maurelz et U. frater ejus. Et si aliquod malum ecclesie predicte ex nostra parte venerit vel acceperit, sunt fidejussores ut dampnum restituant. P. de Mostoiol et R. de Peiramoza. Petrus scripsit.

CCXIV.

[PETRUS ET GUIRFREDUS, FILII RAIMUNDI, DANT ABBATI PONCIO ECCLESIAM SANCTI SATURNINI, QUAM HABEBANT AD FEVUM DE PETRO RAIMUNDO RIGALDUS RADULPHI ET FRATRES ET QUAM DIMITTUNT ; ET DIVERSI DIVERSAS TERRAS VERSUS EAMDEM ECCLESIAM, PRO PRECIBUS ET CUM IMPRECATIONIBUS DANT].

(Fol. 105 r°. — Lundi, juin 1036-1061.)

In nomine Domini et Sancti Salvatoris nostri Jhesu Christi divina gratia ordinante, ego in Dei nomen, Petrus, et Guirfredus, filii Raimundi, nos simul in unum donatores sumus Sancti Salvatori Anianensis monasterii et abbati, Poncii, et monachis ejusdem loci, tam presentibus quam et futuris, ecclesiam Sancti Saturnini, cum decimis et primiciis et cimiterio et cum presbiterato, sine aliquo usu et servicio et retinencia. Insuper donamus, in illos duos mansos quos presbiter tenet, tres modios de vino et vindemiateras et II sextarios de civada ; et istam ecclesiam suprascriptam ego, Rigaldus, filius Radulphi, et fratres mei habebamus ad fevum de manu Petri Raimundi, et consilio Petri Raimundi et fratribus ejus donamus Sancto Salvatori Anianensis de fundis possessionibus. Insuper ego, Rigaldus, et fratres mei donamus mediam partem de decimo de vineis et vineales que sunt in circuitu ecclesiam ; et in ipso loco Raimundus et Guillermus frater ejus de Mustogolo donnant aliam quartam partem de decimo ; et Petrus Paganus et fratres ejus aliam quartam partem de decimo ; et alius Petrus Paganellus de castro Leocono dedit unam apendariam in villa que vocant Fraxinum. Item alius Petrus Bochetus, in villa que vocant Rovoria, dedit unam apendariam, ubi Bernardus Gaius visus est manere. Item Trudgardix, domina, cum filiis suis Petro et..... dederunt in eodem loco unam vineam ad Brativos que vocant Faxa, de alode ; et tenet de fluvio Tarnis usque ad cilium montis, bone pacis boneque voluntatis, nullo coegente set pontane, michi elegit me voluntas, quam ego, in Dei nomen Garnerius, jacet in egritudine corporis, et cogita Dei misericordia, ut omnipotens Dominus dimittat omnia peccata sua; et donet illo molinario ad illum locum Sanctum Saturninum Antraigas, pro remedium genitore meo et genitrice mea, et pro fratribus meis, et pro me misero famulo tuo, ut dimittat Dominus peccata nostra, et ipse farinarius sub castro Capluco, et post obitum meum ad filium meum Gazfredo remaneat, et, dum Gazfredus vivit, donet ad Sanctum Saturninum I emina vestitura, et post obitum Gauzfredo remaneat ad ipsum Sanctum Saturninum, sine illo contradictore. Et si ullus homo fuerit vel ulla femina qui contra donatione ista aut agere vel inquietare voluerit, non liceat facere, set ira Dei incurrat super eum, sed cum Dathan et Abiron participes fiant in infernum. Sed presens ista donatione firma et stabilis permaneat, omnique tempore.

Facta donatione ista in die lunis, in mense junio, regnante Domino nostro Jhesu Christo. S. Garnerio qui carta ista fieri jussit manus sua firma. Omnis presbiter qui in loco Sancti Saturnini habitent orent pro illos, pro Garnerio et Radulpho et Autgarda et Gauzfredo. Alias et ergo
* Fol. 105 v°. fuit homo Arnaldo, jacet in egritudine corporis * et cogita Dei misericordia, ut omnipotens Dominus dimittat omnia peccata sua, et donet illo de carplanto suo medietatem de trolio, in terratorio que vocant Combas. S. Arnaldo, qui carta ista fieri jussit, manu sua firma, qui Ausberga donavit in villa que vocant Lugo; de alode suo, que Aigfredus laxabat ad Ausberga, de V faisas, medietatem donabat ad Sanctum Saturninum post obitum sui, una faisa Allavanna, alia trans mansione Aigoino, alia trans forne que fuit in via, alias duas trans mansiones ubi Guitbertus et frater ejus, Benedictus, visus est manere. S. Ausberga, qui carta ista fieri jussit, manu sua firmavit; alias donacione in villa que vocant Beisas, uno manso ibi Guitbertus visus est manere, uno modio de vino et uno sestar de civada et I fogacia.

Deodatus modo comparationem fecit de Stephano Bernardo de illo campo qui dicitur Cairadda, et D. modo comparavit beneficio de isto campo, et Stephanus Ber. supradictus vendidit ei beneficio imperpetuum et habuit X solidos.

CCXV.

[BREVIS COMMEMORATIONIS, QUAM FECERUNT ECCLESIE DE INTERAQUIS HOMINES TARNICENSES ATQUE IOTANENSES ET FIRMAVERUNT PER SACRAMEMTUM. IADBERTUS SACRAMENTUM FIDELITATIS PRESTAT AD RETINENDUM HONOREM].

(Fol. 105 v° — 1036-1061.)

Hic est brevis commemorationis quam fecerunt homines Tarnicensis atque Iotanensis et alii plures de honore, quem ipsi dederunt atque commendaverunt ad sacrosancte ecclesie Anianensis monasterii atque Sancti Saturnini, quam vocant Inter Aquas, firmaverunt per sacramentum manibus suis propriis, ut, de ipsa hora in antea, de ipsa honore quem adquisivit Sanctus Salvator Anianensis et altare Sancti Saturnini quem vocant Inter Aquis, si ullus homo aut femina tollere aut inquietare stare voluerit; ego Iadbertus manu mea firmavi per sacramentum, super altare Sancti Saturnini, in manu Poncii abbatis, ut, de ista ora in antea, ego fidelis ero ad retinendum ipsa honore, quia neque ego nec aliquis homo per meum consilium, nec per meum ingenium, non auferet, nec minuet ab istis altaribus suprascriptis. Similiter namque fecerunt filii mei, Guido et Ricardo et Poncio, et nepotes mei Petrus Raimundus, et frater ejus, Guirfredus, et alius frater suus Bernardus, et Ugo de Monte Ursario, et Petro Paganello, et Bernardo de Laucone, et Gauzfredo de Petralevo, et Berengerio et Gauzfredo de Alta Riba, et Arbertus Gras et Poncius Arlenus et Ricardus de Caput Lugo, et fratres sui, Raimundus, et Petrus, et Raimundus de Mustoiolo, et frater suus Willermus, et Fulco de Severiaco et.. .... de Laucone, et Fulco Rufus, Petrus Radulfus de Caput Luco et Raimundus de Orserio.

CCXVI.

[DE DIVERSIS LOCIS QUOS DEDIT DEUSDE CUM FRATRIBUS CENOBIO DE INTERAQUIS, IN TERRITORIO GABALLITANO, QUOS ANTEA A MULTIS EMERAT].

(Fol. 105 v°. — 1036-1061.)

Sacrosancto ac venerabili loco Interaquis cenobio, quod constructum est in territorio Gaballitano, inter fluvios Tarni et Ionti, in honore Sancte Trinitatis et sancti Saturnini et sancti Johannis et aliorum sanctorum,

ubi vir venerabilis Deusde mansit, et hunc locum construxit, et dedit Sancti Salvatoris Anianensis loci, et domni Poncii abbatis, et omni congregationi monacorum ibidem Deo famulantium, una cum fratibus suis Rigaldo, Radulfo, et Ricardo, Raimundo, Giraldo et Petro. Et in subsequenti, comparationem fecit Deusde, desuper nominatus, de Petro
* Fol. 106 r°. Raimundo * et fratribus suis de Guirfredo et Bernardo, qui partem habebant in ecclesia ; et dedit eis L solidos et unum mulum, et ipsi dederunt Sancti Salvatoris Anianensis et domni Ponci, abbatis, totum et integrum imperpetuum. Et ipse Deodatus fecit aliam comparationem de Deusde de Canillago et fratribus suis Gaucelmo et Petro, de illa honore que in circuitu ejusdem loci habebant, de homines et mansiones, ortis et vineas et campos, cultis et incultis, et ribarias, exeis et regressis. Et habuit Deusde de Canillago, de precio septingentis solidis, et Gaucelmus XL solidos, et Petrus XL solidos et milites eorum, Joris de Aurella sexaginta solidos, et Bernardus Grassetus de Canillago L solidos, et Bonafos de Memdes X solidos, et Stephanus Talpernus et filii ejus, per ministraliam quam habebant in ista honore vendidere X solidos, et dederunt eam similiter, et Raimundus de Mostoiolo XXX solidos, et Jatbertus de Petraleve et filii ejus Guido, et Ricardus, et Poncius, per convenienciam quem habebant, habuerint unam mulam per C solidos, et dederunt convenienciam Sancti Salvatoris. Et aliam comparacionem fecit Deodatus, monacus supracriptus, de illo campo qui vocant Roserio, cum consilio Teudberto de Petraleve et filiis suis, Guido, Ricardo, et Poncio. Et sunt venditores Bertrandus Dellator et Radulfus, frater suus, et germani ejus Guillermus et Petrus, frater ejus ; et habuerunt precium XXX solidos. Et hoc totum et integrum dederunt quod a ipsum Rosarium pertinet, nisi mansiones qui ibidem erant. Airadus, presbiter de Petraleve, habebat a fevo et fecit se monacum, et dedit ei fevum ad monasterium, et filii ejus Petrus et Guillermus similiter ; in tali vero racione ut rectores ejusdem loci dederunt ad Petrum et ad Willermum ecclesiam Sancta Maria de Petraleve : et ipsa ecclesia est capella ejusdem loci ; et decimum de Cumbas de Strada publica, de mansione Petri Aucelli usque ad trolium Petro Geraldo ; ut habeant et teneant in vitas suas et post obitum eorum

revertat ad monasterium sine ulla contrarietate. Et Willermus habuit VI solidos et post ista comparatione facta, in ipso campo suprascripto monasterius situs est. Et aliam comparationem fecit Deodatus suprascriptus de ecclesia Sancti Petri de Stirpia, de Raimundo de Mustoiolo et de Petro, fratre ejus. Et Raimundus habet centum solidos et Petrus XXX solidos, et dederunt ecclesiam ad monasterium quantum illi habebant. Et Bernardus Rigaldus de Vita Terna et uxor ejus, Beliardis, dederunt octavam partem, et habuerunt L solidos ; et Bernardus de Petraleve aliam octavam partem, et habuit L solidos et dedit eam similiter. Et postea Rigardus de Petraleve habuit mulum unum per C solidos, et dedit omnia quicquid in ecclesia habebat. Et isti homines suprascripti per istud precium suprascriptum, qualem porcionem in illa ecclesia Sancti Petri suprascripta habebant, totum et ab integrum dederunt. Et nos simul venditores, si ullus homo aut ulla femina de nostris consanguineis aut aliis inquietare voluerit anathema sit.

CCXVII.

[DE ECCLESIA SANCTI ROMANI, DE ECCLESIA SANCTI JOHANNIS DE BALMAS, DE MANSIS DE BERTRANNENC ET DE VERCELS ET ALIIS IN VILLA ROSSON, IN VILLA FRAIXEN ET IN VILLA ALOGIUM, IN PAGO GABALLITANO, MONASTERIO DE INTERAQUIS A DIVERSIS DONATORIBUS DATIS].

(Fol. 106 r°.)

In nomine Domini, ego Ugo de..... et infantes mei dono Domino* Deo Sancto Salvatori de Interaquis et sancto Saturnino et sancto Johanni et aliis sanctis, in quorum honore fundatur ecclesia, et monachis ejusdem loci presentibus et futuris, aliquid de alode meo, videlicet ecclesiam Sancti Romani, que est fundata in pago Gaballitano, propter remedium anime mee et parentum meorum et fevales qui erant de ecclesia, videlicet Petrus Aucels et Ugo Brunenes et Ademarius, frater ejus, et Raimundus Gaucelmi, et Petrus Gaucelmi, frater ejus. Similiter dederunt Sancto Salvatori aliam partem quam habebant in ecclesia ; et Deodatus modo dedit XXX solidos Ugoni Brunenc, et Petro Gaucelmi IIII solidos ; et Bertrannus de Laucons et uxor sua, Aicelina, similiter dederunt Sancto Salvatori suam partem quam habebant in æcclesia ; et D. modo dedit eis

* Fol. 106 v°.

X et VIII solidos ; et Almeradus de Partennag et infantes ejus similiter dederunt et dimiserunt et virpiverunt vicariam quam habebant in ecclesiam Sancto Salvatori et habuerunt III solidos.

Et ego, Ugo suprascriptus, similiter dono Sancto Salvatori de Interaquas ecclesiam Sancti Johannis de Balmas ad alodem ; et in ipsa parrochia dono Sancto Salvatori duas appennarias, unam in qua Airaldus visus est manere, altera vocatur Pauperella.

Et quando fuit consecrata ecclesia Sancti Salvatoris, dedit in sponsalicium mansum de Bertrannenc et campum de Rocas altas ; et istum mansum et campum habebat de modo in pignora de Ugone suprascripto per X solidos. Et in mansum de Vercels dedit Ugo Sancto Salvatori unum porcum de VIII denariis et unum sextarium Rotenicum de civata, et per istum censum dedit Ugoni de modo III solidos de Raimundencs et III solidos de Poges. Et in ipsa parrochia Sancti Johannis dedit Fulco de Laucons et infantes sui Sancto Salvatori de Interaquis unum mansum qui est in villa que vocant Rosson. Et in ipsa villa de Rosson, dedit Sancto Salvatori Argentella, uxor Stephani de Cauvanon, et infantes sui, medietatem de uno manso, et aliam medietatem comparavit de modo de ipso Stephano XX solidis de Raimundins ; et unusquisque mansus dat de censu unum moltoneum aus, et duos agnos et unum porcum de duos solidos et VIIII denarios, quatuor et medium ad augustum et quatuor et medium ad kalendas, et quartum et servicium. Et in ipsa parrochia Sancti Johannis dedit Sancti Salvatori Petrus Paganellus et infantes ejus unam apennariam, in villa que vocant Fraixen. Et in parrochia Sancti Johannis, in villa que vocant Alogium dedit unum mansum Sancto Salvatori de Interaquas Xatbertus de Peraleu et infantes ejus et unam appennariam ; et ipsa appenaria erat in pignora et de modo redemit eam XX solidos de Poges, de Petro Arberti, et per ministraliam quam habebat in pignora Xabaldus Berens de Xadberto dedit de modo Xadbaldo XX solidos, et ipse wirpivit omnia que ibi habebat Sancto Salvatori, et mansus dat de censu unum porcum et unum molton cum aus et quartum et servicium et appenaria [1].....

[1] La fin de la charte a disparu, ainsi que le commencement de la charte suivante.

CCXVIII.

[..... A RAIMUNDO DE MONTINIACO ET PONCIO GUIRARDO.....]

(Fol. 107 r°. — 18 juin 1060-1108.)

.... et Raimundo de Montiniaco et Poncio Guirardo. Facta scriptura ista XIIII kalendas julii, anno ab incarnacione Domini Jhesu Christi regnante Philippo rege. S. Ugoni Aldeberti et Willermi fratris sui, qui hanc scripturam fieri jusserunt, et manus suas firmaverunt et testes firmare rogaverunt. S. Arnaldi de Maroiolo. S. Gervasii. S. Raimundi Poncii. Raimundus monachus et sacerdos scripsit.

CCXIX.

[GARSENDIS ET PONCIUS, MARITUS, DANT MONASTERIO FERRAGINEM SUB CASTELLO DE GINIACO, CUM FILIO WILLERMO, EA RATIONE UT FACIANT MONACHI PRO GARSENDIS QUANTUM PRO UNA MONACHA ET RECIPIANT EAM HONORABILITER IN MONASTERIO PER VITAM, SI OPUS ERIT].

(Fol. 117 r°. — Mardi 1115.)

In nomine Domini, ego Garsendis, concedo et recognosco, et laudo donum quod fecimus ego et Poncius Raimundus, maritus meus, de ferragine que est sub castello de Giniaco, quam dedimus in hereditate, cum filio nostro Willermo, Sancto Salvatori Anianensi, pro remedio animarum nostrarum ; et propter hanc recognicionem ego, Garsendis, dono et laudo et confirmo istam ferraginem suprascriptam, cum omni condersione que in ea est, et cum omnibus que ad ipsam ferraginem pertinent, Domino Deo et Sancto Salvatori Anianensi et abbati, Poncio, et monachis ejudem loci presentibus et futuris, in tali racione, ut tantum faciant in monasterio post mortem meam et pro anima mea quantum pro una monacha, et, si opus fuerit michi, in vita mea recipiant me monachi in monasterio honorabiliter, propter suprascriptum honorem. S. Garsendis, qui hanc cartam fieri jussit et manu sua firmavit et testes firmare rogavit. S. Poncii de Podio Abone. S. Rostagni de Maroioli. S. Poncii Rame, anno M° C° XV° ab incarnatione Domini. Petrus Fredaldus presbiter scripsit. Facta carta feria III^a, regnante Lodovico rege.

CCXX.

[MARIA, FILIA QUONDAM JOHANNIS BARDE, VENDIT ET TRADIT HUGONI, PRIORI DE GINIACO, QUAMDAM VINEAM PRO XX SOLIDIS MELGORIENSIBUS, PROMITTIT SE CONTRA NON VENIRE ET DONAT SUPPLEMENTUM JUSTI PRECII]

(Fol. 107 r°. — Août 1191.)

In nomine Domini, anno incarnacionis ejusdem M° C° nonagesimo III°, mense augusti, ego Maria, filia condam Johannis Barde, et sine dolo vendo et jure venditi trado tibi, Hugoni de Giniaco, priori et successoribus tuis, quamdam vineam, quam de te ipso tenebam; et conjungitur ex una parte cum campo Sancti Petri et ex alia cum vinea Raimundi Capus, et cum vinea que fuit Raimundi Maririni; pro XX solidis melgoriensium, ex quibus nichil remansit in debito. Et promitto tibi et successoribus tuis, tactis sanctis euvangeliis, quod contra hanc vendicionem per me neque per aliquam personam non veniam; et si plus valet jam dicti precii, totum bono animo tibi dono et successoribus tuis.

Hujus rei testes sunt Raimundus de Balma, Poncius Buomundi Capellani, Guillermus Torena, Poncius de Cabacia diacones. Petrus de Pistrino. Petrus Gotinella. Poncius Enponi.

CCXXI.

[GUILLERMUS DE GINIACO ET PETRUS, FILIUS, VENDUNT, CONCEDUNT ET TRADUNT PONCIO, PRIORI DE GINIACO, QUARTUM IN MANSO PONCII PETRI DE MOZERIIS PRO CC SOLIDIS MELGORIENSIBUS].

(Fol. 107 r°. — 1157.)

Anno dominice incarnacionis M° C° L° VII°, ego Guillermus de Giniaco, et ego, Petrus de Giniaco, filius ejusdem Guillermi, per nos et per nostros, bona fide et sine dolo, vendimus, concedimus, et titulo vendicionis tradimus tibi Poncio, priori de Giniaco, et per te Sancto Salvatori Anianensi et abbati ejusdem loci, P. et successoribus vestris, per CC solidos melgorienses, quartum quod habemus et habere debemus et alberguum tribus militibus et uno dienti in manso Poncii Petri de Mozeriis, quod habemus in feudum ab ipso abbate Anianensi. Et vos et successores vestri habeatis et possideatis in pace quartum et alberguum predictum, et possitis dare, vendere et impignorare quibus volueritis.

Hujus vendicionis sunt testes Matfredus, prior de Carcares et Raimundus de Carcares et Bernardus Benedicti et Bernardus Andree et Petrus Gasc et Petrus Pauli et Guillermus Aimeric. Bernardus scripsit.

CCXXII.

[PETRONILLA, UXOR QUONDAM RAIMUNDI DE GAILACO ET FILIE SUE, DANT ABBATI PETRO ET MONASTERIO ARRIBATICUM IN FLUMINE ERAURI, IN TERMINIO DE LECA SIVE DE NAVETA, PRO XX SOLIDIS MELGORIENSIUM, IN PRESENCIA DIVERSORUM, CUM LAUDATIONE ET CONFIRMATIONE MIRONIS ET RAIMUNDI, FRATRIS EJUS].

(Fol. 107 r°. — 1127.)

In nomine Domini, ego Petronilla, uxor que fui Raimundi de Gailaco, et filie mee, quas habui de Raimundo supradicto, videlicet Ermensendis et Alacdis et Willerma, donamus * et laudamus Domino Deo, Sancto Salvatori Anianensi, et abbati Petro, et monachis ejusdem loci presentibus et futuris, totum arribaticum de omnibus paxeriis que sunt in flumine Erauris, in molendinis Sancti Salvatoris, in terminio de Leca, sive de Naveta, in terra nostra, a veteribus paxeriis usque ad tuirum *(sic)* sicut terminatum est, in presencia Petri Berengarii, monachi, et Saronis et Raimundi de Maregulo et Geraldi de Costa Solana et Petri Martha. Et hoc facimus bona fide et sine inganno; et propter hoc abbas et monachi dederunt nobis XX sol. denariorum melgoriensium.

* Fol. 107 v°.

Facta scriptura ista, anno ab incarnatione Domini M° C° XX° VII°. Hec donacio sive laudacio facta est in presencia Bernardi Raimundi de Maregulo, et Willermi Guilaberti, et Bernardi Fredaldi, et Raimundi Pilcerui et Bernardi de Mozerio. Ego Miro et ego Raimundus, frater Mironis, laudamus et confirmamus hanc donacionem suprascriptam, sive scripturam hanc in presencia Petri Berengerii, monachi, et Petri de Teiras, et Petri de Marella et Willermi Bedocii, et habuimus inde III solidos et dimidium de Petro Berengerio, monacho. Willermus scripsit.

CCXXIII.

[PETRUS DE GINIACO ET GERVASIUS, FRATER, DANT ABBATI ET MONASTERIO MEDIETATEM ECCLESIE SANCTI PETRI DE GINIACO, EA RATIONE UT PER VITAM ALBERGUM ET DECIMUM RETINEANT, ET, SI VOLUERINT SECULUM RELINQUERE, ABBAS ET MONACHI EOS RECIPIANT].

(Fol. 107 v°. — 7 avril 1026.)

In nomine Dei omnipotentis, ego Petrus de Giniaco et Gervasius, frater meus, nos simul in unum donatores sumus Domino Deo et altari Sancti Salvatoris Anianensis, et abbati Petro et monachis ejusdem loci presentibus et futuris, propter remedium animarum nostrarum et patris et matris nostre et omnium parentum nostrorum, aliquid de alode nostro, videlicet medietatem ecclesie Sancti Petri de Giniaco, que est in comitatu Biterrense, totum et ab integrum, quantum ibi habebat vel tenebat presbiter de nobis, excepto albergo et decimum quem retinemus in diebus nostris ; et post obitum nostrum decima et albergum remaneat ad Sanctum Petrum et ad altare Sancti Salvatoris Anianensis. Et nos idcirco istam ecclesiam suprascriptam donamus Sancto Salvatori Anianensi, ut in perpetuum ibi monachi habitent ad faciendum servicium Dei. Et si ego Petrus et Gervasius, frater meus, istum seculum, Deo inspirante, voluerimus relinquere et efficere monachi, aut de nostris infantibus offerre voluerimus Deo in monasterio Anianensi, abbas et monachi qui eo tempore presentes in illo loco fuerint, recipiant nos in nomine Domini. Hanc donacionem facimus nos suprascripti fratres cum consilio Berengerii Willermi de Duas Virgines et Raimundi de Giniaco, et Hugonis, fratris sui.

Et facta scriptura ista VII° idus aprelis, anno ab incarnatione Domini M° XX° VI°, regnante Philipo rege. S. Gervasii et Petri, fratris sui, qui hanc donacionem et helemosinam fecerunt, in manu Petri, abbatis, in presencia monacorum Willermi, prioris, et Bernardi Gaucelmi, et Fredolonis, et Petri Berengerii, et manibus suis firmaverunt et testes firmare rogaverunt. S. Berengerii Willermi. S. Petri Siguira. S. Raimundi Poncii de Gignaco. S. Willerma, uxoris Gervasii de Giniaco. S. Bertranni de la Capraretia. Poncius, sacrista, scripsit.

CCXXIV.

[ALDIARZ, CUM CONSILIO FILII ET FILIARUM SUARUM, DAT ALODEM IN TERMINIO CASTRI GINIACI IN PARROCHIA SANCTI PETRI, ET UNUM MANSUM IN EADEM PARROCHIA, PRO REMEDIO ANIME ET PRO FILIO PONCIO].

(Fol. 107 v°. — 1103.)

In nomine Domini, ego Aldiarz, cum consilio et voluntate filii mei Raimundi et filiarum mearum, dono Domino Deo et Sancto Salvatori Anianensi et tibi, abbati Petro, et monachis ejusdem loci presentibus et futuris aliquid de alode meo. Et est ipse alodis in comitatu Biterrense, in terminio castri Giniaci, in parrochia Sancti Petri. Hoc est de omni honore que ibi habeo medietatem in terris, in vineis, arboribus, et in unam domum quam habeo, in ipsius castri medietatem, cum exeo et regressu. Alia vero medietas istius honoris est Petri Raimundi. Et si Petrus Raimundi mortuus fuerit sine infante * legitimo, omnis honor suprascriptus * Fol. 108 r°.
in dominio remaneat Sancto Salvatori et Anianensibus monachis. Similiter dono Sancto Salvatori Anianensi unum mansum totum, cum consilio Petri, filii mei, vel aliorum filiorum meorum, cum fevale, et unum boscum in dominio sine fevale, quod est juxta suprascriptum mansum. Et est iste mansus in suprascripta parrochia Sancti Petri, ubi Ug Balet visus est manere. Hec omnia suprascripta dono pro remedio anime mee et pro filio meo Poncio.

Facta scriptura ista anno ab incarnacione Domini M° C° III°, regnante Philippo, rege. S. Aldiardis et filiorum ejus, Airadi, Berengarii, Raimundi, Bernardi, Willermi, qui hanc donacionem fecerunt et manibus suis firmaverunt et testibus firmare fecerunt. S. Raimundi de Rocha. S. Petri Guerra. S. Willermi Rainaldi. Poncius scripsit.

CCXXV.

[RAIMUNDUS PETRI DE AGANTICO, CONSILIO UXORIS ET FILII, SOLVIT, GUIRPISCIT, DONAT QUOD HABET IN DECIMIS PARROCHIE SANCTI PETRI DE GINIAGO, PRO L SOLIDIS MELGORIENSIBUS].

(Fol. 108 r°. — 1170.)

In nomine Domini, anno incarnacionis ejusdem M° C° LXX°, ego, Raimundus Petri de Agantico, bona fide et absque omni dolo, et consilio et voluntate Vierne, uxoris mee, et Poncii Petri, filii nostri, solvimus, guirpimus et sine omni retencione donamus Domino Deo et Sancto Salvatori Anianensi, et ecclesie Sancti Petri de Giniaco, et vobis Raimundo, abbati, et Poncio de Giniaco, priori, et monachis Anianensibus, presentibus atque futuris, quicquid habemus vel habere debemus aliquo modo, vel aliqua racione exigere possumus, in decimis tocius parrochie Sancti Petri de Giniaco, scilicet in ortis et in carnaticis et in caseis et in lanis, ut habeatis et possideatis, absque ulla inquietudine nostra atque nostrorum. Et si quis, nomine feudi, a nobis in predictis decimis quicquid habere videtur, eadem racione vel eodem jure quo pro ipso feodo nobis obnoxius est, vobis fideliter et sine omni contrarietate pro predicto feudo fevalis sit et serviat. Pro predicta hac solucione sive donacione, a te Poncio, priore de Giniaco L sol. melgoriensium nos predicti Raimundus Petri et mei habuimus, ita quod nichil de eis apud vos in debito remansit. Hujus rei testes sunt Hugo de Giniaco, Bernardus Gauterius, Bernardus Alberti, Raimundus Marinus, Raimundus Alberti, Poncius Viana, Raimundus Viana, Petrus Gasc, Raimundus Ebrardi, Guillelmus Ebrardi.

CCXXVI.

[GARSINDIS DE GINIACO, CUM CONSILIO ASSUELLI, VIRI SUI ET FILIORUM VEL FILIARUM, DAT ALODEM IN VILLA DE GINIACO PRO XX SOLIDIS MELGORIENSIBUS].

(Fol. 108 r°. — 1094-1108.)

In nomine Domini, ego, Garsindis de Giniaco, dono et vendo Domino Deo Sancto Salvatori Anianensi et abbati Petro et monachis ejusdem loci presentibus et futuris, cum consilio Assuelli, viri mei, et filiorum vel filiarum mearum, unam terram cum arboribus ad alo[dem]. Et est ista terra in villa de Giniaco, juxta mercadilum novum, et sicut discurrit via que venit de castro et descendit ad ecclesiam, et ex altera parte affrontat se cum terra Sancti Petri, et ex altera parte confrontat se juxta domum Ademari Plumbiarii. Hanc donacionem facio ego, Garsindis, cum bona voluntate, Sancto Salvatori et monachis a totam honorem ut habeant imperpetuum, in manu Petri Berengerii, obedienciale de Carcares. Et accepi de denariis suis XX solidos melgorienses.

Facta scriptura ista, regnante Philippo, rege. S. Garsindis et filiorum suorum Berengerii et Bernardi, qui hanc donacionem fecerunt, et hanc scripturam firmaverunt, et testibus suis firmare rogaverunt. S. Poncii Arnaldi. S. Petri Rainaldi. S. Petri Geraldi Sebastiani. Raimundus scripsit.

CCXXVII.

[GAUCELMUS ET OLIVARIUS, FRATER SUUS, DANT QUOD HABENT IN ECCLESIA SANCTI PETRI DE GINIACO, GUIRPIUNT CONVENIENTIAM QUAM REQUIREBANT IN PREDICTA ECCLESIA, ET ABBATI PROMITTUNT QUOD FACIENT DONARE ET GUIRPIRE AB UGONE, FRATRE, EUMDEM DONUM, CUM VENERIT DE SANCTO SEPULCRO].

(Fol. 108 v°. — 1094-1108.)

In nomine Domini, ego, Gaucelmus et Olivarius, frater meus, cum consilio Raimundi, fratris nostri, donamus Domino Deo et altario Sancti Salvatoris Anianensis, et abbati Petro, et monachis ejusdem loci presentibus et futuris, pro remedio animarum nostrarum sive patris et matris nostre, totum quantum habebamus in ecclesia Sancti Petri de Giniaco vel in honore que ad ipsam ecclesiam pertinet vel pertinere debet, et guirpimus convenienciam quam requirebamus in parte predicte ecclesie, que fuit Ugonis Aldeberti et Aldeberti, fratris sui, tam in decimis quam in primiciis, sive in omnibus que ad ipsam ecclesiam pertinent vel pertinere debent, excepto unum albergum de duos caballarios et fevum quem tenet a nobis Poncius Gazfredi d'Avizaz. Et nos fratres suprascripti Raimundus et Olivarius et Gaucelmus, facimus convenienciam Sancto Salvatori et abbati et monachis, quod faciemus donare et guirpire Ugoni, fratri nostro, cum venerit de Sancto Sepulcro totum istum donum suprascriptum de ecclesia de Giniaco, per fidem, sine inganno, absque omni pecunia quam illi non donet abbas nec monachi propter istum honorem.

Facta scriptura ista, regnante Philippo, rege. S. Raimundi et Gaucelmi et Olivarii, qui hanc scripturam fieri jusserunt et manus suas firmaverunt et testibus firmare rogaverunt. S. Ermengavi de Duabus Virginibus. S. Willelmi Bernardi de Poget. Guitbertus scripsit.

CCXXVIII.

[ARNALDUS, BITERRENSIS EPISCOPUS, CUM CONSILIO CANONICORUM DAT ECCLESIAM SANCTI PETRI DE GINIACO].

(Fol. 108 r°. — 1097.)

In nomine Domini, ego Arnaldus, Biterrensis episcopus, cum consilio canonicorum meorum, dono Domino Deo, et altario Sancti Salvatoris Anianensis, et abbati Petro, et monachis ejusdem loci presentibus et futuris, ecclesiam Sancti Petri de Giniaco totam cum toto decimo et primiciis et cimiterio, et cum quantum ad ecclesiam pertinet et pertinere debet, ut habeatis et teneatis vos et successores vestri imperpetuum possidendam, sine ulla inquietudine, salva reverencia nostra et justicia ecclesie nostre, sicut usque hodie ego et antecessores mei habuimus.

Facta scriptura ista anno ab incarnacione Domini M° XC° VII°, regnante Philippo, rege. S. Arnaldi, episcopi, qui hanc scripturam laudavit et manu sua firmavit et testes firmare rogavit. S. Raimundi Siguerii. S. Bernardi Guillelmi de Fonzilum. S. Raimundi Ermengau de Fonzilum. S. Petri Samuel. S. Berenguerii Lambert. S. Raimundi Lambert. S. Bernardi Daura. Guillelmus, monachus, scripsit.

CCXXIX.

[RAIMUNDUS GUILLELMUS DAT, PRO REMEDIO ANIME, VINEAM IN PARROCHIA SANCTI MARTINI DE CARCARES, QUAM TENET DE NULLO HOMINE, NISI DE SOLO DEO].

(Fol. 108 v°. — 4 août 1091-1107.)

In nomine Domini, ego Raimundus Guillelmus, dono Domino Deo, Sancto Salvatori Anianensi et abbati Petro et monachis ejusdem loci presentibus et futuris, unam vineam cum arboribus, pro remedio anime mee. Et est ista vinea in parroquia Sancti Martini de Carcares, et confrontat se ex una parte juxta ostum [ortum] que fuit de Rainaldo de Carcares usque in Rivum Siccum, et ex alia parte confrontat se in via que discurrit ad Giniacum, et ex alia parte confrontat se juxta appennariam que fuit de Lautardo de Giniaco. Ego, Raimundus Guillelmus, qui vado in Jherusalem, dico et affirmo quod ego non teneo istam vineam suprascriptam de ullo homine, nisi de solo Deo, cui reddo eam.

Facta scriptura ista II° nonas augusti, regnante Philippo, rege. S. Raimundi Guillelmi, qui hanc cartam fieri jussit. S. Raimundi Guifredi. S. Bernardi Deusdedit de Montepetroso.

CCXXX.

[RAIMUNDUS ET UXOR ET FILII DANT BAJULIAM IN VILLA COLUMBARIOS, IN COMITATU BITERRENSE, IN VICARIA POPIANENSE, IN PARROCHIA SANCTI MARTINI CARCARIENSE, PRO C. SOLIDIS, CUM IMPRECATIONIBUS. PROMITTIT ABBAS EOS SEPELIRE].

(Fol. 109 r°. — 5 février 1036-1060.)

Ego in Dei nomen Raimundus et uxor mea Jerunclis, et filii mei Bernardus et Aldebertus et Gaucelmus, donatores sive gvenditores sumus Domino Deo, Sancto Salvatori Anianensi, et abbati presenti, Poncio, et monachis ejusdem loci, bajuliam quam habemus in villa que vocant Columbarios vel in ejus terminio, quicquid ibidem habemus vel modo possidemus per bajuliam sive drictum, sive tortum, sive ulla retinencia de nobis vinditoribus vel guirpitoribus eorum, et ab integrum de voce fundis possessionibus. Et est ipsa bajulia suprascripta in comitatu Biterrense, in vicaria Popianense, in parrochia Sancti Martini Carchariense. Et propter hanc donacionem sive vindicionem atque guirpicionem suprascriptam, dedit abba predictus vel monachi Anianenses centum solidos et eo amplius Raimundo et uxori sue et filiis suis. Et insuper fecit abba suprascriptus convenienciam : cum obierint Raimundus aut uxor sua aut filii sui aut uxores eorum, sepeliat eos abbas et monachi ejusdem loci cum hoc quod previderint de substancia sua, si amici eorum asportaverint eos in hoc loco. Si quis autem hanc donacionem vel vindicionem seu guirpicionem suprascriptam, aut abbas Anianensis sive ulla hereditaria potestas inrumperit, aut qualicumque modo abstulerit de communia Sancti Salvatoris Anianensis, veniat unus de plus propinquis nostris et ponat super altare suprascripto XII denarios et revertatur ad eum, et insuper qui hoc suprascripto abstraxerit de communia monacorum fiat excommunicatus et anatematizatus, sive separatus a Patre et Filio et

Spiritu Sancto, et a consorcio omnium sanctorum, et cum Juda Scariot qui Dominum tradidit particeps sit in inferno, et a justo judice imperpetuum sit dampnatus.

Facta donacione ista sive vindicione atque guirpicione nonis februarii, regnante Aianrico, rege. Fuit itaque factum atque diffinitum in presencia bonorum hominum, scilicet Leotardi de Giniaco, Raimundo Riculfo, Petri Garnerii, Berengarii, monachi, filii Raimundi suprascripti, Aranfredi, monachi, Bernardi, monachi, Petri, monachi, et aliorum multorum hominum. S. Raimundi et uxori sue Jerunclis, et infantes eorum nominibus Bernardus, Aldebertus, Gaucelmus, qui hanc scripturam firmaverunt et firmare testibus fecerunt. S. Leotardi. S. Ugoni. S. Raimundi. S. Adalaiz, uxorem Bernardi.

CCXXXI.

[RAIMUNDUS, PRO MALEFICIO QUOD FECIT, DAT ALODEM IN COMITATU BITERRENSE, IN TERMINIUM DE VILLA CARCARIENSE, CUM STIPULATIONE DUPLE].

(Fol. 109 r°. — 25 janvier avant 1036.)

In nomine Domini, ego Raimundus donator sum Domino Deo Sancti Salvatoris Anianensis cenobii, aliquid de alodem meum, pro maleficio que feci loci illius, dono in emendacione unam ferraginem ubi Raimundus et Poncius, presbiter, visi sunt manere, cum una semodiata de vinea. Et est ipse alodes in comitatu Biterrense, in terminium de villa que vocant Carcariense. In ejus terminium dono atque trado cum bona voluntate, ita ut ab hodierno die habeant, adeant, teneant et possideant Salvator abba et cuncta congregacio loci illius. Quod si ego aut aliquis de heredibus vel parentibus meis venerint ad inrumpendum, non eis liceat vindicare quod repetent, sed componant ipsum alodem duplum et melioratum. Et in antea donacio ista firma et stabilis permaneat omnique tempore.

Facta scriptura ista VII° kalendas februarii, anno regnante Domino nostro Jhesu Christo. S. Raimundi qui emendacione ista fieri voluit et manu sua firmavit et testes firmare rogavit. Bertrannus, monachus indignus, scripsit.

CCXXXII.

[PONCIUS PELLIPARII CONCEDIT, LAUDAT, TRADIT, UGONI, PRIORI DE CARCARESIO ET MONASTERIO ANIANENSI PRO CXL SOLIDIS RIPARIAM PETRI BERTRANNI, CUM PROMISSIONE DE EVICTIONE].

(Fol. 109 v°. — 1170.)

In nomine Domini, anno incarnacionis ejusdem M° C° LXX°, ego Poncius Pelliparii, bona fide et absque dolo, concedo, laudo et titulo vendicionis trado tibi Ugoni, priori de Carcharesio, et pro te monasterio Anianensi et omnibus successoribus tuis, et cuicumque dare, dimittere, vendere et impignorare volueris vel alio aliquo modo alienare volueris, videlicet pro C et XL solidis melgoriensibus ex quibus nichil in debito remansit, ripariam que fuit Petri Bertranni, quondam soceri mei, que terminatur a rupe que est suptus molendinis de Carcaresio usque ad ripariam quondam Roberti de Portale et sursum tendens cum via de Giniaco ab molendina de Carcares, et II cartariatas de vinea que conjunguntur cum vinea Raimundi Poncii. Et si aliquis homo vel femina super predicta vendicione aliquam controversiam moverit, ego vel eres meus, justa quod jus fuerit, defendemus. Si vero jure quod ibi aliquis habeat, predictam vendicionem vel partem predicte vendicionis a te vel a successoribus tuis evicitur, ego vel heres meus tibi vel tuis dampnum in integrum restituemus, et ad dampnum restitucionem dono tibi regressum in operatoriis meis que habeo in plano, que comparavi a Bertranno de Curte, et in omnibus aliis meis bonis. Hujus rei testes sunt Poncius de Casulis, Aimericus, Petrus Gros, Bertrannus de Ortulis, Petrus Regan, Poncius Charavalerius, Guillelmus de Podio. Petrus de Monblos scripsit.

CCXXXIII.

[FROTARDUS DE POIOL, REDDIT, DONAT ET GUIRPISCIT POST MORTEM SUAM VICARIAM ET HONOREM QUEM TENEBAT A SANCTO SALVATORE, IN PARROCHIA SANCTI MARTINI DE CARCARES, ET MANSOS IN PARROCHIA SANCTI VINCENCII DE POPIANO, PRO REMEDIO ANIME SUE ET PATRIS ET MATRIS].

(Fol. 109 v°. — 23 juillet 1094-1107.)

In nomine Domini ego, Frotardus de Poiol, reddo, et dono et guirpisco post mortem meam Domino Deo et altaris Sancti Salvatoris Anianensis

et abbati Petro et monachis ejusdem loci presentibus et futuris, in manu Petri Berengerii omnem vicariam et totum honorem quem tenebam de Sancto Salvatore, in parrochia Sancti Martini de Carcares, et in quatuor mansos qui sunt in parrochia Sancti Vincencii de Popiano, in duos de Podio Hestremar et in duos de Montels. Et hoc facio pro remedio anime patris et matris mee et pro remedio anime mee, quia agnosco quod ipsi et ego injuste tenuimus.

Facta scriptura ista x° kal. augusti, regnante Philippo, rege. S. Frotardi qui hanc scripturam fieri jussit et manu sua firmavit, et testes firmare rogavit. S. Poncii filii vocati sui. S. Deusde de Caprarecia. S. Poncii Rainonis. S. Petri Stephani de Caprarecia. S. Raimundi Aniani. S. Bernardi Bedoci. S. Guillelmi Laurencii. S. Raimundi de Curte. S. Stephani Ar. Petrus scripsit.

CCXXXIV.

[PONCIUS BONUSPAR ET UXOR, DANT SIMUL ET GUIRPISCUNT SEU VENDUNT MEDIETATEM ALODIS ET VILLÆ COLUMBARIOS, IN COMITATU BITERRENSE, IN PARROCHIA SANCTI MARTINI CARCARIENSIS, PRO XXX SOLIDIS, CUM IMPRECATIONIBUS].

(Fol. 109 v°. — 15 mai 1032-1060.)

Ego in Dei nomine Poncius Bonuspar et uxor mea nomine Geruncliss, nos simul donatores et guirpitores seu venditores sumus, altario Domino Deo Sancti Salvatoris Anianensis monasterii et Sancte Marie et abbatis Poncii et Bernardi, monachi, et cunctis monachis ejusdem loci presentibus et futuris, omnem medietatem de ipsum alodem, et de ipsa villa quam vocant Columbarios omnem partem nostram. Et est ipse alodes in comitatu Biterrense, in parrochia Sancti Martini Carcariense, totum et ab integrum, quantum ad ipsum alodem pertinet, in terris cultis et incultis, cum vineis, cum ortis, cum pascuis, cum arboribus pomiferis et impomiferis, cum aquis aquarumve decursibus earum, totam medietatem de supradicto alode, sic donamus et sic vendimus Domino Deo, Sancto Salvatori Anianensis, in presencia bonorum hominum, hoc est Sigarii, fratris Poncii et Vitalis, presbiteri, et Raimundi Ricardi et Petri Stephani, ita ut ab hodierno die et deinceps abbas ejusdem loci et cuncte congregacio quam (tam) presentes quam et futuri habeant, teneant* et possideant, et faciant quodcunque facere voluerint. Et accepimus in amodio solidos xxx. Quod si nos aut ullus de parentibus nostris, aut abbas aut ulla persona istum alodem suprascriptum de communia monacorum abstraere voluerit vel separare, inprimis iram Dei omnipotentis incurrat et cum Juda Scariot sit particeps in inferno, et a societate sanctorum sit extraneus.

* Fol. 110 r°

Facta carta ista xviii kal. julii, regnante Aianrico rege. S. Poncii Bonopari et uxor ejus Geruncliis, qui istam cartam seu vuirpitionem scribere fecit et manibus suis firmaverunt et testes firmare rogaverunt. S. Sigarii suprascripti. S. Vitalis, presbiteri. S. Eminoni. In Dei nomine Stephanus, levita, scripsit, sub die et anno quo supra.

CCXXXV.

[ERMENSENDIS, FILIA QUONDAM RAIMUNDI DEGALAC, DAT PRO IIII^{or} LIBRIS MELGORIENSIBUS, ARRIBATICUM HONORIS IN FLUMINE ERAURIS, IN LOCO AD NAVETAM, CUM PROMISSIONE ET JURAMENTO].

(Fol. 110 r°. — 1155.)

Anno dominice incarnationis M° C° L° V°, ego Ermensendis, filia quondam Raimundi Degalac, vendo et trado atque concedo tibi Petro, abbati Anianensi et tibi, Poncio, priori de Carcares et vestris successoribus, pro IIII^{or} libris melgoriensibus, quoddam arribaticum honoris mei quod est in flumine Erauris, in loco qui appellatur Ad Navetam, et ortos, ad aplicandam paxeriam molendinorum vestrorum, ut possitis paxeriam vestram levare et demittere atque mutare, quocienscumque vobis placuerit sine contradictione mea et successorum meorum vel eorum qui hunc honorem habuerunt, hac scilicet condicione servitutis imposita predicto honori et hoc gravamine servitutis semper aderente. Et sciendum quod has IIII^{or} libras habui a vobis predictis, ita quod nichil remansit in debito. Item, per me et meos promitto vobis et vestris successoribus, quod adversus hanc vendicionem non veniam, et quodcumque dampnum vobis mea culpa vel successorum meorum pro hoc honore advenerit, vel occasione servicii vel feodi, ego vobis refarciam, et ita ut promisi vobis sine fraude adimplebo, si me Deus adjuvet et hec sancta IIII^or evangelia. Testes sunt Petrus Pauli et Bernardus Benedictus et Johannes, ejus frater, et Raimundus Bedoc, et Guillelmus Darnet, sacerdos, et Ugo de Sancto Guiraldo, et Raimundus qui hanc cartam scripsit.

CCXXXVI.

[UGO DONAT UNUM MANSUM IN BOXETO, IN COMITATU BITERRENSE, IN VICARIA POPIANENSE, IN PARROCHIA CARCHARIENSE, EA RACIONE UT PER VITAM SUAM MANSUM TENEAT; ET DONAT IN VESTITURA TRES SOLIDATAS DE PISCES ET RECEPTUM CUM IIII^or CABALLARIIS, IMPRECATIONIBUS ADDITIS].

(Fol. 110 r°. — Jeudi, 12 avril 1039.)

In nomine Domini, ego Ugo donator sum Domino Deo, Sancto Salvatori Anianensis unum mansum in boxeto, ubi Bego visus est manere, cum omnes adjacencias suas, quantum ad ipsum mansum pertinet et ab integrum dono de fundis vocis possessionibus. Et est ipse mansus in comitatu Biterrense, in vicaria Popianense, in parrochia Sancti Martini Carcariensis, in tali vero racione, dum ego Ugo vivo, teneo et possideo; et dono in vestitura tres solidatas de pisces paiensus (*sic*) de Pascha usque in festivitate sancti Johannis, et habeat abba supradicti loci receptum cum IIII^or caballariis. Quod si ullus abba supradicti loci, aut monacus, aut ulla potestas, aut ullus homo, aut femina istum mansum suprascriptum de communia Sancti Salvatoris Anianensis abstraere voluerit, aut aliquo modo inrumpere, aut ad fevum dare, aut aliquam bajuliam requirere, sit a Patre et Filio et Spiritu Sancto excommunicatus et a gremio sancte matris Ecclesie sit extraneus et a corpore et sanguine Domini nostri Jhesu Christi sit separatus, et cum Juda Scariot qui Dominum tradidit, perpetuis penis sit dampnatus. Quod si aliquis homo aut femina ista suprascripta omnia, quod minime credimus evenire, infringere voluerit, viniant propinquiores
* Fol. 110 v°. parentes Ugonis * suprascripti de Posolis, et recipiat ipsum mansum. Et Hugo suprascriptus, qui hoc donum bono animo et plena voluntate fecit, recipiat premium sempiternum, et illi per quorum culpam evenerit recipiat supplicium sempiternum.

Facta donatione ista pridie idus aprilis, feria V^a, anno M° XXX° VIIII°, regnante Henrico, rege. S. Hugonis, qui donacione ista fieri voluit et manu sua firmavit et testes firmare rogavit. S. Leutardi. S. Bernardi. S. Regismundi. S. Bernardi, filii sui. Berutrunnus (*sic*) indignus monachus scripsit.

CCXXXVII.

[CARTA HONORIS, ID EST CONDAMINE IN PARROCHIA SANCTI MARTINI DE CARCHARES, IN RIPA DE RIUSEC, QUEM DONAT BERTRANNUS LAUTARDUS DE GINIACO, EA RACIONE UT MONACHI EUM IN LOCO ANIANENSI TUMULARI FACIANT].

(Fol. 110 v°. — 14 mai 1094-1108.)

In nomine Domini, hec est carta de honore quem donat Bertrannus Lautardus de Giniaco Sancto Salvatori Anianensi et abbati Petro et monachis ejusdem loci presentibus et futuris. Hoc est unam condaminam que est in parrochia Sancti Martini de Carchares ; et est ista condamina in ripa de Riusec, et affrontat ex omnibus partibus in terra Sancti Salvatoris quam tenet Raimundus de Maroiol ad fevum de Bertranno, et de Raimundo tenet Petrus Malefactus de Giniaco. Donat autem honorem istum Bertrannus suprascriptus et uxor sua et infantes eorum Sancto Salvatori ad alodem nunc et in perpetuum, in tali conveniencia quod si mors ei supervenerit, tumulari eum faciant in loco Anianensi et LXX eciam cum additamento honoris sui.

Facta scriptura ista II° idus madii, in presencia domni Petri abbatis et Willelmi, prioris, et Fredolonis, monachi, et Petri Berengerii, monachi, et Grimaldi et Bertranni de la Cabrarecia, et Ademari, monachi, et Willelmi Siguini, regnante Philippo, rege. Bernardus, monachus, scripsit. S. Senegundis. S. Willelmus et Lautardus.

CCXXXVIII.

[ERMENSENDIS JULIANA, ET GUILLELMA ADEMARA ET PONCIUS, FILIUS, SOLVUNT, GUIRPIUNT ET CONCEDUNT AIMERICO, PRIORI DE CARCARERIO, QUICQUID HABEBANT IN MOLNARIO ET IN MOLENDINIS DE CARCARESIO AD ERAURUM QUÆ VOCANTUR AD LECAM SOBEIRANAM, PRO V SOLIDIS CUIQUE EORUM SOLUTIS].

(Fol. 110 v°. — 1173.)

Ego Ermensendis Juliana, quondam uxor Stephani Magistri, et ego Guillelma Ademara, et ego Poncius, ejus filius, nos omnes pro nobis et pro omnibus nostris presentibus atque futuris, bono animo et cum hac presenti carta solvimus, guirpimus et imperpetuum habere concedimus tibi domino Aimerico, priori de Carcarerio, omnibusque successoribus tuis ad omnes voluntates vestras plenarie faciendas, sine nostra nostrorumque inquietudine, scilicet quicquid habebamus vel habere debebamus vel petere poteramus, juste vel injuste, in omni illo molnario et in omnibus illis molendinis de Carcaresio que sunt ad Eraurum, quod molnarium vocatur ad Lecam Sobeiranam. Pro qua solucione ego, Ermesendis jam dicta, habui a te domino Aimerico v sol. melgorienses, et ego Guillelma Ademara, et ego Poncius, ejus filius, similiter v sol. melgorienses habuimus, nichil remanente in debito.

Hoc fuit factum anno dominice incarnacionis M° C° LXX° III°. Testes sunt Raimundus de Agrinedis, Petrus Penchenaz, Bernardus de Mairosio et P. frater ejus, Ugo Agrinedis, Pe. de Cabazano, Bernardus Carle. Raimundus Genesii. Petrus Archibaudi. Raimundus scripsit.

CCXXXIX.

[LEUTARDUS ET FILII SUI ET FILIE IN UNUM DONANT ALIQUID DE ALODE IN COMITATU BITERRENSI, IN TERMINIO DE VILLA CARCARIENSI, ID EST CONDAMINAM CUM FONTE, CUM PROHIBITIONE ALODIS A COMMUNIA SUBSTRAHENDI, ADDITIS IMPRECATIONIBUS].

(Fol. 110 v°. — 1er novembre 1066-1091.)

Ego in Dei nomen, Leutardus, et filii mei, Ingilbertus et Rostagnus et Bertrannus et Willelmus, et filie mee Garsindis et Aldiardis, nos similiter in unum donatores sumus Domino Deo Sancto Salvatori Anianensi aliquid de alode nostro. Et est ipse alodis in comitatu Biterrensi, in terminio de villa Carcariensi, hoc est una condamina cum fonte. Et tenet de via que pergit Afferigoled usque in Rivo Sicco, et de alio capite determinat ea con-
* Fol. 111 r°. damina que est de fevo Raimundi * Marvioli, et de alia parte determinat in ipsa condamina de Sancto. Istum alodem suprascriptum cum ipsa ribaria, sic dono ego, Leutardus, et filie et filii mei suprascripti, Domino Deo Sancto Salvatori Anianensis et monachis ejusdem loci presentibus et futuris, et abbati Æmenoni, ita ut ab hodierno die deincebs habeant,

teneant et possideant, in tali racione quod si abbas aut aliquis veniens, de communia loci predicti tollere vel alienare ullo ingenio voluerit, in primis iram Dei omnipotentis incurrat et cum Juda traditore in inferno particeps fiat. Insuper veniat unus de propinquis meis et ponat super altare Sancti Salvatoris unum denarium. Et in antea donacio ista firma et stabilis permaneat omni tempore.

Facta est donacio ista kalendis novembris sub die regnante Philippo, rege Francorum. S. Leutardi qui donacionem istam fecit et manu sua firmavit et testes firmare rogavit. S. Ingilberti, filii sui. S. Rostagni, filii sui. S. Bertranni, filii sui. S. Willelmi, filii sui. S. Vuillelmi Ugonis. S. Gervasii. S. Bernardi Raimondi. S. Gaucelmi, fratris sui. S. Ugoni de Albaiga. S. Poncii Stephani. Sanctus, Gasconie oriundus, scripsit sub die quo supra.

CCXL.

[ALDO, BARONCELLO DICTUS, DONAT ECCLESIAM IN COMITATU BITERRENSE, IN VICARIA KADINIASE, IN VILLA PLEVIGIOS, CUM IMPRECATIONIBUS].

(Fol. 111 r°. — 13 juin 987-988.)

In nomine Domini, ego Aldo que Baroncello vocant, donator vel traditor sum Domino Deo et ecclesie Sancti Salvatoris monasterio Anianensis, placuit animis meis et placet, nullo cogenti imperio nec suadenti ingenio, sed propria et spontanea mea hoc elegit bona voluntas, ut prefata ecclesia donacionem fecissem sicut et facio. Dono Domino Deo et ejusdem ecclesie in comitatu Biterrense, in viharia Kadiniase, in villa Plevigios, quantum ibidem habeo vel in ejus terminio, cum ipso campo Redario sive Mediliano, ut ab hodierno die et tempore ad proprium habeat prefata ecclesia et habitatores ejus qui ibidem famulantur, vel successores illorum usque in secula seculorum. Quod si ego venero pro irrumpendum, aut quislibet homo, inprimis iram Dei Patris omnipotentis incurrat et cum Anna et Caypha sive cum Datan et Abiron vel cum Poncio Pilato et cum Juda qui Dominum tradidit, particebs fiat, et insuper componat Domino Deo vel suprascripta ecclesia suprascriptum alodem duplum et melioratum. Qualis adeo tempora fuerint, donacio ista firma permaneat semper.

Facta donacione ista idus junii, anno I° regnante Ugone rege. S. Aldo qui fieri jussit et firmare rogavit. S. Ato qui Bonumparem vocant. S. Poncii. S. Adroarii. S. Ugoni. In Christi nomen, Ysimbertus, presbiter, scripsit, die feria III^a.

CCXLI.

[LEUTARDUS DAT ALODEM IN VILLA COLUMBARIOS, EA RATIONE UT SEMPER IN COMMUNIA MONACHORUM PERMANEAT AUT HEREDES REDIMERE POSSINT. QUAM ALODEM PRO PARTE A WARNERIO, FRATRE ET NEPOTIBUS PER COMMUTATIONEM ACQUISIVIT].

(Fol. 111 r°. — 11 septembre 1038.)

In nomine Domini, ego Leutardus donator sum Sancto Salvatori monasterii Anianensis et Sancte Marie semper Virginis ejus Dei genitricis, omnibusque sanctis quorum reliquie ibi coluntur, omnem alodem meum qui est in villa quam vocant Columbarios, qui michi advenit ex matre mea Guotlinde, cum ipsa parte que fuit de Warnerio, fratre meo. Et dedi pro ista parte de Warnerio, fratre meo, ad nebotos meos filios Warnerio, Poncio Bonopare et Petro, castellum Nibianensem, cum ipsa villa et cum omni alode quem habeo in villa suprascripta, exceptis vineis quas dedi ad illuminandum altare Sancti Salvatoris Anianensis monasterii suprascripti ; istum alodem suprascriptum, qui est in villa suprascripta, quem vocant Columbarios, sic dono ego Leutardus supra-
* Fol. 111 v°. scriptus ad altari Sancti * Salvatoris Anianensis cum omnibus adjacenciis suis, et cum omnibus que ad ipsum alodem aspicere et pertinere videntur, cum exeo et regresso, cum terra culta et inculta, cum ortis et cum arboribus pomiferis et impomiferis, cum uglatis, casis, casalicis. In tali vero racione ut omni tempore in communia sua monacorum, et si aliqua potestas, aut abbas, aut monacus, aut aliquis homo per ullum ingenium ipsum alodem suprascriptum abstraere voluerit, nepotes Leutardi suprascripti, id est Poncius et Bonuspar et Petrus X solidos super altare Sancti Salvatoris Anianensis ponant et ipsum alodem suprascriptum recipiant.

Facta donacione ista III° idus septembris, anno M° tricesimo VIII°. S. Leutardi, qui alodem suprascriptum pro remedio anime sue Sancto Salvatori Anianensi dedit et donacionem istam scribere jussit et manu propria firmavit et testes firmare rogavit. S. Poncii. S. Boniparis. S. Petri. Ingilerius, presbiter, scripsit die et anno quo supra.

CCXLII.

[WILLERMUS, GUARNERIUS COGNOMENTO, DONAT, GUIRPIT ET VENDIT MONASTERIO DRICTURAM SIVE ALODEM IN VILLA COLUMBARIOS, IN COMITATU BITERRENSE, IN PARROCHIA SANCTI MARTINI CARCARIENSE, PRO LX[a] SOLIDIS, CUM IMPRECATIONIBUS].

(Fol. 111 v°. — 11 février 1060.)

Ego in Dei nomen Willermus, cognomento Guarnerius, donator et guirpitor seu venditor sum altario Domino Sancti Salvatoris Anianensis monasterii et Sancte Marie et aliorum sanctorum quorum ibi coluntur reliquie, et abbati presenti, Poncio, a Bernardo, monacho, et cunctis monachis ejusdem loci presentibus et futuris, omnem dricturam sive alodem quem habeo in ipsa villa que vocant Columbarios. Et est ipse alodis in comitatu Biterrense, in parrochia Sancti Martini Carcariense, totum et ab integrum de voce fundis possessionibus, quantum ad ipsum alodem pertinet, cum terris cultis et incultis, cum vineis, in ortis, cum egressis et regressis, cum pascuis, cum arboribus pomiferis et impomiferis, cum huclatis, cum pratis, cum aquis aquarumve decursibus, totum et ab integrum supradictum alodem sine ulla retinencia, sic dono et vendo atque trado Domino Deo, Sancto Salvatori Anianensis et habitatoribus ejusdem loci presentibus atque futuris. Et fuit factum in presencia bonorum hominum, id est Raimundi Aboni, Bernardi Widonis, Willelmi Ricardi et Berengerii, fratris sui, et Gaucelmi, Poncii Clavelli. Sic et vendo supradictum alodem Domino Deo, Sancto Salvatori, sine ullo inganno, coram testibus, ita ut ab hodierno die et deinceps abbas ejusdem loci et cuncta congregacio, tam presentes quam et futuri, habeant, teneant et possideant et faciant quicquid facere voluerint. Et accepi in precio solidos LX[ta]. Quod si ego aut ullus de parentibus meis aut ulla judiciaria potestas, aut abbas, aut illius hominis persona suprascriptum alodem de communia monacorum qualicumque ingenio abstraere voluerit vel separare, iram Dei omnipotentis sine ulla misericordia incurrat, et cum Juda Scarihot sit particeps in inferno, et in eterna dampnacione sine ullo remedio sit dampnatus.

Facta vendicione ista IIIº idus febroarii, anno XXº VIIIIº regnante Aianrico, rege. S. Willelmi qui istam cartam seu vindicionem atque wirpicionem scribere fecit et manu sua firmavit, et testes firmare rogavit. S. Poncii Warnerii. S. Bonoparii. S. Bernardi Widoni. S. Gaucelmi. S. Poncii Bonopari et uxore sua nomine Jerunclis.

CCXLIII.

[PONCIUS DE MOTA, PRO ANIMA PATRIS, MATRIS ET GENERIS, DAT ALODEM IN PARROCHIA SANCTI MARTINI DE CARCARES, EA RACIONE UT IPSE PER VITAM AB ABBATE AD FEUDUM TENEAT, ET POST MORTEM REVERTAT ALODES AD ABBATEM].

(Fol. 112 rº. — 1121.)

In nomine Domini, ego Poncius de Mota, pro anima patris vel matris mee sive generis mei, dono per alodium omnem alodem meum qui michi advenit de Geraldo, patre meo, sive de fratribus meis, sive de sororibus meis, quem habeo in totam parrochiam Sancti Martini de Carcares, Domino Deo, Sancto Salvatori Anianensis et Petro, abbati, et monachis ejusdem loci presentibus et futuris, tali modo ut ego habeam ad fevum de abbate et de monachis totum alodem supradictum in vita mea, et post obitum meum revertatur in dominio cum corpore meo et substancia mea ad Sanctum Salvatorem, et abbati et monachis. Et hoc facio in presencia domini Petri, abbatis, sive in manu sua et monachorum, sive laicorum, videlicet Petri Berengerii et Petri Bompar et Bertrandi Biterrensis et Poncii Rames et Guillelmi, filii ejus et Deodati de Caprarecia.

Facta carta ista anno ab incarnacione Domini Mº Cº XXº Iº. S. Poncii predicti, qui hanc cartam fieri jussit et manu sua firmavit et testibus firmare rogavit. Guillelmus scripsit. S. Raimundi Pilcerui et Petri, fratris ejus. S. Guillelmi, filii Bernardi de Aspirano.

CCXLIV.

[NOTICIA DIFINICIONIS ET RECOGNICIONIS INTER ABBATEM PETRUM, ET BERNARDUM DE PINIANO ET ARTEMANDUM ET RAIMUNDUM ERMENGAU ET FEVALES SUOS, DE VICARIA DE MONTELIS].

(Fol. 112 r°. — XII° siècle.)

Noticia difinicionis et recognicionis que facta est de vicaria de Montelis inter abbatem, Petrum, Anianensem et Bernardum de Piniano et Artemandum, fratrem suum, et Raimundum Ermengau et fevales suos. Et habet Raimundus suprascriptus et fevales sui in unumquemque mansum de vestitura, unum moltonum aud. XII den., cum auso, qualem ipsi plus voluerint, et unumquemque mansum albergum, cum III caballarios et I servientem et cum uno comol sextario vilano de civata et unum bovarium et unum saumarium, et IIII formaticos, de Pascha usque in festivitate sancti Johannis, qualem ad opus suum fecerit, et unam somatam de ligna, aut I den. et in unamquemque apennariam de vestitura VI den. et per censum II pullos marcenchos, et I operarium, aut I medaculam, et in vineis propter gardiam I vitem et I den. de una modiata, et I semodiatam medietatem de I vitem et I medaculam. Ista omnia suprascripta habet Raimundus Ermengau et fevales sui propter vicariam.

Facta scriptura ista in presencia bonorum hominum, id est Ferram de Casulis et Willelmi Petri de Piniano et Bernardi Petri, et lai enfant, et Artmandi, et de Raimun Ermengau, et de Giraldo, vicario suo, et Raimun Poioz de Piniano et monacorum, id est Willelmi Riculfi priori, monachus, et Petri Lautardi qui hanc scripturam scripsit.

CCXLV.

[INGILGARIUS ET UXOR, ADALAX, DANT IN ELEMOSINA MANSOS DUOS IN COMITATU BITERRENSE, IN VICARIA PUPIANENSE, IN VILLA CASELLAS, QUOS ANTEA COMPARAVERUNT, ET COMPOSITIONEM IRRUPTORI MINANTUR].

(Fol. 112 r°. — 2 août 968.)

In nomine Domini, ego Ingilgarius et uxor mea, Adalax, certeim (*sic*) quidem et manifestum est enim quia sic placuit animis nostris, et placet nullius cogentis imperio nec suadentis ingenio, sed propria et spontanea

nostra hoc elegit voluntas bona, ut aliquid in elemosina de alodem nostrum donare deberemus, donamus Domino Deo et Sancto Salvatori et Sancte Marie semper virginis, vel aliorum sanctorum quorum ecclesias funditas in Aniano monasterio, donamus, in comitatu Biterrense, in vicaria Pupianense, in villa que vocant Casellas, mansos duos : in uno manso Rodaldus visus est manere, in alio manso Sabbato visus est manere. Et advenit nobis ex comparacione de Ildiatone, vicecomite ; et ipse Ildiatonus comparavit de homine, nomine Berane, cum casis, casaliciis, exeis, ortis, oglatis, campis, vineis, molinis, molinaribus, arboribus pomiferis
* Fol. 112 v°. et impomiferis, aquis, aquarum vel * decursibus earum, omnia et in omnibus totum et ab integrum donamus Domino Deo, et Sancto Salvatori, ad ipso monasterio Aniano, et habitatores ipsius presentibus et futuris. Quod si nos aut aliquis de propinquis nostris quis contra hanc donacionem venerit ad inrumpendum, non ei liceat vindicare quod repetit, sed componat ad ipso monasterio Aniano tantum, et ad vitandum et insuper, cum Juda Scariot sit particeps in infernum et lepra quam habuit Naamam, descendat super eum. Et in antea donacio firma et stabilis permaneat, omnique tempore.

Facta donacione ista IIII° nonas augustas, anno XIIII regnante Lotardo rege. S. Ingilgarius et uxor mea, Adalax, qui hanc donacionem fieri volumus, et testes firmare rogavimus. S. Rodaldo. S. Guidone. S. Saluto. S. Bladgario. S. Aichardo. Aigomarus, presbiter, scripsit sub die et anno quo supra.

CCXLVI.

[RAIMUNDUS BERTRANNUS, CONSILIO MATRIS, DAT, CONCEDIT, LAUDAT, SOLVIT ET TRADIT MONASTERIO QUIDQUID PATER ET, EO MORTUO, FRATRES, MATER ET IPSE HABUERUNT A MONASTERIO IN PARROCHIA ET IN TERMINIO DE CARCHARES, QUIBUSDAM PARTIBUS EXCEPTIS, CUM JURAMENTO SUPER EVANGELIA. MATER CONFIRMAT ET JURAT, ET PROMITTIT FILIUM SUUM MINOREM CONFIRMATURUM].

(Fol. 112 v°. — 1173.)

Anno dominice incarnacionis M° C° LXX° III°, ego Raimundus Bertrannus qui fui filius quondam Petri Bertranni, cum consilio et voluntate matris mee, Alamanne, dono, concedo et laudo et solvo, et sine aliqua retencione imperpetuum trado tibi, Aimerico, priori de Carcaresio, et per te domino Raimundo, abbati monasterii Anianensis, et per vos monasterio predicto et monachis predicti loci presentibus et futuris, quicquid pater meus Petrus Bertrannus a vobis habuit, seu mater mea, et ego, et fratres mei post mortem patris nostri, a vobis habuimus vel habere debuimus in parrochia et in terminio de Carchares in vinnagolarias seu in ripariis, vel quocumque alio modo habuimus seu habere debuimus, excepta vinea que est inter vineas Raimundi de Carcharesio et inter vineas elemosinarii quam a vobis habemus et quam nobis condicione vinearum circumadjacentium retinemus, exceptis solummodo gardia et porta que nobis, consilio domni Raimundi, abbatis, indulsisti, reliqua omnia, sicut superius dictum est, cum fratre meo, Petro, cui pro parte paterne hereditatis competunt, vobis concedo, ut deinceps quiete et sine alicujus contrarietate possideatis, et promitto vobis, in verbo Dei, quod contra hanc donationem seu concessionem aliquando non veniam. Sic Deus me adjuvet et hec sancta IIII^or evangelia. Et ego Alamanda, mater ejus, sicut superius scriptum est, laudo et confirmo et promitto in verbo Dei quod contra hanc laudacionem per me vel per aliquam subjectam personam aliquando non veniam. Sic Deus me adjuvet et hec sancta IIII^or evangelia. Et promitto vobis quia cum filius meus, Bertrannus, qui nunc minor est, ad intelligibilem pervenerit etatem, hoc ipsum laudabit et confirmabit.

Testes sunt Raimundus de Boixeto, Raimundus de Greneriis, Bernardus Arnaldi, Willelmus Garnerii, Nicholaus, Willelmus de Campo, Willelmus Gasc. Willelmus Andreas scripsit.

CCXLVII.

[BERTRANNUS LAUTARDUS DE GINIACO ET UXOR ET INFANTES DANT HONOREM, ID EST CONDAMINAM IN PARROCHIA SANCTI MARTINI DE CARCHARES, EA RACIONE UT POST MORTEM ANIANE SEPELIATUR AUT PER VITAM MONACHI EUM RECIPIANT, ET DAT PLIVIONEM].

(Fol. 112 v°. — 1091-1108.)

In nomine Domini, hec est carta de honore quem donat Bertrannus Lautardus de Giniaco et uxor sua Senegunz et infantes eorum, Willelmus

et Lautardus, Garsendis et Bertanna, Sancto Salvatori Anianensi et abbati Petro et monachis ejusdem loci presentibus et futuris, hoc est una condamina que est in parrochia Sancti Martini de Carchares. Et est ista condamina in ripa de Riusec, et affrontat ex omnibus partibus in terra Sancti Salvatoris quam tenet Raimundus de Maruiolo ad fevum de Bertranno, et de Raimundo tenet Petrus Malefactus de Giniaco. Donat autem
* Fol. 113 r°. ultra flumen Riusec, contra puteum * in unam apennariam similiter quartum ad alo[dem]; et istum quartum tenet Raimundus suprascriptus de Maruiol, de Bertranno suprascripto ad fevum, et de Raimundo Frotardus de Poiol. Similiter donat Bertrannus ad alodem Sancto Salvatori quartum de ferragine que est ante porta de Carcares; quem quartum tenet simili modo Raimundus suprascriptus ad fevum de Bertranno, et de Raimundo Frotardus. Donat autem honorem istum Bertrannus Lautardus et uxor sua et infantes eorum ad Sanctum Salvatorem ad alodem, nunc et imperpetuum, in tali conveniencia quod quando mortuus fuerit, sepeliatur in loco Anianensi, aut, si monacus voluerit esse, recipiatur. Et hoc eciam cum amplius de honore suo, et plivivit Bertrannus et uxor sua, ut ingannum non faciant in istam donacionem, nec modo nec in antea.

Facta donacio ista in presencia domni Petri, abbatis, et Willelmi, prioris, et Fredolonis, monachi, et Petri Berengarii, et Grimaldo de Cambaca, et Petro Astremar, et Geraldo de Valle et Poncio Fredallo. Regnante Philippo rege.

CCXLVIII.

[BREVIS DIVISIONIS WIDBERGE DE MANSO IN COMITATU BITERRENSE IN VILLA MONTILIUS CUM IMPRECATIONIBUS].

(Fol. 113 r°. — 17 ou 18 février 972 ?)

Hic est brevis quod divisit Widberga femina, in sua recta memoria, ad manumissores suos, his nominibus, Remigio et Almerado. Divisit ad Sancto Salvatore, in Aniano monasterio, in comitatu Biterrense, mansum unum, in villa que vocant Montilius et boxeto, ubi Raino visus est manere, ab omni integritate quicquid ad ipsum mansum aspicit, ita ut ab hodierno die abbas et ipsi monachi habeant, teneant et possideant. Et si ullus homo ipsum mansum de ipso monasterio suprascripto abstrahere voluerit, inprimis in iram Dei incurrat, et cum Juda Scarihot sit particeps in infernum et absorbeat eum terra, sicut absorbuit Datan et Abiron. Et in antea testamentum istum firmum et stabile permaneat omnique tempore.

Factum brevem istum XIII kal. martii. S. Remigii et Almeradis, qui hoc testamentum fieri voluerunt et firmaverunt et firmare rogaverunt. S. Andree. S. Duranti. S. Amalberti. Faraldus, ingignus (*sic*) monacus scripsit sub die et anno quo supra.

CCXLIX.

[BERNARDUS RAINALDI DE CARNECATIS ET UXOR ET FILII VENDUNT ALIQUID DE HONORE ANTE ECCLESIAM SANCTI MARTINI CARCHARIENSIS, PRO XVII SOLID. DE NUMMOS DE MELGORIO].

(Fol. 113 r°. — Pentecôte 1061-1108.)

In nomine Domini ego Bernardus Rainaldi de Carnecatis et uxor mea Ricardis et filius meus Poncius et filie mee, vendimus aliquid de honore nostro Deusdedo Carchariensi, cum consilio Fredolonis, monachi, hoc est una modiata de vinea, in terminio Carcariensi, et unam ferraginem cum mansionibus et cum arboribus. Et est ipsa ferraginis juxta cimiterium ante ecclesiam Sancti Martini Carchariensis. Et accepimus in precio XVII sol. de nummos de melgorio et unum maniar, cum V homines. Ego Bernardus suprascriptus et uxor mea et infantes mei vendimus et donamus et guirpimus honorem hanc suprascriptam Deusdedo et suis.

Facta carta ista die Pentecosten, regnante Philipo, rege. S. Bernardi et uxoris sue et infantes illorum, qui hanc vendicionem firmaverunt, et testes firmare rogaverunt. S. Fredelonis, monachi. S. Petri Guntai. Poncius, levita, scripsit.

CCL.

[WILLELMUS ALDEBERTI DE GINIACO DAT APENNARIAM, IN TERMINIO SANCTI MARTINI CARCARIENSIS, PRO XX SOL. MELG.].

(Fol. 113 r°. — 1132.)

In nomine Domini, ego Willelmus Aldeberti de Giniaco, dono Domino Deo et altario Sancti Salvatoris Anianensis et tibi Petro, abbati, et mona-

chis ejusdem loci presentibus et futuris unam apennariam in terminio parrochie Sancti Martini de Carcariensi, que apellatur Reganaz, quam videtur tenere Petrus Rufus, totum scilicet quicquid ibi habeo vel habere debeo cum ipso Petro Rufo, et uxore et infantibus suis, et cum omnibus
* Fol. 113 v°. ad ipsam apennariam * pertinentibus, excepto quarto, ita dono et trado monasterio supradicto et monachis, ut habeant et teneant in perpetuum. Et propter hoc accepi a Poncio Airradi, monaco, xx solidos melgorienses. Et donat hec apennaria talem censum per singulos annos, xii den. et unam fogaciam, et unam gallinam.

Facta est hec donacio anno ab incarnacione Domini M° C° XXX° II° in presencia Willermi de Giniaco, et Willermi Gilaberti, et Willermi de Granariis, et Petri Criselli, et Ugonis Botani. Petrus sripsit.

CCLI.

[NOTICIA WIRPICIONIS, DIFFINICIONIS, SIVE SECURITATIS INTER ABBATEM PETRUM ET INFANTES DE GERUNCLES DE ALODE DE RUBIAC].

(Fol. 113 v°. — 14 janvier 1094-1108.)

Noticia wirpicionis vel diffinicionis sive securitatis que facta est inter abbatem Anianensem, Petrum, et monacos ejusdem loci cum infantes de Giruncles, id est Berenguarium et Bernardum et Deusde et Eimericum de decima de alode de senioribus de Rubiac. De isto alode suprascripto est tota decima de Sancto Salvatore, sicut vadit via de Romeo mortuo usque ad puteum Margollagues, et de puteo sicut vadit strata in comba Mariollagues, desuper viam vas Popiano, et de subtus viam suprascriptam vas Rovega. Est tota decima de isto alode suprascripto inter Sanctum Salvatorem et infantes de Giruncles, per medietatem de omnes res.

Facta scriptura ista, XVIII kal. februarii, regnante Philippo, rege. S. Guillelmi, monachi. S. Fredoloni. S. Raimundi. S. Deusde. S. Eimeric. S. Eleazar. S. Hugo Bernardo.

CCLII.

[ALDO, QUI BARONCELLO VOCATUR, DONAT ET TRADIT ALIQUID DE ALODE SUO IN COMITATU BITERRENSE, IN VICARIA CHATUNIANENSE, IN VILLA PLEVEGIUS, CUM IMPRECATIONIBUS].

(Fol. 113 v°. — 9 janvier vers 1000.)

In nomine Domini, ego, Aldo, qui Baroncello vocatur, donator atque traditor, sive transfumditor sum Domino Deo et Sancti Salvatoris Anianensis cenobii, aliquid de alodem meum. Certum quidem et manifestum est enim quia sic placuit animis meis et placet, nullus cogentis imperii nec suadentis ingenii, sed propria atque ex pontanea hoc elegit mea bona voluntas, ut Domino Deo et Sancti Salvatoris aliquid de alodem meum donare voleo, quod ita et facio: dono atque transfundo in comitatu Biterrense, in vicaria Chatunianense, in villa Plevegius vel in sua terminia, quantum ibidem habeo, tam quisitum quam et ad inquirendum, tam rusticum quam et urbanum, sic dono atque transfundo propter remedium anime mee. Et advenit michi ipse alodes ex comparacione domine nomine Trustrando. Et istum alodem qui superius scriptus est, adeant, teneant et possideant ipse locus qui in honore sancti Salvatoris vel sancte Marie vel aliorum sanctorum fundatus est, vel ipsi habitatores qui easdem reliquie deservierint, sine blandimentum de ullum hominem. Et si ullus homo qui inquietare aut contradicere ad ipsum locum vel ad ipsos habitatores voluerit, non ei liceat vindicare quod repetit, sed descendat super eum ira Dei, et illa lepra que Naamam Sirus habuit illa recipiat, et cum Judas Scarioti qui Dominum tradidit consors fiat in pena, et cum Datan et Abiron particebs in infernum demergat. Et in antea carta donacio aut transfundicio ista firma et stabilis permaneat omnique tempore.

Facta carta donacionis aut transfundicionis ista v idus januarii, regnante Domino nostro Jhesu Christo. S. Aldo qui Baroncello vocatur, qui hanc cartam donacio aut transfundicionis fieri voluit et firmavit et firmare rogavit. S. Alcharius. S. Stephanus, qui voluerunt et consenserunt. S. alius Alcarius. S. alius Stephanus. S. Bernardi. S. Rantoitus. S. Ugone. Girardus, presbiter, scripsit die et anno quo supra.

CCLIII.

[ILDINUS, PROPTER FACINORA SUA ET PARENTUM, DAT RES SUAS IN PAGO BITERRENSE, IN VICARIA PUPIANENSE, IN VILLA CARCARESE, POST MORTEM, CUM IMPRECATIONIBUS].

(Fol. 113 v°. — 8 octobre 972.)

Ego in Dei nomen Ildinus, recogitans fragilitatis mee casus humanum, idcirco facinora mea minuanda vel de parentes meos qui defuncti sunt *, idest genitore meo, Lautardo, et genitrice mea, Senegunde, et filios meos, et filias uxore mea, Archimberta, pro nos omnibus superius nominatos, dono ad sacro sancte basilice qui est constructa in honore sancto Salvatore et sancte Marie semper Virginis, seu sancti Petri et sancti Michael vel aliorum sanctorum in Aniano monasterio, quem dominus Rainardus, abba, regere videtur, donatumque ibi perpetuum esse volo, hoc est res meas que sunt in pago Biterrense, in vicaria Pupianense, in villa Carcarese, quantumcumque ibidem visus sum habere vel possidere cum ipsa ecclesia, que est fundata ibi honore sancti Martini, cum omnibus ecclesiasticis suis, cum decimis et primiciis, cum ecclesia Sancti Johannis, in tali vero racione dum Ingilgarius et filius suus Jonam vivit, ipsam ecclesiam teneant sine ullo blandimento. Et in villa Vitis dono manso uno cum ipsa trilia que ibidem conjacet, et in mata pedulio quantumcumque ibidem visus sum habere vel possidere usque in medio fluvio Araor ; similiter dono in quarciaco quantos molinos vel molinares visus sum habere vel possidere, casis, casalicis, campis, pratis, silvis, garricis, vineis, arboribus pomiferis et impomiferis, ortis, molinis, aquis aquarumve decursibus. Ista omnia supranominata pro nos supradictos ad ipsam casam Dei vel ad suos rectores dono, trado, adque transfundo ab hodierno die Si quis vero, quod futurum esse non credo, si ego ipse aut aliquis de heredibus, id est quislibet persona qui contra hanc donacionem eam, quam ego proprio animo vel plenissima voluntate fieri rogavi, venire aut agere temptaverit, si ille sine peccato est forsitan, potest nostra totorum peccata portare, nam si ille peccavit, puto se gravare si suas et nostras sustinere vellit et pro utriusque racionem reddere, quia nos, Deo adjuvante, per istam donacionem speramus aliquid de nostris minuari.

* Fol. 114 r°.

Et si ullus homo, aut clericus, aut laicus, aut comes, aut episcopus, aut abba venerit qui aliquid de istas res minuere aut abstraere aut irrumpere voluerit de communia, in primis iram Dei incurrat et cum Juda Scarihot sit particebs in infernum et obsorbeat illum terra, sicut obsorbuit Datan et Abiron et Sodoma et Gomorra, et infra limina sancte Dei Ecclesie nec vivus nec mortuus intrare non valeat, sed fiat separatus a corpore et sanguine Christi. Et insuper non valeat vindicare quod repetit, sed inferat in fisco auri libra una, et donacio mea sit inrupta atque inviolata omni que tempore obtineat firmitatem. In tali vero racione, dum ego Ildinus vivo, et fructum michi reservo, et post obitum meum ad Aniano monasterio vel ad rectores ipsius revertat. Dono in vestitura de vinea quartariata una quem Aikardus plantavit.

Acta donacio mea VIII idus octobris, anno XVIII° regnante Lothario rege, post obitum Hludauvici regis. S. Ildinus et uxor mea Archymberta, qui hanc cartam donacionis fieri volumus et manus nostras firmavimus et testes firmare rogavimus. S. Allidulfo. S. Ermengaudo. S. Odone. S. Giraldo. S. Rodgario. S. Ingilgerio. S. Poncione. Faraldus notarius, hanc cartam rogitus scripsi et die et anno quo supra.

CCLIV.

[ARPULFUS ET UXOR ELMERADA DANT ECCLESIAM IN HONORE SANCTE MARIE, IN PAGO MAGALONENSI, SUBURBIO SUBSTANCIONENSIS CASTRI, INFRA TERMINIO DE VILLA WARCIAGO, CUM IMPRECATIONIBUS].

(Fol. 114 r°. — 2 mars 801.)

Dum pro terrenis insolvimus curis, ea que ad supernum pertinet presidium minime cogitamus, ego in Dei nomen Arpulfus et uxor mea Elmerada simulque donatores ad ecclesiam qui est sita in honore sancte Marie infra claustra Aniani monasterii, ideoque donamus ad ipsam predictam ecclesiam, in pago Magdalonensis, suburbio Substancionensis castri, infra terminio de villa Warciago, infra terminio de ipsa * villa Warciago, donamus nos tibi, filio nostro Gairado, donamus tibi omnia quantumcumque ibidem visi sumus habere, que nobis obvenit ex com- * Fol. 114 v°.

paracione, hoc est in casis, casalicis, curtis, ortis, hoglatis, arboribus pomiferis et impomiferis, et unum molinum quem ibidem habemus, quicquid in ipsa villa visi sumus habere vel possidere, ab integrum donamus filio nostro Gairardo, et post obitum ipsius tradimus ad ipsam jam dictam ecclesiam superius nominatum, in remedium animarum nostrarum, ut habeat hoc ad jure proprium. Et si nos aut ullus de heredibus nostris, aut ullus homo, aut ulla opposita persona contra hanc donacione ista ad inrumpendum vel inquietandum venerit, non ei liceat vindicare, sed componat ad filio nostro et ad ipsam casa Deo vel ad suos rectores in vinculum sol. c, et hoc quod repetit vindicare non valeat, sed presens donacio ista omni tempore firma et stabilis permaneat.

Facta donacione ista VI nonas marcii, anno II° imperante Karolo. S. Arpulpho. S. Elmerada qui hanc donacione ista fieri voluimus et firmare rogavimus, manus nostras signum fecimus. S. Ingilmundo. S. Aicone. S. Eldoardo. S. Viannanante. S. Agiranno. S. Andreo. S. Lecencio. Wiliricus, hac si indignus presbiter, hanc donacione ista rogitus scripsi et die et anno quo supra.

CCLV.

[RAIMUNDUS DE BRUCCIS ET PETRUS GUILLELMI, FRATER SUUS, DANT ALODIUM, ITA UT POSTEA AB ABBATE UT FEUDUM HONORATUM TENEANT, IN PARROCHIA SANCTI SILVESTRI DE BRUCCIS; ET JURANT FIDELITATEM, PRESTITO HOMINIO PRO DIVERSIS USATICIS AB ABBATE CONCESSIS].

(Fol. 114 v°. — 1216.)

Anno dominice incarnacionis M° CC° XVI°, ego Raimundus de Bruccis, et ego Petrus Guillelmi de Bruccis, frater ejus, nos ambo nostra propria voluntate donamus nostrum alodium liberum Domino Deo et monasterio Sancti Salvatoris Anianensis et tibi, domino Bernardo, ejusdem loci abbate, et omnibus successoribus tuis, ita quod feudum honoratum ex hinc inantea imperpetuum habere volumus et tenere a te dicto domino Bernardo, abbate, et a dicto monasterio, scilicet totum quod habemus vel habere debemus vel aliquis per nos in tota parroquia Sancti Silvestri de Bruccis, quod totum tibi et monasterio pro feudo honorato recognoscimus et de manibus tuis recipimus, excepto hoc quod in eadem parroquia tenemus a Raimundo de Sancto Mauricio et a Bernardo de Almis, qui similiter quicquid habent in eadem parroquia tenent ad feudum a te, domino abbate, et a dicto monasterio. Et sit sciendum quod de hoc feudo et pro hoc feudo debemus tibi et monasterio facere hominium, quod tibi modo in presenti facimus et juramus, tibi et omnibus successoribus tuis et dicto monasterio, pro dicto feodo feudo, fidelitatem in omnibus et per omnia. Et ego Bernardus, abbas jam dictus, recipiens a vobis hanc recognicionem hujus feudi et sacramentum et fidelitatem pro ipso feudo, dono vobis et vestris, pro me et pro monasterio jam dicto, pro remuneracione et pro recognicione jam dicti feudi, et solvo imperpetuum duas gallinas et II denarios censuales que nobis et monasterio dicto annuatim debebatis reddere pro usaticho et unam terram que dicitur Capra Longua, de qua tamen nobis reddetis et cellario Anianensi, annuatim, in festo sancti Andree, VI denarios pro usatico. Preterea dono vobis et concedo, in vita vestra tantum, XXI den. quos Guillelmus Adam nobis tenetur reddere annuatim pro usatico.

Testes sunt Raimundus de Nebiano, prior, Petrus Garcinus elemosinarius, Petrus Carbonelli, Durantus de Oleariis, Stephanus de Arverno, Raimundus de Arverno, Guillelmus Dalbi, Bernardus de Podio Caprario, Raimundus de Podio Caprario, Petrus de la Costa, Bernardus Gros, Petrus Faber. Raimundus de Garriga, notarius Anianensis, scripsit.

CCLVI.

[CONTROVERSIA INTER RAIMUNDUM DE NEBIANO, ANIANENSEM INFIRMARIUM ET MARTINUM DE PISTRINO, DE HONORE AD AULAZ, QUEM MARTINUS TENEBAT DE INFIRMARIO, ET COMPROMISSIO APUD PETRUM DEODATUM DE AULAZ, BAJULUM].

(Fol. 114 v°. — Avril 1216.)

Anno dominice incarnacionis M° CC° XVI°, mense aprilis, controversia erat inter Raimundum de Nebiano, infirmarium Anianensem ex una parte, et Martinum * de Pistrino ex alia, de honore quem idem Martinus tenebat ad Aulaz de infirmario Anianensi, videlicet de feudo quod tenebat, et fuit de Ugone de Arenis et de omni alio honore quem predictus Mar- * Fol. 115 r°.

tinus tenebat de infirmario Anianensi. Dicebat itaque predictus Raimundus, infirmarius, quod Martinus de Pistrino tenuerat predictum honorem per v annos, et nullum censum inde persolverat infirmarie nisi tres solidos. Ad quod Martinus respondebat quia non stetit per eum, quia Raimundus, infirmarius, et bajulus ipsius, nolebant accipere predictum censum. Igitur de controversia compromiserunt amicabiliter in Petrum Deodatum de Aulaz, bajulum predicti R. infirmarii. Qui, auditis racionibus ex utraque parte, in hunc modum ita diffiniendo dixit, quod Martinus de Pistrino habeat et teneat, sicut tenebat, predictos honores et persolvat infirmario usatica que debuerat persolvisse. Que usatica fuerunt computata ad xxii sol. Et sciendum quod xxii sol. fuerunt computati pro dimidio modio annone, et iiii^or sol. quos Martinus predictus persolvit infirmario. Dixit eciam predictus quod, de feudo quod emerat de Ugone de Arenis, daret xxii den. annuatim pro servicio infirmario Anianensi, in festo sancti Andree; et de honore quem emerat a Bertrando de Aulaz, donet infirmario Anianensi unum sextarium de mescla, tempore messium annuatim; et pro honore que fuit Aldiardis et Raimundi Jordanis, donet unum sextarium de mescla, in festo beate Marie de augusto annuatim; et pro honore qui fuit Petri Raine et Guillelmi, fratris sui, donet infirmario Anianensi, annuatim, iiii den. in festo sancti Andree; et pro honore quem habuit a Petro de Scalariis, infirmario, pro acapto qui fuit Bernardi Raine, donet xii den. infirmario Anianensi, annuatim, in festo sancti Andree, sicut in instrumentis continetur; et de orto, quem emit de Raimundo Febroario et de sorore sua, donet iii den. annuatim infirmario Anianensi, in festo sancti Andree, Raimundo Febroario in adjutorio usaticorum quos ipse donet infirmario Anianensi, et quod Martinus solvat quidquid habebat in umario (vel vinario) superiori de Malvilaz infirmario Anianensi, et Raimundus, infirmarius predictus, solvat Martino de Pistrino quicquid pro Petro, nepote suo, petebat pro laudamentis. Hec omnia predicta Petrus Deodatus de Aulaz diffinivit, ita quod numquam contra hanc compositionem factam dictus infirmarius vel Martinus predictus vel successores eorum veniant. Sed ratum et firmum sit imperpetuum ex utraque parte.

Testes sunt Petrus de Sancto Johanne, Petrus Gras de Sancto Guillelmo, Andreas de Ficulnea, Bertrandus de Pistriño, Petrus Francesc, Johannes de Aulaz, Petrus de Aulaz et Petrus Deodati de Aulaz. Raimundus de Garriga, notarius Anianensis, scripsit.

CCLVII.

[P. R. DE MONTEPETROSO, FILIUS GUILLELME, PRO SALUTE ANIMARUM PARENTUM SUORUM, DAT, TRADIT PRO ELEMOSINA VI SOL. MELG. ET IIII DEN. CENSUALES, QUOS HABET SUPER MANSUM SANCTI STEPHANI DE HEREMIS, IN PARROCHIA DE MONTEPETROSO, RETEMPTO TAMEN DOMINIO IN HOMINIBUS MANSI, UT ABSOLVATUR AB UNO SEXT. FRUMENTI A PATRE MONASTERIO LEGATO].

(Fol. 115 r°. — 10 janvier 1215.)

Anno dominice incarnacionis M° CC° XV°, mense januarii, ego P. R. de Montepetroso, filius Guillelme, cupiens saluti anime domini P. R. patris mei, et anime mee et omnium parentum meorum previdere, per me et per omnes meos presentes et futuros, bona fide et specialiter pro redemptione anime predicti domini P. R. patris mei, dono imperpetuum et trado sine omni retempcione, pro elemosina, Domino Deo et monasterio Sancti Salvatoris Anianensis, et tibi, domino Bernardo, ejusdem loci abbate, et omnibus successoribus tuis VI sol. melgor. et IIII den. censuales, quos habeo et habere debeo annuatim pro usatico, in manso et super totum mansum Sancti Stephani de Heremis, in parrochia de Montepetroso, retempto tamen michi et meis totum dominium in hominibus * ejusdem mansi, ut ex hinc in antea omni tempore hoc totum predictum usaticum habeat, vel amplius usatici, si ibi habeo, usque ad terciam partem quam ibi habeo ex ipsis usaticis dictum monasterium annuatim et percipiat sua propria auctoritate sine omni mea meorumque successorum retempcione et contradictione. Et scio et recognosco, cum hac presenti carta, quod dictus pater meus hoc totum, sicut scriptum est, in vita sua mandavit et viva voce michi precepit ut facerem, retempto michi et meis I sext. frumenti quod dicto monasterio perhenniter in testamento suo legaverat, et ideo dictam donacionem tibi dicto domino Ber. abbati, et monasterio Anianensi in hunc modum facio, ut ego et mei ab hac ora inantea simus

* Fol. 115 v°.

perpetuo absoluti a te et ab omnibus successoribus tuis, omnia et a monasterio jam dicto, ab omni peticione dicti sext. frumenti. Et ego prefatus Ber. abbas Anianensis, per me et per totum monasterium Anianense, et per omnes ejusdem loci fratres presentes et futuros, recipiens hoc donum et hanc elemosinam predictam, redempcione anime patris tui et tui ipsius et omnium parentum tuorum, te et omne genus tuum recipimus et facimus participes in omnibus bonis spiritualibus jam dicti monasterii Anianensis, et te et omnes tuos absolvimus imperpetuum ab omni peticione dicti sext. frumenti, quod pater tuus monasterio Anianensi in testamento legaverat. Et scio in veritate quod in hoc eodem manso reliquit quondam avunculus meus R. Ber. in testamento suo, eodem modo huic monasterio alios VI sext. et IIII den. quos ibi habebat similiter pro usatico.

Hoc fuit factum IIIIto idus januari, Aniane, in camera dicti abbatis, in presencia R. Airadi, P. de Veruna, Ademari de Avoiras, Bertranni de Maroiol, Bertrandi Aimerici, Petri Guillelmi de Maroiol, R. de Nibiano, prioris majoris, Bertranni de Montepetroso, Garcini, Poncii de Belloloco, elemosinarii, R. Gilaberti, Petri Carbonelli et Raimundi de Garriga, publici notarii qui hec scripsit. Anno M° CC° XV°. IIII° idus januarii predicta omnia que in carta continentur recognicionis P. R. P. R. filius ejus recognovit, in presencia R. Airas, P. G. de Maroiol, Bertrandus de Maroiol, Bertrandus de Capra. A. de Avoirascio. Berengerius Regan. Stephani de Ferreriis. Almeras de Clareto. Ponc. de Monte Alto. Ponc. de Fontibus. R. de Rocadum. P. Carbonelli.

CCLVIII.

[GUILLELMUS BROCA ET DIVERSI RECOGNOSCUNT AD ACAPTUM QUOSDAM HONORES APUD GINIACUM SE ACCEPISSE, QUOS PROMITTUNT REDDERE, PRECIO EIS RESTITUTO TRANSACTIS SEX ANNIS].

(Fol. 115 v°. — 14 août 1207.)

Anno dominice incarnacionis M° CC° VII°, mense augusti, notum sit quod ego Guillelmus Brocà, et ego Guillelmus Duranti, et ego Ugo Peronet, et ego Guillelmus de Pedenacio, nos omnes scimus et in veritate recognoscimus te dominum Bernardum, abbatem monasterii Sancti Salvatoris Anianensis et Ugonem de Giniaco, priorem majorem, et ejusdem monasterii conventum, concessisse nobis ad acaptum quosdam honores apud Giniacum pro tribus milibus sol. melgor. sicut in instrumentis nostris continetur. Sed quia nollemus, in quantum possemus, monasterium gravari, promittimus tibi et conventui et priori de Giniaco, et per stipulacionem nos et successores nostros obligari volumus, quod si transactis sex annis prefatam summam pecunie nobis vel successoribus nostris in assumpcione beate Marie, vel post infra octo dies reddere volueritis, teneamur vobis reddere prefatos honores, insimul vel separatim, sicut nobis traditi sunt, et eo precio quo traditi sunt, salva tamen ea parte fructuum quam de predictis honoribus percipere debemus, si forte tunc temporis prefate terre essent garacitate vel firmate, vel retrofirmate. Et de hac predicta paccione complenda obligamus nos et * successores nostros usque ad c. annos. * Fol. 116 r°.

Acta sunt hec in vigilia assumcionis beate Marie, in capitulo Anianensi, post laudacionem instrumentorum factam ab abbate et a conventu, Guillelmo Broca et Guillelmo Duran et Ugoni Peronet et Guillelmo de Pedenaz. Hujus rei testes sunt Petrus de Claro Monte, Bernardus de la Devesa, Petrus de Bruccis, Arnaldus Ranc, Guillelmus Pinzo, Maurinus de Costa Solana, Raimundus Fulcran, Raimundus Aldeberti, Petrus de Cabazan, Bernardus Capellerii, Raimundus Gavalda, Raimundus Fabri, Bernardus de Garrigas, Johannes Capus, sacerdos, Stephanus Guillelmus et Raimundus de Garriga, notarius, qui hec scripsit.

CCLIX.

[GUIRPICIO VEL DIFFINICIO SIVE EVACUATIO INTER MONASTERIUM ET UGONEM PETRI, DE HONORE ENGELENI DE STAGNI].

(Fol. 116 r°. — 30 décembre 1060-1094.)

Noticia guirpicionis vel diffinicionis sive evacuacionis que facta est inter Sanctum Salvatorem Anianensem et Ugonem Petri et uxori ejus et Emenoni, abbas, et Geraldi, prioris, et monachis illius loci omnem honorem que fuit Engeleni de Stagni, quam interpellabat Ugo Petri suprascripti. Ego Emeno, abbas, et Geraldus, prior, necnon et monachi ejus cenobii, dedimus Ugoni Petri suprascripti centum solidos de melgorio et una modiata de vinea et in ipso bosco qui est in illa honore collocet tibi monacus Sancti Amancii quinque porcos ex tuo dominii, quando pascua evenerit; in tali vero racione quod si abbas vel monachi predicti monasterii alienare voluerint, aut per pignus, aut ex aliquo ingenio, non liceat facere nisi tibi et propinquis tuis. Et propter hoc placitum ego, Ugo Petri, et uxor mea, Ricardis, et filii et filie mee relinquimus et donamus omnia quod interpellabamus in honore des Stanni, id est cultis et incultis, pratis, silvis, pascuis, ortis, aquis, molendinis aquarumve decursibus, excepto illud quod suprascriptum est. Factum est hoc placitum in presencia bonorum hominum, id est Emenoni, abbatis, et Geraldi, prioris, et Roztanni Guirtivi, et Poncii Raimundi et Guillelmi Maroiolo et Ademari Guillelmi.

Facta scriptura ista III kalendas januarii, regnante Philippo rege. S. Ugonis Petri et uxori sue qui hanc cartam scribere mandaverunt, et guirpicionem fecerunt et testes firmare rogaverunt. S. Guillelmi Riculfi. S. Ademari filii ejus.

CCLX.

[PETRUS WILLERMI ET FILII DANT MANSUM IN VILLA POPLAGER DICTA, CUM PROHIBITIONE ALIENATIONIS].

(Fol. 116 r°. — 1er novembre 1060-1094.)

In nomine Domini, ego, Petrus Willermi, et filii mei, Willermus et Poncius Dalmacius, Bernardus Bertrannus, Bremundus atque Artemandus nos simul donatores sumus Domino Deo et altari Sancti Salvatoris Anianensis et abbati presenti, Emenoni, et monachis ejusdem loci tam presentibus quam futuris unum mansum. Et est ipse mansus in villa que vocatur Poplager; et advenit, michi, Petro et fratribus meis Gaucelmo et Raimundo, commune ex parte Guideneldis, matris nostre, cum omnia que ad ipsum mansum pertinent, cum terris, vineis, fructiferis vel infructiferis arboribus, pomiferis vel impomiferis, pratis, pascuis, aquis aquarumve decursibus, casis, casaliciis, regressibus et egressibus, hominibus vel mulieribus. In tali vero racione ut habeant, teneant, possideant semper in communia ; et si abbas aut monacus de communia auferre voluerit, veniat unus de propinquioribus meis et ponat super altare tredecim denarios.

Facta carta ista regnante Philippo rege, die kalendas novembris. S. Petri qui hanc cartam donacionis scribere jussit et manu sua firmavit et testes firmare rogavit. S. Willermi Petri. S. Geraldi Bonafos. S. Bertranni. * S. Poncii et hic ipse facimus convenienciam Sancto Salvatori * Fol. 116 v°.
Aniane ego, Petrus, et filii mei suprascripti de honore de Monteils quem ibi habeo vel habere debeo, nisi infantes mei filios legitimos vel filias habuerint ad Sanctum Salvatorem de Aniana revertat tota.

CCLXI.

[GORMUNDUS, CUM CONSILIO UXORIS ADALAIZ, DAT MANSUM DE BERNARDO DE LA LAUDA, ET POST MORTEM SUAM ALIUM MANSUM. QUI MANSI SUNT IN TERMINIO DE VILLA DE CABRILS].

(Fol. 116 v°. — 4 mai 1036-1061.)

In nomine Domini, ego Gormundus, cum consilio uxoris mee Adalaiz, reddo et dono post meam mortem, per fidem et sine inganno, Domino Deo et Sancto Salvatori Anianensis monasterii, mansum de Bernardo de Lalauda, et totum quantum ad ipsum mansum pertinet vel pertinere debet ; quem mansum dederat Berengerius, frater meus, Sancto Salvatori quando perrexit ad Sanctum Sepulchrum. Et insuper dono post mortem meam, alium mansum, qui fuit de Poncio Lanfredi, Domino Deo et Sancto Salvatori Anianensi, et abbati Poncio et monachis ejusdem loci presentibus et futuris, et totum quantum ad ipsum mansum pertinet vel pertinere debet. Et sunt isti mansi in terminio de la villa de Cabrils. Hoc donum feci quando perrexi in Hispaniam, ante altare Sancti Salvatoris, in manu Poncii, abbatis, et in presenciam Ugonis, prioris, et Ademari, sacriste, et Udalgerii, monachi, et in presencia laicorum Guillelmi de Aonga, et Augerii de Nizaz, et Poncii Rainis, et Guillelmi de Aniana, et Raimundi de Tonga, et Boneti.

Facta scriptura ista, pridie nonas maii. Bernardus, monacus, scripsit. Amen.

CCLXII.

[ARCHIMBERTA DAT RES SUAS IN PAGO BITERRENSI, IN VILLA CAUNAS, POST MORTEM SUAM, CUM IMPRECATIONIBUS].

(Fol. 116 v°. — 4 juin 986.)

Ego enim, in Dei nomen Archimberta, recogitans fragilitatis mee casus humanum, idcirco facinora mea minuanda, vel de parentes meos qui defuncti sunt, id est genitore meo et genitrice mea et filios et filias meas, et viro meo, Ildinone, qui fuit quondam, pro nos omnibus superius nominatos, dono ad sacrosancte baselice que est constructa in honore Domini Dei et Salvatoris nostri Jhesu Christi et sancte Marie, semper Virginis, seu sancti Petri et sancti Michael vel aliorum sanctorum, in Aniano monasterio que dominus Rainaldus, abba, regere videretur, donatumque in perpetuum esse volo : hoc est res meas que sunt in pago Biterrense, in villa que vocatur Caunas, quantumcumque ibidem visa sum habere vel possidere, in casis, casaliciis, ortis, oglatis, pratis, pascuis, campis, vineis, aquis aquarumve deductibus. Ista omnia supranominata pro nos supradictos ad ipsa casa Dei vel ad suos rectores dono, trado atque transfundo ab hodierno die et deinceps; in tali racione, dum ego vivo, usum et fructum michi reservo, post obitum vero meum ad supradicto cenobio revertat, vel ad rectores ipsius. Si quis vero, quod futurum esse non credo, si ego ipsa aut aliquis de heredibus meis, aut quilibet persona, qui contra hanc donacionem meam, quam ego promitto animo vel plenissima voluntate fieri rogavi, venire temptaverit, si ille sine peccato est, forsitan potest nostra totorum peccata portare, nam si ille tam peccavit, puto se gravare si suas et nostras sustinere velit, et pro utrisque racionem reddere, quia nos, Deo adjuvante, per hanc donacionem speramus aliquid de nostris minuari. Et si ullus homo, aut clericus aut laicus, aut comes aut episcopus aut abba, venerit qui aliquid de istas res minuere aut abstrahere voluerit de communia, inprimis in iram Dei incurrat, et cum Juda Scariot sit particebs in infernum, et obsorbeat illum terra, sicut obsorbuit Datan et Abiron et Sodomam et Gomorram, et
* Fol. 117 r°. infra limina sancte Dei Ecclesie, nec vivus, nec mortuus intrare * non

valeat, et insuper non valeat vindicare quod repetit, sed inferat in fisco auri libra una. Et donacio mea sit inrupta atque inviolata, omnique tempore optineat firmitatem.

Facta donacione mea II nonas junii, anno I° regnante Hlodovico, rege, post obitum Lotarii, regis. S. Archimberta, qui hanc cartam donationis fieri voluit et firmavit et testes firmare rogavit. S. Odonis. S. Atonis. S. Sivuini. S. Gifredi. S. Ricardi. S. Audberti. S. Artmandi.

CCLXIII.

[GUILLELMUS ASSALITUS, ADALICIA ET INFANTES SUI, SOLVUNT, GUIRPIUNT, LAUDANT HONOREM SANCTE MARIE DE STAGNO, REDDUNT HONOREM AB EMENONE, ABBATE, DATUM ET FINEM FACIUNT OMNI QUERIMONIA, PRO CC SOLIDIS MELGORIENSIBUS].

(Fol. 117 r°. — 3 mars 1119.)

Ego in Dei nomen, Guillelmus Assalitus et ego Adalacia et infantes nostri, Petrus et Guillelmus Asallitus et Poncius et Fredolo et Bertrannus et Ricardis, solvimus et guirpimus et laudamus totum honorem Sancte Marie de Stagno et de ejus terminio, et quantum ad ejus terminium pertinet et pertinere debet, qui fuit de Engeleno et de Rostanno Hugone et de Gumarz, sicut eum melius dederunt ipsi Sancto Salvatori. Ita et nos laudamus et confirmamus altario Sancti Salvatoris Anianensis et abbati Poncio et monachis ejusdem loci presentibus et futuris, totum et ab integrum ad omnem vestram voluntatem faciendam, et hoc facimus per fidem et sine inguanno. Similiter nos omnes suprascripti solvimus et guirpimus et laudamus et reddimus totum honorem quem dedit Hemeno, dictus abbas, Ugoni Petro de Pogeto et de omni querimonia quem pro hoc honore faciebamus, finem facimus Domino Deo, Sancto Salvatori Anianensi, et abbati Poncio et monachis ejusdem loci presentibus et futuris. Et per hoc placitum dederunt nobis abbas et monachi CC sol. melgorienses; et ego, Assalitus suprascriptus, te abbatem Poncium Anianensem et monachos ejusdem loci presentes et futuros, de omni hoc placito suprascripto recipio in fide mea, quod non inguannem vos modo nec in antea.

Facta carta ista anno ab incarnacione Domini M° C° XVIIII°, V° nonas martii, regnante Lodoico, rege. S. Guillelmi Assalid, qui hanc scripturam fieri jussit et manu sua firmavit et testes firmare rogavit, videlicet Petrum Raimundum de Monte Petroso et Poncium de Monte Abone et Raimundum Guillelmum de Monte Petroso et Poncium Raine, et Petrum Stephanum. Hanc guirpitionem fecit Guillelmus Assalitus in capitulo Anianensi, abbati et monachis ejusdem loci, in presencia supradictorum virorum. Eodem die ante ecclesiam Sancti Petri de Giniaco fecerunt hanc guirpicionem suprascriptam Petrus Sicardus et Guillelmus Assalitus et Fredolo, in presencia virorum Girberti de Malag et Petri Garsioni et Bernardi Fredaldi ; apud Aniane, nonis marcii, wirpivit Bertrannus, filius Willelmi Asalliti. In nonis marcii apud Breisag fecerunt hanc guirpicionem et laudaverunt hanc cartam Adalaiz, uxor Assaliz et Ricardis, filia eorum, in presencia Bernardi de Magunc, monachi, et Petri, presbiteri, et Berengarii, presbiteri de Volio ; XVI° kalendas augusti, apud Poietum, in area ubi ventilabatur triticum, Poncius Dagun fecit hanc guirpicionem et laudavit hanc cartam in presencia Guillelmi de Monte Petroso, prioris de Aniano, et Berenguarii de Monte Olivo, et Guillelmi de Aniano, et Guillelmi Toquet, et Guillelmi Bernardi de Sancto Amancio. Benedictus, monachus, scripsit.

CCLXIV.

[WILLELMUS ET FILII ET UXORES WIRPIUNT ALODEM ECCLESIE SANCTI AMANCII, CUM IMPRECATIONIBUS].

(Fol. 117 v°. — 31 août 1022.)

Noticia wirpicionis, quomodo vuirpivit se Willelmus et Willelmus Bernardus et filii sui his nominibus, Willelmus et Petrus Bernardus, et Poncius et uxores illorum his nominibus Quimberga, et Beliardis, de ecclesia Sancti Amancii et de alode que ad ipsam ecclesiam pertinet cum ecclesiastico suo, pro amore Dei et Domini nostri Jhesu Christi et sancti Salvatoris et sancte Marie Anianensis cenobii vel aliorum sanctorum quorum dinumerare longum est, relinquimus pro remedium animas nostras vel parentum nostrorum. In tali vero racione, quod si nos aut ullus de heredibus nostris aut de parentibus, aut abba aut episcopus aut ulla potestas qui contra hanc vuirpicionem venerit, aut de communia monasterii abstraere voluerit, nos wirpitores, aut heredes nostri, aut parentes nostri parati fiant ipsam ecclesiam aprehendere. Quod si nullus alius fecerit, inprimis in ira Dei incurrat et sit separatus a corpus et sanguine Domini nostri Jhesu Christi, et cum Juda Scarihot particebs sit in infernum, et absorbeat illum terra, sicut absorbuit Datan et Abiron, et illa passio vel illa maledictio que descendit super Herodem et super Pilatum, descendat super illos et a liminibus sancte Dei Ecclesie sint alieni, et in antea wirpicio ista firma et stabilis permaneat omnique tempore.

Facta vuirpicio ista pridie kalendas septembris, anno M° XXII°. S. Willelmi et Willelmi Bernardi, et uxores eorum Chimberta, Beliardis et infantes illorum, Willelmus et Petrus Bernardus et Poncius, qui hanc wirpicionem fieri voluimus et scribere rogavimus, et manus nostras firmavimus et testes firmare rogavimus. S. Landberti. S. Poncii. S. Mananulfi. S. Dominici. S. Adalgerii.

CCXLV.

[RICARDIS, QUONDAM FILIA BERENGARII DE POIETO, VOLUNTATE MARITI, CONCEDIT, LAUDAT, TRADIT FEUDUM SALAMONENS, QUOD TENEBAT A MONASTERIO, CUM JURAMENTO].

(Fol. 117 v°. — Lundi, novembre 1181.)

Anno dominice incarnacionis M° C° LXXXI°, regnante Philippo, rege, ego in Dei nomine Ricardis, condam filia Berengarii de Poieto, assensu et voluntate Petri Ademari, mariti mei, bona fide et absque dolo et sine retenimento, pro me et pro omnes meos concedo, laudo et jure legitime vendicionis cum hac carta imperpetuum trado vobis, domino Raimundo Guillelmi, Anianensi abbati, et Aimerico, priori, et ecclesie Sancti Amancii procuratori, et per vos Anianensi monasterio et omnibus fratribus ibidem degentibus presentibus et futuris, totum illud et integrum feudum Salamonens, quod a vobis et a monasterio tenebam, videlicet vineas, agros, ortos et omnia jura, culta et inculta, que in ipso feudo

habeo vel habere debeo, totum eciam illud quod Bernardo de Gardia pro XL sol. et Petro de Alson pro XII pignori supposuimus, ut habeatis, teneatis et in pace possideatis ad faciendas omnes voluntates vestras, absque mea meorumque inquietudine. Sciendum itaque quod pro pretaxato feudo CXII sol. melgor. ex quibus nichil remansit in debito, habuimus, a predicto videlicet Aimerico LX^{a}, a Bernardo de Guardia XL^{a}, a Petro de Alson XII. Quod si istud feudum plus valeret predicti precii, mera et libera voluntate, pro remedio anime mee et mariti mei et parentum nostrorum, totum vobis solvimus, donamus et confirmamus. Promittimus insuper Deo et vobis quod nos, nec aliquis nec aliqua, voluntate vel assensu nostro contra hanc vendicionem non veniemus, nec per interpositam personam venire temptabimus. Sic Deus nos adjuvet et hec sancta IIII^{or} evangelia.

Factum est hoc mense novembrio, die lune, luna vicesima II^{a}, apud

* Fol. 118 r°. Anianam, in porticu * camere abbatis, in presencia ipsius et Bernardi de Monte Abono et Petri de Giniaco et Bernardi de Guardia et aliorum monacorum. Testes autem ad hoc vocati fuerunt Guillelmus Petrus Regan, Petrus de Podio et Guillelmus, frater ejus, Raimundus de Balmis, Petrus Dalson, Amancius Johannis, Raimundus de Nebiano, monachus, scripsit.

CCLXVI.

[GUIRPICIO, EVACUATIO SIVE SECURITAS A RAIMUNDO SIGARIO, UXORE ET INFANTIBUS FACTA DE HONORE IN PARROCHIA DE SANCTA MARIA DE IN STAGNO ET DE HONORE DE SANCTO PAULO].

(Fol. 118 r°. — Janvier 1061-1108.)

Noticia guirpicionis vel evacuationis sive securitatis quem fecit Raimundus Sigarius et uxor sua et infantes suos nomen Berengarium et Bernardum et Deodatus et Aimericus et filias suas de ipsa honore que habeo in parrochia Sancta Maria de In Stagno, que fuit de Poncio et de Aifredo atque Ingeleno, filio Poncio, et totam ipsam honorem que habeo de Sancto Paulo intro (*sic*) ad Erauro, in homines nec feminas per illos, sicut superius scriptum est. Ego, Raimundus suprascriptus, et uxor mea suprascripta et infantes meos suprascriptos, sic nos guirpimus et definivimus tibi Rostanno et infantes tuos et a Guillelmo Poncio et uxor sua, filia Guillelmo Hugone, et ad infantes que de ipsa muliere habeo, et ad illos et ad illas, cui illos donare voluerit sine nullaque retinencia. Et in antea carta guirpicio ista firma et stabilis permaneat omnique tempore.

Facta carta guirpicio ista, mense januario, regnante Philippo, rege. S. Raimundus que uxor mea et infantes meos qui hanc cartam guirpicionem istam fieri volumus, manus nostras firmavimus et testes firmare rogavimus. S. Leotardus de In Stanno. S. Petrus Gaucefredo. S. Guillelmo Boleta. Bernardus scripsit.

CCLXVII.

[MAJOR DE IXUNAS, UXOR ET INFANTES DONANT, GUIRPIUNT, SOLVUNT ABBATI PETRO ET RAIMUNDO DE PINIANO, OBEDIENCIALI DE SANCTO AMANCIO, QUOSDAM HOMINES, DRICTUM ET USATICUM IN EIS PRO XX SOL. MELG.].

(Fol. 118 r°. — 7 avril 1061-1108.)

In nomine Domini, ego major de Ixunas et infantes mei, Bego et Geraldus, et uxor Geraldi, nomine Poncia, nos simul donamus et guirpimus, et solvimus Domino Deo et Salvatori sancto Anianensis, et abbati Petro et monachis ejusdem loci presentibus et futuris, et Raimundo de Piniano, qui est obediencialis de Sancto Amancio, illos homines quos apellabamus in Sancto Amancio, hoc est Petrus Stephanus et Geraldus Stephanus et Gauzfredus et Luneloam et Sadiam, sorores illorum, per fidem et sine inganno, illum drictum qualem habebamus in eis et illum usaticum. In tali vero racione quod Raimundus de Piniano dat nobis pro illo de redemptione xx sol. melgorienses ; et hoc in presencia Guillelmi Bernardi de Pogeto et Guillelmi Assaliti de Brexiaco et Guitberti Sancti Amancii, et Poncii Ugonis, monachi, et Ademarii Salve et aliorum hominum qui ibi aderant.

Facta scriptura ista VII° idus aprilis, regnante Philippo, rege. Guitbertus scripsit.

CCLXVIII.

[INGILRADA, PRO FACINORIBUS SUIS ET PARENTUM, DAT MANSUM IN COMITATU BITERRENSE, IN VILLA CAUNAS, CUM IMPRECATIONIBUS ET COMPOSITIONE TAXATA].

(Fol. 118 r°. — 13 juillet vers 1000.)

Ego in Dei nomen Ingilrada femina, recogitans fragilitatis mee casus humanum, idcirco facinora mea minuanda vel de parentes meos, id est viro meo, Widone, defuncto, et filiis meis, Willermo Berengario et Petro, pro nos omnibus superius nominatis, dono ad sacrosancte basilice sancti Salvatoris et sancte Marie et aliorum plurimorum sanctorum in Aniano monasterio, dono in comitatu Biterrense, in villa Caunas, mansum unum ab omni integritate in domibus, casis, casaliciis, curtis, exeis, regressibus, ortis, oglatis, campis, vineis, pratis, pascuis, silvis, garricis, arboribus pomiferis et impomiferis, terris cultis et incultis, molis et molaribus quicquid ad ipsum mansum aspicit, sic dono Domino sancto Salva-
* Fol. 118 v°. tori * et sancte Marie quarum ecclesie sunt fundate in Aniano monasterio. Quod si ego donatrix aut ullus de heredibus vel de propinquis meis contra hanc donacionem venerit ad inrumpendum, non ei liceat vindicare quod repetit, sed componat ipsum duplum et melioratum. Et in antea donacio ista firma et stabilis permaneat omnique tempore.

Facta scriptura ista III idus julii, regnante domino nostro Jhesu Christo. S. Ingiralde, qui hanc donacionem fieri voluit et firmavit et firmare rogavit. S. Willermi. S. Berengarii. S. Willermi. S. Petri. S. Vuarnerii. S. Ildinonis. S. Deusdedit. Harnaldus, indignus monacus, hanc donacionem scripsit in die et anno quo supra. Et si ullus homo, aut abbas aut episcopus, aut ulla potestas istum mansum suprascriptum contrariare, aut de communia monacorum abstulerit, in primis in iram Dei omnipotentis incurrat et obsorbeat illum terra sicut obsorbuit Datan et Abiron, et cum Juda Scariot sit particebs in infernum, et sit separatus a communione corporis et sanguinis Domini nostri Jhesu Christi, et sit extra a liminibus sancte Dei Ecclesie et a consorcio justorum.

CCLXIX.

[BERNARDUS DE DOMAZANO, MATER, FRATRES ET SORORES IN UNUM VENDUNT HONOREM IN TERMINIO DE BOSCUM PRO L SOL. MELG.].

(Fol. 118 v°. — 1094-1115.)

In nomine Domini nostri Jhesu Christi, ego Bernardus de Domazano et mater mea et fratres mei et sorores meas, nos simul in unum venditores sumus Sancto Salvatore et a domino Petro, abbate, et monachis ejusdem loci, totam honorem quam habebamus in terminio de Boscum de silva Zianici usque in fluvium Erauri ; et per istam honorem suprascriptam dedit Raimundus, monacus de Piniano, L solidos de denarios melgoriensis percurribiles, sine inganno. Et ego Bernardus jam dictus et mater mea et fratres mei vendimus et solvimus et guirpimus istam honorem suprascriptam a Sancto Salvatore Anianensi et a domno Petro, abbate, et monachis de ejusdem loci, per fidem, sine eguanno.

Facta istam vendicionem in presencia de Bernardo de Piniano et de Armando de Piniano et de Petro Poncio de Caneto.

CCLXX.

[PONCIUS DE DOMAZANO, UXOR ET INFANTES VENDUNT IN UNUM HONOREM DE BOSCUM PRO XVII SOL. MELG.].

(Fol. 118 v°. — 1094-1115.)

In nomine Domini nostri Jhesu Christi, ego Poncius de Domazano et uxor mea et infantes mei, nos simul in unum venditores sumus a Sancto Salvatore Anianensi et a domno Petro, abbate, et a monachis ejusdem loci totam honorem quam habemus, per fidem, sine enganno, de boscum de silva Zianici usque in fluvium Erauri, la vinogolaria, cum cultis et incultis, excepto illam honorem quem habemus datum a Bernardo de Puzol, cum filia nostra ; et per istam honorem suprascriptam dedit Raimundus monacus de Piniano XVII solidos de denarios melgoriensis.

Facta istam vendicionem in presencia Bernardi de Piniano et Artemandi de Piniano et Petri Poncii de Caneto. Bernardus scripsit.

CCLXXI.

[WILLELMUS PONCII ET UXOR, ROSTANNUS UGONIS ET UXOR ET FILII DONANT, VENDUNT, CEDUNT ALIQUOD DE HONORE IN COMITATU BITERRENSE, ID EST ECCLESIAM SANCTE MARIE DE STAGNO PRO OCTINGENTIS SOL. MELG., MULIERIBUS ALIUM ALODEM PER CAMBIACIONEM PRO SPONSALICIO ACCIPIENTIBUS].

(Fol. 118 v°. — 10 février 1075.)

Veneranda lex religionis sancte, ut a peccatorum fascibus exonerentur anime, et ne eas opprimant infernales pene, jubet largiri, pro tocius mundi creatoris amore, munera facultatum atque hereditatum egenis sacrisque altaribus seu viris famulantibus Domino bonitatis universe adsertor, cujus rei existit ipse Dominus dicens in quadam lectione euvangelii : date helemosinam et omnia munda erunt vobis ; et Salomon : sicut aqua exstinguit ignem, ita helemosina exstinguit peccatum. Horum, ergo preceptorum nos non immemores * sed tota mente parere cupientes, propter Dei amorem, ego Willelmus Poncii et uxor mea, Guinardis, necnon et ego Rostannus Ugonis et uxor mea, Galbors, et filii et filie nostre, donamus et vindimus, seu cedimus et concedimus Domino Deo et altari Sancti Salvatoris Anianensis et sancte Marie ejusdem cenobii altari, et aliorum sanctorum quorum ibi nomina et reliquia venerantur, aliquid de alode nostro. Et est ipse honor in comitatu Biterrensi, scilicet ecclesiam Sancte Marie de Stagno, cum omnibus adjacenciis et aspiciencenciis suis, cum stagno Piperello, ut faciant in eo monachi supradicti monasterii et homines ipsorum, quicquid in ipso stagno, in omni loco ipsius stagni facere voluerint, cum domibus que juxta ecclesiam sunt, et cum mansis et cum apendariis et cum curtis, cum exeis et regressis, cum ortis, cum vineis, cum pratis, cum arboribus pomiferis et impomiferis, cum aquis aquarumve decursibus, cum terris cultis et incultis, cum bosco, cum pascuis, cum oglatis, cum omni censo et usibus, sicut Ingilenus, avunculus noster et pater ejus ullo umquam tempore melius tenuerunt et nos post illum, vel homines fevales per manus nostras tenent et tenere debent, cum servicio quod facere debent, ut illud servicium quod nobis facere debebant, faciant abbati Anianensi et monachis ejusdem loci. Ego autem,

* Fol. 119 r°.

Willelmus Poncii, dedi uxori mee, cui proprius erat alodis, cum cambiacionem vel emendacionem, mansum de Vila Tela, cum quantum ad ipsum mansum pertinet vel pertinere debet, ut bona voluntate et grato animo laudaret et faceret hoc donum. Similiter et ego Rostannus Ugonis dedi uxori mee unum mansum in Palmaizanegues, quem tenet Rostannus Bernardi, propterea quia in sponsalicio dederam illi omnem medietatem alodis mei, quatinus ipsum mansum habeat ipsa et infantes nostri, et ut cum bona voluntate hoc negocium laudaret et faceret. Hec omnia superius nominata, ego, Vuillelmus Poncii, et uxor mea et ego, Rostannus Ugonis, et uxor mea et filii et filie mee, nos simul in unum donamus et transfundimus et vindimus Domino Deo et altari Sancti Salvatoris Anianensis, et aliorum sanctorum quorum nomina et reliquie ibi coluntur, et abbati Eminoni et monachis ejusdem loci presentibus et futuris suprascriptum honorem, absque ullius contrarietate et sine ulla interpellacione, ita ut ab hodierno die et deinceps habeant, teneant et possideant, et faciant exinde quicquid facere voluerint. Et accepimus nos vinditores in precio octingentos solidos de melgorio; et nichil remansit ex hoc precio in debitum, sed omnia bene nobis adimpletis. In tali vero racione hec omnia vindimus et donamus, ut si abbas vel monachi supradicti loci ipsum honorem vel aliquid de ipso honore de communia monachorum abstraere, donare vel alienare voluerint, veniat unus de propinquis nostris et ponat super altare Sancti Salvatoris Anianensis v sol. Si quis autem de heredibus et de propinquis nostris, aut ullus homo vel ulla femina hanc vindicionem vel wirpicionem rumpere vel frangere voluerit, non valeat vindicare quod repetit, sed sit excommunicatus a Deo omnipotente Patri et Filio et Spiritu Sancto, et cum Juda Scarihot, sit particeps in inferno.

Facta vindicione et donacione ista et wirpicione in presencia Eminonis, abbatis, et Geraldi prioris et monacorum Willelmi Riculfi * et Fredolonis * Fol. 119 v°.
et Bertranni et Poncii Ermengaudi et laicorum Willelmi Marioiols et Raimundi, fratris sui, et Ademari, filii sui, et Bertranni, filii sui, et Poncii Raimundi Montis Aboni, et Poncii Stephani ejusdem castri et Auberti de Laureto, et Petri Genesii, necnon et Bernardi Airadi, et Rostanni Garnerii, et Mironis de Mangons et Poncii Arnaldi de Tortoir

et Gandalmari. Hec scripcio facta est IIII° idus februarii, anno M° LXX° V° incarnacionis Domini, indictione tercia decima, epacta VII°, concurrente III°, regnante Philippo, rege. S. Willelmi Poncii et uxoris sue. S. Rostanni Ugonis et uxoris sue et filiorum et filiarum suarum, qui hanc vendicionem et donacionem et wirpicionem fecerunt et manibus suis firmaverunt, et testes firmare rogaverunt. S. Rostanni Garnerii. S. Gandalmati. S. Poncii Arnaldi. S. Bernardi Airadi. ....ctus, levita, scripsit.

CCLXXII.

[STEPHANUS, AGATENSIS EPISCOPUS, ET CANONICI VENDUNT RAINALDO, ABBATI, MANSUM IN VILLA CAUNAS, IN COMITATU BITERRENSE, PRO C SOLIDIS, PROPTER HONOREM ET RECONCILIACIONEM SANCTI STEPHANI, CUM COMPOSITIONE DUPLI].

(Fol. 119 v°. — 11 avril 1000.)

In nomine Domini, ego Stephanus, episcopus sedis Agatensis et canonici ejus, certum quidem et manifestum est quia sic placuit animis nostris et placet, nullius cogentis imperio nec suadentis ingenio, sed propria et spontanea hoc elegit mea voluntas, ut propter honorem et reconciliacionem Sancti Stephani, de ipsius alode aliquid vinderemus sicuti et facimus, vindimus tibi, Rainaldo, abbati de monasterio Aniano et congregacioni ibidem degenti, in comitatu Biterrense, in villa que vocant Caunas, in ipsa villa vel in ejus terminium vindimus vobis mansum unum cum omnibus appendiciis et adjacenciis suis, in ortum, domibus, casis, casaliciis, curtis, ortis, oglatis, campis, vineis, pratis, pascuis, silvis, garricis, arboribus pomiferis et impomiferis, molaribus, tam quesitum quam ad inquirendum ; de precio vero quod inter nos et vos bene complacuit, nichil apud vos remansit in debitum, sed adimpletis nobis C. solidos. Quod si nos aut ullus de successoribus nostris quis contra hanc vendicionem venerit ad inrumpendum, non liceat vindicare quod repetit, sed componat vobis duplum et melioratum, et in antea vendicio ista firma et stabilis permaneat, omnique tempore.

Facta scriptura ista IIII° idus aprilis, anno V° regnante Rodberto, rege. S. Stephanus, episcopus, qui hanc vendicionem fieri voluit et firmavit et firmare rogavit. S. Roosbaldus, levita. Umbertus Richardus. Petrus, presbiter. Solebardus, presbiter. Ragnebertus, presbiter. Algilbertus Petrus, presbiter. Furaldus, indignus monacus hanc vindicionem scripsit, sub die et anno quo supra.

CCLXXIII.

[LEUTARDUS ET HUGO, FILIUS SUUS, DONANT ALODEM SUUM IN COMITATU BITERRENSE, IN TERMINIUM DE LOCO CUMBA ALAMANDESCA POST MORTEM PATRIS].

(Fol. 119 v°. — 14 mai 997-1031.)

In nomine Domini, ego Leutardus et filius meus, Hugo, donatores sumus Domino Deo, Sancto Salvatori Anianensis cenobii, seu et aliorum sanctorum et abbati, Poncii, et congregacioni degenti, ibi donamus alodem nostrum, qui advenit nobis pro morte de patre meo, in precio que dedit michi Ingilenus et fratribus meis. Et est ipse alodes in comitatu Biterrense, in terminium de loco que apellatur Cumba Alamandesca. Et sunt ipsas vineas plus minus plus mea de Lautardo semodiata et quartariata larga et de Salvato, abbate, fratri meo semodiata et medialata. In tali vero racione, dum ego Leutardus vivo, teneam partem meam et ipsam de fratre meo, Salvatore, quem reliquid Sancto Salvatori, et post obitum meum filius meus ullus, nec parens meus aliquis, nec ullus homo inquietare presumat nec per alodem, nec per fevum, sed ad altare Sancti Salvatoris, sine ulla contrarietate remaneat, et mea pars et illa de fratribus meis. Sane si quis ego aut ullus de heredibus meis aut de parentibus, aut ullus homo vel femina qui contra hanc donacionem venerit * ad inrumpendum, non ei liceat vindicare quod repetit, sed componat ipsas vineas duplas et melioratas, et in antea donacio ista firma et stabilis permaneat omnique tempore. * Fol. 120 r°.

Facta scriptura ista, pridie idus maii, anno regnante Rodberto, rege. S. Leutardi qui donacione ista fieri voluit et manu sua firmavit, et testes firmare rogavit. S. Ugo, filii Leutardi. S. Leutardis causa Eula (?). S. Ugo Ferradus. S. Warnerii. S. Bernardi.

CCLXXIV.

[PETRUS GUILLELMI ET FILII DANT UNUM MANSUM IN VILLA POGLAGER, EA RATIONE UT SEMPER IN COMMUNIA REMANEAT].

(Fol. 120 r°. — 1er novembre 1060-1107.)

In nomine Domini ego, Petrus Guillelmus, et filii mei, Guillermus et Poncius et Dalmacius, Bernardus, Bertrannus et Bremundus atque Artemandus, nos simul donateres sumus Domino Deo et altari Sancti Salvatoris Anianensis et abbati presenti, Emenoni, et monachis ejusdem loci tam presentibus quam et futuris, unum mansum. Et est ipse mansus in villa que vocatur Poglager, in quo visus est manere Bego. Et advenit michi Petro et fratribus meis, Gaucelmo et Raimundo, commune ex parte Guiderardis, matris mee ; cum omnia que ad ipsum mansum pertinent cum terris, vineis, fructiferis et infructiferis, arboribus pomiferis et impomiferis, pratis, pascuis, aquis aquarumve decursibus, casis, casaliciis, regressibus et egressibus, hominibus vel mulieribus. In tali vero racione, ut habeant, teneant et possideant semper in communia. Et si abbas aut monacus alienare vel impignorare et nullo ingenio de communia auferre voluerit, veniat unus de propinquioribus meis et ponat super altare XIII denarios.

Facta scriptura ista die kalendas novembris, regnante Philippo rege. S. Petri Guillermi, qui hanc cartam fieri jussit et manu sua firmavit et testes firmare rogavit. S. Guiraldi Petri. S. Petri Siguini. S. Bertranni Ermengaudi. S. Poncii Maianfre. S. Guillermi Riculfi. S. Gariberni. Et hic ipse facimus convenienciam Sancto Salvatori Aniane, ego Petrus et filii mei suprascripti, de honore de Montels quam ibi habeo vel habere debeo, ut si infantes mei filios legitimos vel filias non habuerint, ad Sanctum Salvatorem de Aniana revertat tota.

CCLXXV.

[AMALRICUS DAT OMNIA BONA SUA IN ECCLESIA SANCTA BRIGIDA, IN TERRITORIO BITERRENSE, IN VICARIA PUPIANENSE, IN VILLA ROMOLANICUS, POST MORTEM, DIVERSIS QUIBUSDAM AMICIS, SUBSTITUTO SANCTO SALVATORI CUM MORTUI FUERINT HI LEGATARII].

(Fol. 120 r°..)

Debitum humane fragilitatis unusquisque homo mortalis debet premeditari, ne subito mors veniens qui non tardat subrepet omnem sustanciam quam in concupiscibili seculo adquisivit dispensator. Itaque unusquisque fidelis de sua substancia debet esse, qui absque retractione multa bona illi tribuit ad distribuendum ea que necessaria sunt illi, Paulo attestante qui ait : Hic jam queritur inter dispensatores ut fidelis quis inveniatur. Ut enim ante oculos ego, Almaricus, infelix considero diem definicionis mee et eterni judicii memor ponderum meorum peccaminum, reminiscor bonitatem Dei ac illius misericordia in euvangelio dicentis : Facite vobis amicos de mamona iniquitatis, ut cum defeceritis ab hac luce recipiant vos in eterna tabernacula. Propterea ego suprascriptus, preco et supplicio amicos meos in primis Rodgarium et Airulfum et Rodbaldum, presbiterum, et Wadaldum et multum flagito bona voluntate, ut omnes res meas, qui michi non meis meritis rex regum tribuit, pro me errogari faciatis. In primis dono ad ecclesiam Sancti Amancii manso ubi Golfaricus visus est manere, cum ipsa appendaria que ad ipsum mansum aspicit ; et ipsum mansum ubi Ramnulfus visus est manere * cum ipsa apendaria que ad ipsum mansum aspicit, cum terris et vineis et cum omnias adjacencias quod ad ipsos mansos vel ad ipsas apendarias pertinent. Sic dono Sancto Amancio pro anima Gaucfredo, genitore meo, et pro genitrice mea, Aiga, et pro me ipso, Amalrico, et pro uxore mea, Adalande ; dono eciam Rogone, fratre meo, ipsa ecclesia suprascripta. Et est ipsa ecclesia in territorio Biterrense, in vicaria Pupinianense, in villa que vocant Romolanicus. Dono suprascripto Rogone, cum cellis et cimiteriis, cum decimis et primiciis, et cum ipsos mansos que ad ipsam ecclesiam pertinent, et cum ipso territorio que vocant Erignano, cum terris cultis et incultis, pratis, pascuis, vineis, arboribus pomiferis et inpomiferis,

* Fol. 120 v°.

silvis, garricis, aquis aquarumve decursibus. Ista omnia suprascripta dono Ragone, quamdiu vivit teneat, et post obitum suum Sancto Salvatore revertat Anianensis monasterii, remaneat pro animas nostras. Similiter dono suprascripto Ragone, in Correnatis III. semodiatas de vinea ad proprium alodem. Ad Regerium dono modiata de vinea quam ipse facit. Ad Wadaldo ipsum plantarium quam ipse edificavit, ipsas vineas quas Rainaldus presbiter complantavit, Sancta Brigida remaneant. Ad Segerio dono ipsas apendarias, que in mediano habui cum adjacenciis earum, ad meos manumessores singulas semodiatas de vineas in Corcennatis super ipso clauso. Ecclesia Sancta Brigida Rodbaldus presbiter teneat cum decimis et primiciis, sine blandimento de nullum hominem, quamdiu vivit, et post obitum suum ad filia mea Adpaix revertat. Post obitum vero meum de Sancto Amancio nec de Sancta Brigida nullus presbiter paratam non donet, sed ad festas eorum faciant caritatem per animas nostras. Dono nanque ad filia mea Adpaix in Corcennatis quantum visus sum habere, et illum alodem que est in mediano, que sunt causas dominicas, exceptis illum alodem que superius est scriptus, quamdiu vivit, teneat, et post obitum suum, si infantem non habuerit, ad Sancto Salvatore Anianensis monasterii remaneat et servicium quam dabant de porcos propter vineas, nullus amplius non donet. Et Arnulfus presbiter teneat Sancto Amancio cum ipso Ragone; ipsa vinea que Pellicia vocant dono Waldado, nepote meo. Illa vinea que de Lunsella comparavi, Arnulfus presbiter teneat quamdiu vivit. S. Amalrico. S. Rodgerio. S. Airulfo. S. Rodbaldo. S. Wadaldo. Faraldus notarius scripsit.

CCLXXVI.

[NOTICIA WIRPICIONIS, EVACUATIONIS, VEL SECURITATIS INTER ABBATEM EMENONEM ET SIGERIUM, UXOREM GIRUNCLES ET FILIOS EORUM, DE HONORE ECCLESIE SANCTE MARIE DE STAGNO, PRO UNO MULO ET SEXAGINTA SOLIDIS DE MELGORIO].

(Fol. 120 v°. — 10 avril 1061-1091.)

Noticia wirpicionis vel exvacuacionis sive securitatis que facta est inter Sanctum Salvatorem Anianensem et abbatem Emenonis et monacos ejusdem loci, et Raimundum Sigerii et uxorem ejus Giruncles et filios ejus Berengarium et Deusdedum et Aimericum et Bernardum, de honore que fuit de Poncio et de Arefredo atque Ingileno filio Poncii, quem interpellabant Raimundus Sigerii et uxor ejus et infantes illorum, hoc est de ecclesia Sancte Marie de Stagno cum omnibus adjacenciis suis, cum stagno, cum bosco, cum terris cultis et incultis, cum vineis, cum pratis, cum ortis, cum arboribus pomiferis et impomiferis, cum molendinis et ribariis, et cum exeis et regressis et cum oglatis et pascuis, cum hominibus et feminis. Ego Raimundus et uxor mea et infantes mei suprascripti, donamus et wirpimus honorem suprascriptum Domino Deo et Sancto Salvatori Anianensis et abbati Emenoni * et monachis ejusdem loci tam presentibus quam futuris, ut ab hodierno die et deinceps habeant, teneant et possideant et quicquid facere voluerint liberam potestatem habeant. Et propter hanc wirpicionem dedit abbas et monachi Raimundo et uxori sue et filiis ejus suprascriptis unum mulum et sexaginta solidos de melgorio. * Fol. 121 r°.

Facta scriptura ista IIII° idus aprilis, regnante Philippo rege. S. Raimundi Sigerii et uxori sue Giruncles et filiorum suorum Berengarii et Deusdedi et Bernardi et Aimerici, qui hanc scripcionem fieri jusserunt et manibus suis firmaverunt et testes firmare rogaverunt. S. Raimundi Ricardi. S. Petri Volueradi. Poncius, levita, scripsit.

CCLXXVII.

[NOTICIA WIRPICIONIS INTER BERNARDUM TROIUM, LAUTARDUM ET UGONEM, DE ALODE QUEM MONACHI CONTRAPELLABANT IN COMITATU BITERRENSE, IN TERMINIUM DE VILLA CAPRUNIANO, EA RACIONE UT NULLUS UNQUAM ALODEM DE COMMUNIA TOLLERE AUDEAT].

(Fol. 121 r°. — 8 mars 1032-1060.)

Noticia wirpicionis que facta est inter Bernardum Troium et Lautardum, filium Irozenda, et Ugone filium ejus, et altare Sancti Salvatoris Anianensis et abbati Poncium et monacos ejusdem loci, de ipso alode que fuit de abbate Salvatore, quem monachi contrapellabant. Et est ipse alodis in comitatu Biterrense, in terminium de villa que vocant Capruniano ; hoc est duas modiatas de vineis juxta virdiarium. Et sic virpivit se Bernardus et Lautardus et Ugo suprascripti. In tali vero racione, ut si abba aut ulla potestas aut ullus homo de communia tollerit, anatematizatus fiat, et istum alodem suprascriptum Bernardus et Lautardus et Ugo, filius ejus, et Poncius filius Willermi apprehendant.

Facta carta ista VIII idus martii, regnante Aianrico rege. S. Bernardi et Lautardi et Ugoni et Poncii, qui hanc virpicionem fecerunt et testes firmare rogaverunt. S. Petri Sivini. S. Lautardi. S. Garnerii. Aranfredus monacus scripsit.

CCLXXVIII.

[PETRUS BENINGERIUS, MONACUS, DAT BERNARDO DE PINO HONOREM DE SANCTO SALVATORE ET ORTALEM ET DIVERSAS MEDIETATES, IN HONORE DE SANCTA MARIA DE STAGNO ; CONTRA AUTEM BERNARDUS DE PINO ET UXOR DONANT SE, SUBSTANCIAM SUAM ET INFANTES SUOS MONASTERIO].

(Fol. 121 r°. — 1022.)

Ego Petrus Beningerius, monacus, dono tibi, Bernardo de Pino, et uxori tue et infantibus tuis totum honorem quem hodie possides de Sancto Salvatore de Aniana, sive de abbate vel de monachis. Et insuper dono tibi ortalem cum arboribus, et medietatem de fructu arborum que est retro ecclesiam Sanctæ Mariæ, et medietatem de ilicis que sunt intra quam tenes de nos, et duos campos que sunt justa condaminam nostram juxta roveia, et in omnibus terris quartum et usaticum quale faceres debes. Et est ista honor in parrochia de Sancta Maria de Stagno. Et si de ista honore suprascripta aliquis vobis abstulerit abbas vel monachus emende vobis sine inganno, et si noluerint, sitis absoluti de potestate nostra cum omni sustancia vestra. Et ego Bernardus de Pino et uxor mea donamus corpus et animas nostras et infantes nostros et omnem sustanciam nostram Domino Deo et Sancto Salvatore de Aniana et abbati et monachis ejusdem loci presentibus et futuris, sicut melius habent homines in dominio, et hoc facimus per fide et sine ingano. Hujus rei testes sunt : Bertrandus de Stagno, Poncius de Sancto Cosme, Aichardus Lauro, Biningerio.

Facta scriptura ista anno ab incarnacione Domini millesimo centesimo xx° II°. Ego Petrus Beningerius, monachus, hanc cartam manu mea laudo et firmo. Petrus scripsit.

CCLXXIX.

[PETRUS BERENGERIUS, MONACUS, DAT DEUSDE HONOREM QUEM ISTE TENET A SANCTO SALVATORE IN TERMINIO DE CODOXAZ, PRO XX SOLIDIS MELG. A DEUSDE SOLVENDIS, EA RATIONE UT DEUSDE FIDELIS SIT ET EUM MONACHI DEFENDANT].

(Fol. 121 r°. — Février 1116.)

Ego Petrus Berengerius, monacus, dono tibi Deusde et fratribus tuis honorem quem tenetis de Sancto Salvatore, que fuit de Augarcz, in terminio de Codoxaz, vobis * et cui laxare volueritis, preter sanctos clericos et milites, cum consilio de monaco Sancti Amancii. Et dedisti michi per istum honorem xx solidos melgorienses. Dabitis cartum de istum honorem et censum unum agnum, sestarium unum de ordeo merchadal, et VIII denarios, et unum bovarium et asinum unum, die assaumeg, cum sacco et ligamento, et quistam de abbate generalem, secundum quod honor est. Et vos eritis fideles nostri per istam honorem, sicut alii homines qui sunt nostri in dominio ; et monachi Sancti Salvatoris defendant vos et adjuvent, sicut aliis homines quos habent in dominio. * Fol. 121 v°.

Facta est hec donacio suprascripta in mense febroarii, regnante Lodico rege, anni Domini M° C° XVI°. S. Petrus Codoxatis. S. Garnerius de Podio lacterio. S. Petrus Bernardus Sancti Amancii.

CCLXXX.

[PETRUS, ABBAS, DONAT, LAUDAT STEPHANO RAINALDI ET UXORI, PER VITAM EORUM, HONOREM QUEM JAM TENENT. ET PRO ILLO HONORE SOLVUNT STEPHANUS ET UXOR V SOL. MELG. ET DIVERSOS CENSUS RETINENT TAMEN STEPHANUS ET UXOR FACULTATEM VENDENDI VEL IMPIGNORANDI COMPLANTAS IN ISTO HONORE, CUM CONSILIO OBEDIENCIALIS SANCTI AMANCII].

(Fol. 121 v°. — 1091-1129.)

In nomine Domini ego Petrus, abbas Anianensis, cum consilio Bernardi de Margong, obediencialis Sancti Amancii, et Bernardi fratris sui, dono et laudo in vita tua tibi, Stephano Rainaldi, et uxori tue, totum illum honorem quem vos tenetis et habetis in honore Sancti Salvatoris Anianensis vel de vestris antecessoribus. Fuit ita ut post mortem vestram honor iste revertatur ad Sanctum Salvatorem, excepto tantum quod complantis vendideritis vel impignoraveritis cum consilio obediencialis Sancti Amancii. Et propter istum honorem jam dictum dedit Stephanus Rainaldi et uxor sua Petronilla v solidos melgorienses Petro abbati jamdicto. Et si nostras complantas ego, Stephanus Rainaldi, et uxor mea vendere vel impignorare voluerimus cum consilio obediencialis Sancti Amancii, faciamus. Et propter istum honorem jam dictum donat Stephanus Rainaldi et uxor sua in unoquoque anno totum quartum, excepto de una quartariata terre que donat unum caponem et de usatico quindecim denarios ad festum beate Marie mediante augusto; et de unaqueque quartariata vinee donat I denarium. S. Aicardi. S. Bernardi Rigualdi. S. Lauri de Podio Lacterio. S. Petri Berengarii.

CCLXXXI.

[PETRUS ISCHIROLS ET DALMACIUS, FRATER, DE MONTE PETROSO, DANT HONOREM IN PARROCHIA SANCTI AMANCII DE TEULET, POST MORTEM, ADEMPTA EIS FACULTATE ALIENANDI].

(Fol. 121 v°. — 1094-1120.)

In nomine Domini ego, Petrus Ischirols, et Dalmacius, frater meus, de Montepetroso, donamus, Domino Deo et Sancto Salvatori Anianensi et abbati Petro et monachis ejusdem loci presentibus et futuris, donum conveniencia de totam honorem quam habemus et homo vel femina per nos, in parrochia Sancti Amancii de Teulet. In tali racione quod si nos mortui fuerimus sine infante de uxore, revertatur ad Sanctum Salvatorem. Et si nos infantes de uxore habuerimus, facimus similiter convenienciam per illos et per omnem projeniam nostram. Et de isto die in antea de totam istam honorem suprascriptam non possimus vendere neque alienare ad hominem neque ad feminam neque ad sanctos sine consilio abbati vel monacis.

CCLXXXII.

[RAIMUNDUS BERNARDUS DE POIETO SIVE DE SANCTO PONCIO, ET UXOR GASCA ET INFANTES, SOLVUNT, GUIRPIUNT DIVERSAS TERRAS SUBTUS VILLAM SANCTI AMANCII, JUXTA CONDAMINAM MONACHORUM, ET RECIPIUNT TERRAS AD FEVUM].

(Fol. 121 v°. — 1120.)

In nomine Domini ego, Raimundus Bernardus de Poieto sive de Sancto Poncio et uxor mea, Gasca, et infantes mei, solvimus et guirpimus apellum quod faciebamus in olivarios sive in terra que est subtus villam Sancti Amancii, juxta condaminam de monachis, Domino Deo et Petro abbati Anianensi et monachis ejusdem loci presentibus et futuris. Et insuper ego, Raimundus supradictus, recognosco Sancto Salvatori de Aniana et abbati et monachis, per alodium, totam terram quam habemus, ego et nepotes mei, Raimundus Ugo et Willermus frater suus. Et ista terra est juxta condaminam de monachis et usque in via publica cum mansionibus de Petro Grasso et de Petro * de Roca et totam terram quam ibi habent * Fol. 122 r°
juxta istam de Poncio Duranto et de nepotibus suis. Et istas terras et istas mansiones donant nobis abbas et monachi ad totam terram ad fevum. Et hoc factum est in presencia Petro Berengario, monachi Aniane, et Bernardi Raimundi de Maruiolo, et Poncio de Monte Abono, et Bremundo de Stagno, et Raimundo Ugone de Poieto et Willelmo Raimundo de Sancto Poncio, et Guillelmo de Pradinam et Guillelmo Toqueto.

Facta carta ista anno ab incarnacione Domini M° C° XX°. S. Raimundi Bernardi et uxoris sue, qui hanc cartam laudaverunt et manus suas firmaverunt et testibus firmare rogaverunt, scilicet Trebailla Gottus et Guillelmus et Raimundus de Sancto Poncio et Guillelmus Toquet.

CCLXXXIII.

[RAIMUNDUS SALOMON, PRO ANIMA SUA ET PARENTUM, DAT ALIQUID DE ALODIO SUO, CUM CONSILIO UXORIS ET FRATRIS, IN COMITATU BITERRENSE, IN VICARIA POPIANENSE, IN TERMINIO DE VILLA FRANCONICAS, JUXTA STAGNUM PIPERALLUM].

(Fol. 122 r°. — 23 octobre 1060-1108.)

Ego in Dei nomine Raimundus Salomon, recogitans fragilitatis mee casus, dono Domino Deo, Sancto Salvatori Aniane et abbati P. et mona-

chis ejusdem loci presentibus et futuris, propter remedium anime mee et omnium parentum meorum, aliquid de alodio meo, cum consilio uxoris mee nomine Ricsindis et fratris mei, Petro Salomonis. Et est ipse alodis in comitatu Biterrense, in vicaria Popianense, in terminium de villa Franconicas, juxta stagnum Piperallum, totum quantum ibi habeo vel habere debeo. S. Raimundi Salomonis, qui hanc cartam scribere fecit et testes firmare rogavit. S. Ricsindis uxoris sue. S. Petri Salomonis fratris sui. S. Raimondi monachi. S. Raimondi Bernardi. S. Guillelmi Bernardi. S. Bernardo Ebrardo.

Facta carta ista x kalendas novembris, R. Philippo rege. In Dei nomen Poncius presbiter scripsit.

CCLXXXIV.

[NOTICIA GUIRPICIONIS VEL DIFINICIONIS VEL EVACUATIONIS A FILIIS JERUNCLIS DE POIETO, DE HONORE DE INGELENO STAGNO, PRO C SOLIDIS DE DENARIOS DE MELGORIO ET TRIBUS MODIIS FRUMENTI].

(Fol. 122 r°. — 12 février 1060-1108.)

Noticia guirpicionis vel difinicionis sive evacuacionis, que facta est inter altare Sancti Salvatoris Anianensis et abbati Eminoni et Geraldi, priori, et monachis ejusdem loci presentibus et futuris, et filiis Jerunclis de Poieto, id est Berengarius et Aimericus et Bernardus et Deusdedus. Nos vero fratres suprascripti sic guirpimus vel diffinimus honorem de Ingeleno de Stagno, quem monachi comparaverunt totum et ab integrum. Et propter hoc accepimus c solidos de denarios de Melgorio et tres modios de frumento mercatales et de hoc precio nichil remansit in debitum.

Facta scriptura ista in die lunis pridie idus febroarii, regnante Philippo rege. S. Berengarii. S. Aimericus. S. Bernardus. S. Deusdedus qui scripturam istam fieri fecerunt et manibus suis firmaverunt et testes firmare jusserunt. S. Geraldi prioris. S. Raimundi Bernardi. S. Willelmi Bernardi. S. Petri Duranti. S. Beliardis. S. Frotardi et Raimundi fratris sui. Petrus scripsit in die et anno quo supra.

CCLXXXV.

[GODOINUS MANUMISSUS LEOTARDI, FRATRIS GONDOINI, DAT MANSUM IN COMITATU BITERRENSE, IN MINISTERIO PUPIANENSE, INFRA TERMINIUM DE VILLA SANCTA ELLALIA POST MORTEM SUAM ET FILIORUM, CUM COMPOSITIONE DUPLI].

(Fol. 122 r°. — Lundi 22 novembre 962.)

Venerabili in Christo patri Bernardo, episcopo vel abbate de monasterio Aniano, quod est constructum in territorio Magdalonensis, insuper fluvio Aniano, in honorem Sancti Salvatoris et Sancte Marie, ego in Dei nomen Godoinus, qui fuit manumse Leotardo, fratris Gondoino, qui fuit condam, dono donatumque imperpetuum volo pro remedio anime Leotardo, dono manso I in comitatu Biterrense, in ministerium Pupianense, infra terminium de villa Sancta Ellalia, manso I cum curte et exeo et ort, cum vineis, cum terris, cum omnis adjacenciis suis de fundis possessionis. * In tali vero racione, dum filius Leotardo et Petro, jasum et fructum habeat, et per singulos annos vesticionem habeant ipsi monachi inter panem et vinum; post obitum vero a Domino meo sancto Salvatore et sancte Marie et aliorum sanctorum qui ibidem sunt et ipsi monachi qui assidue serviunt, habeant, teneant et possideant. Et si ulla potestas venerit, aut episcopus aut abba qui ad ipsos monacos tollere voluerit de communia, ad ipsos propinquos nostros revertere faciat; et ipsi propinqui nostri donare faciant ad ipsos monacos solidos XXX; et si nos donatores venerimus, aut ullus mandato nostro, aut ulla apposita vel subrogata amissa persona quis contra carta scriptura ista venerit ad inrumpendum, non eis liceat vincere, sed componat vobis ipsum alodem duplum et melioratum, qualis ad eo tempore carius valere potuero. Et inantea ea donacio ista firma et stabilis permaneat omnique tempore.

* Fol. 122 v°.

Facta carta donacio ista, in mense setembrino, feria II, X kalendas decembris, octavo anno regnante Loterio rege. S. Godoinus qui carta donacione fieri volui et manus firmavi et testes firmare rogavi. S. Benedictus. S. Ingilfredus. S. Raimundus. S. Gacfredus. In Dei nomine Albanicus monacus vel sacerdos rogitus scripsit die et anno quo supra.

CCLXXXVI.

[GUILLELMUS, COGNOMENTO GORMUNDUS, DAT MANSUM IN VILLA DE CAPRILIS, CUM RAINALDO, UXORE ET INFANTIBUS, SI IPSE MORTUUS FUERIT IN VIA JHERUSALEM].

(Fol. 122 v°. — XII° siècle.)

In nomine Domini, ego Guillelmus, cognomento Gormundus, dono Domino Deo, Sancto Salvatori Anianensi et abbati Petro et monachis ejusdem loci presentibus et futuris, mansum de Rainaldo, quod est in villa de Caprilis, cum ipso Rainaldo et cum uxore et infantibus suis et cum omnibus rebus ad ipsum mansum pertinentibus, vel omnia quecumque Rainaldus suprascriptus videtur habere per tenedonem ipsius mansi, tali condicione quod si ego mortuus fuero in via de Jherusalem ubi vado, eadem ipsa hora incipiant predicti monachi ipsum mansum habere et tenere imperpetuum. S. Gormundi, qui hoc donum fecit et hanc cartam fieri jussit.

CCLXXXVII.

[BLANCHA ET INFANTES SUI, CUM CONSILIO PETRI FREDOLONI, DANT, LAUDANT PETRO PINI ET PONCIO, FRATRI, ORTOS VETULOS ET PARRANOS, PRO VI SOL. MELG. PRO ACAPTE].

(Fol. 122 v°. — 13 février 1127.)

In nomine Domini ego, Blancha, et infantes mei, cum consilio Petrus Fredoloni, donamus et laudamus tibi, Petrus Pini, et fratri tuo, Poncio, et vestris, ortos vetulos et parranos que sunt deforas juxta ipsos ortos, et affrontat de oriente in Rovegia, et de meridie in honore Sancto Salvatore Anianense, et de circi in via, et de aquilone in via. Et donamus vobis ad stagno Peberello una faixa de terra cum prato que est juxta ipsa terra ; et affrontat de oriente in honore Guiravi, et de meridie in stagno ipso, et de circi in honore Andrevo Bompar, et de aquilone in honore Sancto Salvatore de Aniana. Quantum istas affrontaciones includunt, donamus vobis per fidem et sine inganno, in tali vero racione ut faciatis vestras voluntates laxandi, vendendi, vel impignorandi, cui vel quibus volueritis, cum consilio nostro, preter sanctum et militem. Et pro hac donacione dedisti nobis VI solidos melgores pro acapte. Ista honor jam dicta donat quart, excepto prato non debet dare quartum, et per quemque anno XVIII den. melgoires de usatico, ad festivitatem sancti Andree et in arboribus quod plantaveritis vel edificaveritis in hec honore jam dicta, habeatis medietatem, et in aliis arboribus que hodie ibi sunt habeatis in fruxa medietatem.

Facta scriptura ista idus febroarii, annos Domini M° C° XXVII°, regnante Lodoyco rege. Ego Blancha et infantes mei ista carta jussimus scribere, et manibus nostris firmavimus, et testes firmare rogavimus. S. Willelmus Rufa. * S. Poncius de Sancto Cosme. S. Ugo de Malavetula. * Fol. 123 r°.
S. Petrus Durantus de Rovegia. S. Bernardus de la Capela. S. Bernardus de Plaxiano. S. Ricardus, Petrus scripsit.

CCLXXXVIII.

[ROSTAGNUS UGO DE CENTRAIRENEGUES, ET GUINARDIS DE FABREGUAS, TESTIFICANTUR QUOD UGO PETRUS DE POIETO NULLAM CONVENIENCIAM HABUIT DE HONORE DE STANCNO, QUEM VENDIDERUNT MONASTERIO ET GUIRENCIAM FACIUNT].

(Fol. 123 r°. — 21 mars 1116.)

In nomine Domini ego Rostagnus Ugo de Centrairenegues, et ego Guinardis de Fabreguas, testificamus coram Deo et sanctis ejus in presencia domini Poncii, abbatis Sancti Salvatoris Anianensis, et Petri Berengerii, monachi, et Armandi, monachi, et Ugonis, monachi, et Bernardus Margonensi, monachi, et Bernardus Villanova, monachi, et Poncii Guillermi, monachi; et in presencia laicorum, videlicet Elisiarii de Castrias et Berengerii Airradi et Raimundi, fratris sui, et Guillelmi de Fabreguas et Poncii, fratris sui, et Guillelmi Ademari de Monte Arnaldo, quod Ugo Petrus de Poieto ullam convenienciam sive ullum retornum non habuit in honore illo toto de Stancno, quem nos duo suprascripti vendidimus monachis monasterii Anianensis. De hoc quod supra testificavimus nos duo suprascripti guirenciam facimus, dum vivimus, et ut nostri infantes sive propinqui nostri post nostram mortem, per jussionem similiter guirenciam faciant, mandamus et precamur ut Deus illis et nobis misericordiam faciat.

Facta scriptura testimonii hujus XII kalendas aprelii, anno dominice incarnacionis M° C° XVI°, regnante Lodovico rege. Bernardus Margonensis scripsit.

CCLXXXIX.

[CUM PER PAGINAM TESTAMENTI ET PER SUUM ANDANLANGUM TEUBERTUS COMMENDAVERIT ELEMOSINAM SUAM TEUDERICO, GRAGINO, TERDERICO ET FERALDO, ISTI DANT ADMALBERTO QUIDQUID EX COMPARATIONE HABEBAT TEUBERTUS IN VILLA FRANCONICA, QUE VOCATUR STAGNO PIPERELLA, IN TERRITORIO BITERRENSE, ET IN VILLIS MARGULIAGO, BARSCIANICAS ET VAPRES IN EODEM TERRITORIO, CUM COMPOSITIONE DUPLI].

(Fol. 123 r°. — 29 septembre 812 ?)

In nomine Domini, ego Teudericus et Graginus et Terdericus, presbiter, et Ferraldus, qui sumus elemosinarii condam qui fuit Teuberti, comendavit nobis suam elemosinam per suum andanlangum et per paginam testamenti sui, quod manibus suis eum adfirmavit vel conscribere rogavi (*sic*), vel plurisque personarum adfirmaverunt vel subterfirmaverunt atque roboraverunt; ita commendavit nobis ut omnes res suas mobiles tam immobiles eas donare fecisse fecissemus, tam in sacerdotibus quam et in pauperibus, vel eciam in monasteriis si etiam succmancipia deliberare fecissemus, vel etiam ut de suum alodem ad Amalberto donare fecissemus. Ita nos predicti elemosinarii, donamus tibi Admalberto, in villa Franconica qui vocatur stagno Piperella, qui est in territorio Biterrense, quantumcumque in ipsa villa vel in sua terminia ille qui fuit condam Teutbertus habebat, quia ex comparacione illius abuerit, quantumcumque in ipsa villa vel in sua terminia ille habebat quesitum vel ad inquirendum, vel adhuc, Deo propicio, deinceps comquire (*sic*) potueris, et cum ipsa ecclesia que est fundata in ipsa villa in honore Sancte Marie. Similiter tibi donamus ad justissimo ordine ereditario, sed in alio loco qui est in predicto territorio Biterrense, in villa Marguliago, vel in villa Barcianicas et in villa Vapres, tibi donamus ad proprio, et in villa Pupiano similiter tibi donamus, quantum in ipsas villas vel in sua terminia ibidem habet, totum et ab integrum donamus, in casis, casaliciis, curtis, ortis, oglatis, vineis, terra culta et inculta, pratis, pascuis, silvis, garricis, arboribus pomiferis et impomiferis, aquis aquarum sive decursibus, cum omnes adjacencias earum sive pertinentes, omnia et in omnibus tibi donamus et tradimus ad proprio, ut potestatem et inde habeas habendi, vendendi, solvendi, seuque mutandi in Dei nomen in omnibus habeas potestatem. Sane si quis contra hanc donacionem ad nos facta venerit ad exquirendum, aut nos elemosinas et jus nerimus *(sic)* vel quislibet homo, tunc componat nobis ista omnia predicta dubla vel meliorata, vel qualis ad eo tempore karius valere potuerit et in antea donacio ista firma permaneat omnique tempore.

Facta donacione III kalendas octobris, anno III * quod abiit Lodowicus imperator, tradidit regnum in ipsius manus filii in Luterio. * Fol. 123 v°.

CCXC.

[AIGLUBERTUS ET UXOR TRADUNT ATQUE DONANT MONASTERIO RES SUAS IN TERRITORIO BITERRENSE, IN VILLA GRANATIACAR, CUM COMPOSITIONE].

(Fol. 123 v°. — 14 mars 815.)

Magnus est titulus cessionis, in quo nemo potest actum largitatis inrumpere, set quia quid grato animo et promta voluntate donatur libenter debet ei cui conlata fuerit cessio inrevocabili modo peremniter stabilitum. Ego quidem Aiglubertus et uxor mea Deda, consideravimus quam gravem sarcinam peccatorum habemus, reminiscimus bonitatem Dei dicentis: date elemosinam et omnia munda erunt vobis. De tanta igitur nunc et pietatem Dei confisi, iccirco per hanc epistolam cessionis nostre dono donatumque imperpetuum esse volo, atque de jure nostro in potestate et donacione monasterii Anianensis in honore sancti Salvatoris et sancte Marie, qui constructus est in territorio Magdalonense, sub Montecalmense, ubi Benedictus abbas unam congregacionem monacorum deagere videretur. Unde ego, supradictus Aiglubertus, et uxor mea, Deda, ad jam supradicto monasterio sive ad rectores ipsius presentibus et futuris tradimus atque donamus res nostras in territorio Biterrense, in villa que dicitur Granatiacar, sive infra terminum ipsius ville, quantum quidem in ipsa villa visi sumus habere vel possidere vel quicquid data nostra presencia comparavimus, cedimus atque tradimus ab omni integritate, et super posito suo terris cultis et incultis, vineis, pomiferis et impomiferis, aquis aquarumque decursibus suis cum omni jure. Ista omnia superius nominata ad jam supradicto monasterio tradimus atque donamus, et de jure nostro in jure ipsius monasterii et potestate tradimus atque transfundimus, ut ab hodierno die et tempore habeat, adeat, teneat, possideat, jureque imperpetuum vindicet ac deffendat. Sane si quis, quod minime credimus esse venturum, quod si nos aut aliquis de heredibus nostris, vel quislibet ex adverso veniens, supposita vel admissa qui contra hanc cessionem a nos facta venire temptaverit seu venerimus, tunc componat nobis in vinculo seu componat tantum et aliud tantum vel quantum ad eo tempore ipsas res melioratas valere potuerint et accessio inrumpi non permittatur sed plenissimam in omnibus obtineat firmitatem.

Facta cartula cessionis pridie idus marcii, anno primo imperante domino Lodoico imperatore. ✝ Aigluberti. ✝ Dedam. ✝ Mancioni. ✝ Artefrede. ✝ Rihiberto. ✝ Ardeberti. ✝ Aiberti. ✝ Elpengna. Atilius presbiter ac si indignus monacus rogitus scripsit.

CCXCI.

[RAGO DAT, CEDIT ET TRADIT IN TERRITORIO BITERRENSE, IN VICARIA PUPIANENSE ECCLESIAM, CUM IMPRECATIONIBUS ET COMPOSITIONE DUPLI].

(Fol. 123 v°. — 24 avril 978.)

Magnus est titulus cessionis in quo nemo potest actum largitatis inrumpere sed quicquid grato animo et propria voluntate donatur libenter debet ei, cui consolata fuerit cessio, inrevocabili modo perhenniter stabilitum. Ego enim in Dei nomen Ragonus, considerans molem peccatorum meorum vel de parentes meos qui defuncti sunt, id est genitore meo Gauctredo et fratre meo, Amalrico, reminiscor misericordiam Dei dicentis : Date elemosinam et ecce omnia munda erunt vobis. De tanta igitur misericordia et pietate Domini confisus, dono donatumque imperpetuum esse volo, pro anime mee remedio vel pro eterna retribucione, ad monasterium Anianense quod constructum est in territorio Magdalonense, subtus Monte Calmense, super fluvium Anianum, in honorem sancte Dei Genetricis Marie et sancti Salvatoris, ubi vir venerabilis Rainaldus, abbas, presse videt una cum choorte monachorum, dono, cedo et de presenti trado in territorio Biterrense, in vicaria Pupianense, ecclesiam propriam juris mei, qui michi advenit ex donacione fratris mei Amalrici. Et est ipsa ecclesia fundata in honore sancti Amancii confessoris Christi; quicquid ad ipsam ecclesiam pertinet, cum omnibus adjacenciis et appendenciis, et cum omnibus ecclesiasticis, cum decimis et primiciis, exceptis tres mansos quod Amalricus * frater meus donavit ad Airado et fratre tuo juridicione. Istas res superius nominatas ego suprascriptus Rago ad monasterium jamdictum necnon et ad rectores illius presentibus et futuris, dono, cedo atque transfundo, et de presenti trado. Si quis, quod fieri credo minime esse venturum, quod si ego donator aut ulla supposita vel amissa persona, aut ulla tirannica potestas qui contra hanc donacionem, quod ego bono animo et promta voluntate facio, venerit ad inrumpendum, in primis in ira Dei incurrat et cum Juda Scariot sit particebs in infernum, et obsorbeat illum terra sicut obsorbuit Datan et Abiron et lepra quam habuit Naaman Sirus, super illum descendat illa maledictio que descendit super Herode et super Pilato super eum descendat et omnes maledictiones vetere et nove illum maledicant, et insuper ipsas res supra scriptas duplas et melioratas componat et hec donacio firma et inviolabilis permaneat omnique tempore. * Fol. 124 r°.

Facta carta donacionis VIII kalendas mai, anno XXIIII regnante Lothario rege Francorum. S. Ragone qui donacionem istam fieri volui et manu mea firmavi et testes firmare rogavi.

CCXCII.

[BERNARDUS DAT MONASTERIO IN COMITATU BITERRENSE, IN VICARIA PUPIANENSE, IN VILLA TEULEDO, QUICQUID HABET, CUM IMPRECATIONIBUS].

(Fol. 124 r°. — 7 novembre 990.)

In nomine Domini, ego Bernardus, donator sum Domino Deo Sancto Salvatori et sancte Marie semper Virginis et sancti Michaelis et sancti Petri et sancti Stephani et sancti Martini et sancti Benedicti vel aliorum sanctorum quorum reliquie condite sunt in Aniano monasterio, ubi Rainaldus abbas preesse videtur, unam congregationem monacorum; certum quidem et manifestum est quia sic placuit animis meis et placet nullius cogentis imperio nec suadentis ingenio, sed propria et spontanea hoc elegit mea bona voluntas, ut aliqua de alodem meum donare deberem ad Sancto Salvatore sicuti et facio ; dono in comitatu Biterrense, in vicaria Pupianense, in villa Teuledo quantum ibidem habeo et cum ipsa turre, hoc est mansis, casis, casaliciis, curtis, ortis, oglatis, pratis, pascuis, silvis, arboribus pomiferis et impomiferis, vinealibus, aquis aquarumve eductibus, terris cultis et incultis, tam quesitum quam ad inquirendum. Et advenit michi ipse alodes ex donatione uxoris mee nomine Alpaix ; ut quicquid ab hodierno die et tempore habitatores Sancti Salvatoris tam presentes quam et futuri habeant, adeant, teneant, et possideant. Si quis, quod fieri minime credo, aut ullus homo aut comes aut episcopus aut abbas, aut ulla potestas, aut ulla persona istum alodem suprascriptum de communia monachorum voluerit separare aut abstraere, in primis in iram Dei omnipotentis incurrat et cum Juda Scarihot sit particebs in infernum et obsorbeat illum terra sicut obsorbuit Datan et Abiron et a societate sanctorum et a corpore et sanguine Christi sit separatus et sit excommunicatus in corpore et in anima. Et inantea donacio ista firma et stabilis permaneat omni tempore.

Facta scriptura ista VII idus novembris, anno III regnante Hugone rege. S. Bernardi qui hanc donacionem propter remedium anime mee fieri volui et manu mea firmavi et testes firmare rogavi. S. Bernardi. S. Warnerii S. Ildinonis. S. Riculfi. S. Airulfi. S. Autgerii. S. Widonis. Faraldus monacus rogitus scripsit sub die et anno quo supra.

CCXCIII.

[PONCIUS ERMENGAUDI ET UXOR ERMENSENDIS, FILII ET FILIA DANT PETRO ABBATI, ALODEM IN TERMINIO DE CODONCAZ, IN PARROCHIA SANCTI SATURNINI ET SANCTI AMANCII, PRO CC SOL MELG. EA RATIONE UT, SI ILLE UXOR AUT FILIUS MONACALEM HABITUM SUSCIPERE VOLUERIT, EUM MONACHI ACCIPIANT]

(Fol. 124 r°. — 17 août 1060-1108.)

In nomine Domini et Salvatoris nostri Jhesu Christi, ego Poncius Ermengaudi et uxor mea, Ermensindis, et filii nostri Arnaldus et Ermengaudus et Deusde, et filia nostra Bonafos, nos omnes donatores sumus

Domino Deo et altari Sancti Salvatoris Anianensis et domino Petro, abbati, et monachis ejusdem loci presentibus et futuris omnem alodem nostrum quem habemus in terminio de Codoncaz nec habere debemus, videlicet duos mansos cum hominibus et feminis, que ad ipsos mansos pertinent vel pertinere debent; in uno mansos Poncius Duranti visus est manere. Istos mansos supra * scriptos et omnem honorem quem habemus in par- * Fol. 124 v°.
rochia Sancti Saturnini et Sancti Amancii nec habere debemus, cum terris, vineis, ortis, ortalicis, cultis et incultis, pratis, pascuis, oglatis, arboribus pomiferis et impomiferis, aquis aquarumve decursibus, exeis et regressis, totum et ab integrum donamus Domino Deo et altari Sancti Salvatoris Anianensis et sancte Dei genitrici Marie, et aliorum sanctorum quorum ibi reliquie continentur, pro remedio animarum nostrarum et parentum nostrorum. Et propter hoc dedit nobis abbas, Petrus, et monachi ejusdem loci ducentos solidos de denariis de Melgoirenses. Et si ego, Poncius Ermengaudi, aut uxor mea suprascripta, aut filius meus qualis primus ex nobis habitum monacalem voluerit accipere, abbas et monachi ipsum solum accipiant propter istum honorem.

Facta scriptura ista XVI kalendas augusti, regnante Philippo rege. S. Poncii qui hanc scripturam fieri jussit, et manu sua firmavit, et testes firmare rogavit. S. Sicardi de Alinian. S. Poncii, fratris sui. S. Raimundi Matfredi. S. Raimundi Baltugad de Felgueiras. S. Ermengaudi de Maroirol. Hec scriptura facta est in presencia Willermi, prioris, et Petri Agantici, monachi, et Raimundi Pinia, monachi, et Ademari Salve, monachi, et Willermi de Pozolas, monachi, et Poncii, monachi, et Deusde de Sancto Poncio et Raimundi Wifredi. Bernardus monacus scripsit.

CCXCIV.

[PETRUS RICARDI DE POIETO ET UXOR VEZIANA DANT WILLELMO, ABBATI, TERRAM IN TERMINIO DE LALAUSA, CUM FILIO EORUM RAIMUNDO, EA RATIONE UT RAIMUNDUM MONACHI SUSCIPIANT ET INSUPER XXX SOL. MELG. SOLVANT. BERENGARIUS FILIUS PREDICTORUM DONATIONEM CONFIRMAT].

(Fol. 124 v°. — Vendredi 1149.)

In nomine Domini, ego, Petrus Ricardi de Poieto, et ego, Veziana, uxor illius, nos simul sine malo ingenio, cum bona fide et voluntate, donamus et tradimus Deo et altari Sancti Salvatoris monasterii Anianensis et tibi, domine Wuillerme, abbas ejusdem loci et Petro de Montepetroso, priori Sancti Amancii, ceterisque monachis Anianensibus presentibus et futuris, cum filio nostro Raimundo illam terram que est in terminio de Lalausa, juxta viam que ducit de Poieto usque ad Roveiam, et ab oriente juxta viam publicam, et ab aquilone juxta terram Petri Esquiroli ; ut vos et omnes successores vestri habeatis semper et possideatis predictam terram in pace et possitis de illa quicquid volueritis facere, sine contradictione, impedimento et inquietudine alicujus persone. Vos vero propter hoc donum terre supranominate sucepistis in monasterio predictum filium nostrum, Raimundum, et induistis eum atque pannos ad jacendum dedistis, et dimisisti refectionem quam nos pro eo conventui facere deberemus ; et insuper unum modium de annona atque xxx solidos melgorienses nobis dedistis. Et ego, Berengarius, filius predicti Petri et Veziane, sine malo ingenio, cum bona fide et voluntate, concedo, confirmo et laudo hoc donum supradicte terre, ut sicut est suprascriptum, et a patre meo et a matre mea Deo et vobis donatum, sic firmiter in pace permaneat in eternum. Testes hujus rei sunt Gaucelmus de Montepetroso, Petrus de Monte Arnaldo, Johannes de Monte Bloso, Raimundus Duranti, Petrus de Sala, Willermus Geraldi et Petrus Gothofredi.

Facta carta ista feria VI, anno ab incarnatione Domini M° C° XL° VIIII°, regnante Lodovico rege. Deodatus monacus scripsit.

CCXCV.

[WILLERMUS ASSALIT ET ADALAIZ, UXOR, ET FILIUS PISCATIONEM CONCEDUNT ET CONVENIENCIAM FACIUNT DE ALIIS QUERIMONIIS INTER SE ET ABBATEM, PRO LXXXX SOL. MELG.].

(Fol. 124 v°. — 1114.)

Exempla ego, Willermus Asallit, et Adalaiz, uxor mea, et Petrus Sicardus, filius noster, concedimus et laudamus tibi Petro Berengerio, monacho, quando piscabimus in stagno, piscabis et tu cum duobus vertolonis, unum pro amore et alterum pro usatico. Et si nos piscamus te nesciente, piscabis et tu simili modo sicut superius scriptum est.

Concedimus tibi * ob amorem quando necessitas fuerit piscandi, ut pisces in tali modo ut nobis scire facias aut nostro ministro, et nos non vetemus te. Pro querimonia vero quam habemus cum abbate et monachos, non faciemus malum in obedienciam Sancti Amancii de Teulet sive de Stagno, sive de Sancto Martino de Carcares, sive in omnibus que ad istos honores pertinent, te tenente eos honores per obediencialem. Si autem caballarii, sive homines, sive femine qui in castro de Poiet manebunt male tibi fecerint, erimus tibi adjutores et defensores et inimici eorum, eorum usque ad emendacionem tibi veniant. De decimo quod habemus in Apellum inter me et te de Margonciaco, faciemus hoc quod boni homines nobis dixerint. De primiciis vero sive de uferenciis faciemus hoc quod parrochiani de ipso loco nobis dixerint. De decimo quod est in terra Petri Ricardi de Montepetroso, de quo querimonia est inter ecclesiam Sancti Saturnini et ecclesiam Sancti Amancii de Teulet, faciemus hoc quod episcopus Biterrensis vel canonici ejus nobis dixerint. Propter hoc dedistis nobis suprascriptis nonaginta solidos de denariis melgorienses. Ego Willermus Assaliz et Adalaiz, uxor mea, et Petrus filius noster te, Petrum Berengerium, monacum, de hunc placitum in fide nostra accipimus quod non ingannemus te ; et hanc cartam laudamus et manus nostras firmamus et testes firmare rogamus, videlicet Girberto de Malac, Raimundo Arcman, Bernardo Raimundo et Rostagno de Maroiolo, Bernardo Isarno. * Fol. 125 r°.

Facta scriptura ista anno M° C° XIIII° ab incarnacione Domini. Petrus scripsit.

CCXCVI.

[PETRUS GUILLELMI ET FILII DANT MANSUM IN VILLA POGLAIER, EA RATIONE UT IN COMMUNIA SEMPER REMANEAT, ET CONVENIENTIAM FACIUNT DE HONORE DE MONTALS].

(Fol. 125 r°. — 1er novembre 1060-1108.)

In nomine Domini ego, Petrus Guillermi et filii mei, Guillermus et Poncius Damalcius et Bernardus Bertrannus et Bremondus atque Arthemandus, nos simul donatores sumus Domino Deo et altari Sancti Salvatoris Anianensis et abbati presenti, Emenoni, et monachis ejusdem loci tam presentibus quam et futuris unum mansum. Et est ipse mansus in villa que vocatur Poglaier, et advenit michi Petro et fratribus meis Gaucelmo et Raimundo comune, ex parte Guideneldis matris nostre, cum omnia que ad ipsum mansum pertinent, cum terris, vineis, arboribus pomiferis et impomiferis, pratis, pascuis, aquis aquarumve decursibus, casis, casaliciis, egressibus et regressibus, hominibus vel feminis, in tali vero racione ut habeant, teneant et possideant semper in communia. Et si abbas aut monacus alienare vel nullo malo ingenio de communia auferre voluerit, veniat unus de propinquioribus meis et ponat super altare tredecim denarios. Et hic ipse facimus convenienciam Sancto Salvatori Aniane, ego Petrus et filii mei suprascripti, de honore de Montals, quem ibi habeo vel habere debeo, ut si infantes mei filios legitimos vel filias non habuerint, ad Sanctum Salvatorem de Aniana revertat tota.

Facta scriptura ista die kalendas novembris, regnante Philippo, rege. S. Petri qui hanc cartam donacionis scribere jussit et manu sua firmavit et testes firmare rogavit. S. Willermi Petri, S. Geraldi Bonafos. S. Bernardi. S. Poncii. Raimundus scripsit.

CCXCVII.

[PETRUS ENGELIANT DAT SPONSÆ IN SPONSALICIO MANSIONEM ET HONORES PER VITAM EJUS, COMMEMORATA LEGE ROMANA. — GERALDUS, PRIOR, DAT PETRO ENGERANT TERRAM IN VALLE MALA PRO II SOL. MELG.].

(Fol. 125 r°. — Janvier.)

In nomine Domini ego, Petrus Engeliant, cedo et dono ad sponsa mea nomen Richelda, dono tibi in sponsalicio isto mausiones et que apertinet a l'estar, et totam honorem quam habet de Sancti Salvatoris, et laudavit Petrus Berenguerius monacus, et inantea totam honorem quam habuit neque advenire debet, ab infante et sine infante, habeas et teneas in vita tua et post obitum tuum ad propinquos meos revertar, et elemosina
* Fol. 125 v°. mea tibi commendo * sicut lex romana comemorat.

Facta scriptura ista mense januario, regnante Lodoico rege, vel et tempora et dies et annos ut supra. S. Petrus qui carta ista scribere fecit.

S. Petrus Bernardus. S. Petrus Durant. S. Petrus Porcellus. Ego Geraldus, prior, dono tibi Petrus Engerant una terra que est en Valle mala et cui laxare volueris, et unum ortum in villa de Sancto Amancio ; et per istum acaptum dedit Petrus jam dictus II solidos de denarios melgoriensis. Et istam donacionem fuit facta in presencia de Petro Galterio et Duranto, vicario, et Poncio Engelrantdo. Ego Raimundus de Piniano dono tibi Petro Engelrantdo unam mansionem et una terra in terminio de Podio de Lassulia et una vinea alla lintillera et dono de usatico. I s. ordei. Et ista donacio fuit facta in presencia dicti Petro Durant et R. de Tornamira et B. Cellarer. Deodatus scripsit.

CCXCVIII.

[AIMELDIS ET PETRUS VIR EJUS, DANT, LAUDANT, CONCEDUNT, TRADUNT BERNARDO DE PINO ET QUIBUS ALIENARE VOLUERIT, PRÆTER SANCTOS ET MILITES, PRATUM IN PARROCHIA SANCTE MARIE DE ROVEGIA, IN TERMINIO STAGNI PIPERELLO PRO V SOL. MELG. PRO ACAPTO, VI DEN. PRO USATICO].

(Fol. 125 v°. — Samedi, novembre 1152.)

In nomine Domini ejusdem incarnacionis M° C° L° II°, mense novembris, feria VII, regnante Lodoyco rege. Ego Aimeldis et ego Petrus Emenonis, vir ejus, consilio et voluntate Lautardi de Stagno, fide et sine inganno, cum omni bono animo, nos in unum damus, laudamus et concedimus, et cum hac presenti carta tradimus tibi, Bernarde de Pino, et infantibus tuis et viro tuo Guillermo de Aniana, et infantibus quibus de illo habueris, et omnibus hominibus quibus dare laxare volueritis, preter sanctos et milites, vendere etiam vel impignorare consilio nostro seu de nostris successoribus, videlicet in parrochia Sancte Marie de Rovegia, in terminio stagni Piperello, unum pratum, scilicet cum unam peciam terre ; et juxta illud est adversus orientem confrontant in alodem Ugonis Petri de Poieto ; et ab aquilone in alodem Sancti Salvatoris Anianensi ; et ab occidente in stagno Piperello. Et propter hanc donacionem predictam habuimus a te predicta Bernarda et de marito tuo predicto V solidos bonos melgorienses pro acapto ; et imperpetuum dabitis nobis vel nostris successoribus de illa pecia predicte terre quartum de omnibus laboranciis, et pro prato predicto dabitis nobis annuatim VI denarios, in festivitate sancti Andree, pro usatico et pro censu melgoriensi. Hujus rei testes sunt Ugonis Petri de Poieto, Guillermus de Cambrignano, Raimundus Eliadar, Berengarius Gizberti, Poncius Malfredi de Podio Lacterio. Geraldus scripsit.

CCXCIX.

[NOTICIA WIRPITIONIS AB AIRADO ET FRATRIBUS FACTE, DE ALODE CENZONIS].

(Fol. 125 v°. — 972-1003.)

Noticia wirpicionis qualiter vel quibus presentibus bonis hominibus, id est Rainaldo abbate, Teudbaldo monacho, Feraldo monacho, Audeberto Gifredo Ricardo, Warnerio, Autramno, Gaucfredo ; in eorum presencia wirpimus nos ego, Airadus et fratres mei Petrus et Silherius, de alodem qui vocatur Cenzonis, propter amorem Sancti Salvatoris Anianensis cenobii, et propter remedium animarum nostrarum vel parentum nostrorum, ita ut ab hodierno die abbas et monachi Anianensis monasterii quicquid ex ipsum alodem centonem facere voluerint liberam habeant potestatem. S. Airadi. S. Petri. S. Siserius. Faraldus monachus scripsit.

CCC.

[NOTICIA DIFINICIONIS SIVE COMMUTACIONIS TERRARUM IN VINEARIO DE SANCTO AMANCIO ET IN TEULETO, INTER PETRUM BERENGERIUM, MONACHUM, CONSILIO ABBATIS PONCII, ET PETRUM RICARDUM MONTISPETROSI].

(Fol. 125 v°. — 1117.)

Noticia difinicionis sive commutacionis que facta est inter Petrum Berengerium, monacum de Aniana, et Petrum Ricardum Montis Petrosi. Ego Petrus Berengerius, monacus, consilio domini Poncii abbatis, dono tibi Petro Ricardo suprascripto, per escambeira de una terra, unam cartariatam vinee in dominio, in vinearium de Sancto Amancio, preter decimum et gardiam ad faciendam tuam voluntatem ; et tu similiter donas nobis
* Fol. 126 r°. terram quam habes in Teuleto, juxta ortum de monacho ad faciendam * nostram voluntatem. Et ista vinea suprascripta erit de fevo Guillermi Assalliti sive uxoris sue Alaz.

Facta est hec commutacio cum consilio Guillermi Assaliti et uxoris sue et aliorum hominum, videlicet Poncii de Sancto Cosme et Sermenna, uxoris Petri Salomonis, et filiorum suorum, et Guillermi Rufa et Raimundi Arcmandi et Guillermi Toquet et Johannes de Aniana, anno ab incarnacione Domini millesimo centesimo XVII°.

CCCI.

[PONCIUS DE CORNU ET UXOR ET INFANTES GUIRPIUNT, SOLVUNT, DONANT, REDDUNT DECIMAM IN PARROCHIA SIVE TERMINIO SANCTI AMANCII DE TEULET, IN VALLE MALA, PRO XX SOL. MELG.].

(Fol. 126 r°. — 1114.)

Ego Poncius de Cornu et uxor mea Bonafos et infantes nostri Wilelmus et Poncius et Raimundus, guirpimus et solvimus et donamus et reddimus Domino Deo et Sancto Salvatori Anianensi et abbati, Petro, et monachis presentibus et futuris, totam decimam quam apellabamus in parrochia sive in terminio Sancti Amancii de Teulet, quod est in Valle mala, usque in alodium de Guillermo Assalit de Popiano. Et propter hoc dedit nobis Petrus Berengerius, monacus, XX solidos de denarios melgorienses.

Facta carta et guirpicio anno ab incarnacione Domini M° C° XIIII°, in presencia Arcmanni, monachi, et Bernardi, monachi de Margone, et Willelmi de Valmala.

CCCII.

[RAIMUNDUS DE PINIANO, OBEDIENCIALIS SANCTI AMANCII, CUM BERNARDO GUIRAU PLACITUM EXCAMBII CONVENIT DE LOCALE AD SANCTAM MARIAM DE STAGNO ET AD TERRAM DE FONTANILLAS].

(Fol. 126 r°. — 15 mars 1060-1108.)

In nomine Domini ego, Raimundus de Piniano, obedediencialis Sancti Amancii, dono tibi, Bernardo Guirau, et uxori tue et infantibus tuis unum localem de VI brachia ad Sanctam Mariam de Stagno, retro ecclesiam, justa mansionem Poncii Bernardi; et propter hoc reddes michi unam faixam de terra quam tenebas de Sancto Salvatore Anianensis, que est juxta terram que fuit de Guilafredo; et donas michi de usatico per unumquemque annum XII denarios melgorienses per fidem et sine enganno ; et per istud placitum excambias michi aliam peciam de terra que est in condamina Dauzcerz, ad ipsam viam juxta rocam ; et per istam terram suprascriptam dono ego tibi in scambis terram de Fontanillas que tenet se ad tuam condaminam, quam tenes ad fevum de Sancto Salvatore Anianensis. In tali vero racione quod si nullus homo michi istam terram suprascriptam quereret vel tolleret, vel ulla femina, quod ego tornassem me ad tuam dominiam. Et hoc in presencia Petri Duranti, Poncii Bernardi, Bernardi de Pino, Deodati Donadeo.

Facta scriptura ista idus martis, regnante Philippo, rege. Guitbertus scripsit.

CCCIII.

[BERNARDUS DE MAGONE, OBEDIENCIALIS SANCTI AMANCII, SOLVIT ET GUIRPISCIT BERNARDUM FABRUM ET DAT EI FABRICAM IN VITA SUA PRO USATICO VIII DEN. ET PRO XX SOL. MELG. RETENTA JUSTICIA IN HONORE, EA RATIONE UT UNUS INFANTIUM FABRI FABRICAM HABEAT POST MORTEM, SI HOMO SANCTI SALVATORIS FUERIT].

(Fol. 126 r°. — 1128.)

In nomine Domini ego, Bernardus de Magone, obediencialis Sancti Amancii cum consilio Petri Berengerii, monachi, et Bernardi, cellararii de Aniana, solvo et guirpisco te, Bernardum Fabrum, Domino Deo et tibimetipso et Willermo Bremundi et fratribus suis bona fide et sine inganno. Et dono tibi fabricam et fabricas tocius ville Sancti Amancii, et stare quod habuisti de Poncio Duranti, quod est ante januam Stephani de Buxo, ut habeas et teneas hanc supradictam donacionem in vita tua, pro usatico de VIII denariis in unoquoque anno de fabrica ad kalendas augusti. Et in hoc supra dicto honore retinemus justicias nostras sicut in aliis nostris honoribus habemus ; et si tu, Bernardus Faber, infantes habueris, post obitum tuum unus ex illis supradictam donacionem habeat. Et ideo sit homo Sancti Salvatoris in dominio, et si infans noluerit esse homo de Sancto Salvatore, honor predictus revertatur ad Sanctum Salvatorem et ad monachos ejusdem loci in dominio. * Pro hoc supradicto placito, ego Bernardus de Margone accepi a te, supradicto Bernardo Fabro, XX solidos melgorienses.

* Fol. 126 v°.

Hoc vero totum factum est consilio et voluntate domini Petri, abbatis Anianensis, anno ab incarnacione domini M° C° XXVIII°, in presencia Raimundi Bernardi de Poieto et Ademari de Monteniac et Poncii de Monteabone et Bernardi Ysardi et Arnaldi de Villanova. Willermus scripsit.

CCCIV.

[PETRUS BERENGARIUS, MONACHUS, DAT BONAFOS, FEMINÆ, IN VITA, ET INFANTIBUS SI HABUERIT, MANSUM DE CAUNAS, PRO XXX SOL. MELG. ET PRO QUARTO, USATICO ET SERVICIO, EA LEGE UT SI IBI NON STETERIT, ALIQUIS STET PRO EA QUI RESPONDEAT DE USATICO].

(Fol. 126 v°. — 1115.)

Ego Petrus Berengarius, monacus, dono tibi Bonafos femina, in vita tua, atque infantibus tuis si habueris, medietatem de manso de Caunas quod fuit Petri Ugonis ; et post mortem tuam si infantes non habueris revertat nobis predictus mansus in dominio. Et de isto manso suprascripto dabis nobis quartum et usaticum et servicium, sicut alii mansi qui sunt justa eum, et dabis in eo sicut Geraldus de Nizin ; et quando tu ibi non steteris, stabit aliquis pro te, qui respondeat nobis de nostro usatico. Et tantum quod predictum mansum habueris, habebimus in te hoc quod habemus in nostros dominios homines per rectam racionem sive per usaticum. Propter hoc dedistis nobis triginta solidos melgorienses, in presencia Poncii Raimundi et Deodati Mantellini et Willermi Toquet et Petri Ugonis et Gausberti Bonaruc, et Guitberti de Adellano, et Deodati filium ejus, et Willermi Deodati.

Facta carta ista anno millesimo centesimo XV ab incarnacione Domini. Petrus scripsit.

CCCV.

[ARCHIMBERTA, VICECOMITISSA, ET FILII DANT MANSUM IN COMITATU BITERRENSE, IN VICARIA PUPIANENSE, IN VILLA POCIOLIS, EA RACIONE UT NULLUS DE COMMUNIA AUFERRE PRESUMAT, CUM COMPOSITIONE DUPLI].

(Fol. 126 v°. — 28 juin 983.)

Magnus est titulus donacionis in quo nemo potest actum largitatis inrumpere, sed quicquid grato animo et propria voluntate donatur libenter debet ei cui conlata fuerit cessio irrevocabili modo perhenniter stabilitum. Ego enim in Dei nomen Archimberta, vicecomitissa, et filii mei, Allidulfus et Oddo et Teugardis, qui fuit uxor Ermengaudi filii mei, qui fuit olim, nos simul in unum donatores sumus, donamus ad sacrosante basilice qui est constructa in Aniano monasterio, in honore Domini et Salvatoris nostri Jhesu Christi, pro anima Ermengaudi, mansum unum qui est in comitatu Biterrense, in vicaria Pupianense, in villa que vocant Pociolis, ubi Agericus visus est manere, quicquid ad ipsum mansum pertinet et cum omnibus adjacenciis suis, ut ab hodierno die rectores ipsius sancti loci ipsum mansum teneant et possideant. Et si ullus comes aut episcopus aut abba aut ullus homo fuerit, qui ipsum mansum de communia abstraere voluerit, non habeat licenciam nec potestatem ad faciendum, et postea in inferno inferiori dimergatur, et postea ad nos donatores revertat. Quod si nos donatores, aut ullus de heredibus vel de propinquis nostris, aut quislibet homo, aut ulla amissa persona qui contra hanc donacionem venerit ad inrumpendum, non ei liceat vindere quod repetit, sed componat ipsum mansum duplum et melioratum. Et in antea donacio ista firma et inviolabilis permaneat omnique tempore.

Facta donacione ista, IIII kalendas julii, anno XXVIIII regnante Lotario rege. S. Archimberta et Allidulfi et Oddonis et Teugardis qui hanc donacionem fieri voluerunt et manibus suis firmaverunt et testes firmare rogaverunt. S Ricardi. S. Aufredi. S. Bernardi. S. Armandi. S. Ansemundi.

CCCVI.

[ALDIARDUS ET UXOR, PRO REMEDIO ANIMARUM, DANT POST MORTEM, USUFRUCTU RETENTO, IN PAGO BITERRENSE, IN VILLA FRACONICA, VEL STAGNO PIPERELLO PORCIONEM EIS DEBITAM, PRO CENSU DE ANNONA ET VINO, CUM COMPOSITIONE DUPLI ET STIPULATIONE SUBNIXA].

(Fol. 127 r°. — 18 mars 811-810.)

Sacrosancto que ac venerabili loco Aniano monasterio, quod situm est in territorio Magdalonense, in honore Domini et Salvatoris nostri Jhesu Christi et sancte ac semper Virginis Marie genitricis ejus, et aliorum plurimorum sanctorum, ubi vir venerabilis Elias, abbas, preesse disnoscitur. Ego in Dei nomen Aliardus et uxor mea, Rametrudis, donamus, donatumque imperpetuum esse volumus, pro animarum nostrarum remedio seu pro eterna retribucione seu animabus genitoris et genitricis mee, Aroaldi, seu Deidone, donamus jam dicto monasterio seu rectoribus illius presentibus et futuris, in pago Biterrense, in villa Franconica vel stagno Piperello, seu infra terminium ipsius ville, donamus omnem porcionem nobis debitum cum omni fundo possessionis, in domibus, in curtis, in vineis, in ortis, in campis, in pratis, in pascuis, in arboribus pomiferis et impomiferis, terris cultis et incultis, garricis, molendinis et exeis et regressis, cum omnibus adjacenciis suis, quicquid in predicta villa visi sumus habere vel possidere, vel quicquid adhuc Deo propicio adquirere vel augmentare potuerimus, ea racione ut quamdiu vixerimus ipsas res per vocem ac licenciam seu beneficio de habitatoribus illius monasterii, sicut inter nos et illos convenit, usufructuario teneatis, et per singulos annos, ad dedicacionem basilice Sancti Salvatoris predicti monasterii, in censum ipsius unum modium de annona et unum de vino solvere debeamus ; et nichil de ipsis rebus alicui homini donare, vendere aut commutare habeamus licenciam neque deminuere, sed semper in melius augmentare. Post obitum vero nostrum ipsa absque ulla tarditate vel alterius assignatione, pars uniuscujusque nostrum qui prior de hoc seculo migraverit ad predictum revertatur monasterium. Si quis sane nos aut aliquis de heredibus nostris, quod minime futurum credimus, seu quelibet persona contra hanc donacionem nostram venire decreverit aut eam infrangere conaverit, componat parti ipsius monasterii ipsas res melioratas duplas. Et hec presens donacio nostra inrumpi non valeat, set semper in sua maneat firmitate, omni stipulacione subnixa seu fisci turcione firmissima.

Facta cartula donacionis xv kalendas aprilis, imperii magni nostri Hlodovici imperatoris. S. Aliardo. S. Rametrude, qui hanc cartulam fieri seu firmare rogavimus. S. Roma. S. Sibarnardo. S. Tateranno. S. Theothberto. S. David. S. Dadilane. S. Ebromare. S. Garamaldus. Ingila, indignus presbiter, hanc donacionem rogitus scripsit die et anno quo supra.

CCCVII.

[DEUSDESCAIREL DAT ABBATI PETRO HONOREM IN PARROCHIA SANCTI AMANCII DE TEULED, POST MORTEM, SI INFANTEM DE UXORE NON HABUERIT].

(Fol. 127 r°. — Septembre, XII° siècle.)

In nomine Domini ego Deusdescairel, dono Domino Deo, Sancto Salvatori Anianensi et abbati Petro et monachis ejusdem loci presentibus et futuris, pro anima mea et anima patris et matris mee, totum honorem quam habeo et homo vel femina per me, in parrochia Sancti Amancii de Teuled ad alo[dem]; hanc donacionem facio ego Deusdes per fidem et sine inganno, ut omni tempore sit ista honor suprascripta de communia monacorum Anianensium, si mortuus fuero sine infante de uxore ; et de ista honore suprascripta dono ego Deodato suprascriptus unam terram, in vita mea, de Tenezon ; et conjungit in terram Sancti Salvatoris.

Facta scriptura ista mense septembris. S. Deusdedi qui hanc scriptu-
* Fol. 127 v°. ram fieri volui * manus suas firmavit et testibus firmare rogavit. S. Petri Duranti. S. Petri Bernardi. S. Petri Assalid. S. Willermi de Masdeo.

CCCVIII.

[SANCIA DAT CORPUS ET ANIMAM ET MANSUM IN COMITATU SUSTANCIONENSIS, IN PARROCHIA SANCTI JULIANI DE ANTONEGUES, INDICATIS CENSIBUS MANSO SOLVENDIS, CUM CONSILIO FILII ET FILIÆ].

(Fol. 127 v°. — Mardi, juillet 1122.)

Anno ab incarnacione Domini M° C° XXII°, ego Sancia, dono corpus et animam meam et unum mansum ad alodem pro elemosina Domino Deo et Sancto Salvatori, altario de Aniana et abbati Petro et monachis ejusdem loci presentibus et futuris. Et est ipse mansus in comitatu Sustancionensis, in parrochia Sancti Juliani de Antonegues, totum et ab integrum preter cartum, cum hominibus et feminis, et cum omnibus apendiciis suis, et cum usaticis que ad ipsum mansum pertinent vel pertinere debent ; hoc est unum moltonum cum auxo et unum agnum et unum porcum aut XII denarios et XVIII bovarios, VI assolevar, VI a binar, VI a semenciis et II sextarios de ordei mercadalis amexons, et unum asinum cum homine in vindemiis VI dies, et VI hominibus gradarios a seguar et IIII formaticis et VI de afossuras, et XII denarios de oblias, quod debet dare Marcellinus. Et hoc facio cum consilio Deodati filii mei et Fides filie mee, et Ugoni Aldeberti et Poncio de Podio Abone. Sunt vero testes hujus donacionis Willermus Bernardi de Giniaco et Willermus de Giniaco, et Poncius Raines et Deodatus Caprarecie. Raimundus, presbiter de Aniana, scripsit, feria III in mense julio.

CCCIX.

[PETRUS, ABBAS, CONCEDIT GERALDE DURANTI, UXORI ET INFANTIBUS, MEDIETATEM VICARIE SANCTI AMANTII DE THEULET, QUAM HABUIT PATER GERALDE, EA CONVENIENTIA UT SINT FIDELES MONASTERIO ET INFANTES IN DOMINIO SANCTI SALVATORIS HOMINES SINT].

(Fol. 127 v°. — XII° siècle.)

Ego Petrus, abbas Anianensis, cum consilio Petri Berengarii monachi, dono sine inganno tibi Geralde Duranti et uxori tue et infantibus tuis, in tota vita tua, medietatem vicarie Sancti Amantii de Theulet, sicut pater tuus eam habuit et tibi dimisit; et dono sine inganno tibi, Geralde, et tuis suprascriptis tuam partem de toto alio honore quem pater tuus ibi habuit, in tali vero conveniencia dono tibi et tuis totum istum honorem suprascriptum uti melius pater tuus eum habuit ab abbate Anianensi et a monachis ejusdem loci, quod tu Geralde et tui per omnia sitis inde fideles Sancto Salvatori et monachis ejusdem ecclesie, et illos usaticos inde faciatis qui ipsi vicarie pertinent. Post mortem autem tuam, eadem conveniencia dono totum istum honorem suprascriptum omnibus infantibus tuis, si ipsi in dominio fuerint homines Sancti Salvatoris. Et ego Geraldus Durandus, si in hac terra moriar, dono corpus meum ad sepeliendum Sancto Salvatori et conventui ejusdem ecclesie.

CCCX.

[BERENGERIUS DE POPIANO DAT HONOREM IN BALLIA PETRO RICARDO ET PETRO FELICI; QUI GUIRPIUNT MONASTERIO PAUPEREM FEMINAM PRO V SOL. DEN. ET ILLOS V SOL. IN OPUS BERENGERII MITTUNT].

(Fol. 127 v°.)

Ego Berengerius de Popiano reliqui honorem meum et averum in ballia Petro Ricardo et Petro Felici; et nos duo supra scripti, scilicet Petrus

Ricardus et Petrus Felix guirpimus Sancto Salvatori Anianensi et Ademaro sacriste unam pauperem feminam, per v solid. de denariis, cum consilio Poncii Fulconis et Raimundi Lautardi; et suprascriptos v sol. quos habuimus de supradicta femina misimus in opus ipsius Berengerii, cum consilio Poncii Lautardi.

CCCXI.

[BONARIES ET BONAFOS GUIRPIUNT PETRO BERENGERIO, MONACHO, MANSUM DE CAUNAS].

(Fol. 127 v°. — Vendredi.)

Ego Bonaries et ego Bonafos guirpimus tibi Petro Berengerio, monacho, hoc quod habemus in manso de Caunas, et tu donas nobis x solidos; et habeas istum mansum in dominio, aut reddas eum, si tibi placuerit,
* Fol. 128 r°. infantibus * de Ugone de Caunas. Et hoc facimus in presencia Petri presbiteri et Geraldo Bernardi de Lediniano.

Facta scriptura ista feria sexta. Addemarus scripsit.

CCCXII.

[NOTICIA VUIRPICIONIS VEL DIFFICIONIS SEU EVACUATIONIS DE HONORE INGELENI DE STAGNO, AB UGONE PETRI ET UXORE ET INFANTIBUS EORUM, EA RACIONE FACTA UT ALIENARE, VINDERE VEL IMPIGNORARE MONACHI LICENTIAM NON HABEANT].

(Fol. 128 r°. — 29 juin 1060-1108.)

Noticia vuirpicionis vel difficionis sive evacuacionis que feci ego, Ugo Petri, et uxor mea, Ricardis, et infantes mei Domino Deo Sancto Salvatoris Anianensis et abbati, Emenoni, et Geraldi prioris et omnibus monachis ejusdem loci tam presentibus quam et futuris, de honore Ingeleni de Stagno; ego, Ugo Petri, dono et vuirpio omnem honorem suprascriptam Ingeleni, id est cultis et incultis, pratis, silvis, pascuis, aquis, ortis, molendinis aquarumve decursibus, totum et ab integrum quantum ad ipsum honorem pertinet sine ullo inganno; in tali vero racione quod si abbas vel monachi predicti monasterii alienare vel vindere aut impignorare voluerint, sit hoc fevum meum vel de infantibus meis vel de illis cui ego dimisero.

Facta scriptura ista III° kalendas julii, regnante Filipo rege. S. Ugonis Petri et uxori sue et infantum ejus qui hanc cartam scribere mandaverunt et wirpicionem fecerunt et testes firmare rogaverunt. S. Petri Gauzfredi. S. Willermi Bernardi. S. Augerii Poncii. Si autem abbas vel monachi honorem de stagni vendiderint vel impignoraverint aut alienaverint vel ingannaverint, ipsa honor de Stagno et omnis honor Sanctis Salvatoris sit in pignora Ugoni Petri, aut cui ipse dimiserit.

CCCXIII.

[BESTILA, TRADIT FILIUM LILDINUM MONASTERIO ET DAT DIVERSAS TERRAS IN PAGO BITERRENSI, IN VILLA PLAXANO ET IN VILLA DE LINARIA, CUM COMPOSITIONE DUPLI].

(Fol. 128 r°. — 21 décembre 829.)

Magnus est titulis cessionis in quo nemo potest actum largitatis inrumpere sed quicquid grato animo et prompta voluntate donatur libenter, debet ei cui conlata fuerit cessio inrevocabili modo perenniter stabilitum. Ego in Dei nomine, Bestila femina, dono donatumque imperpetuum esse volo pro anima mea remedium seu pro porcione filii mei, nomine Lildinum, que in presenti trado Deo in monasterio Aniano, quod constructum est in territorio Magdalonensi, in honore sancti Salvatoris et sancte Dei genitricis semper que Virginis Marie, ubi venerabilis abba domnus Ermenaldus preese videtur ; dono ad jamdictum monasterium seu ad rectores ipsius presentibus et futuris, in pago Biterrensi, in villa Plaxano pro remedio anime mee vel pro predicto filio meo, id est casam cum curte et orto et vineam in se tenentem cum arboribus suis. Et habet ipsa casa per longum braciatas V et in lato III, et ipsa curtis per longum dextros X et in lato IIII ; et ipse ortus cum ipsa vinea habet per longum dextros LX, et in frontes habet dextros V et in lato III. Et inlaterat de parte orientis ipsa casa et ipse curtis et ipse ortus cum ipsa vinea in casa et orto et vinea de jam dicto monasterio, per alios vero omnis latus de me ipsa donatrice vel de meis heredibus. Insuper dono infra terminium de ipsa villa aliam vineam habentem in se modiatam unam cum curta determinata ; et subjungit de parte aquilonis in vinea Aboleni, per alios vero latus subjungit de ipsa donatrice vel de meis heredibus. Dono etiam infra terminio de ipsa villa campum habentem per longum dextros LXXXV et in lato XXX ; et inlaterat de parte orientis in terra de Uvalde Mare, per alios* *Fol. 128 v°.

vero latus de meis heredibus. Dono eciam infra ipsius ville terminium per ratum habentem per longum dextros XXX et per latum XXV; et infrontat de meridie in campo Aboleni, per alios vero latus est pratus de meis heredibus. Dono autem in ipsa villa de Linaria que habet per longum dextros XL, et in lato III ; et inlaterat de parte circi in terra Levane, per alios vero latos, de meis heredibus. Et in ipsa ecclesia Sancti Gervasi dono decimam partem. Hec omnia suprascripta dono atque concedo de meo jure et dominacione ad jam dictum monasterium seu ad rectores illius tam presentibus quam futuris, ea racione ut, exinde ab hodierno die et tempore facere aut judicare voluerint, plenissimam atque firmissimam habeat potestatem faciendi. Si quis vero, quod evenire minime credo, si ego ipse aut ullus de heredibus meis vel de propinquis aut quislibet homo, qui contra hanc donacionem meam venire temptaverit aut eam infrangere conaverit, non hoc valeat vindicare et componat, una cum distringente fisco, ipsas res melioratas duplas, sicut eo tempore vendere potuerint. Et hec presens donacio mea semper in sua maneat firmitate.

Facta cartula donacionis XII kalendas januarii, anno XVI feliciter imperante domino nostro Lodovico imperatore. S. Bestile, qui hanc cartam donacionis fieri rogavi et manu mea firmavi et testibus tradidi ad roborandum. S. Deusde. S. Guittano. S. Ausemare. S. Ermederamni. S. Mancione. S. Rodobaldo. S. Maurello. S. Rodeberto. S. Constabile. S. Liodoigi qui consensi. Ingila, indignus diaconus, hanc donationem cum duabus supra positis jussus ac rogitus scripsi et die et anno quo supra.

CCCXIV.

[ADPAIX, FEMINA, DAT VIRO SUO, BERNARDO, ALODEM IN COMITATU BITERRENSE, IN VICARIA PUPIANENSE, IN TERMINIUM DE VILLA TEULEDDO, CUM COMPOSITIONE DUPLI].

(Fol. 128 v°. — Lundi 25 novembre 978.)

In nomine Domini ego Adpaix, femina, donatrix, dono tibi Bernardo, viro meo, in comitatu Biterrense, in vicaria Pupianense in terminium de villa Teuleddo, in ejus terminio, dono tibi, Bernardo, alodem meum que de genitore meo advenit, cum ipsa parte de ipsa turre que michi procedit et cum ipsos mansos et cum ipsas vineas et cum ipsos conplanterias que sunt subtus Sancto Amancio et cum ipsas adjacencias et cum ipsas terras, pratis, pascuis, silvis, garricis, pomiferis et impomiferis, aquis, aquarumve eductibus earum, tam in ermo quam in condricto, tam in vineis quam in vinealis, tam in[quisitum] quam ad inquirendum, tam divisum quam ad dividendum, totum et ab integrum tibi Bernardo, viro meo, dono de voce fundus possessionis, ut de ab hodierno die et tempore habeas, adeas, teneas et possideas et ex inde quicquid facere volueris, in omnibus habeas plenissimam potestatem ad faciendum ; de repreccione vere dico quod si ego donatris aut ullus homo aut ullus de heredibus vel de propinquis parentibus meis, aut ulla amissa aposita vel subrogata fuerit, qui contra cartam donacio ista ire agere aut inquirere presumpserit, non ei liceat vindicare quod repetit, sed componat tibi ipsum alodem suprascriptum duplum et melioratum, qualis ab eodem tempore plus carius vendere potuerit, sit tibi reddilurus. Et in * antea donacio ista firma et stabilis permaneat omnique tempore. * Fol. 129 r°.

Facta carta donacio ista sub die lunis, VII kalendas decembris anno XXIIII, regnante Loterio rege. S. Alpaix qui carta donacio ista scribere jussit, et manus meas firmavit et testes firmare rogavit. S. Arimanno. S. Arsemundo. S. Abbone. S. Richardo. S. Leutardo. S. Gondoino. S. Bernardo. Arnulfus presbiter rogitus scripsit die et anno quo supra.

CCCXV.

[PONCIUS, UXOR ADALAIZ ET INFANTES, PRO SALUTE ANIMARUM, DANT PARTEM SUAM IN MANSO IN PAGO BITERRENSE, IN VICARIA PUPIANENSE, INFRA TERMINIUM DE VILLA SANCTA EULALIA, CUM IMPRECATIONIBUS].

(Fol. 129 r°. — 30 juin 990.)

Sacro sancto ac venerabili loco Aniano, quod constructum est in pago Magalonense in honore Domini et Salvatoris nostri Jhesu Christi et sancte semper Virginis Marie genitricis ejus, seu aliorum plurimorum sanctorum ubi vir venerabilis domnus Rainaldus, abba, preesse dinoscitur una cum congregacione monacorum, ego in Dei nomen Poncius et uxor mea, Adalaiz, et infantes nostri his nominibus Almeradus, Airadus, Aranfredus, nos jam supradicti pro animarum nostrarum seu pro eterna retribucione, donamus donatumque esse imperpetuum volumus a monasterium Aniano seu rectoribus illius tam presentibus quam et futuris, donamus in pago Biterrense, in vicaria Pupinianense, infra terminium de villa que vocant Sancta Eulalia, ipsam partem nostram quam in ipso manso habemus, ubi Poncius presbiter visus est manere, id est in casis, casaliciis, curtis, cetis, oglatis, terris cultis et incultis, omnia et in omnibus tam inquisitum quam ad inquirendum de voce fundis possessione, quantum ibidem visi sumus habere vel possidere, ut ab hodierno die habeatis, teneatis et possideatis et potestatem facere quicquid volueritis. Quod si nos aut ullus de heredibus vel de propinquis nostris, aut ullus homo venerit ad inrumpendum, non liceat vindicare quod repetit set descendat cum ira Dei et cum Datan et Abiron, et cum Juda Scariot, qui Dominum tradidit, consors fiat in pena.

Facta carta donacione ista pridie kalendas julii, anno IIII regnante Ugone rege. S. Poncius et uxor mea Adalaiz et infantes mei Almeradus, Airadus, Aranfredus, qui hanc cartam donacionis fieri jussimus et firmavimus et firmare rogavimus.

CCCXVI.

[COMMUTACIO ALODIS IN COMITATU BITERRENSE, IN MINISTERIO PUPIANENSE, IN VILLA SANCTA EULALIA ET TERRENCIANO SIVE VADOPETROSO SEU CALME, AB ABBATE BERNARDO, ARICO, UXORI ET FILIIS PER VITAM EORUM DATI, PRO MANSO IN VILLA LICIANO AB ARICO DATO, CUM COMPOSITIONE DUPLI].

(Fol. 129 r° — 1er mai 939.)

Vox legis et juris decrevit auctoritas qualis est empcio talis est commutacio, empcio et commutacio simul in unum habeant firmitatem. In nomine Domini, ego Bernardus, abbas et episcopus et omnis congregacio Sancti Salvatoris ex Aniano monasterio, nos simul in unum commutatores, commutamus nos vobis, Arico, et uxori sue, Richilde, et filius vester, Garifredo, alodem nostrum qui est in comitatu Biterrense, in ministerio Pupianense, in villa que vocant Sancta Eulalia et Terrenciano sive Vado petroso seu et Calme, omnem alodem nostrum quantum habemus in istas villas, totum et ab integrum de fundus possessionis, tam inquisitum quam ad inquirendum, tam rusticum sit vel suburbanum * in tali vero racione Fol. 129 v°. dum Aricus vivit et uxor sua et filius ejus Garifredus, habeatis, teneatis et possideatis, et post obitos vestros ad Sancto Salvatore vel ad ipsos monacos remaneat sine ullo a contradicente. Et in contra recepimus nos commutatores alodem qui est in Liciano villa manso uno, ubi Garuinus visus est manere cum ecclesia Sancta Maria. Et quis contra hanc cartam commutacione ista venerit ad inrumpendum et si nos ipsi commutatores venerimus, aut ullus de heredibus nostris, tunc componat ipsum alodem qui superius resonat duplum vel melioratum, qualis ad eo tempore carius potuerit et insuper commutacio ista firma et stabilis permaneat omnique tempore.

Facta carta commutacione ista die kalendas madii, anno VI regnante Lotario rege post obitum Lodoici regi. S. Bernardus abbate et episcopus et omis congregacione Sancti Salvatoris qui hanc cartam commutacione ista fieri voluimus, et manus nostras firmavimus et testes firmare rogavimus. S. Quinaberto preposito. S. Vitale. S. Abbarico. S. Teudorico. S. Guitardo. S. Durante. S. Eliane. S. Bertino. S. Teuderico. S. Dominico. S. Altegerno. S. Gairardo. S. Ponciane. S. Eldoino. S. Gairaldo Auditore. S. Gondoino. S. Claugemundo. S. Gairaldo. S. Giberto. S. Petrone. Alrardus presbiter scripsit et subscripsit die et anno quo supra.

CCCXVII.

[PETRUS BERENGERIUS CONCEDIT BONAFOS FEMINÆ ET INFANTIBUS MEDIETATEM MANSI DE CAUNAS, PRO QUODAM USATICO ET SERVICIO ET PRO XXX SOL. MELG., EA RACIONE UT BONAFOS STET IN MANSO SEU ALIQUIS PRO EA, ET HABEAT MONASTERIUM IN EA DOMINIUM QUOD HABET IN ALIIS HOMINIBUS].

(Fol. 129 v°. — 1115.)

Ego Petrus Berengerius modo dono tibi Bonafos, femina, in vita tua atque infantibus tuis, si habueris, medietatem de manso de Caunas, quod fuit Petri Ugonis, et post mortem tuam si infantes non habueris revertat nobis predictus mansus in dominio. Et de isto suprascripto manso dabis nobis quartum et usaticum et servicium, sicut alii mansi qui sunt juxta eum. Et stabis in eo sicut Geraldus de Vizin, et quando tu ibi non steteris, stabit aliquis pro te qui respondeat nobis de nostro usatico ; et tantum quod predictum mansum habueris, habebimus in te hoc quod habemus in nostros dominios homines per rectam racionem sive per usaticum ; propter hoc quod dedistis nobis solidos xxx de denarios melgorienses, in presencia Poncii Raimundi et Deodati Mantellini et Villermi Toquet et Petri Ugonis et Guisberti Bonaruc.

Facta carta anno M° C° XV° ab incarnacione Domini et Guitberti de Adellano et Deodati filii ejus et Willelmi Deodati. Petrus scripsit.

CCCXVIII.

[AUDERICUS DAT OCCUPANTEM NOMINE ROVETO, IN PAGO BITERRENSE, CUM COMPOSITIONE].

(Fol. 129 v°. — 18 avril 889-890.)

In honorem Domini et Salvatoris nostri Jhesu Christi et sancte ac semper Virginis Marie et aliorum plurimorum sanctorum, quorum reliquie condite sunt in Aniano monasterio, qui situm est in pago Magdalonense, super fluvium Aurari, ubi venerabilis Gilmundus, abba, preesse dinoscitur, una cum congregacione monacorum, ego in Dei nomen Audericus, propter remedium anime mee seu pro eterna retribucione, nullius coegentis imperio nec suadentis ingenio, sed propria et spontanea hoc elegit mea voluntas, propterea dono ad supradictam casam Dei seu ad prefatum abbatem vel ad rectores illius loci, in pago Biterrense occupantem nomine Roveto, qui michi ex comparacione obvenit, cum omni integritate tam in
* Fol. 130 r°. casis quam * in casaliciis, ortis, campis, vineis, pratis, pascuis, garricis, arboribus pomiferis et impomiferis, aquis aquarumve eductibus vel decursibus earum cum exea et regressa, ad terminaciones suas ; de parte oriente inlaterat in terram publicam de terminio Molanicus, id est in terra garicco usque in rivum Rovegie ; de parte meridie infrontat in terra Vuagone sive in terminio de ipso Stagno Piperello, que dicitur Villa Franconica ; de parte occidentis inlaterat in cacumine montis que dividitur cum terminio Capraniano ; de alia parte in terminio de ecclesia Sancti Amancii ; et de parte aquilonis inlaterat in terminio de villa

Martoregiias. Ista omnia supradicta de meo jure in vestro trado dominio et potestate, obligo et concedo, que dicitur Marisoganalfredo. Omnia ista suprascripta ad predictam casam Dei vel ad rectores presentes sive futuros dono vel trado, ea racione ut quicquid ex inde facere aut judicare volueritis, vendendi, cedendi seu comutandi, vos et posteritas vestra in omnibus habeatis plenissimam potestatem. Quod si quis ego aut ullus de heredibus meis, aut ulla opposita vel subrogata persona, qui contra hanc cartulam tradicionis venerit ad inrumpendum, componat ista omnia meliorata dupla, qualis ad eo tempore carius valere potuerint. Insuper et tradicio ista firma et stabilis permaneat omni tempore.

Facta cartula tradicionis die XIIII kalendas mai, anno III regnante Oddone rege. S. Audericus, qui hanc cartam tradicionis fieri volui et firmare rogavi. S. Garno. S. Garibaldo. S. Telintfredo. S. Blilttgario. S. Garitberto. S. Amalrico. S. Deidonato. S. Heliano. S. Gariberga. S. Adalelmus, ac si indignus diaconus, hanc donacionem scripsi et subscripsi sub die et anno quo supra.

CCCXIX.

[JOHANNIS, PRESBITER, DONAT ET CEDIT ET TRADIT VINEAM VEL HORTOS INFRA TERMINIUM DE VILLA PLAXANO, IN PAGO BITERRENSE, QUOS ADQUISIVIT DE GALDRICO SEU RAGAMFREDO, CUM STIPULATIONE DUPLI].

(Fol. 130 r°. — 12 janvier 831.)

Venerabili in Christo patri Ermenaldo, abbate, et monasterio Aniano, quod est constructus in territorio Magdalonense, in honore Sancti Salvatoris et sancte semper Virginis Marie genitricis Dei et Domini nostri Jhesu Christi. Ego in Dei nomen Johannis, presbiter, donator vel cessor, dono atque cedo donatumque imperpetuum esse volo pro anime mee remedio seu pro retribucione eterne beatitudinis, dono jam ad predicto monasterio seu ad rectores illius monasterii presentes ac futuros, in pago Biterrense, infra terminium quod pertinet de villa Plaxano, hoc est vineam vel ortos et conplanandas vel complanandos cultas vel incultas. Et est ipsa vinea vel ipsas cultas et incultas, cum ipsas petras et cum ipsas fontes que super ipsam sunt, Sancto Gervasio super rivo qui dicitur Roveia ; et in omnibus

ab integrum sic ut per cartulas conpartalions ad ipsam ecclesiam qui est in ipso monte sita Sancto Gervasio, super rio qui dicitur Rovegia, in omnibus ab integrum sicut per cartulam conpartalions adquisivi de homine nomine Galdrico seu Ragamfredo, nec non et hoc quod concanavi de germano meo Benedicto, sicut michi per ipsas cartulas obveniat, una cum ipsis cartis adquisicionis, excepto medio uno plantario quem predictus frater meus Benedictus in me et se complantavit et unum parum
* Fol. 130 v°. de terra quem * dedi nepote meo Costabili. Ista omnia superius nominata dono et de presente trado ad jam predicto monasterio sive ad rectores illius presentis atque futuris, sicut cum testibus pedibus cistrui et adsignavi. Et habet ipsa vinea vel curtis sicut supra nominavimus, de parte meridie dextros LXX, et subjungit in atrio de presbitero spectando in Sancti Salvatoris vel Sancte Marie ; et de parte cerci dextros CXXX ; et subjungit in striata publica, qui discurrit ad stagno Piperello vel ubicumque ; et de parte aquilonis habet dextros CLXXX et infrontat usque in alveo, et de parte alatunis in superiore fronte subjungit in terra Sancti Salvatoris et Sancte Marie vel de Riganaldo. Ista omnia jam supra nominata vel assignata cum omnes adjacentias suas trado ad presens ad jam predicto monasterio vel rectores ipsius, excepto hoc quod superius jam nominavimus, condam donatum habeo ; ea vero racione ut quicquid ex predictis rebus rectores jam nominati monasterii ab hodierno die et tempore agere aut judicare voluerint, maneat eis firma potestas. Si quis sane, quod minime evenire credo, si ego aut aliquis quicumque homo supposita vel admissa persona qui conatu hanc donacionis cartulam venire aut infrangere conaverit, componat in vinculo una cum districto fisco, ipsas res duplas et melioratas, quantas ad eo tempore carius vendere potuerit, et hoc quod repetit vindicare non valeat, sed hec presens donacio firma et stabilis permaneat stipulacione subnixa.

Facta cartula donacionis pridie idus januarii, feliciter anno XVII imperante domino nostro Hlodovico imperatore. In Dei nomen, Johannes qui hanc donacionem fieri signavi. S. Wigano. S. Mauringo. S. Stabili. S. Alimaldus. S. Fredulfo. S. Benedicto. S. Benignus. Ingila, licet indignus presbiter, hanc donacionem rogitus scripsi et die et anno quo supra.

CCCXX.

[WILLERMUS ET WILLERMUS BERNARDUS ET FILII ET UXORES EORUM WIRPIUNT ALODEM ET ECCLESIAM IN VILLA ROMOLANICUS, IN VICARIA POPIANENSE, IN TERRITORIO BITERRENSE, CUM TERRITORIO QUE VOCANT ERIGNANO, CUM IMPRECATIONIBUS].

(Fol. 130 v°.)

Noticia vuirpicionis quo modo vuirpivit se Vuillermus et Willermus Bernardus et filii sui his nominibus Willermus et Petrus Bernardus et Poncius, et uxores illorum his nominibus Chimberta et Beliardis de ecclesia Sancti Amancii et de alodem que ad ipsam ecclesiam pertinet cum ecclesiastico suo. Et est ipsa ecclesia in territorio Biterrense, in vicaria Popianense, in villa que vocatur Romolanicus; relinquimus nos pro amore Dei et Domini nostri Jhesu Christi et Sancti Salvatoris et Sancte Marie Anianensis cenobii vel aliorum sanctorum, quorum dinumerare longum est, et pro remedium animas nostras vel parentum nostrorum cum cellis et cimiteriis, cum decimis et primiciis et cum ipsos mansos que ad ipsam ecclesiam pertinent et cum ipso territorio que vocant Erignano, cum terris cultis et incultis, pratis, pascuis, vineis, arboribus pomiferis et impomiferis, silvis, garricis, aquis aquarumve decursibus, relinquimus nos suprascripti, in tali vero racione, quod si nos aut ullus de heredibus nostris aut de parentibus nostris, aut abba, aut episcopus, aut ulla potestas qui contra hanc[1]..........

CCCXXI.

[TRANSACTIO INTER BERNARDUM ABBATEM ET FREDOLUM DE SELZEUSERA, TUTELAM ADMINISTRANTEM, DE MANSO QUODAM, MONASTERIO MEDIETATEM SERVANTE ET INFANTIBUS ALTERAM MEDIETATEM AB ABBATE PRO SERVICIO ET SACRAMENTO FIDELITATIS ET HOMINII ACCIPIENTIBUS].

(Fol. 131 r°.)

Anno dominice incarnacionis... [tran]sactio fuit inter dominum Bernardum... de Sezeuselra tutolam vel bona administrantem.......... ni, super pencione cujusdam mansi siti in terminio..... dicitur mansus de

[1] Le feuillet 131 est déchiré au milieu et la partie supérieure en a disparu. Il en est de même pour les feuillets suivants jusqu'à la fin du registre.

ecclesia, vel videlicet monasterium Sancti Salvatoris.... et teneat et possideat imperpetuum ad omnes voluntates suas inde plenarie faciendas dicti mansi et omnium que ad ipsum mansum pertinent vel pertinere debent vel possunt medietatem, et dicti infantes teneant a dicto monasterio alteram medietatem ad feudum. Et pro ipsius mansi servicio, ipsi et successores sui donent singulis annis dicto monasterio I libram piperis, in festo sancti Andree, et nichil aliud. Et quicumque fuerit predicte medietatis possessor, predicti monasterii abbati hominium facere teneatur et sacramentum fidelitatis prestare. Unde ego, Fredolo, utilitati infantum predictorum, diligenter inspecta dicte transactioni pro me et ipsis meum prebens assensum, promitto et convenio tibi domino Bernardo, jam dicto abbati, et ipsi monasterio quod ipsam transactionem faciam et omnia et singula supradicta firmata et rata semper habebo et observabo, et presens instrumentum dictamque transactionem faciam dictos infantes laudare et confirmare, et se et sua ad predicta firmiter observanda......

CCCXXII.

[RECOGNITIO CENSUUM ABBATI BERNARDO SOLVENDORUM IN PARROCHIA SANCTI MARTINI... IN DIVERSIS MANSIS AB INCOGNITO DOMINO].

(Fol. 131 v°.)

.....borascio ....gnosco quod ego teneo... Salvatoris Anianensis et a te domino Ber.... omnibus successoribus tuis totum quicquid.... tenere debeo in tota parrochia Sancti Martini de ... qui vocatur Bua I s. civade pro usatico, et I ca... in ipso manso factus erit, vel in eodem manso caseus ... tempore messium pro usatico, et I gallinam in dicto festo consegracionis Aniane, et in manso de Boisseria I s. civate pestoris et I caseum. Et si in ipso manso caseus non erit, tempore messium, annuatim II denarios pro usatico et VIII denarios in consegracione Aniane annuatim pro usatico ; et in manso Bernardi Salvatoris I eminam civate annuatim, tempore messium, et I gallinam et VIII denarios singulis annis in consecracione Aniane pro usatico; et in manso Martini de Costa I eminam mercadal civate annuatim tempore messium et I caseum, et si in manso caseus non fuerit II denarios pro usatico singulis annis tempore messium, et in consecracione Aniane similiter singulis annis VIIII denarios pro usatico ; et in manso Rotgerii annuatim in festo dicte consecracionis Aniane II denarios pro usatico ; et in manso de Agres VI denarios annuatim in festo consecracionis Aniane ; et in manso de Valle Lobeira I eminam mercadal civate annuatim tempore messium et in consecracione Aniane similiter II gallinas pro usatico et in manso Duranti de Costa I mercadal civate annuatim tempore messium et in consecracione Aniane.....

CCCXXIII.

[RECOGNICIO FEUDI ET HOMINIUM BERNARDO ABBATI AB INCOGNITO PRESTITUM].

(Fol. 132 r°.)

.... Escambiare vel aliquo... predicta recognosco ut dictum est... et a te domino Bernardo, ejusdem loci abbate, et modo... amplius ex hoc feudo ad noticiam meam pervenerit illud totum p[romittam] monasterio et abbati et monachis ejusdem loci dicam et recognoscam pro feudo ; et pro hoc feudo jam dicto facio modo tibi domino Bernardo, abbati, jam dicto et per te dicto monasterio Anianensi hominium, et juro tam tibi quam omnibus successoribus tuis et dicto monasterio fidelitatem, amorem et custodiam.

Facta fuit hec recognicio in locutorio Anianensi, in presencia Bertranni de Montepetroso, Alafredi, Petri de Podio, Bernardi medici, G. Cassa, P. de Bruccis et R. de Bruccis fratris ejus, Bernardi de Sumidrio, Bertrandi de Arborascio filii dicti Bertrandi de Arborascio, P. Carbonnelli, et Raimundi de Garriga notarii Anianensis qui hec scripsit.

CCCXXIV.

[PONCIUS DE SANCTO GUIRALDO DISPONIT DE REBUS SUIS IN ULTIMA VOLUNTATE].

(Fol. 132 r°. — 1176.)

Anno dominice incarnacionis M° C° L XX VI, ego Poncius de Sancto Guiraldo, eger corpore, sanus mente in ultima mea voluntate sic me et res meas dispono. In primis relinquo corpus meum Domino, Sancto Salvatori monasterio Anianensi et relinquo ibi, pro remedio anime mee, Poncium

Desmer de Valle Retenensi, et omnes infantes suos cum tota apennaria quam ipsi tenent a me, et omnia que ad ipsam appennariam pertinent et unam plenariam refeccionem fratribus. Et rogo ut, quando voluero, fratres jam dicti monasterii me in monacum recipiant, et recognosco illam parranem que est ad collum de Sancto Guiraldo esse alodem de Sancto Salvatore Anianensi, quam ego et mei in feudum a jam dicto monasterio Anianensi......

CCCXXV.

[BERTRANNUS DE ARBORAZ TOTAM QUAMDAM APENNARIAM MONASTERIO DAT ET OMNES RES DIMITTIT INFANTIBUS R. DE SANCTO GUIRALDO, FRATRIS SUI, EA RATIONE UT APENNARIAM NON AUFERANT].

(Fol. 132 v°.)

Excepto... ipse Bertrannus de Arboraz... quicquid habeo Alsolms Odoni con... R. et fratri suo et fratribus ipsius Raimundo di[mitto] quicquid habeo in boscum Delserms et en las moleiras Belisendi, sorori mee, dimitto .I. campum qui est juxta campum de la Compra, dimitto Guillermo Berengario de Sancto Guiraldo illam porcionem que est juxta parranem Ermensendis, qui est versus occasum solis, et dimitto nepotes meos in Dei fide et sua, et ut testamentum meum complere adjuvet, omnes res meas alias ubicumque sint, mobiles et immobiles, dimitto infantibus R. de Sancto Guiraldo, fratris mei ; tali vero racione dimitto eis omnia predicta, ut ipsi in aliquo non constristent nec auferant in totam appennariam predictam, quam accipio pro anima mea, neque in hominibus neque in feminis ; quod si faceret, Anianense monasterium habeat super totum alodem quem habeo in terminio Sancti Guiraldi ; et si jam dicti infantes absque legitimo herede mortui fuerint, illud totum de Tolorla, Guillermo de Arbolaz, nepoti meo, revertatur, et omnis alius honor inter Bertrannum de Arboraz et Berengarium revertatur ; et volo et rogo G. Berengerium et Petrum Gazfre, ut ipsi accipiant primos proventus qui de honore Sancti Geraldi provenerint, et solidum persolvant Guillermo de Sancto Geraldo et solidum Johanni de Lemondi. Testes vocati et rogati, sunt : B. de Monteabon, P. Monblos monachi, G. de la Cella, P. de Luiran, P. Gaufredus, B. de Aureliaco. P. Capeliers.

CCCXXVI.

(Fol. 132 v°.)

In nomine Domini Ego Bernardus Gaucelinus dono et reddo, solvo Domino Deo Sancto Salvatori Anianensi....

CCCXXVII.

[PONCIUS DE VALLAUQUES REDDIT ET RESTITUIT MONASTERIO DECIMAS ET HONORES QUOS RAPUERANT PARENTES IN VALLE RETENSI, ET NOMINATIM MANSUM D'AGRES ET PODIUM ANTONINUM]

(Fol. 133 r°. — 1204.)

Notum sit omnibus hominibus... [Pon]cius de Vallauques, per me et per omnes meos... fide et sine omni ingenio motus et ductus propria pietate dono... tuo et imperpetuum habere concedo, quicquid parentes mei vel avunculi mei vel aliquid de mea progenie de monasterio Sancti Salvatoris Aniane vel de ecclesia Sancti Martini de Valle Retensi, aliquid in decimis vel in honoribus ad ipsas ecclesias pertinentibus rapuerant seu per violenciam ceperant, totum plenarie reddo et restituo Domino Deo et Sancto Salvatori Aniane et tibi domino G. abbati ejusdem monasterii, et omnibus monachis ibi viventibus et manentibus, et ecclesie Sancti Martini de Valle Retensi et tibi Petro, priori ejudem ecclesie, et nominatim illum mansum d'Agres, cum hominibus et feminabus et cum omnibus ad ipsum mansum pertinentibus, et illam appennariam que fuit Poncii Donadeu, quam in presenti tenent et possident Maria Donadeua et Guillerma de la Trella, et totum hoc quod pertinet vel pertinere debet ad podium Antoninum ; et preterea dono et trado et concedo Dei amore et pietatis intuitu Domino Deo et Sancto Salvatori Aniane et nominatim ecclesie Sancti Martini de Valle Retensi, dominium illarum decimarum que pertinent vel pertinere debent ad ipsam ecclesiam de Valle Retensi, et cum ipsis decimis et dominio decimarum offero filium meum Guillermum Domino Deo et Sancto Salvatori Aniane, ut ipsius monasterii monacus efficiatur.

Hec donacio fuit facta anno dominice incarnacionis M° CC° IIII°, in presencia domini Petri, Lodovensis episcopi, et Ugonis, prioris Anianensis, et Firmini, canonici Magalonensis...

*

CCCXXVIII.

[G. ABBAS ANIANENSIS, CONCEDIT AD FEUDUM PETRO RADULFI ET ALIIS FODINAS ARGENTI ET DIVERSORUM METALLORUM, PRO QUARTA PARTE METALLORUM ABBATI SEU PROCURATORI SOLVENDA, EA CONDICIONE UT NULLI LICEAT ALIENARE].

(Fol. 133 v°.)

... Petrus Radulfi et preter... ut omnium fructuum et obvencionum... percipiendorum et pellium ursinarum accipitur etiam et... eorum IIII partes vos in fedus habeatis et quintam nobis fideliter persolvatis, sed de argenti fodinis et ceteris metallis, tribus partibus vobis retentis, quartam partem nobis fideliter reddatis ; et propter hunc honorem vos predicti fecistis mihi hominium G. abbati Anianensi, et jurasti super sacrosancta euvangelia michi et successoribus meis sive nostris procuratoribus, quartam partem argenti vel cujuslibet metalli ex ejus loci focidinis percipiendi quoquomodo, et quintam de ceteris obvencionibus, fructibus, vel reditibus, qui quoquomodo exinde percipientur, fideliter et sine contrario vos reddituros. Et debetis facere hujus modi hominium et jusjurandum successoribus nostris, vos heredesque vestri, et quicumque ex eo honore aliquid habuerint, cum vos vel ipsi a nobis vel procuratoribus nostris commoniti fueritis. Et est sciendum hanc donacionem sub ea condicione vobis esse factam, ut nulli vestrum vel successorum vestrorum sit fas predictum honorem vel aliquid de predicto honore quoquomodo alienare vel impignorare, aut jus aliquid in eo constituere sine consilio abbatis Anianensis et prioris de Interaquis, et michi et successoribus meis nulla sit facultas transfferendi in aliam quamlibet personam sine vestro consilio.

Hoc factum est in capitulo Anianensi. Testes sunt R. de Nant et plures alii.

CCCXXIX.

[GUILLERMUS, ABBAS, R. MANDAGOT...].

(Fol. 133 v°. — 1150.)

Anno ab incarnacione Domini M° C° L°, ego Gillermus, abbas Anianensis, laudo, dono et concedo ad feudum tibi R. Mandagot et fratri tuo P. de Mairuis. ..

CCCXXX.

[DE FEUDO IN ECCLESIA DE INTERAQUIS].

(Fol. 134 r°.)

...Ex eo honore aliquid... nostris fueritis commoniti et sciemus... et concessionem sub ea condicione vobis esse factam... cessorum vestrorum vel eorum qui ex eo honore aliquid habuerint... citum quod dictum honorem vel aliquid de predicto honore quoquomodo alienare vel impignorare, vel jus aliquid in eo constituere sine consilio abbatis et prioris de Interaquis, similiter michi vel successoribus meis nulla sit facultas transferendi feudum quem vobis damus in aliquam aliam personam sive vestro consilio.

Hoc totum factum fuit in capitulo Anianensis. Testes sunt R. de Nant.

CCCXXXI.

[BERNARDUS RAZIM ET FRATER BERENGERIUS ET MATER EORUM, ADENDA, VENDUNT, TRADUNT, CONCEDUNT ET LAUDANT PRO LXX SOL. MELG. BERNARDO DE CAMPO VINEAM AD OLMETUM, PROPE SANCTUM GUILLELMUM].

(Fol. 134 r°. — 1153.)

Anno incarnationis dominice M° C. L. III. ego Bernardus Razim et ego Berengerius, frater ejus, et ego Adenda mater eorum, nos simul sine malo ingenio et per bonam fidem, cum consilio domini Willermi abbatis Anianensis et Sicardi cellararii, vendimus, tradimus, concedimus et laudamus pro LXX solidis melgoriensibus tibi, Bernardo de Campo, et uxori tue et infantibus tuis illas VI quartariatas de vineis que sunt ad Olmetum quas nos habebamus justa vineas Petronille vicarie ; et ex alia parte est via publica que ducit ad Sanctum Guillermum. Similiter eciam vendendo tradimus et laudamus tibi et tuis, cum bona fide et absque dolo, ut sicut nos secundum difinicionem jure factam inter patrem nostrum et nos, et Petrum Duranti de Valle et alios mansos de Valle possessores octo porcos empascatrabamus in boscos de Valle, excepto bosco de Podio alto ; ita omnino tu et heredes tui per unumquemque annum in boscos predictos cto porcos empascantes......

CCCXXXII.

[FREDBURGIS ET FILIUS, RAIMUNDUS, INTERPELLANT MEDIETATEM CUJUSDAM TERRÆ PRO SPONSALITIO ET RECIPIUNT AB ABBATE PONCIO ET MONACHIS IN AMODIUM XXXV SOL. ET SE VUIRPIUNT].

(Fol. 134 v°. — 10 juin 1031-1060.)

...Pater Raimundi suprascripti... mortis Fredburgis et filius ejus .. interpellaverunt ipsam medietatem de ipso porto per sponsali[cium]... Et venit abba Poncius et monachi ejusdem loci, et dederunt Fredburgi in amodio xxxiii solidos et Raimundo filio suo solidos ii, et sic vuerpierunt se in presencia bonorum hominum Eldenoni clerici, et Leutardi nepotis sui et Raimundo de Fozaria, et Poncium Maianfredum et Bernardum, monacum, et Aranfredum, monacum, et Petrum Johannem.

Facta vuerpicio ista iiii idus junii, anno regnante Aianricho rege. S. Fredburgis et filius ejus Raimundus, qui vuirpicionem istam fieri voluerunt et manus suas firmaverunt et testes firmare rogaverunt. S. Leutardi S. Eldinoni. S. Poncii Maianfredi. S. Aranfredi. Bertrannus indignus monacus scripsit.

CCCXXXIII.

[CARTA DE USATICO MANSI DE ROVEIRA].

(Fol. 135 v°.)

Hec est carta de usatico quod debet exire de manso de Roveira, quod dedit Berengerius de Valle Auchense Sancto Salvatori Anianensi. De hoc manso exit unum modium inter panem et vinum et duo porci, unusquisque de ii solidis, ad festivitatem sancti Johannis, unum moltonem et iii agnos usque ad Pentecosten, iiii solidos ad nativitatem Domini, de carnatico, et unam spatulam censalem ad festivitatem sancti Michaelis, unam cocxam de vaca et i sextarium ordei et alium de vino et iii panes, unum albergum ad vi milites. Totam unam septimanam unum bovarium et albergum ad duobus militibus et quartum de mansum et albergum ad tribus militibus.

CCCXXXIV.

[ALDA, FILIA QUONDAM RAIMUNDI DE MAROIOL ACCEPIT A PATRE IN ULTIMA VOLUNTATE DUOS MANSOS IN PARROCHIA SANCTI PETRI DE GRANOPIACO, ET, UT MARITUM HONORIFICE HABEAT, A MATRE FIDAS ET FRATRIBUS III MILLIA SOL. MELG. ET RELINQUIT TOTUM HONOREM MATRI ET FRATRIBUS].

(Fol. 135 r°.)

In nomine Domini anno ejusdem... filia quondam Raimundi de Maroiol, scio... hac carta recognosco quod ipse Raimundus de Maroiol... misit michi in ultima voluntate sua, scilicet duos mansos cum hominibus et feminabus et cum cultis et incultis, et cum omnibus suis pertinenciis et que pertinere debent, qui sunt in parrochia Sancti Petri de Granopiaco, quorum unus vocatur Granopiac et alter Marrobeiras, et totum illud quicquid sit, quod pater meus habebat et habere debebat in omni parrochia Sancti Petri de Granopiaco, et II solidos quos singulis annis presbiter Sancti Andree ei dabat. Et quia ego cum hoc supradicto honore virum honorifice accipere non potui, tu Fidas, mater mea et vos, fratres mei, Bernardus Raimundi et Arnaldus, dedisti michi cum marito meo, Petro de Verona, tempore matrimonii, de vestra propria pecunia tria milia solidos melgoriensium, de quibus nichil remansit penes vos in debito, et tunc ego solvi et omnia jurejurando reliqui vobis et vestris totum hunc supranominatum honorem, et modo in presenti ego, ipsa Alda, nulla vi coacta set spontanea voluntate, bona fide et sine dolo, cum hac carta et absque ulla retempcione dono, solvo, et prorsus imperpetuum relinquo et guirpisco tibi Fide, matri mee, et tibi, Bernardo Raimundo et Arnaldo, fratribus meis et vestris, totum hunc supradictum honorem cum omnibus suis pertinentibus et quibuscumque dimiseritis, ad omnes voluntates vestras vestrorumque plenarie faciendas, sine omni mea meorumque inquietudine. Item promitto et convenio vobis quod numquam contra hanc solucionem....

CCCXXXV.

[DIVISIO IN PACIS AMODIO FACTA DE VILLA BERTANICAS (?), REGENTE ABBATE GAUGINO].

(Fol. 135 v°.)

Pro terminio de Villa Va... propter amborum concordiam divise..... semitam que venit de Sancto Martino et pertransit. . qui discurrit per

ipso terminio inter ipso monasterio [de] villa Valeriano et pertransit per ipsam ungulam caballinam, et discurrit per poio alto ac descendit usque ad aragium qui discurrit per ipsam boxariam usque in rivum Garciacum; et pergit ipse divisio usque ad sumitatem de ipsas degorias fixas et usque ad viam que ascendit per ipso monte juxta ipsos fraxenellos, et discurrit per terminium de villa Valeriano usque ad Sanctum Martinum seu ad alias partes. Ita vero inter se dividunt in pacis amodio, ut a predicta semita usque ad ipsos fraxenellos vindicet pars de villa Bertanicas, aliam vero superiorem partem habitatoribus ipsius monasterii, ita ut nulla pars super aliam contrarietatem aut molestiam incurrere presumat. Quod licet fecerit, solvat in vinculo ipsi parti auri libram I et hec divisio semper firma permaneat, his presentibus dictum est, quorum nomina subter inserta sunt, id est Castellano mandatario de jamdicto abbate, Gaugino, Domnilo, Sesegoto, Godomare, Godobrando, Dadilane, Johanne, Calmese, Dominico, Natale, Mauregato, Godaldo, Aunoberto, Bonissimo, Argerio, Gulfarico.

CCCXXXVI.

[RAMUNDUS DE DUABUS VIRGINIBUS MEDIETATEM DAT MONASTERIO].

(Fol. 135 v°.)

In nomine Domini, ego Ramundus de Duabus Virginibus dono Domino Deo et Sancto Salvatori Anianensi et abbati Petro et monachis ejusdem loci presentibus et futuris, si mortuus fuero in hoc viatico, pro remedio anime mee et patris mei vel matris mee vel omnium parentum meorum medietatem ecclesie...

CCCXXXVII.

[HOMO QUIDAM CCC SOL. PER STIPULACIONEM SOLVERE PROMITTIT ET DIVERSOS CENSUS, QUIBUS NON SOLUTIS HONOR QUIDAM REDIBIT AD MONACOS].

(Fol. 136 r°.)

Propterea... opus nostrum et cum... assumsionis sancte Marie, ego jam... ejus filius faciemus, sed vos debetis mittere pro... jam dictos annuatim vobis amicabiliter solvemus et... annis honor predictus liber et sine impedimento ad vos redibit, prout manegueriam et domus ut dictum est. Predictam autem pensionem vobis singulis terminis apud Montempessulanum sine impedimento vobis persolvemus. Omnia vero predicta vobis per stipulacionem promittimus et CCCC. solidos predictos vobis imperpetuum solvimus. Testes sunt Bernardus de Monte Abono, P. de Scaleriis, prior de Fontenes ; R. de Salviano, prior de Talpuciaco ; Ber. de Salzet, P. de Monblos, P. Garci ; et laïci Raimundus de Boixet, G. Bonefacii, R. Berengarius, Johannes Goairon, P. d'Areng, Ber. Ruscherii, G. Gras, Guillelmus Aimerici et Raimundus de Nebiano, qui hec scripsit.

CCCXXXVIII.

[PETRUS RAINALD, SACERDOS, DONAT ET OFFERT SEIPSUM CUM OMNIBUS BONIS ET JURIBUS SUIS ET PROMITTIT SOLEMNITER OBEDIENCIAM, FLEXIS GENIBUS].

(Fol. 136 r°. — 14 février 1213.)

In nomine Domini anno ab incarnacione ejusdem M° CC° XIII°, sexto decimo kalendas marcii, ego Petrus Rainald sacerdos, divino motu spiritu relinquens seculum et mundana ac transitoria, dono et offero me ipsum pro fratre et pro monacho, cum omnibus bonis et juribus meis mobilibus et immobilibus, Domino Deo et monasterio Sancti Salvatoris Anianensis et tibi domine B. de Viridi Folio, abbati ejusdem monasterii, promittens sollempniter obedienciam perpetuo tibi predicto domino B[ernardo] abbati et successoribus tuis, et ex integro voto redd[o] me tibi et in manus tuas flexis genibus manus meas junctas mitto, firmiter promittens me in tota ...

CCCXXXIX.

[ABBAS CUIDAM MONACHO BENEFICIUM MONASTICUM CONCEDIT, PER INSTRUMENTUM PUBLICUM].

(Fol. 136 v°.)

Beate Ma[rie]....... [Fra]tribus et cum omni honore........ pertinent, pertinere possunt vel debent... et omnes acciones et peticiones jura quecumque in... ipsa competunt vel possunt competere, nobis et monasterio Anianensi ullo modo vel jure, scito vel ignorato, tibi ut predictum est in omni vita tua donamus, cedimus et concedimus, prout melius ad tuum commodum dici potest ; ut quicquid ex jam dicta ecclesia vel pro ipsa vel de honore ipsius ecclesie, vel prediis et vineis et arboribus, vel fructibus, vel redditibus, sive de aliis rebus et juribus te vivente proveniet, tuum sit et ad te vel ad quos volueris plenissime pertineat; et ea omnia universa et singula ut tua propria, causa beneficii ecclesiastici, per te vel per alios quoslibet tuo nomine petere, exigere, percipere et distringere, tu vel alius pro te possitis, sicut melius et plenius aliquo intellectu nos possemus. Ad majorem vero horum firmitatem, ut omnis tollatur scrupulus questionis, hoc nostre donacionis publicum instrumentum sigilli nostri patrocinio precipimus insignari. Testes sunt vocati et rogati : Ber. de Montepetroso, celerarius, Alafredus, procurator ecclesie Cellenove, Garinus, prior de Volio, monachi Anianensis qui hec laudaverunt et Johannes de Ramis, G. de Aralath, R. de Circio, Atbrandus, Raimundus de Ro, sacerdos ; Stephanus Cambon clericus, Bertrandus Blanos, P. Guntardi, et Raimundus de Portu, notarius, qui rogatus a partibus hec scripsit.

CCCXL.

(Fol. 136 v°.)

Ex humane invencionis industria cartarum adinventum est remedium ut quod edax vetustas abholere nititur, per scripture..........

AUTRES PUBLICATIONS DE LA SOCIÉTÉ ARCHÉOLOGIQUE :

I. — **Thalamus Parvus.** Le Petit Thalamus de Montpellier (1835-1840). — 1 vol. in-4° de LXX-662 pp. et 1 fac-simile. Fr. 22 »

II. — **Les Coutumes de Perpignan,** publiées en latin et en roman (1848). — 1 vol. in-4° de 95 pp.................. 5 »

III. — **Dictionnaire topographique du Département de l'Hérault,** par Eugène THOMAS (1865). — 1 vol. in-4° de 275 pp............ ... . 8 »

IV. — **Liber Instrumentorum memorialium.** Cartulaire des Guillems de Montpellier (1884-1886). — 1 vol in-4° de LXX-850 pp. et 2 fac-simile...................... 30 »

V. — **Étude sur le manuscrit G 1036 des Archives départementales de la Lozère** (Pièces relatives au débat du pape Clément V avec l'empereur Henri VII), par P. GACHON (1894). — 1 vol. in-4° de 80 pp....... ..... 5 »

VI. — **Médaillier de la Société archéologique de Montpellier.** 1re partie : Monnaies antiques, par Émile BONNET (1896). — 1 vol. in-8° de 85 pp. et 1 pl........ 2 50

VII. — **Catalogue des Manuscrits de la Société archéologique de Montpellier,** par Émile BONNET (1897). — 1 vol. in-8° de 44 pp..................... 1 50

VIII. — **Cartulaires des abbayes d'Aniane et de Gellone,** publiés, d'après les manuscrits originaux, par MM P. ALAUS, abbé CASSAN, et E. MEYNIAL.

CARTULAIRE DE GELLONE *(texte seul).* — 1 vol. in-4° de 511 pp .... 15 »

CARTULAIRE D'ANIANE *(texte seul).* — 1 vol. in-4° de 450 pp.................................. ..... 15 »

TIRAGES A PART

DES MÉMOIRES DE LA SOCIÉTÉ ARCHÉOLOGIQUE :

I. — RENOUVIER et RICARD. Des maîtres de pierre et des autres artistes gothiques de Montpellier (1844). — In-4° de 220 pp. et 1 pl.. Fr. 6 »

II. — J. CASTELNAU. Bibliographie du Languedoc en général, du département de l'Hérault et de la ville de Montpellier en particulier (1859). — In-4° de 116 pp................. 4 »

III. — Ad. RICARD. Réconciliation de l'Église de Maguelone (14 juin 1875). — In-4° de 24 pp. .... 2 »

IV. — A. GERMAIN. Arnaud de Verdale. *Catalogus episcoporum Magalonensium* (1881). — In-4° de 420 pp........... 12 »

V. — Président GRASSET. La Société archéologique de Montpellier ; ses travaux et ses collections (1882). — In-4° de 64 pp.... 3 »

www.ingramcontent.com/pod-product-compliance
Lightning Source LLC
LaVergne TN
LVHW050009180826
845678LV00021B/5

9780353401808